中国社会科学院**老年学者文库**

中国老年社会学

张仙桥　李德滨/著

社会科学文献出版社

SOCIAL SCIENCES ACADEMIC PRESS (CHINA)

目　录
CONTENTS

构建老年社会学的学科体系

——评析《中国老年社会学》的学术创新

　　这是当代中国两位资深社会学家撰写的分科社会学专著。张仙桥先生是解放前师从费孝通老先生的弟子，李德滨研究员是中国社会学重建初期参加费孝通老先生主持的第一二期讲习班的学生。两位资深学者，一直从事社会学研究工作，并深入到分科社会学的领域，著述颇丰。在该新著中，两位作者以深厚的社会学学术功底，把握社会学的学术视角，运用社会学的学科概念，为老年社会学梳理和构建了一套社会学学科化的系统。新著深入地分析了当代中国老年社会，提出了不少独到的见解，体现出作者对学术创新的追求。该书虽是学术专著，但是语言流畅、雅俗共赏，有很强的可读性。

　　新著有以下几个突出的特色：

　　一是凸显学科化。新著一个最突出的特征，是为老年社会学梳理和构建了一套社会学学科系统。这是该著之前国内老年社会学著作所缺乏或没有的。这之前国内老年社会学至多涉及老年社会地位、社会角色、社会化、社会价值等这些基本概念，其侧重点也不在构建学科体系上。如李德滨著《老年社会学》侧重于老年社会生活；袁缉辉等著《当代老年社会学》侧重于老年基本问题；叶乃滋著《现代老年社会学》侧重于老年生活方式；战捷主编《老年社会学教程》侧重于老龄化。新著在构建老年社会学学科体系上所作的大胆探索，从多方面表现出来。它探讨了社会学中基本概念如社会地位、角色、社会化、群体、组织、社区、阶层、文化、制度等在老年社会学中的体现和应用；它除了看重静态结构分析，还注重动态过程分析，善于应用互动、调适、控制、变迁等概念来分析老年社会学的相关问题；它还涉及至目前为止老年学、社会学很少涉猎的老年社会组织、老年社会互动、老年社会阶层、老年社会制度等新领域。应该说，这些都为老年社会学的学科建设做出了自己应有的重要贡献。

　　二是突出中国化。突出中国化是新著的另一个显著特征。首先是自觉把握"中国视角",即从中国的国情出发,从社会学角度观察和探讨中国的老龄化、老龄社会。讲的是中国老年人的事情,反映的是中国老年与社会的关系。其次是注重概括推介中国学者的理论与见解。比如讲老年价值,介绍王兴华先生的二春论;讲老龄社会结构,推介党俊武博士的老龄社会是一个社会形态的理论。再次是注重对中国老年社会学的创新研究。比如在社会学理论概念上,提出老年继续社会化带有再社会化特征;在老年战略研究上,对国策调整的时机选择上,提出选择人口金字塔形的低凹期;在对中国老年现状的经验研究上,对老年价值的实现、不同层面老年地位、老年继续社会化、老年精神文化等类型概括上,从不同角度全面地系统地反映中国老年社会方方面面。全书少有国外社会学那种艰涩概念,除对社会学中经典理论概念有简介外,都是围绕当代中国老龄化,讲中国老年人的那些事,阐述当代中国老年人生存的现状、面临的问题、发展的趋势,概括中国老年社会的经验。全书散发着中国气味、体现着中国品位,是一部中国化的老年社会学。

三是注重实证化。新著再一个显著特征是,它不仅提出一个系统的学科体系,而且还勾画或展示出一个当代现实的、生动的、绚丽的中国老年社会画面,把一个真实、实在的中国老年生活呈现出来,有助于人们走近当代中国老年人群体,了解和把握生动的现实的中国老年社会。该著把 21 世纪尤其是 2008 年至 2010 年期间,中国报刊有关老年的报道整理归类,提纲挈领,通过大量个案展示中国老年人生活的方方面面。比如在老年社会问题一章中,不仅介绍了老年人婚姻、儿女孝道、空巢老人问题等传统社会热点问题,还专门讲了老年人上当受骗这种带有普遍性的新问题。这种注重实证化研究,使该著更具有社会学经验研究的特色。同时,该著在注重把当代中国学者对有关老年人问题的学术研究成果推介出来时,特别注重把它们的实证研究成果,将当代有价值的实证研究吸纳到该书中。所有这些,使该著既具有创新性,又突出时代性。

从上述几个方面看,这本专著也体现出两位资深社会学家的某种理论自觉。可以说,新著《中国老年社会学》的出版,是老年社会学和老年学界的一件盛事。它可成为对老年社会学有兴趣的读者,特别是广大中国老年人的必读书。它也是一本从事老年社会学教学和研究的工作者、老年社会工作者难得的参考书和教科书。

中国人民大学社会学理论和方法研究中心 郑杭生

2010 年 9 月 16 日

第一章　中国老年社会学研究对象

一　老年人的社会概念

1. 人口增寿的趋势

天增岁月人增寿。随着社会文化的发展，生活水平的提高，人口增寿成为世界各国面临的新课题。

人们从地质学、考古学以及人类学等多种学科的研究中发现，随着社会进步，人类的平均寿命在不断增加。古代人类寿命很短，据对周口店猿人化石的分析，中国猿人 14 岁以下的占 69.2%，还未成年即夭亡。凡乐易斯研究欧洲尼安德特人的化石，认为死于 11 岁左右的为 40%，40 岁以上的仅占 5%。根据尸骨研究的资料，欧洲人在公元前 4000 年，平均寿命仅 18 岁；公元前 2000 年的古罗马时代，其平均寿命为 29 岁；到了文艺复兴时代，平均寿命增长到 35 岁；18 世纪为 36 岁；19 世纪初为 40 岁，该世纪末达到 45 岁；20 世纪后增长较快，1920 年时为 55 岁，1935 年时为 60 岁，1952 年时为 68.5 岁。我国 2000 年人口平均寿命为 71.4 岁，其中男性为 69.63 岁，女性为 73.33 岁。目前，平均寿命最高的是日本人，1995 年时男性平均寿命为 76.68 岁，女性为 82.93 岁。

俗话说："山中虽有千年树，世上难逢百岁人。"古代人四十几岁死掉的，不算夭折，还要说是"寿终正寝"。50 岁左右便自称"老臣"，要"乞赐骸骨"、"谢归田里"了。可以说，"人生七十古来稀"，不是故弄玄虚。古时，70 岁便是"凤毛麟角"，难得一见的"寿星"了。而今则是"六十小弟弟，七十多来兮，八十亦老骥，九十不稀奇，百岁平寿颐"。据 1952 年人口普查，我国有百岁老人 3384 人；1964 年我国有百岁老人 4900 人；1983 年我国有百岁老人 3815 名；1990 年我国有百岁老人 6681 人；1995 年我国有百岁老人 11100 名；2000 年我国有百岁老人 12899 名。我国百岁老人大部分居住在农村，主要分布在西北、中南、西南 3 个地区。比较集中的地方有：广西的巴马、永福等县；四川的彭山、都江堰等县（市）；江苏的南通和山东的青岛周边几个县；湖南的麻阳、湖北的钟祥等地。在这些百岁老人中，以 100～109 岁的为最多，占 90% 以上。我国的长寿水平（国际上习惯把 80 岁以上人口数除以 60 岁以上人口数之值，称为长寿水平）在逐年上升。这种长寿水平的提高，是社会经济文化进步的标志。2004 年底，80 岁以上人口达 1554.5 万人。2008 年 80 岁以上人口达 1600 多万人，超过老年人口 10% 以上。预测表明，中国 80 岁以上的高龄老人正以每年 5% 的速度迅速增长，到 2020 年可达到 3067 万，占老年人口的 12.37%。

人口增寿是一个发展总趋势，然而增寿状况则因地因时，有所不同。据说，在世界上有 3 个著名的长寿地区，这就是厄瓜多尔的贝尔卡邦巴、苏联的高加索和巴基斯坦的欣札。这些地区出现了不少百岁以上的长寿老人。郝建华在《探索长寿的奥秘》、美国人类学家苏拉·贝尼特在《他们为什么长寿——高加索地区考察纪实》中，对此都有具体生动的描绘。世界上关于寿星的传说和记载也很多。但寿星毕竟只是人类群体某个时期的突出代表，而从整个世界来看，1960 年以前，世界人口平均寿命没有超过 50 岁，1980 年达到 60 岁。目前全世界平均寿命超过 65 岁。预计 2025 年达到 72 岁，2050 年超过 76 岁。其中非洲平均寿命最低，欧洲最高，欧洲与非洲之间平均寿命差距较大。在我国，人口平均寿命已超过全世界平均寿命。2000 年，县域人口男性为 68.8 岁，女性为 73.48 岁；城镇人口男性为 73.9 岁，女性为 78.53 岁。但各个地区的平均寿命也有差异，如上海、天津、北京比较高。各地平均寿命存在着不同程度的差异。再就是农村与城市居民的平均寿命也有差异，城市居民约高于农村居民 3 岁左右。

当然，人口增寿并不意味人类平均寿命延长没有一个限度。经科学家研究，认为人类的生命可达百岁以上。法国生物学家蒲丰曾指出，哺乳动物的自然寿命为生长发育期的 5～7 倍。而人类完成生长发育约在 20～22 岁。依此推算，人类自然寿命应为 100～150 岁。后来又有科学家根据其他现象推算，其结论基本类似。例如，哺乳动物的自然寿命为性成熟的 8～10 倍，人类性成熟在 14～15 岁，自然寿命应为 110～150 岁；如以平均每次细胞分裂周期 2.4 年乘以细胞分裂次数来推算，则人类细胞平均分裂 50 次，自然寿命约为 120 岁。这里讲的自然寿命，是指各种生物在进化过程中形成的相当稳定的平均寿命的最高尺度（寿命的极限值）。而实际上，只有少数老年人的寿命能达到自然寿命，人类实际寿命与自然寿命还有不小的距离。

　　伴随人类寿命的延长，老年人数量及其在人口中比例迅速增长。据联合国统计和预测，世界老年人人数，1950 年为 2.1 亿，1975 年为 3.5 亿，2000年为 5.9 亿，2025 年将增长到 11.2 亿。其间，世界总人口将增加到 82 亿，增长 3 倍多，而老年人将增长 5 倍多。老年人在总人口中所占的比重将由8.5% 上升到 13.7%。据《2008 年民政事业发展统计报告》，2008 年底我国60 岁以上老年人口为 1.5989 亿，占总人口的 12%；65 岁以上老年人为1.0956 亿，占总人口的 8.3%。老年人数量逐年增多，在人口中所占比重不断增大，这是人类社会进步的一个重要标志，也是社会发展的一个必然趋势。

2. 何为老年人

　　从人口增寿到人口老龄化，自然要涉及一个基本概念：何为老年人？目前划分老年的界限，一般是以年代年龄来划分。然而各个国家并不完全相同，并且有的在不同时期有不同的划分标准。比如马来西亚、日本规定退休年龄为 55 岁，巴基斯坦、新西兰、泰国规定为 60 岁，而美国、瑞士、瑞典、比利时、意大利、加拿大等西方国家则规定为 65 岁退休，倾向于 65 岁以上为老年。挪威则规定 67 岁以上为老年。苏联规定男性 60 岁、女性 55 岁退休，在此年龄之上方为老年。在我国，1964 年全国第一届老年学与老年医学学术会议上，曾规定男女均以 60 岁以上作为老年。1981 年全国第二届老年医学学术会议，曾建议以 65 岁以上为老年。由于我国过去曾有过"六十年为一花甲"的说法，故一般习惯以 60 岁为老年。在国际上，需要有一个对老年人口的统一标准，但标准的划分也不是一成不变的。最早提出老年人口年龄界限的是瑞典人口学家桑德巴，他于 1900 年提出人口再生产类型的标准时，是以50 岁来划分老年人口的。第二次世界大战后，许多国家用 60 岁为下限计算老年人口数。1956 年联合国在《人口老化及其经济意义与社会意义》一书中，开始使用 65 岁为起点计算老年人口数。到 60 年代和 70 年代，西方学者普遍使用 65 岁为老年人口起点计算老年人口数。1982 年在维也纳召开的"老龄人问题世界大会"上，联合国又提出以 60 岁为老年人的年龄起点。有了一定年龄标准，就可进一步划分人口类型。国际间根据不同的人口年龄构成确定不同的人口类型，规定一个国家或一个地区的总人口中，65 岁以上人口所占比重不到 4% 的为年轻型；比重在 4%～7% 之间的为壮年型；超过 7% 的为老年型。如按 60 岁为标准，其人数超过总人口数 10% 的则为老年型。进入老年型国家最早的是法国，1870 年法国 60 岁以上的人口占了总人口的 12%，成为世界上第一个老年型国家。之后，在 20 世纪初到 30 年代，瑞士、英国、德国等相继进入老年型国家的行列。据联合国统计，属于老年型国家的，1950年只有 15 个，1960 年增加到 20 个，1965 年已达 30 个，现在已超过 50 个。目前一些现代化程度较高的国家，都已进入老年型国家的行列。日本是人口老龄化最突出的国家，据日本总务省 2007 年公布的人口统计数据显示，截至 9 月 15 日，日本 65 岁以上总人数达 2640 万人，占人口总数的 20.7%。这种老龄化的进展速度，开创了世界人口老龄化速度的最高纪录。中国是快速进入老龄化社会的国家。2000 年第五次人口普查时，65 岁以上老年人口达到 8811 万人，占人口总数的 6.965%，已接近老龄化国家；2005 年全国 1% 人口抽样调查显示，我国总人口数达到 130756 万人，其中 65 岁以上人口达到 10055 万人，占总人口数的 7.7%。中国已成为真正的人口老龄化国家，是世界老年人口最多的国家。

3. 老年人社会年龄

从学术角度讲，年龄有四种划分法：一是时序年龄，即生物（包括人）出生后按日历计算的年龄；二是生物学年龄，即以个体的生物学能力或生命力等内容来表示老化的程度；三是心理年龄，即根据标准化智力测验量表常数和模型来衡量人的智力水平。除此之外，年龄这个概念还有第四种划分法，即社会学年龄，社会学年龄的含义，是指社会规定的规范年龄。这是因为社会有一套它自己的构成。每个人都是生活在一定的文化环境中，都要制于一定的社会规范。同其他社会成员一样，对于老年人来说，社会赋予了老年人一整套有别于非老年人的规范，老年人就要按社会规定的老年人角色规范行事。一个精力充沛的人，一旦进入了法定的退休年龄，社会就会使他意识到自己已是老年人了。例如，我国规定工人女 50 岁退休，男 55 岁退休；干部女 55 岁退休，男 60 岁退休。一个女工到了 50 岁便被视为老年人了，而在机关工作的女干部则到 55 岁才会被视为老年人。社会规定的退休，可以说是老年人自我意识的转折点。这种与自然年龄脱节、社会所赋予的老年人的含义，对老年人来说，其意义常常超过生物学年龄所包含的意义。显而易见，人到了法定退休年龄并不等于劳动年龄的终结。实际上在退休后仍有很长一段时间可以继续发挥作用，以各种不同形式为社会作贡献。社会学一般很重视人的社会年龄的研究。因为在同一社会里或不同社会里，年龄的含义并不是一致的。社会往往给某些特定年龄赋予特定的含义。例如，18 岁为就业和选举年龄，20 岁或 22 岁为结婚年龄，50 岁、55 岁或 60 岁为退休年龄等。这些年龄并不完全反映"自然要求"，而是某些社会集团特别是占统治地位的社会集团愿望和利益的体现。

延年益寿是千百年来人们的美好愿望。而今在我国，长寿已逐渐变成现实。我国已跨入长寿国的行列。这不仅反映了我国人民物质生活和医疗卫生水平的提高，也体现了社会文明的发展和社会主义制度的优越。可以说这是一种可喜的现象，这是问题的一个方面。但问题还有另一方面：老年人的比重逐年增加，即人口老化，则意味着由生产者变为单纯的消费者的人数在增多，这很自然地会给家庭、社会和国家带来许多新的问题。

二　中国老年社会学的研究对象

1. 中国老年社会学的概念界定

由于不同研究者持有不同的研究视角和研究内容，故对老年社会的研究对象的表述有所不同。张恺悌、夏传玲在《老年社会学研究综述》① 一文中，对中国社会学自 1979 年重建至 90 年代老年社会学研究对象的界定，有代表性观点作了如下介绍。

（1）田雪原：老年社会学是研究人口年龄结构趋于老龄化和进入老年型之后，老年社会问题及其变动规律的科学。

（2）袁缉辉等：老年社会学是研究老年群体（包括个体老化）与社会各要素之间关系的互动规律的学科，它是以人类社会的一个特殊群体（老年人口）作为对象。

（3）叶乃滋：老年人、老年群体及其生活，是老年社会学研究的客体，而不是老年社会学的研究对象。老龄过程及其与社会发展的相互关系和相互作用，才是老年社会学的研究对象。

（4）胡汝泉：老年社会学的研究对象是老年期群体的社会生活及其运行和调节机制。

（5）邓伟志：老年社会学，是从变动着的社会系统的整体出发，以老年群体为对象，研究老年人的社会生活、社会活动、社会影响、社会关系、社会保障及其发展规律的一门综合性的社会科学。

（6）李德滨：老年社会学是研究社会、经济、文化等条件对衰老的影响，老年人与社会的关系和作用。

---

① 张恺悌、夏传玲：《老年社会学研究综述》，《社会学研究》1995 年第 5 期。

（7）郭崇德：老年社会学是老年学和社会学的一个交叉学科，它运用老年学、社会学的基本理论和其他相关联学科的知识，从社会总体出发，以老年个体老化为基础，研究老年群体在一定的社会历史条件下的生活和社会需求，从而找出特定的社会历史条件下的老年社会现象的规律，为正确制定有关对老年群体的社会政策和解决老年社会问题提供科学依据。

对研究对象不同的表述，是作者站在不同角度，不同侧重点对老年社会学的研究的反映，大可不必乱贴诸如"经验论倾向"、"以实代虚"、"生态谬误"等一些莫名其妙的标签，与其如此，不如提出自己所谓"正名"的定义来，给世界一个"统一"的界定，让大家拍手赞同岂不更有益。

其实不同的研究对象、定义或界定，是同作者的研究视角和研究内容相关的。具体地说，它是与作者的研究视角、资历和所掌握的不同时空的信息资料相关的。比如提出不同界定的作者，有的是研究社会学的，有的是研究人口学的，有的是研究老年学的，有的是研究其他社会科学的。其自身专业与基础是不同的。即便是研究社会学的，也存在经过社会学专业训练和未经专业训练的差别，每个人的学科视角是有差异的。从对信息资料的掌握来讲，学科初建时期信息资料贫乏和后来发展过程中信息资料丰富是不可同日而语的。这些必然反映到对学科研究对象表述的差异上。而这种对学科研究对象表述上的差异，在现代学科（特别是社会学）研究领域中根本不是什么问题。到目前为止，当代世界上有成百上千个社会学定义，还没有一个所谓"正名"、"公认"的定义。而社会学则并没有因定义不统一而停滞下来，相反它仍在蓬勃发展之中。老实讲，大凡学术研究，都各自有自己的研究侧重点，有自己的独到之处。特别是一些新学科、边缘学科、正在蓬勃发展的学科，这个特点会更明显。这种研究对象的"不确定性"，则会显得更突出。它常常会成为这个学科有生命力发展的象征。从这个意义上看，一个学科生命力不在于定义界定多少，而在于社会需求。社会对这个学科有需求，这个学科就会应运而生，蓬勃发展。一个学科定义繁多，可能表明这个学科正处于蓬勃发展阶段。

为简明起见，开宗明义：本书中中国老年社会学的研究对象，就是运用社会学学科的视角和概念语言，研究中国老年人的社会行为、社会关系和社会过程。

首先是强调社会学学科视角。社会学学科视角从哪里来？是由公认的学科奠基人和主要代表者所定的，并且是在学科发展历史中积累和定型化的，即学科有个基本路径和基本角度。这就要求研究中国老年社会学的学者，力求从社会学学科视角出发，去观照和研究与中国老年相关的社会性问题。这里有两点需要注意：第一，这个视角是区别于从老年学、人口学、经济学等视角观照和研究与老年相关的社会性问题的，即不是站在老年学、人口学、经济学视角来看待与中国老年相关的问题，而是从社会学学科这个"门"进去，自觉地用这个学科的角度来看问题。比如研究结构，经济学侧重探讨老年经济结构，人口学注重探讨老年人口结构，老年学集中探讨老年人的年龄结构，社会学则着重探讨老年人的社会结构。同样是研究结构，观照的视角是不同的。第二，就是这个视角是区别于社会观、社会科学的视角。社会观可以从社会哲学视角探讨老年问题，它的视角可能更宽阔、灵活，基本不受学科限制，很多泛社会学的论著多为这种社会观的产物。即研究的是老年人的社会性内容，但不是用社会学的视角，而是用社会观即从社会哲学视角来观照和研究。因为研究的不是经济性问题，而是社会性问题，故常常将其划入社会学中。其实严格说来，应属社会哲学或应用哲学或泛社会类，不应是社会学类。从这一点上看，它同社会学学科视角研究还是有差异的。而社会科学的视角就更广阔了，它可从社会心理学角度研究，也可从人口学角度研究，还可从行为学角度来研究，因为社会科学涉及的学科太多了。有一本2007年出版的《老年社会学》，就是运用社会科学、人文科学和老年学的理论、观点，阐述老年哲学、老年心理、老年经济、老年与社会、老年保健、老年产业等方面的基本知识和技能。这本书名为《老年社会学》，其实严格讲这不叫老年社会学，叫老年人文社会科学概论或许更切题。

中国老年社会学强调社会学视角，就是力求从社会学的基本框架、基本路径、基本角度来观照和研究中国老年社会性问题，使中国老年社会学更具有"社会学味"，具有社会学学科的特色。

其次是强调社会学的概念语言。社会学经过一百年发展，已从传统社会学变为现代社会学。随着学科的成熟，它已形成一套学科概念体系，即分析工具。比如社会化、角色、社区、规范、变迁、互动、制度等。其中社会化中有继续社会化、再社会化、逆社会化等。角色中有角色冲突、角色混淆、角色偏差等。社会学正是利用这些基本概念作为分析工具，来分析研究各种社会现象的。概念的解释能力标志着这门学术的解释能力。作为现代社会学，它比较注重中观和微观的研究，它不像哲学那样注重宏观研究。这就决定社会学研究概念使用范围的有限性，角色之类的概念多适用于个体研究，制度之类概念多运用中层范围研究，比如人才制度、教育制度、保障制度研究等。研究中国老年社会学，就应运用社会学的基本概念来分析探讨中国老年社会性方面的问题，这样才能使这门学科成为社会学的一个分支。

2. 中国老年社会学的研究内容

中国老年社会学，就是围绕着中国老年的社会性这个社会系统进行研究，概括地讲就是研究老年社会结构与社会变迁，具体地讲就是研究老年人的社会行为、社会关系、社会过程等整个社会系统。它包括：老年人的价值、老年人的社会地位、老年人的社会角色、老年人的社会化、老年人的社会群体、老年人的社会组织、老年人的社会分层、老年人的社区、老年人的社会制度、老年人的社会文化、老年人的社会结构、老年人的社会互动、老年人的社会调适、老年人的社会规范、老年人的社会控制、老年人的社会问题、老年人的社会工作、老年人的社会变迁、老年人的社会发展等社会学所涉及的老年人社会性的基本概念、基本范畴和基本领域。

中国老年社会学构架体系是沿着从微观到宏观、从静态到动态的思路设计的，即从老年人个体到群体到制度再到社会结构，逐渐扩展到整个社会静态系统，然后再从静态系统延伸到社会互动、社会控制、社会变迁、社会发展这个动态系统，从而勾画出老年社会结构与社会变迁交织的生动的较为完整的社会系统。

3. 为什么称为中国老年社会学

在通常意义上，社会学不分中国和外国，其应用学科和分支学科也习惯不冠以中国和外国之定语。

为什么本书要称为中国老年社会学呢？根本原因，就是想使这本书更带有中国特色。首先，这是因为这本书的社会实体是中国老年人和老龄群体，不是泛指世界各国老年人和其他群体，即使涉及国外老年人或其他群体，也是为了与中国老年人、群体作比较。而中国老年人群体是世界各国中最大的老龄群体，有其独特性。其次，是因为当今中国社会有许多其他国家没有的特征，比如社会转型、体制转轨同时并行，这在世界上很难找到同种类型；发达国家进入老龄化社会多经历漫长岁月，经济发展与老龄化有个大体对应过程。而中国由于特殊国情，老龄化速度太快，"未富先老"成为突出的社会特征。中国独特的发展模式，必将为中国老龄化特性打上具有特色的烙印。再次，研究老年社会学，中国同样有许多中国特色。比如美国社会学或延伸出的老年社会学，势必会将种族等类问题凸显出来。而中国社会学或老年社会学，解放前多涉及家族，新中国多必不可少地论及家庭；在价值上，美国突出个人主义，中国突出集体主义。不同的社会特征必然在不同的社会学中反映出来。在对中国老年人及其群体的系统研究中，我们力求用社会学视角和概念语言分析探讨中国老年社会系统。原则上本着不改变基本路径、基本角度的前提下，使社会学的基本概念本土化、中国化，即把经典概念糅进中国文化中，通过对中国文化加工，使社会学概念渗入到中国社会分析中去，尽力避免照搬照抄，食"洋"不化，也不离弃基本概念内涵和定型化的模式，使老年社会学既具有社会学的"滋味"，又有中国的特色。

正是在这个思路指导下，本书称为中国老年社会学。

三　老年社会学是一门学科

1. 老年社会学研究的现状

"老年社会学"这一术语，最早是由 E. J. 斯蒂格利茨于 1943 年首先使用。之后美国社会科学研究会的调适研究会主席 E. W. 伯吉斯开始着手进行被称为"第一次对老年的社会学方面进行描述所作的有组织的尝试"。这一工作的成果是 1948 年出版的奥托·波拉克的《老年的社会调适》一书，它标志着西方老年社会学体系的初步成型。

中国老年社会学研究，据《老年社会学研究综述》称，"中国的老年社会学研究始于四十年代，经验调查兴起于 80 年代前后"，"至今，只有两本老年社会学著作，即 1988 年李德滨著的《老年社会学》和 1989 年袁缉辉等著的《当代老年社会学》"。[1] 又据 2008 年出版、郑杭生主编的《中国社会学 30 年》提到，"1988 年，李德滨的《老年社会学》由人民出版社出版"，"是中国改革开放以后研究老龄社会问题的开拓之作"。[2] 总体看来，由社会学者撰写的老年社会学专著不多，而老年社会学实证调查较多。

2. 老年社会学是一门独立学科

第二次世界大战后，老年社会学作为一门独立学科，先是在欧美各国学界获得认同。

在中国，老年社会学已发展得有其确定的研究客体、对象、范畴、规律

---

① 张恺悌、夏传玲：《老年社会学研究综述》，《社会学研究》1995 年第 5 期；又见张琢《当代中国社会学》，中国社会科学出版社，1998，第 319～320 页。

② 郑杭生主编《中国社会学 30 年》，中国社会科学出版社，2008，第 437 页。

和方法，并有完整的学科理论体系。老年社会学早已被社会认可。现在的问题是老年社会学的归属，在学界既有共认的部分，也有出现分歧的地方。

老年社会学是社会学的一个分支学科，对于这一点学界没有疑义。从应用社会学或是分支社会学角度讲，应用社会学或分支社会学很多，少说也有几十种，多则上百甚或几百种。譬如以年龄划分，就有儿童社会学、青年社会学、成年社会学、老年社会学；以社会领域划分，有政治社会学、经济社会学、文化社会学、军事社会学；以产业划分，有工业社会学、农业社会学、能源社会学；以社区划分，有城市社会学、农村社会学、社区社会学；以规范划分，有法律社会学、道德社会学、民俗社会学、犯罪社会学、越轨社会学；以性别划分，有男性社会学、女性社会学、两性社会学；以学科划分，有历史社会学、宗教社会学、民族社会学、教育社会学、人才社会学、医学社会学、哲学社会学；以文体划分，有体育社会学、文艺社会学、语言社会学、音乐社会学、小说社会学；以媒体划分，有传播社会学、网络社会学、电视社会学；以群团划分，有群体社会学、家庭社会学、组织社会学；以生活方式划分，有闲暇社会学、旅游社会学、游戏社会学、住宅社会学、劳动社会学；以发展划分，有人口社会学、发展社会学、环境社会学、管理社会学、预测社会学。

显而易见，只要与社会生活相关，就可能发展出来一个分支社会学。从这个学科谱系中不难看出，社会学好比是母亲，其分支学科就是其孩子。老年社会学是社会学的众多学科中的一个分支学科。

老年社会学是不是老年学的分支学科呢？在 20 世纪 80 年代的中国学界，均认为老年社会学也是老年学的一个分支学科。李德滨提到现代老年学，是由生物学、医学、心理学和社会学四个方面构成的。[①] 这表明老年社会学也同时是老年学的一个分支学科。袁缉辉、叶乃滋等也持这种观点。

袁缉辉、叶乃滋等在对老年学学科体系设计中，其老年学构成都是由三个部分构成。其中两项大体是一致的，即研究老年人的自然科学和研究老年人的社会科学。所不同的是，袁缉辉等的中间部分是研究老年人的自然科学与社会科学的交叉学科，叶乃滋的中间部分是哲学。但两者都是把老年社会学作为老年学中是一个构成部分，或是一个分支学科。

对老年社会学是不是老年学的分支学科的歧义，出现在 20 世纪 90 年代末。邬沧萍在 1999 年出版的《社会老年学》一书中提出，"其一，老年社会

---

① 李德滨：《老年社会学》，人民出版社，1988，第 25 页。

老年学

- 研究老年的自然科学
  - 老年生物学
  - 老年医学
  - 其他
- 研究老年的自然社会科学的交叉学科
  - 老年心理学
  - 老年精神病学
  - 老年卫生学
  - 其他
- 研究老年的社会科学（社会老年学）
  - 老年管理学
  - 老年社会学
  - 老年人口学
  - 老年经济学
  - 老年政治学
  - 老年法学
  - 其他

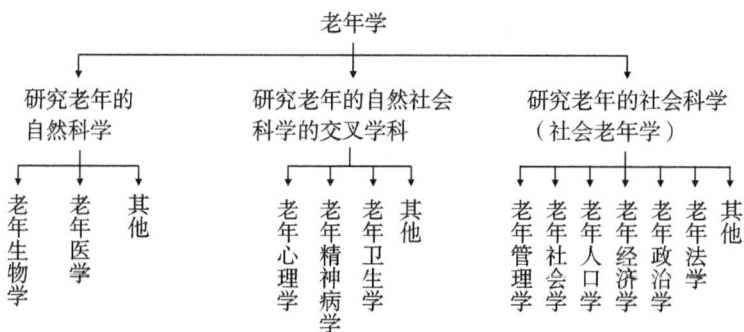

图1-1 袁缉辉等在《当代老年社会学》中提出的老年学学科体系①

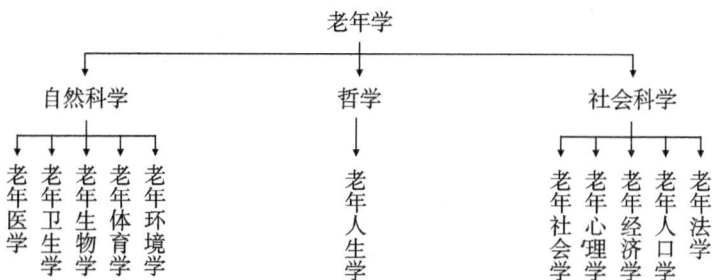

老年学

- 自然科学
  - 老年医学
  - 老年卫生学
  - 老年生物学
  - 老年体育学
  - 老年环境学
- 哲学
  - 老年人生学
- 社会科学
  - 老年社会学
  - 老年心理学
  - 老年经济学
  - 老年人口学
  - 老年法学

图1-2 叶乃滋在《现代老年社会学》中提出的老年学学科体系②

学的学科归属是社会学，社会老年学的归属是老年学。其二，社会老年学是从非生物学角度或者说是从社会科学角度研究个体和群体老龄化的。而社会学不能等同于社会科学，它只是众多社会科学的一个组成部分。"③ "社会老年学的出现最终使老年学成为一门独立科学。如果没有社会老年学，衰老生物学、老年医学、老年心理学在很大程度上会被看做生物学、医学和心理学的一个分支或组成部分。"④ 在这本书中，作者认为老年学作为一个完整的学科体系，是由衰老生物学、老年医学、老年心理学和社会老年学构成的。正是在这个意义上，社会老年学取代了老年社会学。即社会老年学是老年学的一个学科分支，老年社会学被排出老年学分支学科之外。但在2006年出版的邬沧萍与姜向群合写的《老年学概论》中又作了这样的表述："老年学是一门多学科共同研

① 袁缉辉、王因为、徐勤：《当代老年社会学》，复旦大学出版社，1989，第12页。
② 叶乃滋：《现代老年社会学》，黑龙江人民出版社，1991，第21页。
③ 邬沧萍：《社会老年学》，中国人民大学出版社，1999，第3页。
④ 邬沧萍：《社会老年学》，中国人民大学出版社，1999，第15页。

究同一个问题的学科，具有交叉学科的性质。衰老生物学、老年医学、社会老年学、老年人口学、老年心理学、老年社会学、老年经济学等是老年学的分支学科。"① 老年社会学又重新被纳入到老年学体系中。概括地讲，社会老年学是用社会科学观照和研究老龄化，老年社会学是用社会学视角和概念观照和研究老年人群体社会系统的。作为这种自身带有交叉学科性质、多学科研究同一问题的老年学学科，应该是不排斥社会老年学、老年社会学作为其分支学科的。老年社会学既是社会学的分支学科，也应是老年学的分支学科。

3. 老年社会学与相邻学科的关系

老年社会学与老年学、社会学及其相关学科的关系紧密。

从老年学学科这个角度看，老年学与老年社会学是一种从属包含关系，即老年社会学是老年学中一个构成部分，或者说是一个分支学科。其关系若打比方，好比父子关系（如李德滨的二层次说）或祖孙关系（如袁缉辉等、叶乃滋的三层次说）。即老年学是大辈，老年社会学是小辈。在老年学科的各分支学科中，老年社会学与老年生物学、老年医学、老年心理学、老年法学等是同辈分学科。而老年社会学与社会老年学应该是不在同一辈分上，社会老年学相当于三层次说中的第二层次，老年社会学属三层次说的第三层次。即社会老年学是依据社会科学理论基础，其依据可能是人口学、经济学、政治学、法学等庞杂繁多的学科。而老年社会学依据的是社会学的基础，即社会学的概念与方法。在老年学体系中，老年社会学与老年心理学关系显得更紧密，如老年情感、信仰、价值观等均为老年心理学研究的重要内容。

再从社会学学科这个角度看，社会学与老年社会学同样是从属包含关系。社会学包括老年社会学，老年社会学是社会学中的一个分支学科。老年社会学与儿童社会学、青年社会学、成年社会学是同一辈分的学科。老年社会学同家庭社会学、社区社会学、闲暇社会学、法律社会学、道德社会学、民俗社会学、电视社会学、人口社会学等学科关系密切，联系较紧。

四 学习和研究中国老年社会学的意义

老年社会学可以划到老年学范畴中去。但严格讲，老年社会学是社会学的一门分支学科。作为一门学科，它有其理论学术价值，更有其强烈的实用

---

① 邬沧萍、姜向群：《老年学概论》，中国人民大学出版社，2006，第28页。

意义。

1. 中国老年社会学是现代化社会的产物

人口老龄化已经成为中国的社会现实，中国已进入老龄化国家行列。老龄人口以每年超过3%的速度增长，中国这种快速老龄化的速度是人类历史上少有的。这种快速老龄化过程是同中国现代化大体同步的。这给中国现代化社会建设提出许多新课题。

一是老龄化社会将给我们带来什么？我们的退休制度、医疗制度、住房制度、保障制度是否能适应老龄化的需求？老龄化过程与社会发展是怎样一种关系？现在我们还不一定能弄清这些问题的深层意义。但这是我们把握老龄化的关键前提。研究老年社会学，有助于我们寻求实现社会发展目标的有效措施，为正确决策提供科学依据。

二是老龄化带来了更多的生老病死、生活照料等许多现实问题。这些问题需要社会提供越来越多的公共社会服务和社会保险。这些社会工作和社会保险事业需要大量的专业人才，而老年社会学能够为其提供社会工作需要的专门知识。

三是现代化带来了老年人地位的降低。老年人如何适应社会这种剧变，做好思想准备和心理调适；社会如何了解老年人，理解老年人，继承尊老、爱老、养老的优良传统，树立尊老、爱老、养老的良好社会风尚。老年社会学不仅应是老年人的教科书，同样也应是青壮年的必备读物。今天的青壮年人就是明天的老年人，关注今天的老年人就是关注明天的自己。而要自觉地认识老年人，学习老年社会学应成为必修课。老年社会学在普及老年社会学知识方面是有实际意义的。

2. 中国老年社会学是适应现代社会理论发展之需要

中国社会学走过了不平坦的30年，中国老年社会学也刚刚走过20年。

对20年来中国老年社会学学科发展怎样评估？总体上看实证调查较多，学科性理论研究显得不足。

张恺悌、夏传玲将中国老年人问题的经验调查划分为两个阶段。① 第一阶段大抵从80年代初开始，80年代中后期结束（可以以中国社会科学院人口研究所的"1987年老年人口抽样调查"为分界点）。这一时期的研究特点是：

---

① 张恺悌、夏传玲：《老年社会学研究综述》，《社会学研究》1995年第5期。

一是调查样本量一般较小；二是调查的范围局限于地方；三是调查对象以城市老年人为主。关注离退休老年人的调查占相当的比例。在空间上形成以北京、上海、天津、哈尔滨、武汉等大城市为中心的研究格局；四是调查的主题覆盖面较宽，以老年人经济收入、日常生活照料、社会参与为主要选题，但深入的程度比较低。第二阶段从1987年开始，老年领域里经验调查在数量上有所增加，而且出现全国范围的大型抽样调查，与国外合作进行的调查也开始出现。这一时期的特点：一是开展了全国范围的老年人问题研究；二是研究手段开始标准化，从抽样到问卷设计，开始注重科学性；三是研究的主题更加综合、更加深入，但依旧以老年人的生活状况为主；四是一些较为复杂的统计分析开始被应用。

1982～1994年，全国各地老年领域的调查至少有120次，平均每年调查有十次之多，这为老年社会学研究积累了丰富的资料，这段研究的特点可以概括为三点：一是视野扩大，从老年人扩大到中青年身上；二是研究主题延伸，从个体的晚年阶段拓宽至个体的整个一生；三是研究方法提高，出现纵贯调查、定性与定量方法的结合的研究方法。

对中国老年人社会问题的研究，陶立群概括以下几点：一是人口老龄化和老龄问题；二是人口老化；三是建立完善社会保障制度；四是老有所为，充分发挥余热；五是涉及老年社会学的几个热点问题：高龄妇女问题、家庭结构的变化、老年教育、老年婚姻问题、发展社区服务事业。[①] 对于中国老年社会学研究理论取向，张恺悌、夏传玲总结了几点：（1）角色理论取向；（2）社会发展理论取向；（3）社会问题观（老年人的依赖性与独立性问题，老年人的保障问题）。[②]

不难看出，中国老年社会学重建初期，学界做了大量实证研究，而学科体系和理论框架方面的研究显得不足。20世纪80年代末90年代初全国只有三本老年社会学著述，且都出版于中国社会学重建尚不成熟时期。在缺乏大量实证研究的基础上，不可能对现实中国老年社会系统作全面的理论概括。特别是在中国社会学界存在食"洋"不化和泛社会化两种倾向的背景下，在中国老年社会学领域，反映出来的是泛社会学化倾向比较突出。其表现是：一是将社会科学老年学（即用哲学、经济学、人口学、教育学、人才学、文化学、心理学、婚姻家庭学等社会科学观照和研究老年）当做老年社会学。

---

① 陶立群：《近年来中国老年社会问题研究状况综述》，参见《中国社会学年鉴1979～1989》，中国大百科全书出版社，1989，第125～129页。

② 张恺悌、夏传玲：《老年社会学研究综述》，《社会学研究》1995年第5期。

代表作为曲江川主编的《老年社会学》（科学出版社，2007）。二是将社会老年学（即用社会观而不是社会学视角和概念观照和研究老年）说成老年社会学。代表作为沈健译、〔美〕戴维·德克尔著的《老年社会学》（天津人民出版社，1986）。邬沧萍在其主编的《社会老年学》中就明确提出应翻译为《社会老年学》，而不应翻译为《老年社会学》。三是认为非经济老年学（即用人口学理论和方法研究除经济之外的老年问题）即为老年社会学。代表作为战捷主编的《老年社会学教程》（中国大百科全书出版社，2000）。诸如此类的老年社会学著作，其作者多为医学、人口学、经济学等专业作者，其著述或编著说到底就是缺乏社会学视角和概念，就连书后附的参考文献也没有一本社会学著作。从严格意义上讲，没有社会学的特色、缺失社会学灵魂的作品，不应算狭义讲的社会学著作。

伴随老龄化，老年人及其群体规模日益扩大，老年需求日益增多，现实对理论提出了挑战，现实迫切需要建立一套有中国特色、有理论有实践的社会学理论构架和体系。它的基本要求是：

一是要联系中国老年实际。反映中国老年人的需求和当代老年社会的现实生活、时代精神，揭示传统文化与现代化的矛盾，阐明中国老年社会的系统运作。

二是要用社会学视角和概念观照和分析中国老年社会。用社会学视角和概念对大量的老年实证调查数据、资料作抽象概括，科学地认识老年人和老龄化过程，调整社会不适应与不和谐，发挥社会学理论作用，从老年视角完善中国社会学理论。

三是要有中国特色。中国老年社会构成有别于西方国家，中国老年人规模和问题是世界其他国家所没有的，中国养老体系也将创造适于中国社会的模式，中国老年社会文化也有独到的特色。中国老年社会学肯定有中国老年的特色。

3. 中国老年社会学是解决当代和未来老年问题的金钥匙

作为应用学科的中国老年社会学，具有很强的实用价值。

一是有助于增强认识老年人群体的自觉性。随着老龄化的加快，老年人群体越来越受到社会的关注。不仅老年人关注，青壮年人也关注。因为今天的青壮年人也是明天的老年人，关注老年人也就是关注自己的未来。但关注不等于科学认识，人们必须寻求科学的帮助，要从理论层次了解老年人群体。研究中国老年社会学，有助于对老年人群体的认识，有助于从现象到本质，从不自觉到自觉，指导中青年人了解老年人，协调好代际关系。特别是对从事老年实际工作者系统地全面了解老年人社会结构、功能和运行机制，把握不同年龄群体的相互关系和相互作用，有着实际的指导作用。

二是具有指导调适作用。人进入老年期，从心理、生活方式到社会关系，会出现许多不适应的地方，要自觉地调整这些不适应的问题，需要有中国老年社会学的科学知识作指导，这有助于缩短不适应的时期，顺利进入老年期。作为社会也有个调适问题。老龄社会结构的变化会给社会生活带来许多新的问题，如何科学认识和解决这些问题，使社会适应于老龄结构的新变化，中国老年社会学将会在社会调适方面发挥重要功能。

三是具有教育培训作用。随着老龄化快速发展，老年人越来越多，尤其是高龄老人越来越多，这对各类老龄专业人才需求也越来越大。对这些专业人才要进行中国老年社会学的基础训练，忽视这点，就很难适应老龄化社会的各种需要。

四是具有推动科学决策的作用。老年人在社会中的作用会越来越突出。如何对老龄问题进行科学决策，将成为政府和有关部门议事日程的重要内容。正确决策离不开科学的依据，中国老年社会学可以为老龄工作和发展提供科学依据。一方面以科学系统的社会调查提供科学咨询，另一方面以科研实际成果帮助老龄工作进行科学决策。特别是包括中国老年社会学在内的中国老年学学科的理论和方法，可以指导老龄工作和研究，有助于老龄化社会的科学治理和整体发展。

五是具有科学预测的功能。要搞好中国老年发展预测，离不开中国老年社会学指导和社会调查。社会学一个重要功能就是预测功能。要把握中国老年未来发展的脉搏，就要靠中国老年社会学的理论指导和一整套指标体系。

第二章　老年价值

人生价值和社会价值贯穿于人生命的全部阶段。对于老年人来说，其人生价值与社会价值有着同青年期和中年期明显不同的意义。老年价值及价值观，关系到对老年的评价与定位。老年价值主要是由老年人生价值和老年社会价值构成的。

一　老年价值与价值观

1. 老年价值与价值观

什么是价值呢？价值是指客体对主体的效用性和意义。从社会学视角来看，就是某事物对现实社会的意义。我们常说某事有没有意义，好不好，重要不重要，值不值得追求，都是从价值的角度对某事物进行社会评价。

老年人与青年人、中年人不同，人老了，对自己有什么意义呢？对社会有什么意义呢？前者讲的主要是老年人的人生价值，后者讲的主要是老年人的社会价值。

老年人的人生价值，是就个体价值而言的。个体价值是区别于群体价值、集体价值、社会价值的。人生价值通常不是孤立存在的，人生价值是社会价值和自我价值的有机统一，密不可分。说白了，人生价值就是个体满足，社会价值就是个体贡献。每个人只能在创造社会价值的过程中获取人生自我价值。从这个意义上讲，人生价值的主要方面是社会价值或者说个体贡献。作为人生价值，它的主要特征是满足主体需要。个体在满足主体需要的程度和形式上是有差异的。

老年人的社会价值，是指当个体作为客体时，能够满足社会或主体人的需要，也就是老年人对社会的意义，对社会的贡献。

怎么看待或评价老年人的人生与社会问题，是有意义还是没意义？是有价值还是没价值？是好还是坏？是可行还是不可行？这就是老年价值观。价值观就是评价现实生活中的各种事物的根本观点、基本看法，或者说是对其价值所作的一种判断。按照威廉姆斯的说法："价值观是决定一个社会的理想和目标的一般的和抽象的观念。"① 价值观是社会成员用以进行价值判断的根本观点，它对个人行为有决定的影响作用。"共同性的价值观念是影响全体行为的一类极其重要的因素"。②

这里须说明一点，对老年价值和老年价值观的评价，其实是有两个不同分类：一是评价什么，即评价对象的视角，分为老年人生价值、老年社会价值；二是谁来评价，即评价主体的视角，分为老年人对自我评价、社会对老年人的评价。视角不同，评价是有差异的。在研究老年价值、老年价值观时我们应注意到这个差异性。

2. 西方社会学对老年价值的探讨

西方社会学对老年价值的研究和探讨比较早，比较多。他们的研究对象的文化、结构与我们既有共同点，也有很大差异性。他们的一些研究结果对我们会有参照作用。

一是功能学派的老年价值观。功能学派的主要代表人物是帕森斯和默顿。其核心理论是：社会整体是由各个相互联系的部分所构成，各部分都对整体起一定的作用，即发挥一定功能。认定社会是由一群相互关联的部分所构成，任何一个部分都不能与整体割裂开来，任何一部分所发生的变迁都会造成整体的失调，随之其他部分必然有所改变，以适应其失调现象，并引导社会重新转向整合与均衡。整合系指各部分之间相互影响的结果，促成某种程度的和谐；而均衡是社会体系运行的最终目标。在整合均衡的状态里，社会体系和谐而无冲突。

功能理论认为社会中的每一个因子都是有存在的价值和功能的。由此引申到老年社会学上，就是老年人在社会体系运行中也是有价值的、有功能的。功能理论认为老年人的功能主要表现在两点：一是老年人对下一代的社会化上，这是因为老年人是文化的传承者，经验丰富，阅历多，是社会化执行者，是社会化过程中的重要角色。二是有的老年人仍在岗位上发挥作用，用其经验、知识直接为社会作出贡献。功能理论从总体上是比较重视老年人的社会

① 〔美〕波普诺：《社会学》，刘云德、王戈译，辽宁人民出版社，1987，第107页。
② 杨国枢：《中国人的性格》，江苏教育出版社，2006，第215页。

价值的。

二是冲突学派的老年价值观。冲突学派的主要代表人物是科塞和达伦多夫。冲突学派主要研究社会中人与人、团体与团体、阶层与阶层、阶级与阶级之间的矛盾和冲突。在科塞看来，"所谓冲突是对价值观信仰以及对权力、地位、资源的分配而引起的斗争。在斗争中，一方企图中和、伤害或消除另一方"。科塞认为冲突既有好作用，又有坏作用。不涉及基本价值观的冲突，有利于系统和群体完善原有的结构，制定新的规范。但冲突双方一旦在基本问题（即在基本价值）上不能达成一致，冲突就会造成系统的混乱和瓦解。冲突学派强调要辩证地对待冲突，注意冲突的有利因素，找到冲突解决体制化的途径，并要有安全阀装置，以便作为警示系统，促使统治者体察民情，改进工作。达伦多夫认为冲突的产生是由于社会权力分配不均造成的。

从冲突理论的立场来看，老年问题是由于权力分配不均的结果，即社会上握有权势的团体主要是中青年人，他们置老年人权益于不顾，使老年人成为社会上受压抑的群体。老年人要想争取生存上的权力，改变其社会地位，活得有价值，就应组织起来进行斗争，抗议权力分配不均。冲突论的老年价值观为老年人争取合法权益提供了行动指南。

三是交换学派的老年价值观。交换学派的主要代表人物是霍曼斯。他认为利己主义、趋利避害是人类行为的基本原则。人与人之间具有功利关系。人们之间的互动是一种交换过程，交换包括情感、报酬、资源、公正性等。交换就是以最少代价获得最大回报。提供回报的能力称为权力，权力是社会交换理论的中心概念。

按照交换理论，老年人的权力随着在工作、健康、社会关系网络和财产上的失落而消失。因本身条件受限，老年人自然成为无力的群体，他们仅有的选择或交换的条件是对掌握资源者的顺从及依赖。在交换理论面前，老年人的价值越来越小。

四是疏离学派的老年价值观。疏离理论也称为解脱理论、撤离理论。其代表人物是库明和亨利。这一理论认为，随着老年人口年龄的增长，个人与他人间的人际交往量会逐渐减少，性质也会发生某种变化，充当消极的角色增加。由于参与的社会活动减少，社会必须采取一定疏离措施，将权限由老年一代转交给中青年一代。疏离主要体现在两方面：一是来自社会方面的疏离，即社会通过退休制度，实现接替，达到疏离目的。二是来自个人的疏离。或因老年人体力或智力衰退，难于支撑；或是因生活天地缩小，也就清心寡欲了。疏离理论概括了老年社会人口参与社会生活的总趋势。从价值的角度讲，疏离理论实质上是对老年人的社会价值持否定的态度。

五是活动学派的老年价值观。其代表人物为哈维格斯。该理论认为，活动水平高的老年人比活动水平低的老年人更容易感到生活满意和更能适应社会。

这一理论认为老年期同样具有活动的愿望，只是活动速度和节奏放慢了而已。一个人只要生理和心理上有足够能力，就可扮演其角色，履行其义务。但实际生活往往剥夺了老年人期望扮演社会角色的机会，使老年人活动的社会范围变窄，活动空间缩小，使老年人对自身存在价值产生迷茫感。因此，应有补偿性的活动来维持老年人在社会及心理方面的适应能力。如老年人退休了，就应有职业之外的活动补充上去；老年人配偶或亲友死亡，就应由其他人际交往的增加来弥补。活动和参与有助于保持老年人的活力，进而体现他们的价值。不难看出，活动理论是肯定老年人的价值的。但也不能完全用活动水平高低来判断老年人对生活的满意程度，即不能用一种模式来要求和评价所有的老年人。

六是连续性学派的老年价值观。其代表人物是纽加顿。这一理论认为，人的整个一生中各个生活阶段的个性特征和功能是基本不变的，它在某种程度上决定了老年人的生活面貌。一个人虽历经中年到老年的人生变化，但其个性和社会功能会继续保持下去。这个连续包括内部连续（主要表现为气质、性格、观念等）和外部连续（主要表现为爱好、兴趣、行动取向等）。年轻时对社会有贡献，老年时仍会继续保持其社会价值。这就是说，老年人的社会价值是由其先前的生活阶段打下基础的。这实际上是一种价值连续论。

这一理论对老年价值观具有更多的积极作用。它的局限在于强调老年人个性的同时，忽视了外部环境变化对老年人产生的影响，忽视了社会共同规范的制约。

西方社会学对老年价值的探讨，是依据西方国家的各自国情、民族文化、社会文明程度概括抽象出来的，它不见得都会适合我国的老年人现实，但对我们还是会有参考作用的。比如有的老年人以退而不休来证明其社会价值，就同功能理论提出老年有价值的观点相吻合；有些老年人用法律武器去维护自身权益，就可用冲突理论来解释；有的单位领导把离退休者视为包袱和累赘，就是用交换理论来看待老年人的价值；为维护社会稳定，我们现在实施的"一刀切"强制退休政策，实质上采用的就是疏离理论；有的人年轻时就喜欢唱歌跳舞，老年时期仍然保持原来的个性和生活方式，他就会有幸福感、满足感，这个就可运用连续性理论来说明。不难看出，这些理论都是有一定适用范围的，都是有一定的局限性的。

从上述西方社会学对老年价值的探讨中可以看到，不同的理论对老年价值的衡量标准是不同的。由于衡量老年价值的尺度不一致，体现在老年价值理论上也就有了很大差异。功能理论是将功能（也可理解为作用、贡献）作为衡量价值的尺度；冲突理论是以权力作为衡量价值的尺度。采用不同的衡量价值的尺度，就会产生不同的价值理论。我们是社会主义制度，坚持的是马克思主义价值观，即把对社会的贡献作为衡量人生价值的尺度。用贡献作为衡量价值的标准，就是要全面地、历史地评价老年人，不仅要看他今天对社会所作的贡献（包括社会劳动、家务劳动以及所创造的精神财富），还要看他在过去为社会所创造的价值。今天中国的物质和精神财富是以前多年创造和积累的结果，老年人分享劳动和社会发展的成果是完全理所当然的，是对老年人自我价值和社会价值的认可。

3. 开展老年价值研究意义

价值观对人的行为有决定作用。老年人持什么样的价值观，对于他们的晚年生活有至关重要的意义。正如帕森斯早期指出的："价值是构成社会秩序的绝对必要的条件。"[①] 特别是老年人群体的规模在日益增大的前提下，老年价值观直接影响着社会现代化，影响着社会的安定和谐。研究老年价值和价值观，有着重大的现实意义。

（1）有助于发挥老年人潜在价值和活动能量，为社会创造物质和精神财富。

老年人是社会宝贵的财富。老年人不仅是消费人口，也是生产人口，是劳动力资源。身体健康的老年人，其身心蕴藏着巨大的潜在价值和活动能量。老学者、老专家、老艺人、老技工、老匠人，他们的智慧和技能是几十年积累的结果，因为他们有经验、有知识、有能量，其潜在价值一旦被挖掘出来，就会为社会创造更多的物质和精神财富。这样的事例在我们身边数不胜数。老年人的知识与技术对社会经济发展的作用极为重要。一些单位宁肯花重金也要聘用老工程师、老技工、老专家，就是这种价值的充分体现。很多老年人不仅在创造物质财富上显示价值，在创造精神财富上也做出了重要贡献。特别是甘愿做"园丁"、"春蚕"、"红烛"，那种甘于奉献的精神，为社会留下了宝贵精神财富。

---

① 参见高谊扬《当代社会理论》，中国人民大学出版社，2005，第537页。

（2）有助于焕发老年人老有所为、奋发进取的新理念，弘扬积极向上的老年价值观。

很多老年人有理想，有事业，有追求，热爱生活，热爱人生，广开乐源，善解忧愁。无论是在岗位上，还是离开工作岗位后，仍老有所为、奋发进取，体现了一种积极向上的老年价值观。在这种价值观指导下，他们乐意为社会做些有益事情，生活过得充实有幸福感。曾参加新四军的八旬老干部王兴华，提出开创人生第二个春天，就是在老年人中弘扬积极、乐观、健康的老年价值观。这就是向世界宣扬一种新观念、新理念。老年人不是"秋风落叶"，而是要用新的姿态，去迎接人生的第二个春天。弘扬这种价值观，不仅对老年人人生价值有积极向上的意义，而且对社会稳定和谐都有着重要意义。

（3）有助于社会关注老年价值观，为老年人实现自我价值创造条件。

老年人的价值取向是积极的还是消极的，是乐观向上还是悲观厌世的？它不仅是个人问题，延伸开来也是一个社会问题。

在现代社会里，老年人的需求及价值等问题容易被社会忽略。研究和探讨老年价值问题，有助于引起社会对这一问题的关注。老年人的人生价值及社会价值的实现，很大程度上要靠社会的支持和帮助。社会要重视老年价值问题，开发老年人的潜在价值，发挥老年人的价值优势，为其创造一些有利条件。特别是在社会政策的制定及实施上，要为老年人开绿灯，鼓励老年人，优待老年人，使老年人的自我价值得到实现，社会价值得到开发和弘扬。

二　老年价值的特征和内容

老年人是社会中的一个特定群体，老年是人生的一个特殊阶段，老年阶段其人生价值有不同的表现和特征。

1. 老年价值的特征

（1）健康状况不同，其老年人生价值取向也不同。如果将老年人的健康作为划分标准，可将老年人分为健康老人、自理老人、被服侍老人三种。所谓健康老人亦可视为低龄老年人，年龄大约为 60~70 岁（这只是个约数，因为健康因个体间差异性比较大，并不完全与年龄挂钩）。这里的健康也是个相对健康（因为进入老年期，难免有高血压、冠心病、胃炎之类慢性病，只要不严重就可划入健康范围内）。这个层次的老年人可以直接参与社会劳动和社会活动，胜任工作角色。所谓自理老人，可视为中龄老人，年龄大约为 70~80 岁。生活能够自理，可参与少量社会经济活动。所谓被服侍老人，可视为高龄老人，年龄在80岁以上，一般地处于社会和家庭的照料中，生活不能自理。这种以健康为标准，将老年人分为三类，就是要区别老年人因身体状况不同，其现实的人生价值与个体贡献是不同的。健康老人具有发挥劳动价值、服务价值、创造价值的能力和优势，还能为社会做奉献。老有所为，也主要是指这个层次的老年人。自理老人、被服侍老人的价值主要是历史价值，现实价值主要体现在生命价值、精神价值上。社会主要通过个体满足实现对个体贡献的回报。显而易见，老年个体因身体健康不同，其现实的人生价值有显著的不同。

（2）老年人生价值追求具有差异性。老年人因原来社会分工以及文化程度、性别、爱好、兴趣不同，在晚年人生价值追求上呈现出很大差别。可将老年人分为"事业型"、"开创型"、"深造型"、"公益型"、"家务型"、"艺术型"、"娱乐型"、"保健型"等。老年人因各种不同人生价值追求，显示不同的个性特征。

（3）老年价值具有历史性。老年人的价值具有明显的历史性。历史价值是老年人价值构成的主要部分。老年人在中年期为社会贡献了力量。从这个意义上讲，老年人的贡献体现在历史发展中，其价值凝结在历史发展中。健康老年人也可能再创造现实价值，但人生主要价值体现在先前价值的延续性。即指老年人继续发挥先前生活阶段对社会贡献的能力。非老年期是老年人创造社会价值的"黄金期"。进入老年期，创造物质和精神财富这种价值的能力，随着身体老化，日渐衰退，逐渐成为社会和家庭扶助的对象。

（4）文化价值是老年现实价值的优势。老年人的知识和经验凝结着人类智慧和文明的精华，不因生理功能老化、疾病增加而丧失。身体老化衰弱不影响文化传播传递，老年人可以用精神道德力量、丰富阅历，把毕生所得的文化积累传递给下一代，包括道德情操的把握、人际关系的处理、社会规范的传授、谋生技能手段的传授。特别是用自己人生价值、经验教训启迪后辈人，对下一代有教导和借鉴作用。这种精神价值、文化价值，可以说是老年人现实价值的优势，对社会文化传承起到无法估量的作用。

（5）生命价值是高龄老人的基本价值。老年人进入晚年阶段，面对的是亲人朋友的相继去世、病魔折磨、服侍上的不如意、死亡日益临近等，老年人对人生价值也会重新思考：活着是否有意义？是否值得？这时的人生价值全部意义就在于生命。生命价值成为高龄老人人生价值的核心。

2. 老年价值的内容

老年人人生价值是多重的。有政治、经济、文化上的价值、社会与家庭的价值、现实与未来的价值、无形与有形的价值、生理与心理价值。其价值表现在各领域各层面，相互交织在一起。现概括为八个方面的内容。

（1）导向价值。即指引领、导向、领导的价值。上至治国方略，中至部门单位管理、运营、发展及决策，小至家庭事务权的拍板，都要有人来决定决策，很多老年人就是这种决策者。八旬的邓小平南方谈话，为中国社会主义航船把握前进方向。著名社会学家费孝通先生一生"志在富民"，年过七旬时依然在各地奔波调研，为富民呕心沥血，出谋划策。95 岁的杜润生于 2008年末获得"第四届中国发展百人奖（农村）终身成就奖"。杜润生是 1982～1986 年"中央一号文件"的主持起草者。他被人们称为"中国农民的恩人"、"中国农村改革的参谋长"、"中国农村包产到户一锤定音者"。还有一位 2002年 81 岁去世的老人，叫郭崇毅。他是先加入民盟，进入政协，后担任安徽省政府参事。1979 年冒着巨大的政治风险，连续三次上书中央，反映农村包产到户问题。改革开放后的二十多年，他向省和中央写了近百篇调查报告和建议，抱病参政议政。在中国，老年人参政议政，很多重大治国决策是由老年人拍板的。有的学者在阐述老年人价值时，只提经济和文化方面的内容。其实老年人在中国政治、社会领域的价值是不应忽视的。不仅在最高层，即使在地方及至一个家庭，老年人的作用都是不容忽视的。

（2）创造价值。老年人由于长期积累，在经验和学识方面有丰厚储存，在科学、技术、调研、科技开发和应用、设计等方面从事创造性工作或事业，做出重大贡献，为人类留下了不可磨灭的创造价值。历届国家最高科学技术奖获得者，多为高龄老人。他们是 2000 年国家最高科学技术奖获得者、世界著名数学家吴文俊，时年 81 岁；杂交水稻之父袁隆平，时年 70 岁。2001 年国家最高科学技术奖获得者，汉字输入技术激光照排系统创始人王选，时年64 岁；著名物理学家黄昆，时年 82 岁。2002 年国家最高科学技术奖获得者，高性能计算机领域的著名专家金怡濂，时年 73 岁。2003 年国家最高科学技术奖获得者，著名地球环境科学家刘东生，时年 82 岁；著名技术专家王永志，时年 71 岁。2005 年国家最高科学技术奖获得者，世界著名气象学家叶笃正，时年 89 岁；世界著名肝脏外科学家吴孟超，时年 83 岁。2006 年国家最高科学技术奖获得者，遗传学家、小麦远缘杂交奠基人李振声，时年 75 岁。2007年国家最高科学技术奖获得者，石油化工催化剂专家闵恩泽，时年 83 岁；著名植物学家吴征镒，时年 88 岁。2008 年国家最高科学技术奖获得者，我国神经外科开拓者王忠诚，时年 83 岁；著名化学家徐光宪，时年 88 岁。2009 年国家最高科学技术奖获得者，著名数学家谷超豪，时年 83 岁；著名运载火箭与卫星技术专家孙家栋，时年 80 岁。不难看出，历届国家最高科学技术奖获得者，其获奖时最低年龄为 64 岁，最高年龄为 89 岁，在这 16 位获奖者中获奖时 11 位年过 80 岁。陕西 67 岁老人廖思乃于 2008 年 7 月 26 日从西安起程，向青海西部海拔 6178 米的玉珠峰发起冲击，为北京奥运会祈福，最后成功登顶，成为国内 60 岁以上登顶 6000 米以上高峰的第一人，以超人的毅力创造了奇迹。他们以老年人生创造为重，以老年人生创造为荣，创造是人生价值中最亮丽的一道风景线。

（3）精神价值。指高尚道德品德情操、高雅文明艺术、文化凝聚力、潜移默化的示范行为等。沈阳有位年过七旬行动不便的康姓老人，退休前是工程师，一件羽绒服穿了 20 多年，一个冬天吃 200 多斤白菜，却将一辈子积蓄及房产 400 余万元捐赠给沈阳市第二中学，他不为名不图利，拒绝任何采访，不愿留下姓名，只是"希望孩子们好好学习"。2008 年 12 月 25 日"南方网广东发展论坛"出现一组紫金县旧塘小学岌岌可危现状的图片，该校被冠以"广东省最破烂的学校"的名号。这个学校有一二年级学生 21 名。旧塘小学唯一的老师是 71 岁的廖国良，50 年前，他是代课老师，50 年后，他仍是一名代课教师。这个学校条件极差，但由于老师教学质量高，许多家长舍近求远，慕名送子就学。由于条件差，后继乏人，廖国良表示："只要乡亲们相信我，我就要教下去。""如果有可能，我可以干到 80 岁。"唯一使他欣慰的是三个村民小组成员从曾祖到曾孙已有四代人称他为老师，他把这个看做自己人生最大的精神财富。

锦州义县聚粮囤乡平圈子村 2009 年初出了件奇事：出生在圈子村、一生务农兼做木匠活的 86 岁老人杜森林于 2009 年 1 月 29 日去世，2 月 2 日出殡。18 年前，杜老搬到锦州市居住，很少回来。许多村民甚至没有亲眼见过这位杜老。但在这个村里，随处可见老人留下的"善行"。最让村民感动震惊的是，在杜老出殡当天，子女将老人所有积蓄 100 万元现金送到了村委会。杜老的遗嘱规定：20 万元捐给村小学，80 万元平均分给所有村民。按照全村现有的 1000 人计算，每人将得到 800 元。这对村民来说，相当于他们几个月的收入。

上海退休教师沈翠英与拍卖行签订委托协议，同时交出房产证，捐赠一套 147.2 平方米，估价达 450 万元的房产作为拍卖品，于 2008 年 6 月 12 日参加上海市赈灾义拍，全部拍卖所得用于在都江堰市建造一所能抵抗强震的学校。老人说："有这套房子，可以为我养老。但是，以我的一套房子，可以换来灾区孩子一幢教学楼，值得。"

这四位老人的善举义为，体现的是一种可贵的精神价值。即使老人们不在世了，但他们却都活在人们心里。精神价值是一笔无形的宝贵财富，是不能用金钱来计量的。

（4）传承价值。即指文化传承，诸如向青少年和儿童进行优良传统教育，教书育人，咨询辅导，传播文化和科技知识，整理民俗文化，开展文体活动，教养孙辈等。人类之所以能长盛不衰，一代比一代强，靠的就是文化传承。传承过程使文化不断升华和增值，人类社会不断从低级向高级阶段攀升。江西省婺源县浙源乡孙灶森自 1949 年起，在乡沱口小学执教 60 年。1994 年退休后被学校留用 15 年，2007 年 8 月 23 日是孙灶森 80 岁生日，他将一份遗嘱张贴在村前，遗嘱中写道：在我 80 岁的时候，总算完成了两万元的积蓄，我将它存入浙源信用社，每年提取利息奖给沱口小学一至六年级品学兼优的学生，以报答沱口父老乡亲对我的支持，永远不要动用本金，我死后交浙源教育党支部保存支付。

2008 年 82 岁的高元勋曾在吉林工作，现返家乡哈尔滨安度晚年。他酷爱珠算，总结出一套"眼到数出"的神奇算法，先后出版 5 本书，被评为省优秀科普作品。他为把所学留给后人，除作报告外，还利用网络平台，开博客讲脑算知识。他说："我就是想把一生学习摸索到的东西留下来，给人留些有益的帮助。"

在哈尔滨呼兰区新华社区福润家园小区里，80 岁老人关双艳建起了一个"快乐大院"。大院有扭秧歌、健身操、剪纸绘画、革命传统教育、法律及文明礼貌教育、大唱革命歌曲等活动。每天傍晚都有近百名社区居民来到这个快乐大院，参加各种文化娱乐活动。这个快乐大院就是靠这位人老心不老的 80 多岁老人搞起来的。80 岁老人通过健康向上的文化，为邻里创造了欢乐与和谐。

这三位老人，人老心不老，心态乐观向上，利用自己所长，向身边群众传播文化，其精神可嘉，难能可贵。他们的行为表明，高龄老人依然能为社会做贡献，尽其所为，继续闪烁人生价值和社会价值。

（5）劳动价值。即指参加社会劳动（包括依法从事经营和生产活动）与家务劳动，直接创造使用价值或商品价值。

浙江省浦江县城和平北路有位 93 岁老人，叫张凤仙，每天坐在街边卖自己织的蓝格子土布，37 年前老伴离世，老人开始独居，织布卖布。家里人都劝她在家享清福，村里也给老人充足的养老福利，但老人不愿享清福，她说："只要不闭眼我就干下去，在这里做生意可比在家里好玩多了。一天挣不到多少钞票，但不要儿子养着，我蛮高兴。"

河北晋州吕家庄村党支部书记高能权，2008 年时已 91 岁，他是我国目前党龄、任职时间最长、仍然在任的村支部书记。

76 岁的南京大学教授王富葆，是 2008 年底赴罗布泊综合科学考察队中年龄最大的学者，同其他队员一样身背 25 斤左右背包。他自 2002 年起已六度出入罗布泊地区。一提起古稀老人还往"生命禁区"跑，他说："比起刘先生这样的'大家'，我们是'年轻人'。"（他说的"大家"刘先生，是指 2004 年他陪同的中国科学院院士刘东生研究员，已去世，当时刘先生 87 岁）"一辈子搞地质，也跑了一辈子，还有精力，就再跑跑。"他就是靠这种精神，要在"生命禁区"跑到底。

张凤仙和高能权都属高龄老人，但他们身体好，依然工作在第一线。他们用自己的言行，破除了高龄老人只有生命价值这种唯一价值的模式，表明高龄老人也能创造劳动价值、社会价值。王富葆比之前两位年龄小，但也是古稀之年，竟在沙丘野外荒漠禁区进行科考工作。这种恶劣环境，即使对青壮年也是严峻挑战。这种为科学自找苦吃的奉献精神十分难得。

（6）服务价值。即指技术服务、咨询服务、公益服务、义务服务、社区服务、维护社会治安、协助调解民间纠纷、做志愿者或义工等无偿或有少量补贴性的各种服务。

在哈尔滨有个很有名的志愿者服务组织——夕阳红老年服务队。现已有 1500 多人。为迎办大冬会，2008 年底《生活报》发出"志愿者百万小时行动"的招募消息，主要是招募交通管理志愿者。2009 年 1 月初共有 100 名夕阳红老年服务队的队员报名，平均年龄 68 岁，年龄最大的是一位 85 岁老人，名叫胡秀荣，她说："我报名参加志愿者，就是因为喜欢帮助别人，这样我很快乐。办大冬会是哈尔滨的事，咱哈尔滨百姓绝不能置身事外。"大冬会前的春节，就有 50 多位老年志愿者参加志愿服务活动。他们疏导车辆，义务指路，兑换零币，显示了高度的服务意识。

哈尔滨还有一个"怪老头"，他就是 70 岁的刘振北教授。刘教授退休前是哈工大能源学院的老师。1999 年底退休后，他就推一辆破旧自行车，带一个装满考研资料的塑料袋，在工大"红楼"前一棵大树旁守候，义务为考研的学生提供资料和信息。他十年如一日，为考研学生服务，并兼任学生的"精神导师"。由于名声在外，不仅本校学生，省内外众多高校的学生都会特意赶到哈工大找他。他说，做了一辈子教师，太喜欢学生了，考研对很多学生而言都是他们人生中至关重要的一道"坎儿"，他总是希望能在这道"坎儿"上帮学生一把。

80岁老人唐梦辰是黑龙江省兴隆林业局退休职工。他是20世纪50年代转业军人，新中国成立前曾在老家湖南韶山参加过游击队。他极富爱心，热心公益事业。他义务扫雪10余年，义务绿化5年多，义务修路3公里。在家庭生活不富裕的情况下，连续7个月为四川地震灾区捐款。他用几十年的行动诠释对社会的爱，展示他的人生价值。

大爱无疆，这些老人不是去享清福，而是自找"麻烦"，处处为别人着想，力所能及地为老百姓分忧解难，为广大群众谋利造福，为社会增光添彩。他们用自己对社会的服务价值，实现了自己的人生价值。

（7）休闲价值。即指老年人以休闲为主，从事诸如旅游、养花养鸟养鱼、针绣、欣赏影视、读书看报、吟诗作画、唱歌跳舞、搓麻将下棋等活动。

在黑龙江、山西等省市活跃着一群"两栖"老人。他们像候鸟一样，因气候不同选择不同的地方生活。一种是春夏到乡下生活，秋冬在城里生活；另一种是秋冬去海南、广东等享受阳光，春夏回到家里避暑。据不完全统计，哈尔滨在海南就有17.8万位这种"两栖"老人，海南成了他们的第二个"家"。

在天津北辰区双口镇双口二村有个老年书画协会。68岁的刘学友上过五年老年大学，专门学习作画，并成为协会的老师。他的得意弟子是72岁的王文兰和78岁的顾秀兰。这个协会已从十几名会员发展到三十多名。书画课几乎是全国各老年大学都设的课程。哈尔滨老年大学国画研究会里，其讲座也不再是老师，而全部是白发苍苍的学员自己。在义乌老年大学花鸟画教室中，40名老人中有一位79岁老人叫吴舒平，学花鸟画已10年。她说："退休后到老年大学学习画画，不仅充实了我的退休生活，还拓宽了实现自我价值的空间。"

2008年11月10日东方卫视"舞林大会"迎来新的明星选手，他就是该届舞林最高龄参赛选手——香港71岁的电影及电视演员谢贤及他带来的23岁女友。他所表演的是对体能要求颇高的探戈加牛仔。谈到秀漂亮，他说："以前是罗文（香港著名歌星）最爱漂亮，现在是我。"谈到与女友相差48岁的恋情，他说："爱是无罪的，我们相爱是光明正大的事情。""当事人不觉得就行，我现在比好多年轻人都有活力。"

休闲方式多种多样，每个人因个性不同也有很大差异。但从休闲方式中可以看出，当今中国老人的生活质量在提高，休闲方式也在走向现代化。这种围绕吃喝玩乐的休闲价值，越来越成为老年人人生价值的重要方面，成为老年人生活的重要内容。

（8）生命价值。即指围绕生命延续，诸如健身、气功拳术、养生之道、医疗保健等由强身健体实现的一种生命价值。

重庆沙坪坝区有个婆婆叫王桂英，107岁，至今未婚。一生乐于助人。先后与姐姐、母亲共同生活。她们去世后，她就独自去乡下种田，一种30年。74岁时终于不能下田了，就随侄儿回到重庆生活。102岁前，还能自己洗澡、洗衣服。但摔断右腿后，生活越来越靠后辈。她已经住遍了5个侄儿侄女家。老人家不希望再拖累别人，就想找个老伴，并向《重庆商报》求助，期望找一个百岁的老伴。

十大文化寿星之一的著名作家杨绛2009年已98岁高龄，近年还出版了回忆一家三口数十年的风雨生活的《我们仨》。她在经历丧夫丧女的悲痛后说，现在"我一个人回忆我们仨"。另一位十大文化寿星丁聪，是著名漫画家，2009年83岁，他的人生态度很达观。有老朋友问："你看上去这么年轻，是不是在吃青春宝？"丁聪回答："我从不吃青春宝，我喝娃哈哈（青春宝为营养品，娃哈哈是小孩喝的开胃饮料）。"此后，朋友们又戏称他为"娃哈哈"。

2009年已108岁的国画大师晏济元，被称为国画史上最长寿、画龄最长的老画仙。新中国成立前"两张一晏"（张大千、张善子、晏济元）在上海艺坛传为美谈。1963年，晏济元应郭沫若邀请，为祝贺毛主席70岁生日作"红日青松图"一画，深受毛主席喜爱。他的画展也受到朱德的赞扬。不幸的是1964年他被自行车撞成瘫痪。8年后渐复正常。晏老再次进入艺术创作高峰期。他评论"夕阳无限好，只是近黄昏"时说："人都到黄昏了，有啥子好嘛，我就写了幅'夕阳无限好，最是近朝晖'书法。朝晖是早晨，大好时光刚开始。"

老年人随着年龄增长身体老化，疾病随之而来，如何面对疾病是同老年人价值观相关的。68岁著名钢琴家鲍蕙荞则是以乐观心态对待疾病。当查出患有癌症后，她还给学生打电话指导学生。在住院检查到手术这一段时间，她还偷着跑出去给学生上课。在癌症面前她同样是乐观、坚强、保持积极心态，在她看来，"生活是美好的"，她总是抱着感恩的心情乐观地活着。乐观成了她战胜癌症的精神支柱。

全国优秀共产党员关天群，不顾64岁高龄和高血压、心脏病危险，毅然奔赴四川灾区参加救援，成为战斗在抗震救灾一线年龄最大的志愿者。关天群说："来之前我就做好了牺牲的准备。"临去前关天群给老伴留下一张纸条，写道："如果我抗震救灾死了，不要把我的尸体抬回来，就把我留在当地吧，跟地震中死难的人埋在一起。"

人老了，势必需要别人服待，也要面临亲朋好友的死亡带来的悲痛，还要面临自己的生命终止问题。人到了老年，特别是进入高龄，生命价值就显得日益突出。它既是老年人重新反复思索的价值问题，也是社会面临老龄结构所应面对的一个重大挑战。

三 老年价值评价与定位

1. 老年自我价值评价

对老年人的评价问题，既包括老年人本身对老年人群体的评价问题，也包括社会对老年人群体的评价问题。其中，老年人自身对老年群体的评价是一个颇为有意义的问题，这是因为老年人自身对老年群体的评价，折射着社会对老年人群体的评价。即社会对老年人群体的评价，也影响着老年人对自己的评价。老年人自身对老年人群体的评价，其实是老年人通过社会这面镜子来照自己、看自己的过程。

笔者早期在从事哈尔滨市离休干部的调查研究中，曾同有关同志就老年人价值问题做过一些探索性工作。这次调查是先做探索性试验，其特点是面广（包括退休离休干部）、内容多（问卷中有关老年价值的问题多）、样本小（只有几十人），探索性试验之后才进行正式调查。在正式调查中，把研究对象限于离休干部，有关老年价值的内容只留下一组问题，样本为570人。在正式调查中，是请被调查老年人回答一组问题，这些问题是："人老珠黄不值钱"、"人过七十不算老"、"年老体衰没作为"、"老马识途是个宝"。回答是采用态度测量法，即每个问题按不同程度分出层次来，被调查人根据自己的评价填入不同层次中。在四个问题中1、3和2、4问题的内容方向是相反的，这是问卷设计时有意安排的，但在计量时要颠倒计算。

先来看一下统计结果，如表2-1所示。

表2-1 离休干部老年价值调查统计表

单位：%

问　　题	非常正确	正　确	不肯定	不对	非常错误
人老珠黄不值钱	1.9	7.3	19.6	53.8	17.2
人过七十不算老	8	38.7	30.7	21.7	1.7
年老体衰没作为	2.4	19.6	31.7	42.8	3.3
老马识途是个宝	17.7	52.1	23.5	5.2	1.2

从表 2-1 中可以看到，被调查的老年人认为，"人老珠黄不值钱"是正确的为99.2%，认为不正确的为71%，表明只有十分之一的老年人认为"人老珠黄不值钱"，而近四分之三的老年人不赞成"人老珠黄不值钱"，反映了新中国老年人价值观的水平较高。认为"人过七十不算老"是正确的为46.7%，认为是不正确的为23.4%，表明近半数老年人"人老心不老"，豪情满怀，年高不服老。认为"年老体衰没作为"是正确的为22%，认为不正确的为46.1%，表明近半数老年人还想做一番事业，要有所作为。认为"老马识途是个宝"是正确的为69.8%，认为是不正确的为6.4%，表明6.4%的老年人觉得人老没用了，而四分之三的老年人认为人老不是没用，而是还有用武之地，不是废物，而是国家有用的宝贵财富。从这4个问题回答的众数中不难看出，他们对老年人的自我评价是持充分肯定的态度。这充分体现了中国老年人积极向上的精神状态。

老年人对自身价值的不同评价，是否同他们的性别、文化程度、原来职务级别有关系呢？当时也作了一些社会统计中的相关分析，取得了一些这方面有趣的资料。

从相关分析看，男女性别对老年价值评价影响很小，其相关系数 TY 值（TY 值是一种相关系数，是表示社会统计中测量定类与定类哪种量度层次的变量之间的相互关系的系数）都在千分之几以内，表明老年人对自己估价受性别因素影响极小；而老年人文化程度对老年价值的影响，相对于性别而言，对老年价值影响来说要大一些。特别是在"年老体衰没作为"一项表现得突出，其相关系数 G 值（G 值也是一种相关系数，是表示社会统计中测量定序与定序哪种量度层次的变量之间的相互关系的系数）达 0.07，表明老年文化程度高低对老年价值评价有一定关系；老年人原来工作职务级别高低对老年价值影响相对高一些。其中"人过七十不算老"的相关 G 值为 -0.09，"年老体衰没作为"的相关 G 值为 0.12，表明原来工作职务级别高低对老年价值评价是有影响的。显见，在这3个因素中，它们对老年价值评价影响程度是不同的。从影响强度来看，原来的职务级别影响大些，文化程度影响次之，性别影响最小。

在个案调查中，我们发现老年人的身体健康状况、原来的社会地位高低、是否再工作状况、心境的好坏，对老年人的价值评价高低影响较为明显。有趣的是，在个案分析中，我们发现老年人子女发生意外事件，对老年人价值观影响更突出更明显。例如，有的老年人子女犯罪伏法，有的老年人子女突然发生意外事故身亡，甚至有的老年人与子女关系特别紧张，这些人的老年价值观的指标都会显著下降。这就出现一个问题，即老年价值问题本来是一个同老年人自身的意义有关系的问题。那么怎么来解释这种并非老年人自身因素的影响呢？费孝通教授在《生育制度》一书中曾提出过这样一个见解："在父母眼中，孩子常是自我的一部分。"在中国，子女便是父母的第二次生命，是自身生命的希望和未来。如果自身的第二次生命，或者说未来，没有或不可能再给他带来希望，自我追求的价值肯定会受到挫折。这就是为什么子女发生意外，就会直接影响到老年人自我价值评价的降低。由此也可作出这样的推论，老年人对子女感到满意，觉得有出息，同样地也会提高老年人的自我价值。

综上所述，不难看出，人进入老年，其世界观和人生观已达成熟，几十年在社会实践中形成的对生活的基本看法不会轻易改变。但随着进入老年期，精力渐渐不足，体力渐渐衰退，记忆力也逐渐减弱，这些变化会直接影响老年人对自我价值的评价。这样，老年人就面临一个怎样处理好晚年与社会的关系问题，即如何解决好老年人价值观的问题。

老年人对自己在社会中所处的地位和作用以及对个人同社会之间关系的看法，是受很多因素影响的。既受到一定社会的经济、政治状况的制约，又受到人们立场、观点的影响，还受到自身各种客观条件的限制。仅从自身各种客观条件的限制来看，每个老年人的具体情况是各不相同的。不论是性别、年龄、出身，还是文化、地位、性格等都是有差异的。就以身体状况来说，有的精力充沛，不减当年勇；有的虽体力不强，但智力敏捷；有的身体不佳，病魔缠身。不同层次的身体状况，决定了老年人对社会继续作贡献的程度和范围便有所不同。从历史的意义上看，老年人价值观是随着岁月推移、情况的变动而有所变化的。同样是一个老年人，80 岁时与 60 岁时对老年价值的看法会因身体衰老状况而有所不同。显而易见，老年人对老年价值的看法，是因时因地因事而变动波动的。然而每个人在社会中生活，不管他是否意识到还是没有意识到，他的全部感情、意向、激情和行为活动过程，总是要受一个经过选择了的生活目的支配。社会学把这个人生目的称为价值目标。这个价值目标贯穿于他的社会生活全部，支配他的思想和行为。说到底，老年人的价值观是受其固有的世界观和人生观支配的。老年人价值观的变化波动，总是离不开其世界观这个杠杆的。

老年人价值观的高低，直接影响老年人的精神生活。老年价值观高，其幸福感、满意感强，他们的精神有寄托，可谓老而不老。老年人的自我价值评价低，其苦闷感、孤独感就会增强，觉得活着没意思，其精神生活就会觉得空虚。

当年八旬老人商承祚教授曾写过一首十分风趣的诗，它反映了新中国老年人自我价值的新风貌。其诗是这样写的：

九十可算老，

八十不稀奇，

七十难得计，

六十小弟弟，

四十五十爬满地，

二十三十睡在摇篮里。

在他看来，80 岁不算老，还是"老中之青"。他便是年过八旬，仍在日夜工作的典范。这种"老牛明知夕阳短，不用扬鞭自奋蹄"的精神，不仅对六七十岁的"小弟弟"有启迪的作用，而且对"睡在摇篮里"、"爬满地"的小字辈也有极大的鼓舞鞭策之功效。

2. 社会对老年人的评价与定位

社会对老年人的价值评价，实际上是社会如何给老年人定位的问题。社会对老年人的价值定位，将决定社会对老年人的看法。

中共中央、国务院 2000 年 8 月 19 日下发的《关于加强老龄工作的决定》明确指出："老年人是社会的重要组成部分，他们为中国革命和建设做出了重要贡献。"[1] 党中央和国家对中国老年人价值作出了充分肯定，也是对中国老年人价值的科学定位。在 1996 年 10 月 1 日实施的《中华人民共和国老年人权益保障法》中明确提出五个"老有"，即老有所养，老有所医，老有所为，老有所学，老有所乐。[2] 这既是老龄工作的目标，也是社会对老年价值实现方面的定位。

在五个"老有"中，核心在于为与不为、乐与不乐、养与不养。为、乐、养三者关系反映了不同的老年价值观。在三者关系中，社会特别是经济界更注重老有所为，即注重尊重知识和人才，注重发挥人的潜能。进而把老有所为价值观视为现代型老年价值观。[3] 董之鹰认为老有所为价值的思维方式在于贡献；老有所为价值观的判断标准在于尊重知识和人才；老有所为价值观的

---

① 侯世标等编《老龄工作手册》，合肥工业大学出版社，2008，第 313 页。

② 侯世标等编《老龄工作手册》，合肥工业大学出版社，2008，第 297 页。

③ 董之鹰：《论老有所为价值观》，《社会学研究》1991 年第 3 期。

选择目标在于发挥人的潜能。

老有所为价值观的实质，就是否认"老人是弱者"的论点，否认老人是社会"包袱"、"累赘"的说法，否认老人是"黄昏"、"无所作为"的观点。

从实证调查数据看，武汉的调查，认为老年人是宝贵财富，有余热，应利用的占44%。[1] 天津的调查，表示不服老，还想为社会作点贡献的占34%。[2] 上海的调查显示，愿意退休后继续工作的占28%。[3] 不难看出，老年人想发挥余热的比例不小，占1/3左右。实际上老年人退休后再就业比期望要小。据1988年抽样调查，全国离退休人员再就业率为17%多点。当然地区差距较大，像上海、浙江分别达到48%、41%；而云南、贵州、青海分别为7%、5%和3%。[4]

当然发挥余热，不能仅看再就业，很多老年人不以再就业形式为标准，但仍能做到老有所为的还不少。应当指出的是以上多指城市老年人。在农村，老年人从事生产劳动的比例还是相当高的。据统计，全国农村老年人作为整劳动力和半劳动力的占54%，像湖北省农村老年人作为整劳动力和半劳动力的所占比例高达62%。从统计来看，其劳动状况一般为半劳动力高于整劳动力。其劳动能力，低龄老年人高于中龄、高龄老年人。[5] 这表明，在中国很多老年人到了退休年龄，并不意味着就是消费人口，他们依然是劳动力资源，是宝贵社会财富，身上蕴藏着很大的潜在价值和能量。社会应一方面否定老年万能论，另一方面否认年龄歧视论。充分肯定老有所为的社会价值。

从科学角度讲，老有所为是有条件的，即是相对的，不是绝对的。这是因为老年人老有所为，自身既有优势与长处，也有劣势和短处。优势长处就是有丰富的经验，广泛的阅历，较多的知识和技能，深刻多样的人生感悟，通过老有所为可转化为有形和无形的社会价值。劣势短处就是人到老年阶段，在劳动参与率等方面表现出经济价值是下降的，在某些方面的创造能力是下降的，随年龄增长其体能机能是在下降的。从这个角度讲，肯定老有所为，就是肯定其优势长处或者说肯定其积极方面。

能否正确评价老年人价值是一个关系社会发展的大问题。它不仅关系老年人的社会地位、权利问题，也是一个关系代际协调、社会和谐、社会文明

---

① 董之鹰：《论老有所为价值观》，《社会学研究》1991年第3期。
② 胡汝泉：《从天津、武汉等城市的调查看我国城市老年人家庭生活》，《社会学研究》1986年第4期。
③ 凌毕：《上海市的老人家庭》，《社会学研究》1986年第4期。
④ 李连友：《离退休职工再就业浅探》，《社会学研究》1993年第5期。
⑤ 李连友：《离退休职工再就业浅探》，《社会学研究》1993年第5期。

进步的大问题。

社会评价老年价值，不仅要看到现实社会价值，也要看到在历史上所创造的价值；不仅要看到物质价值，也要看到精神价值；不仅要看到经济价值，更要看到非经济价值；不仅要看到不同阶层、职业、文化背景下老年人的共同点，也要看他们之间的差别，进而构建起一套完整的老年人的价值观，实现准确评价、科学定位。

四　老年价值的实现

开发和实现老年人的价值，是一个庞大的社会系统工程。

1. 积极认识和开发老年人的人生价值

如何认识和开发老年人的人生价值，首先要在思想上有个新理念，要解决一个新时代的老年人心态问题。在这一点上，黑龙江省 1920 年出生的老干部王兴华曾作出过自己的贡献。他用十几年的工夫写了 14 卷 400 万字的开创老年人人生"第二个春天"理论的书稿。为宣传"二春论"，他以中、英、德、法、俄、日、朝鲜 7 种文字发表了只有数百字的"二春"宣言，把他的这种理念从中国推向世界。他的"二春论"核心，就是宣传积极的老年人生价值，弘扬当代积极的人生价值观。

他的《开创人生"第二春天"宣言》全文如下：

> 劝君莫奏黄昏曲，老人应唱春之歌。
>
> 人在生理上只能有一个青春，但在精神上还可开创出"第二个春天"。朱唇红腮不能完全代表青春，脸上皱纹挡不住"第二个春天"，可怕的是心灵里长出老年斑。
>
> 莫以百岁为人生终点，勿因年老而中断事业长河。
>
> 日历年龄并非青春唯一标志，精神支柱可以创造永恒春天。
>
> 要赋予人生以长寿，更要赋予长寿以生命。
>
> 物质是养老基础，精神是养老支柱，科学是养老法宝，要把开创人生"第二个春天"这三大要素紧紧掌握在自己手中。
>
> 昂首挺胸走在人生"第二个春天"的大路上，不要因势利眼小人的敬权敬钱不敬老而惆怅。
>
> 人生"第二个春天"的理论是老年人生的一面旗帜，要高举这面大

旗向一切旧的"黄昏末日论"和"包袱累赘论"养老观念宣战。

呼吁世界各国政府和社会各界，都来支持老年人开创"第二个春天"！①

"劝君莫奏黄昏曲，老人应唱春之歌"。开头点明主题。突出"春"字，反对"昏"字。"春"和"昏"代表两种老年价值观。"昏"代表的是一种把老年人生看成末日来临的黄昏价值观，而"春"代表的则是"第二个春天"老年人价值观。这是针对把老年人看成"无可奈何花落去"的悲观论调，提出应唱春之歌，是为了振奋老年人的精神，去勇敢创造自己的人生第二个春天。

"精神上还可开创出'第二个春天'"，点明二春主旨。主要是为让老人和社会认识老年期的人生价值。人生在生理上只能有一个春天。第二个春天是要靠"开创"才能拥有，不经过努力是不会有精神上第二个春天。

"心灵莫长老年斑"，提醒社会，不要以外在的"朱唇红腮"和"脸上皱纹"看有否青春，关键是看心灵里是否拥有春天。如心灵长了老年斑，成天悲观和叹老，莫说到了七八十岁，就是三五十岁也可能未老先衰。

"莫以百岁为人生终点"，即当代老年人达百岁超百岁都是可能的。"勿因年老而中断事业长河"，强调老年人仍可靠平生所长，再为社会做力所能及的奉献。

"日历年龄并非青春唯一标志"，是讲人生不只有自然年龄，还有健康年龄和精神年龄。有了强大精神支柱，人老了仍可开创"第二个春天"。人的日历年龄不可改，健康年龄靠锻炼可以延长。

阐述了物质、精神、科学三者关系。强调物质是基础、精神是支柱、科学是法宝。

"不要因势利眼小人的敬权敬钱不敬老而惆怅"，是针对现实拜金主义和拜权主义而发的。那种"钱之所在，虽疏犹亲；钱之所失，虽亲犹疏"，就是"有权有钱"就是爹，有奶便是娘的"势利眼小人"，是遭社会所唾弃的。强调弘扬尊老敬老的社会风气，强调走自己的路，强调走"第二个春天"大路的坚定性。

特别提出向"黄昏末日论"和"包袱累赘论"宣战。这两论是弘扬积极老年人生价值的主要精神障碍。

最后向全社会发出呼吁，开创"第二个春天"不只是个人行为，而且是

---

① 王兴华：《二春论坛》，中国黑龙江省老年学会，2001，第1页。

全人类事业，全世界事业，全社会事业。

显而易见，二春论宣言反映了人类心灵的愿望，体现老年人积极人生价值，给老年人生以新的活力和朝气，为老年人寻找老有所为、老有所乐提供了精神武器，使老年人增强了生活勇气。即便物质上是个穷光蛋，但仍可在精神上成为富翁。而有的老年人纵是亿万富翁，心灵已长出老年斑，也不会得到人生的春天。

二春论被越来越多的老年人的辉煌晚年实践所验证。这里只举几个典型个案。

中国山水画派创始人于志学，是二春论实践的典型。他生于 1935 年，1995 年退休。退休前创立了中国画"白的体系"。60 岁，在一般人来说是人生事业的终点。但对于于志学来说，只是第二个春天的开始。他 60 岁进京，创立冰雪画派。70 岁进山，建立自己的画院。提出 80 岁登顶，完善冰雪画派理论，让冰雪画成为中国乃至世界艺术领域的一朵奇葩。①

1918 年出生的田方，曾任习仲勋的秘书、县委书记，离休前任国家计委经济研究所副所长。田老在岗时，因政务缠身，未能有专门著述问世。1983 年离休后，可谓不鸣则已，一鸣惊人。除专著外，还与朋友们合作，20 年间先后出版了《中国生产力的合理布局》、《中国人口迁移》、《论三峡工程的宏观决策》、《澜沧江——小太阳》、《开发大西南丛书》（六卷）、《延安颂》、《延安记者》、《秋实集》、《岁月印痕》等二十余部著述。1984 年荣获全国老有所为精英奖。春天的活力，秋天的硕果，田方可谓开创第二个春天的楷模之一。②

1930 年出生的卢连基已 80 岁高龄。他在岗时，曾多次被评为先进工作者，但从没有获得国家级的荣誉称号。他 1990 年离休后，把离休视为人生第二个春天的起点，热心于社会公益事业，担任着哈尔滨市、区关工委、普法讲师团等社会公益性职务近 30 项。仅普法讲座就作了 390 多场，听众达 12 万余人，被连续评为全国"二五"、"三五"、"四五"普法先进个人。2009 年还被评为全国离退休干部先进个人。离休 20 年来功勋卓著，先后被授予六项全国先进个人荣誉称号。他的朋友写诗赞他："旧称七十古来稀，卢老八旬竟第一。国家授勋五六项，不老人生创奇迹。"

值得一提的还有两位老人，一位是以 93 岁辞世的画界泰斗丁聪，他在生

---

① 孙晓飞：《60 岁，只是人生的一个新起点》，《中国老年》2009 年第 12 期。
② 参见田方《岁月印痕》，金城出版社，1998。

前回顾人生时讲过，他的人生有过三次创作高潮，一是 15 岁至 20 岁期间，二是抗战胜利后，三是四人帮垮台后。他说："人家是 60 岁退休，我是 63 岁开始上岗。这个时期创作的作品，超过前半生创作的总和。"[1] 另一位是著名经济学家厉以宁，在他 80 岁生日那天，获得了 2009 年中国经济理论创新奖。[2]

这些老人以自己不懈奋斗的人生实践，证明二春论这个理论是有生命力的，是有说服力的。可以说，二春论就是弘扬积极的老年人价值。它给予老年人人生希望，给予老年人生活充实，给以老年人美好的未来，它使老年人的人生更加绚丽多彩，使老年人创造出一个又一个人生奇迹。

2. 要构筑老年人实现人生价值的社会氛围

首先，创造尊老敬老、实现老年价值的社会环境。社会要向黄昏论、包袱论、累赘论开战。社会要通过各种媒体宣传老年人开创第二个春天的事迹和精神，既宣传老年人的现实价值，也宣传老年人的历史价值；既宣传老年人创造的物质价值，也宣传老年创造的精神价值。在整个社会形成尊老敬老的风气。通过评选、奖励等方式宣传孝亲的事迹，并制定有效制度，从物质和精神上鼓励敬老孝亲的典型。并在干部制度人事制度方面有相关规定，使尊老敬老制度化规范化。

其次，实现"五个老有"是老年价值实现的基础和保证。围绕"五个老有"，政府和社会要做的事情很多，怎么解决老有所养的资金问题？怎么解决社会各阶层老年人就医难、就医贵的问题？怎么解决老有所为的途径和方式的问题？怎么解决各层次老年人学习提高、继续社会化中的老有所学问题？怎样解决老有所乐的文体活动场所和必要的活动经费问题？解决好这些老年人实现人生价值的需求，是实现老年人价值的条件和保证。

再次，维护老年人合法权益。国家政府机关、社会团体、企事业组织应按照各自职责，做好老年社会保障工作；基层居民委员会、村委会要在维护老年人合法权益方面发挥作用，为老年人服务；鼓励社会志愿者组织、青少年组织等义务为老年人服务。特别是对高龄老年人，社会要逐渐加大服务力度。为维护老年人权益，实现老年人生价值提供必要服务。

---

① 贾士祥：《智者乐，仁者寿》，2009 年 6 月 10 日《黑龙江日报》。
② 杨春：《厉以宁：80 岁的创新者》，2009 年 12 月 20 日《新周刊》。

3. 老年人要积极开创自身的人生价值

首先，要培育参与意识。老年人要培养读书看报、看电视的习惯，参与老年人的各种活动。参加老年大学、老年体育、老年舞蹈、老年社团等，去创造有活力、有价值、有欢乐的老年生活，为自我人生价值充实丰富内容。在身体状况和条件可能的情况下，老工人以其所长，向年轻人传授技艺；老农耕耘自己庭院田地，既养身心又有经济效益；老教授可以办讲座，传播知识；老作家可以坐住板凳，集中精力写出新作。唯有借助社会参与的平台，才能塑造自己老年人生丰碑，才能在老年期仍可有所作为。

其次，要承认差别。从自身的主客观实际条件出发，考虑到性别、性格、身体状况、爱好、专长、家庭实际情况，决定参与的方式和程度。不管是老有所为，还是料理家务，或是强身健体、娱乐保健，都是在发挥自我人生价值。从社会学角度讲，不仅经济价值有意义，一些社会价值或非经济价值同样对家庭、对社会是有意义的。

再次，八项参与就是实现老年人的社会价值的具体领域和方面。我国《老年人权益保障法》第四章第41条明确提到的八个方面：（1）对青少年和儿童进行社会主义、爱国主义、集体主义教育和艰苦奋斗等优良传统教育；（2）传授文化和科技知识；（3）提供咨询服务；（4）依法参与科技开发和应用；（5）依法从事经营和生产活动；（6）兴办社会公益事业；（7）参与维护社会治安、协助调解民间纠纷；（8）参加其他社会活动。对于有条件有可能的老年人，可自愿参与这些社会活动，充分发挥老有所为的作用，实现老有所为的社会价值。

第三章　老年社会地位

　　什么是社会学的地位呢？我们平时常用的地位一词，一般都是指处在社会上层的人是有"地位"的，处在下层的人是没有"地位"的。社会学中的地位同这个"地位"不完全一样。

　　社会学的地位，是指个人在某一时间某一体系中所占的位置。或者说是指个人在社会生活中与他人发生关系的社会位置。这是因为我们每一个人在社会中生活，都是在特定的社会体系中的某种位置上同别人发生这样或那样的关系。比如在单位，一个人同领导或下属发生工作关系；在家里与配偶、子女发生家庭关系，其社会背景体系是不同的，其个人的位置是不同的。在单位是负责人，就占一个领导的社会位置；在家庭中是配偶的丈夫、妈妈的儿子、儿子的父亲，就占丈夫、儿子、父亲三个社会位置。领导、丈夫、儿子、父亲分别是特定社会位置。如果外出乘公共汽车，他还是一个乘客。在乘车这个活动中，他还占有一个"乘客"的社会位置。从这个意义上看，社会学的位置，既包含高低上下的含义，像领导、父亲。也包括不带高低上下的含义，如乘客。

　　可以看到，一个人在不同的环境体系中至少有一个以上的社会位置。比如一个老人，他是楼道清扫工，在家里他是家长，他就至少占有两个以上的社会地位。一般地说，一个人与另一个人发生联系时，他总是在特定的地位上进行的，没有地位的是不存在的。对于个人来说，他与社会发生多少种关系，就表明他有多少种社会地位。前面提到一个人在家中既是丈夫，又是父亲，还是儿子，这就是他在家中不同场合下的地位。社会地位越多，就表明他的社会关系越广。在诸多地位中，其中有一个地位是主要的，主要地位决定人的社会身份。人们的主要地位，通常是与人们的主要谋生手段或社会职务紧密相关的。像人们当今习惯称呼的张经理、李老板、王教授、孙师傅，其实就是其社会的职务所表现出来的社会身份。

　　社会地位这个概念，是无所谓高低上下的。但在社会结构的阶层体系中，社会地位是有等级层次的，即在这个意义上讲地位是有高低上下之别的。在传统社会中，社会地位差别集中体现在世袭制与等级制上。在现代社会中，社会地位差别则主要取决于职业的优势和权威。一个人的主要社会地位是根据什么来确定的呢？社会学一般是围绕财富、权力、声望，依据其社会经济状况来确定其社会地位。社会经济状况是由许多复杂因素构成的，比如教育程度、经济收入、职业职务，还包括权力、声望和财富等各方面。社会学常常是通过制定一系列有关指标来衡量和确定其社会地位。从这个意义上讲，地位是可以衡量的，是可以进行比较的，是可以排出高低上下等级序列的。

从个体角度看，社会地位不是一成不变的，是可变的。从社会角度看，一个社会成员的社会地位变化比例越大，表明该社会开放程度越大。老年人的社会地位除随历史演变、社会变迁而变化外，还同个人的升迁沉浮及离退下岗有关。其变化主要有以下几种：一是水平型地位变化，是指同一水平线地位的转移。像研究所研究员到大学当教授；原来在国企开大车现在出来单干开出租车。这种水平型地位变化，多为一种职业向另一种职业的横向流动，或从一个地区向另一个地区的空间移动。这种变化，一般对收入、权力、声望影响不太大。二是垂直型地位变化，是指地位向上或向下的变化。比如科长变成处长，女儿变成母亲。这种变化，使原来的收入、权力、声望发生或升或降的变化。这种变化对社会来说一般是有意义的。三是代际关系变化，是指两代人之间的地位变化，如母亲是家庭妇女，女儿是教授。这种变化对于社会学来说有重要意义。代际变化常常反映着社会结构变化的趋势。

研究社会地位，是研究社会关系、社会结构的起点。犹如政治经济学从研究商品入手一样，社会学就是从研究个体社会地位和角色这个微观层面入手来研究社会的。通过对老年社会地位的研究，有助于找到老年社会地位下降的原因。通过对不同层次老年人地位比较，就会看到不同层面老年人的需求与价值，有助于深刻理解和认识中国老年人的社会分层结构，借此保障老年人基本权益，最大程度实现老年人的人生价值和社会价值。

一 现代化与老年社会地位

1. 现代化理论与老年社会的地位

从社会学角度研究现代化理论有一个学派，被称作现代化理论，属于功能学派的观点，其代表人物是美国学者考吉尔和赫尔姆斯。他们提出的现代化理论，描述了现代化与老年人社会地位变化的关系，认为现代化社会与老年人的关系有两重性：一方面现代化推进了人口老龄化和老年人数的增加，另一方面又削弱了老年人的社会地位。[①] 考吉尔提出："现代化经常设置倾向于削弱老年人地位的一连串反应行动。而促使老年人地位的这种下降的重要因素包括作为地位资源的土地的重要性的降低、扩展式家庭重要性的降低、人们在不同地区之间流动性的增加，以及迅速变化的技术、社会结构和文化价值。"[②]

他们的这个现代化理论，提出影响社会现代化和老年人社会地位的有四个相关变量，这就是生命健康技术、经济、城市化和教育。[③] 这个理论认为，随着社会现代化的发展，这四个变量使老年人的社会地位逐渐下降，脱离社会的生活增加。具体来讲，生命健康技术的提高，延长了老年人的人均预期寿命，使老年人口增加；经济的发展、工业技术的提高，使工业化社会崇尚年轻，并为年轻人创造了更多的工作机会和岗位，加之新的工作种类降低了经验和熟练技能的价值，使老年人失去与年轻人竞争的优势，加之社会规定的退休制度迫使老年人加入一个被认为是社会负担的群体；城市化的发展，使得工作与家庭的距离拉远。年轻人忙于工作而与老年父母接触的机会减少，改变了两代人的关系和联系；现代社会是注重教育的社会，老年人缺乏再培训的机会，多将教育及其他社会资源向年轻人倾斜，年轻人接受高等教育的机会多于其父母。其结果是年轻人向上流动机会多，而老年人的社会地位下降。

现代化理论的提出，促进了工业化国家对老年人生活的政策干预。这种社会性或者说劳动领域中对老年人的歧视、忽视和排斥，单靠市场本身的力量不能纠正这种偏差。这需要国家、政府的政策干预。工业化国家是通过建立起相似的老年保障制度，即通过收入保障和医疗保障制度，使处于不利地位的老年人共享社会经济发展的成果。

2. 传统社会中老年人地位比较高

在传统社会中，老年人的政治经济地位很高，在社会和家庭生活中起着举足轻重的作用。特别是在古代，无论是在东方社会，还是在西方社会，老年人是社会统治者，上至国家统治者，下至族长家长，老年人是社会、家庭

---

① 仝利民：《老年社会工作》，华东理工大学出版社，2006，第113页。

② 李培林等：《社会学与中国社会》，社会科学文献出版社，2008，第695页。

③ 朱佩兰：《安老与社会工作》，香港中文大学出版社，2001，第21页。

一切事务的主宰。这与他们的年龄及其所具有的知识和社会阅历同步增长有关。即年龄增加，人们的社会地位也会逐渐提高。即使在传统社会向现代社会转型的今天，在中国政治、经济很多领域，很多老年人仍在"老有所为"，拥有相当多的社会资源和权力，发挥着重要作用，是中国社会参与中的一股重要力量。从这个意义上讲，人的年龄老化过程，实际上并不是退出社会活动的过程，而是一个能够更加合理地介入权力核心且更加有效地参与社会活动的过程。这一点，不仅对老年人个体有意义，对老年社会群体也是有意义的。随着老年人所占比例越来越大，老年人所拥有的社会资源比例也就会越来越大，老年人的话语权、决策权也就会越来越多。老年人争取社会地位提高的可能性就会越来越大。

3. 现代社会中老年社会地位处于下降趋势

现代化对老年人来说是一柄双刃剑。它一方面给老年人带来寿命的延长，另一方面带来的就是社会地位趋于下降的趋势。显而易见，正是生产力的发展和社会结构的变化，使老年人从权力的占有者逐渐转变为依附于社会而生存的、失去了权力的被赡养者。

第一，强制性的退休制度。自改革开放、进入市场经济以来，我们一直面临着巨大的就业压力。先是知识青年安置，继后是待业青年安排，接着是农民工进城，当今是大学生就业难。怎样保证年轻人能够较多地进入劳动市场？即便是 60 岁以上老年人很多尚能胜任工作，是让这些老年人继续占有这个岗位呢？还是把这个机会让给年轻人就业和升迁呢？这是人口代际互动博弈的过程。显而易见，工作本身是在社会中极其有价值的社会活动；这种社会活动又能够带来经济收入和社会地位；它又是社会上稀缺的资源。博弈的结果就是让老年人退休，这是一种社会性安排。让老年人与工作岗位告别，这种强制性社会安排，对老年人来说具有被动和社会地位下降的意义。当然，社会鼓励老年人退休来为年轻人提供工作岗位，是通过给老年人以制度性补偿，即通过养老保险和退休金加以有效地弥补实现的。

第二，工龄淡化与学历加权形成的社会反差。在我国长期所实施的计划经济中，职工在企业所获得收入，与在企业的工龄和厂龄密切相关。越是年纪大的职工级别越高，越能成为企业的主要技术力量，也就越能获得较高的工资和其他收入。其技术技能传授也多为师徒传带。老年人"吃香"，是因为其是技术资源和社会资源的主要占有者。而生产力的进步和现代化的发展，使工作岗位和科技含量发生了巨大变化。很多传统产业淘汰了或升级了，大量 IT 等新兴产业取代了传统的生产、工作方式。老年人往往受教育程度不高，而年轻人所受教育程度比老年人高。社会越来越注重学历，越是学历高的人，往往越年轻。这就出现了一个强烈反差：在传统社会，老年人"吃香"，获得劳动报酬高；而在现代社会，年轻人"吃香"，有学历又年轻，获得收入也高。这种反差也验证了老年人地位的下降。

第三，代际隔离弱化了老年人的社会地位。老年人从单位回到家庭，家庭成了老年人活动的主要天地。但随着城市化的迅速发展，一是带来了家庭小型化，二是带来了居住形式的"格子化"。这就使得具有代际关系的家庭成员不能共居一处，很多老年人与子女可能生活在另一个城市或国外，"空巢"老年人家庭越来越多。这种居住隔离，不但在时空上造成代际的距离，还在其生活方式和思想观念上形成"代沟"。在子女眼中，老年父母越来越成为生活中外围角色，被子女视为守旧、传统、落后。这种由于城市化带来的代际隔离，也进一步弱化了老年人的社会地位。

第四，社会制度安排上不足和不协调。由于社会发展快，改革不断推进，在社会制度设计、安排上也有不足和缺欠，如何处理好在岗与退休的分配？怎样解决好早退休和晚退休的退休金差距？企业、事业、机关退休金如何平衡？这些制度安排上的不协调、不合理也直接影响老年人地位的下降。

二 老年地位表现的社会层面

社会学家把地位分解成政治地位（权力）、经济地位（财富）、社会地位（声誉或声望）。这里的权力、财富、声望是相互独立的。一个人可能在政治上很有权，但在财富上却很贫穷（如很多廉洁的"清官"典型）；或者很富有，但没有声望（如一些暴发户）；或者有声望，而没有财富（一些老科学家、道德典范）。在通常情况下，三者是紧密联系在一起的。有了财富可以用来取得权力和赢得声望；有了权力再去获得声望和财富相对比较容易；声望也可转化为权力与财富。

社会地位作为综合指标，它主要是由权力、财富、声望构成的。

1. 权力

社会学家韦伯认为，权力是不顾别人的反对而把自己的意志强加于人的能力。在他看来，权威是一个人在相信他或她施加影响的权力的合法性基础上要求别人服从的可能性。而权力则是在实现自己的目标时克服其他人的阻力的能力，特别是当这种阻力会影响他们的行为时。①

老年人在离退休前后，其权力是根本不同的。老人退休前，一般在工作岗位或社会上担负着重要的职务和工作。有的人担任各级领导职务，决定一个地区、部门或单位的发展大计，有的人甚至握有人财物大权；有的人担任经营管理者角色，在市场经济活动中运筹帷幄，为社会创造财富，往往握有一定实权；有的人是专业技术人才，在各自专业领域具有一定的话语权和参谋权、咨询权、决策权；有的人在各产业各战线上是骨干和中坚力量，凭着几十年的丰富工作经验和阅历，在其群体或组织内具有举足轻重的作用，有一定的话语权和操作权、运作权。退休后，其权力随着岗位的失掉而失去。从叱咤风云的权力中心转向权力边缘，其原来地位越高其失落感往往越强。

退休后随着年龄增大、身体老化，其享受社会发展成果的权利和依法享有的权益也在降低。从老有所为到能自理，再到不能自理的过程，也是自身能力和权力下降的过程。特别是从能自理到不能自理阶段，多为老年晚期，其活动主要在家庭。其家庭权力也往往是同身体衰老和疾病缠身成正比下降的。

从个体的角度看，老年人随年龄增大其弱势的趋势越严重。其个体权力下降趋势越突出。但也要看到另一个趋向，即老年人群体规模不断扩大，老年人在总人口中比例越来越大。老年人群体的权力也有增大的趋势，在政治、经济、社会、文化方面将会有越来越多的话语权和决策权。

2. 财富

财富的分配（如资本和其他财产）和收入（如工资、退休金）是社会地位分层的重要依据。

老年人是社会物质财富和精神财富的创造者，他们被称为"智力库"、"博物馆"、"人才储备中心"。退休时除有退休金外，中国老年人往往自身都积累一些财产或储蓄。但大多数城市退休人员主要是靠退休金为生。从整体看，老年人群体收入偏低。这同三个因素有关：首先，老年退休金本身偏低。其次，退休金增幅常常落后于物价涨幅，造成退休老年人实际经济收入减少，生活水平下降。再次，就是退休老年人比在岗工作人员涨工资的幅度低，使退休人员处于经济地位逐渐下降的趋势。对天津1996年65岁以上51人的调查显示，老年人每月退休金（含退休金和各种补贴）平均值为460.29元，约

---

① 〔美〕约翰逊：《社会学理论》，国际文化出版公司，1988，第279页。

合一年5523.48元。其个体间退休金收入差异较大。被调查老年人中退休金最低的为每月25元，最高的为1500元，每月退休金在300元以下的占17%，300～450元的占48%，450～600元的占21.8%，600元以上的占13.2%，表明有一部分老年人退休金水平是比较低的。① 另据湖北省黄石市2008年对113位老人（50岁以上）的调查，目前城市老年人的退休金集中在600～799元这一水平。其中200元以下占1.8%，200～399元占8.8%，400～599元占33.6%，600～799元占23%，800～999元占15.9%，1000元以上占14.2%，无退休金的占2.7%。② 再以北京为例，在被调查的47333人中，有离退休金的41656人，占88%。其中除少数机关单位离退休人员收入高点外，大多数企业退休老职工月收入只有800多元，退职、退养、享受低保的则更低。③ 问题特别突出的是人均离退休金比在岗职工的平均工资增长慢，差距逐年扩大。据朱庆芳测算，老年贫困率为13%～17%（按60岁以上人口计算），即在6个老年人中就有一个贫困老人。④

在财富拥有即在经济收入方面，中国老年人的问题集中表现在农村。中国农村老年人总体经济地位低下，并处于相对的降低的趋势。据雷培仁统计，我国2005年60岁以上者1.44亿，占总人口的11%以上。其中70%在农村，而且今后一段时间还将以每年3.5%的速度递增。农村人均年收入2005年达到3200元，但贫富差距超过国际警戒线0.4以上。按国际贫困线，现仍有贫困人口1.35亿，大部分仍在农村。而农村老年人口90%身患有两种以上疾病⑤。农村老年人普遍存在三少：即除务农以外的固定经济收入少，参加各类养老保险的少，类似有退休金这种相对固定的经济保障少。

据调查，伴随经济转型，农村老年人经济地位下降幅度大。韩为民对陕西1000名农村老人调查，社会地位普降较重的占23%。特别提到，老年人手中无钱，有病难治，导致老人早亡，占19.6%；特别是70岁以上老人，地位降低，劳动量加大。对扶风县的统计显示，在外务工的达8.4万人，涉及家有老人的35689户，其中有2708户的四代家庭是老人照顾老人；有32800户

---

① 王来华等：《老年生活保障与对社区的依赖》，《社会学研究》1998年第3期。

② 谈华丽：《我国城市老年人消费潜力研究》，《社会学》（上海）2008年第3期。

③ 李秀英：《北京市崇文区老年人家庭现状调查分析》，见《第八届亚洲大洋洲地区老年学和老年医学大会中文论坛讲演暨优秀论文摘要集》，2007，第213页。

④ 朱庆芳：《老龄化小康指标体系实现程度的分析》，见《第八届亚洲大洋洲地区老年学和老年医学大会中文论坛讲演暨优秀论文摘要集》，2007，第229页。

⑤ 雷培仁：《漫谈和谐社会建设中的农村老龄问题》，见《第八届亚洲大洋洲地区老年学和老年医学大会中文论坛讲演暨优秀论文摘要集》，2007，第234页。

家庭中年轻人外出打工，把孩子和生产留给老人，老人既是生产主体又是保姆；还有1200多名老人在家守门。[①] 一些农村调查反映出，为了生存，许多老年人即使年过65岁、70岁仍要耕田种地、自食其力，生活困难。[②]

值得特别提到的有三种农村老年人经济状况：一是前面提到的农村留守老人。据陕西陇县曹修龙调查，从生活来源方面看，有13497名老人生活费来源靠自己，占82%；2505名老人生活来源靠子女，占13%；还有800名老人生活靠救济。留守老人家庭生活困难。[③] 二是空巢老人，农村有些经济薄弱村，空巢老人的"低保金"都无法保证。[④] 三是高龄老人。王永斌对上海奉贤区农村高龄老人的调查表明，约66%的高龄老人有退休金，平均每月62元；30%的老人有子女供养费，平均每月80元；高龄老人月均收入为187元，其中50元以下的占41.4%；29.3%的老人能自己负担生活费，需子女负担生活费的占58.9%。[⑤]

3. 声望

声望也被国外社会学视为社会地位的一个方面或内容。一个人的声望主要是由其职业所决定的。职业地位的高低，在很大程度上同收入有关，但也包括其他因素，特别是某一职业所需要的教育水平和控制他人的程度。政治权力大的人，一般都具有较高的声望。

老年人一旦退休，即失去声望所依赖的职业基础。作为人生拐点，其声望地位处于逐渐下降的趋势。首先是职业角色中断，其原有的权利、义务和社会地位丧失。与原来工作岗位相联系的社会尊重和社会承认也就自然相应减少。即使有些老年人退休后再工作，也很难再展当年职业角色的雄风，而多从事一些辅助性工作。其次是社会联系中断。离开了原来的工作环境，就与原来长期生活习惯了的群体、组织脱离，其社会联系中断。特别是周围人对自己的态度可能由热变温，由温变冷，尤其一些人不像过去那样"遵从"

---

① 韩为民：《提高农村老年人社会地位问题》，见《第八届亚洲大洋洲地区老年学和老年医学大会中文论坛讲演暨优秀论文摘要集》，2007，第231页。

② 张绪武对千阳县调查、樊启才对赵壁市农村调查，见《第八届亚洲大洋洲地区老年学和老年医学大会中文论坛讲演暨优秀论文摘要集》，2007，第97、222页。

③ 曹修龙：《农村留守老人生活现状及对策》，见《第八届亚洲大洋洲地区老年学和老年医学大会中文论坛讲演暨优秀论文摘要集》，2007，第91页。

④ 无锡老龄办：《"空巢老人家庭"的问题及对策》，见《第八届亚洲大洋洲地区老年学和老年医学大会中文论坛讲演暨优秀论文摘要集》，2007，第228页。

⑤ 王永斌等：《上海市奉贤区农村高龄老人"老有所养"现状调查》，见《第八届亚洲大洋洲地区老年学和老年医学大会中文论坛讲演暨优秀论文摘要集》，2007，第95页。

自己，出现失落失衡，自我感到声望的下降，甚至感到世态炎凉。再次是社会对老年人合法权益的漠视。比如社会上存在拖欠老干部老职工退休金或医药费、农村老年人看病难告状难等现象，老年人的合法权益受到漠视或损害。有些地方有些人不敬老不尊老行为仍然存在。社会环境也催化了老年人社会地位的下降。

三　不同社会层面的老年人的地位变化

在我们社会主义国家中，中国老年人和其他普通公民一样，都具有平等的政治地位。虽然每个人的职业职务、家庭关系、个人收入、教育状况、宗教信仰等方面，对个人政治地位有影响，但归根到底是社会制度起决定性作用。作为宏观层面的社会主义制度，决定了老年人平等的政治地位。老年人个人的经济收入，是因人而有所差异的，但基本生活是有保证的。在劳动者当家做主的我国社会主义制度中，老年人的社会地位得到尊重。今天的老年人，就是昨天的劳动者。他们对社会和经济的发展，都曾作出过自己的贡献，甚至建立了不可磨灭的功勋。他们是我们今天幸福生活的创造者，是我们今天事业的奠基者。他们当中的很大一部分人，曾是我国各行各业的专家和技术骨干力量。在长期的生产斗争中积累了极其丰富的知识和经验，他们是中华民族物质和精神文明的继承者、发展者和传播者，是我们国家的宝贵财富。老年人的社会地位，得到了国家和法律的保护，得到了全社会的重视、爱护和尊重。敬老，被看做是社会主义制度当中平等互助的人际关系的一部分。中国老年人的社会地位是较高的，这是举世公认的。我国政治生活和社会生活的大量事实，也充分地证明了这一点。对于这个问题，本文将不作深入探讨，这里，我们将在社会学这个意义上，讨论一下与社会职业职务相关的个人社会地位的变化。

从微观社会学来看，个人社会地位是同性别、年龄、社会出身、民族、党派、教育、经济收入、职业职务等因素有关的。其中职业职务往往是个人社会地位的重要标志。从我国老年人的实际状况来看，老年人的性别、社会出身、民族、党派、教育、经济收入等方面变化不大，基本上是稳定的。其变化主要是年龄增长及伴随衰老而来的社会职业职务的变动或丧失，而这个变化则直接影响老年人自己对个人及其社会性地位的评价，决定老年人的社会心理变化和行为趋向。

那么我们就深入到微观世界里，来探讨一下不同层面老年人由于社会职业职务等变量变化，而引起社会地位变化的状况。

1. 离（退）休干部

离（退）休干部由于社会职业职务变化，而引起的社会地位变化最大。其中变化程度高低同原来所居的职业职务层次密切相关。原来在基层部门做一般性事务工作的干部，离（退）休后，对社会地位变化的落差自我感觉不突出。原来在某一科层中负责某一方面工作，有一定权力的干部，离（退）休后会感到权力范围明显缩小，有社会地位降低的自我感觉。而原来处于某一部门领导地位的干部，在其工作部门中有较高权威和较大的影响力，离（退）休后则明显感到权威和影响力的降低，有从官降为民的感觉，社会地位下降的自我感受较强烈。从这里可以看到，离（退）休干部原来的职业职务层次较高，则社会地位下降的感受强；原来的职业职务层次较低，则社会地位变化的自我感觉弱。社会统计显示，离（退）休干部个人社会地位的变化，同原来的社会职业职务相关度较强。

2. 退休职工

退休职工对自己社会地位的变化，往往不如离（退）休干部感受明显。他们从生产者变为消费者，从社会走回家庭，会感到自己退休前后自身社会地位有了变化。特别是在刚办完退休的相当一段时间里，这种自我意识较为强烈。但经过一段适应过程后，这种自我意识就会淡化。当然，其感受强弱因人有程度上的差异。多数退休职工感到衣食住是有保障的，经济生活是不错的，社会对老年人是尊重的，自己的社会地位没有什么太大的变化。只有少数退休职工，在与在职人员相比时，觉得有低人一等的感觉。总的来看，退休职工的社会地位变化不大。其社会地位的变化同原来的社会职业职务相关度并不是太强。从某种意义上讲，其经济收入高低对个人的社会地位有一定的影响。

3. 农村老年人

农村老年人的地位，相对说来是比较好的。由于农村尊老敬老的传统观念较深，老年人作为长辈，受到了社会尊重。但"老"则意味着体力的衰退与丧失，意味着生活要靠子女，自己则逐渐不能自食其力。在农村，老年人的社会地位主要是受年龄、健康、经济因素的影响。一般地讲，低龄的、健康情况和经济状况相对较好的老年人，他们的社会地位状况好于高龄的、健康状况较差的老年人。相对来说，农村老年人的社会地位较为稳定，老年人很少会感到社会地位降低。

4. 老年妇女

老年妇女由于年龄和性别原因，其社会地位处于双重弱势地位。其表现为：老年妇女普遍文化低，受教育程度平均只有 0.6 年；社会保障程度低，更容易陷入贫困；健康状况差，享有卫生资源少；空巢家庭、寡居家庭多，面临日常生活困难多；家庭社会地位低，权益易受损害；闲暇活动贫乏，信教信佛迷信盛行，心理问题突出。这种双重弱势地位，在社会转型体制转轨和家庭规模日益小型化的社会背景下，传统养老功能受到强烈冲击，老年妇女在社会资源分配中被进一步边缘化，其社会地位也被进一步弱化。但由于自身地位原本不高，一般的是退休后从社会劳动转到家务劳动中，其社会地位变化不大。除非原来社会地位较高，如原来是某一方面领导或从事某项专业的高级知识分子等，退休到家会有新的失落感外，相当一部分老年妇女愿意回归家庭。

综上所述，可以看出，离（退）休干部自身社会地位变化幅度较大，而退休职工和农村老年人（特别是老年妇女）自身社会地位变化微小或不明显，表明了这种社会地位同职业职务层次关系密切。原来社会职业职务层次较高，下降势差就显得大。原来社会职业职务层次较低，其下降势差就不大或不明显。

这种政治上平等，经济上有保障，主要受社会职业职务等因素影响的社会地位，其因人而程度不同地变化，对老年人的社会心理是否会有影响呢？可以说，影响肯定有，只是程度有强弱高低之别。因为不论是离（退）休干部，还是退休职工、农村老年人、老年妇女，他们都要经历一个从社会回到家庭的过程，经历一个从复杂多向社会关系变成简单单一家庭关系的过程，经历一个从较为广阔的社会天地进入较为狭小的家庭领地的过程。面临这个过程，其活动场所、交往对象、互动关系、社会身份，都发生了较大或明显的变化。

四　老年人在家庭中的地位

家庭是老年人活动的主要天地。老年人在家庭中地位怎样，也折射着老年人的社会地位。但家庭毕竟同社会不同，它主要是由姻缘关系和血缘关系构成的。这同业缘关系、地缘关系有很大不同。研究老年人的家庭地位、往往是先从家庭关系入手来观察和研究老年人的地位。

1. 家庭关系

家庭关系是社会关系的缩影。社会主义社会人与人之间的新型关系，以及旧社会遗留下来的旧人际关系，都会不同程度地在家庭中反映出来。

家庭是社会变迁的寒暑表。社会关系变动将会直接影响到家庭关系的变动。这里，只要联系中国近代社会变迁，特别是对照十年动乱期间的社会中人与人关系对每个家庭关系的影响，便不言自明。然而从某种意义上讲，家庭关系并不是一种一般的社会关系，而是一种特殊的社会关系。它主要是由婚姻关系和血缘关系构成的，是社会上各种社会关系的特殊的结合体。一般来说，人都要在这个特殊的结合体中生活。家庭关系如何，对人特别是老年人影响甚大。"家和万事兴"、"夫妻一条心，黄土变成金"，这些是从正面阐发这个道理。"吵得多的家庭，连酱油也是苦的"，这是从反面来说明这个道理。当然，这都是从家庭本身这个意义上讲的。如从家庭与社会联系来看，和睦、健康的家庭关系是社会稳定和进步的必要条件，是实现四化过程中不可忽视的重要因素。作为老年人这个群体来说，在家庭中如何处理好老年夫妻之间的关系，正确处理老年人与子女之间的关系（包括婆媳关系），是保持家庭和睦的一个基本方面，是影响社会安定与和谐的重要因素，也是老年社会学所要研究的一个重要课题。

所谓家庭关系，是指家庭成员之间的相互关系。从老年人的家庭看来，其基本的关系是夫妻关系和亲子（父母与子女）关系。夫妻之间为婚姻关系，亲子之间为血缘关系。其他诸如兄弟姐妹关系、婆媳关系、岳婿关系、祖孙关系、叔伯姑姨关系，均是这两个基本关系的合理延伸。其中夫妻关系是主要的，是家庭的第一纽带。其次是父母与子女关系，这是维系家庭的第二纽带。在家庭生活中，这两个纽带搞好了，家庭关系就会比较稳固。家庭社会学认为，婚姻关系和血缘关系在家庭成员中，形成一种天然的"内聚力"，即俗话讲的"舐犊情深"、"情同手足"、"胳膊肘不能往外拐"。而这种基于自然属性的"内聚力"，并不是一种纯粹的自然属性，它是受其家庭关系社会性制约和影响的。政治利益、经济利益、伦理道德观念，以及生理心理文化等方面素质的差异，常常决定"内聚力"的性质和发展方向。它可能对家庭"内聚力"起正作用，也可能起反作用。既可能激励家庭成员为社会发展多作贡献，也可能成为对社会的一种破坏力量。从这点可以看到，家庭关系是人际关系的一个重要组成部分。由于老年人常常在家庭中处于家长地位，家长在家庭中的作用状况，往往对家庭关系有重要影响。因此，注重对老年人家庭关系的研究，对于促进家庭关系的和谐与社会安定的巩固，无论是在理论上还是在实践上，都有着重要意义。

老年人家庭关系状况如何呢？这是一个许多人关心的问题，也是一个比较难于系统统计的问题。

（1）夫妻关系。哈尔滨市社会学研究所对全市离休干部所作的抽样调查表明，同配偶关系和谐的占59.1%，关系一般的占18.2%，偶有口角的占10.5%，经常争吵的占3.2%，还有9%不回答这个问题。如将偶有口角和经常争吵加在一起则占13.7%。对待不回答这个问题的老年人不应忽略过去，而应作些分析。同配偶关系可以说是一个敏感问题。除丧偶者外，多数老年人是持耻于回答这个对本人属于头痛问题的心理：如实填写则有扬家丑之嫌，违心填写又于心不忍，便以"不回答"掩饰真情。因此这9%之中多数也应加到13.7%的行列中。从这个比例关系大体可以估计到，老年夫妻关系好、中、差的比例约为6:2:2。

（2）亲子关系。亲子关系指的即是前边提到的父母和子女的关系。据袁缉辉在《从战略高度研究老年人问题》中所言，他们对上海虹口区长春街道349户有老人和小辈生活在一起的家庭调查，其中关系相处好和较好的有143户，占41%；关系一般的103户，占29.5%；家庭不和睦、老人和小辈经常发生矛盾和冲突甚至发展到虐待老人的有103户，占29.5%。老人同子女关系好、中、差，其比例大体为4:3:3。他们对上海661位老人抽样调查，方法是请被调查者自述与子女的关系。自述子女不孝者37人，占总数的5.4%，还有276名老人反映小辈待他们"一般"，占总数的40.5%，这两者相加占总数的45.9%。为什么要把两者加在一起呢？袁文认为，因为从实际情况来看，"一般"往往反映了小辈待老人不好或不那么好。有不少老人有"家丑不可外扬"的想法，还有的怕讲出真情，更加激化小辈和自己的矛盾。因此，当别人问他们的时候，就以"一般"掩盖过去。哈尔滨市社会学研究所调查表明，同子女关系和谐的占52.6%，关系一般的占30.9%，偶有口角的占6.7%，经常争吵的占2.6%，不回答的占7.2%。如前分析，老人同子女关系好、中、差的比例大体为5:3:2。

（3）婆（翁）媳关系。据上海市南市区对50户婆媳共处的扩大家庭的调查，其中婆媳关系好的占18%，有小矛盾的占52%，矛盾尖锐的占30%。显见，婆媳相处不够融洽的居多数，相处得好的也有，但居少数。据哈尔滨市

社会学研究所对 90% 是男性离休干部的调查来看，同儿媳关系和谐的占
56%，关系一般的占 39%，偶有口角的占 3%，经常争吵的占 2%。翁媳关系
一般来说是较好的。相比之下，婆媳关系是一个突出的问题。

（4）祖孙关系。据哈尔滨市调查，老年人与孙子女关系和谐的占 76%，
关系一般的占 22%，偶有口角和经常争吵的占 2%。祖孙关系总的来说是好
的、融洽的。

从上述尚不完整不系统的资料可以看出，中国老年人的多数家庭关系是
正常的、健康的，社会主义新型的人与人关系正在确立和发展。但旧的传统
和观念还有一定的市场，还在某种程度上影响和破坏着我国社会主义新型的
家庭关系。

同时，也不难看出，在老年家庭诸多关系中，老年夫妻关系、亲子关系、
婆媳关系，可以说是其基础关系。这些基础关系的状况，直接影响和作用于
家庭的融洽、社会的和谐。从这个意义上讲，强调和加强对这三个关系的研
究和探讨，自觉地处理好这三个基础关系，不但有益于家庭的幸福和睦，而
且有助于社会安定和谐。

在老年家庭关系中，这些基础关系占什么地位，应当怎样处理呢？

（1）夫妻关系是核心。对夫妻关系的研究，是家庭社会学的一个突出重
点。夫妻关系表面看来很简单，其实并非如此。从横断面来看，夫妻关系包
含有情感关系、性关系、法律关系、经济关系、互助合作关系等；从纵切面
来看，夫妻关系一般要经历婚姻关系的建立、婚姻关系的维系、婚姻关系的
深化和异化几个大的阶段。可以说夫妻关系本身就是一门学问。作为老年夫
妻，同青年或中年夫妻不同。不论是其生理、心理、经历，还是家庭生活和
社会生活都发生了较大的变化。特别是退休前，白天上班工作，只有下班后
才阖家团聚，在一起的时间较少；而退休后，朝朝暮暮相处，"牙齿碰舌头"
的机会也多了；加上夫妻双方都进入了更年期，情绪不稳定，好发脾气。如
不注意克制自己，就会因区区小事而纠缠不休，甚至严重的到闹离异的程度。
从这点上讲，夫妻到了暮年，婚姻并不是进了保险柜。婚姻就是需要不断地
"保鲜"。老年夫妻要有意识地处理好相互关系，以防止和克服感情上的裂痕。
要做到这点，其中最基本的一条，就是夫妇双方要互尊互谅。所谓互尊，就
是要尊重对方。既然是共同相处已几十年，老夫老妻了，就要多念对方的好
处，多看对方的优点。如果不尊重对方，常用尖酸、刻薄、讽刺、挖苦一类
话去伤害对方，对方会觉得临到老年还要"受气"，便会来个"针尖对麦
芒"，这样极易导致感情上的裂痕。所谓互谅，就是善于谅解对方。人年纪大

了，各方面都不能像年轻时那样手脚利索，那样耳聪目明，那样精力旺盛，力所不及的事情多了。作为老年夫妻都要理解这点，善于体谅对方，注意克制自己。对方有了过失，不要埋怨责备，更不能一方妥协让步，另一方得寸进尺。只有平等互让，推己及人，才有助于老年夫妻关系的亲密融洽。

（2）亲子关系是纽带。费孝通教授在《生育制度》一书中，曾把家庭中的基本关系比喻成一个三角形。借此说明由父母孩子这三点连成的三角形，要比由父母两点连成的一条线稳固多了。这就是说，由婚姻关系派生出的亲子关系，有助于家庭关系的稳定。中国多数老年人同子女共居，在这些共居的家庭中，有些家庭十分和睦，有些家庭则矛盾重重。是什么原因使老年人与子女两代关系紧张？在家庭关系上，老人要注意些什么问题？小辈应注意些什么问题？这是一个社会关注、老人们关心的实际问题，也是老年社会学应着重探讨的一个重要问题。

应当看到，在急速变迁的社会中，亲子两代由于年龄、文化、阅历、社会地位、社会责任的不同，在行为方式、生活态度、价值观念、交友方式、服饰衣着等方面存在差异，产生所谓"代沟"问题。凤生在《亲子两代的差异及其原因初探》中，谈到父子间的这种差异时指出："而差异形成后，双方沟通机会的减少，又增加了双方的分歧，在子女心中觉得父母过于保守，无法了解现代的生活方式和趣味，也不会体验青年人的思想，甚至连自己使用的语言也全不懂，因此就索性不和父母谈自己的想法和想了解的问题。在父母方面，当发现'孺子不可教'时已够不愉快了，更难有耐心听年轻人的'荒谬之谈'了。他们多数对自己所奉行的传统规范也不一定有透彻的了解，因此也无法对子女道出一定道理来，有时加上情绪作用，就更懒得'说出惹大家生气'了。还有一个不利情况，就是双方的活动范围有所不同，作息时间也不尽相同。在某些家庭，父母和子女难得凑在一块儿，更谈不上在思想上的沟通了。"[1] 差异是客观存在的，问题在于通过沟通，求同存异，缩小差距，以求建立共同语言。作为父母，身负终生教育子女的义务。可是老年父母怎样对子女进行教育？靠强制压服不行，靠絮叨琐事不行，要靠督促、劝勉和支持，寓教育于爱抚之中。"生才贵适用，慎勿多苛求"，"管教"越严，抵触、对抗心理越强。要多鼓励，开"绿灯"，高兴地放手让他们去做。他们即使跌了跤，也是一次锻炼。英国哲学家罗素在《怎样度过晚年》中有一段话讲得很好，他忠告老人："在晚年要怀着从朝气蓬勃的青年人身上吸取活力

---

① 凤生：《亲子两代的差异及其原因初探》，《家庭》1984 年第 3 期。

的希望而依附他们（依附二字十分重要）。孩子们长大了，他们需要有自己的生活。如果你对他们的兴趣不减当年，很有可能，你会成为他们的包袱，除非他们对你置之不理。我并不是说不应关心他们，我的意思是对他们的关心应该是谨慎的，如果可能，最好是对孩子们有益的，而不应过于感情用事。小动物一旦能够自己生活，做父母的就不管它们了。但是，人类由于育婴期长，感到做到这一点极为困难。我认为，对于那些在适当的活动中不光考虑个人利益的老人来说，幸福愉快地度过晚年是不难的。"还有一个与教育子女相关的问题，就是老年人在钱财问题上，不仅会积财，而且还要懂得善于及早散财的道理。86 岁的顾执中老人在《要关心青年》中强调心灵美方面的建设时，指出："从我所看见的许多人家中，钱财几乎是老年人的极大祸灾。往往有 70 岁以至 80 岁以上的老人，从不想及死之将至，对钱财看得很重。""积到几千以至几万元。结果，害得子女垂涎，外甥眼红，大家希望他们早些死，可以及早分得遗产。"作者在分析了钱财对家庭关系的腐蚀作用后，指出："家无过分多的余钱，子女就不会闹钱，家无过多过大的房子，子女就不会抢房子。家庭间抢产业的纠纷，归根结底，大都是老人自己造成的，自己种的种子。"作者通过论证散财的道理，意在告诫世上老人，不要光注重物质钱财的积累，给自己种下"祸根"，最根本的是要想到给后代留下宝贵的精神遗产。

作为子女，应如何对待老人呢？最重要的是尊敬老人，理解老人。所谓尊敬老人，就是要正确估价老人在社会和家庭中所起的作用。父母辛勤劳动一辈子，无论是从事社会劳动还是家务劳动，都对社会发展、子孙成长做出了贡献。子女赡养父母、尊敬老人是对父母抚育之情的回报，也是对父母为社会所作的贡献的尊重。正如拉法格所说："年老受尊敬是出现在人类社会里的第一种特权。"所谓理解老人，就是要懂得老年人在生理和心理上的特点。一般来说，人进入老年期后，在智力体力等方面都逐渐衰退，伴随而来的是在心理上出现的自尊感、孤独感、退化感、返童现象、怀旧现象等，这是一个自然规律。作为子女，对此应该谅解，不能嫌弃；不仅在物质生活上对老人赡养照顾、关心体贴，而且要特别注意在精神生活上使老人得到慰藉。因为，对于很多老年人来说，精神上获得安慰的重要性往往大于物质上的享受。

（3）婆媳关系是焦点。婆媳关系是大家庭中关系比较复杂的一种关系。它既有纵的关系（上下辈），又有横的关系（牵涉到婆与公、媳妇和儿子等同辈间关系）。不论公、婆、子、媳，还是小叔、小姑、第三代，不管是哪一方面出了问题，都会影响到婆媳关系；而婆媳一旦发生冲突，势必会将公公、丈夫，甚至儿、女等卷进来，造成家庭人际关系紧张。可以说婆媳关系，是大家庭中人际关系中最难处理的关系。其关系处理得好与坏，常常影响到大家庭的分裂与整合。为什么当今婆媳关系难处？有两点值得注意：一是婆媳在家庭中地位发生了变化，家庭权力结构在变动。在旧社会，居主导地位的是婆婆，婆婆的地位高于媳妇。解放后，媳妇有了较独立的经济地位，婆媳关系基本上平等了。但在宗法观念强的农村，一般是婆婆的地位高于媳妇。而在城市里，一般是媳妇的地位高于婆婆。原来维系大家庭的，一般是以操持家务的婆婆为主。而现今以参加社会劳动为主的媳妇，已在大家庭中争得越来越多的发言权和对家庭事务的支配权。伴随这种家庭变化的，是社会观念、社会价值的交错和过渡。显而易见，婆媳关系难处，是有其客观物质基础和社会根源的。透过婆媳关系这个窗口，是可以看到社会变迁的轨迹的。二是婆媳关系的基础相对不稳定。媳妇叫婆婆为"娘"或是"妈"，其实是以儿子为中介的，她们并没有真正的血缘关系，只是一种"准血缘"关系。由于这种关系不是天然的感情联系，而是通过中介相联系。因此这种靠中介相联系的关系就不够稳定。一旦出现冲突，婆、子、媳三者关系就显得极为微妙。从这里可以看到，婆媳关系是大家庭人际关系中的突出环节，是大家庭人际关系的综合反映。作为家庭人际关系的标志，透过它，便可大体了解一个家庭的和睦程度。显然，我们分析和探讨婆媳关系难处的"难点"，并不是为了婆媳关系恶化。恰恰相反，则是为了改善和完善婆媳关系。随着社会主义人与人之间新型关系的建立，新型的婆媳关系已在许许多多家庭中出现。她们在长期共同生活中建立起深厚的感情，这种感情已不受儿子这个中介的影响了。她们是平等的，相对独立的，谁也不过于干涉别人的事情。她们平等相处，互相尊重，彼此忍让，相互体谅，媳妇把婆婆看成是自己的母亲，婆婆把媳妇视为自己的女儿。这种婆媳关系，就是社会主义新型的人与人关系在家庭中的体现。在大家庭中，婆媳这个关系处理好了，家庭就会出现"婆媳和，全家乐"、"十丈龙孙绕凤池"的和谐局面。

2. 权力支配

在家庭中老年人的地位如何呢？他们有无家庭经济支配权和家庭事务决定权？影响老人年家庭地位的主要因素是什么？

这里探讨的家庭地位，是指人们在家庭中拥有的经济支配权和事务决定权。对于每一个老人来说，他们的家庭经济支配权和事务决定权，一般可分为两部分：一是对于配偶的，二是对于子女的。

首先探讨家庭经济支配权，即在家庭经济中谁说了算，由谁支配家庭经济开支。先以性别分组，通过潘穆、陈烽同志作的上海徐汇区新乐街道复南里委老年人情况调查和林乐农、耿昆同志作的北京东四和月坛街道退休职工调查来比较一下老年人配偶之间的经济支配权。

表 3 – 1　上海 79 名老年人对配偶的经济支配权分配表

单位：%

性　别	本人支配	共同支配	配偶支配
男	26.5	50	23.5
女	20	66.7	13.3

表 3 – 2　北京 237 名退（离）休职工支配家庭经济统计表

单位：%

性　别	干　部	高　知	文教卫人员	工　人	商饮服职工	总平均水平
男	50	50	57	35	33	37
女	50	50	43	65	67	63

从上述两表可以看到什么呢？表 3 – 1 是反映男女老年人之间支配家庭经济权力的比例高低。表中表明男女老年人之间支配经济的权力相等（"共同支配"）的约占总数的 58%。"本人支配"和"共同支配"两项百分比，在男性老年人中共占 76.5%，在女性老年人中共占 86.7%，说明男女老年人在家庭中支配经济的地位基本平等，女性略高于男性。表 3 – 2 则表明，在家庭经济支配权上，男女因职业状况不同，其人数比例则有所区别。在干部、高知、文教卫人员的家庭中，经济支配权男女平等。在工人、商饮服职工的家庭中，家庭经济支配权主要掌握在女性手中。由于本样本中工人比例大，使总平均水平受到了影响，导致女性经济地位偏高。

再以代际分组，来比较一下老年人与子女之间的经济支配权。即探讨在家庭经济生活中，是老年人还是子女当家说了算。

表 3 – 3　上海 74 名老年人对子女的经济支配权分配表

单位：%

全部支配	部分支配	被子女支配
29.7	55.4	14.9

表 3 - 4　北京 237 名退（离）休职工支配家庭经济统计表

单位：%

职　业	本　人	爱　人	老两口	子　女	全家协商
干　部	50	—	32.2	3.5	14.3
高　知	28.6	14.3	57.1	—	—
文教卫人员	46.7	26.7	23.3	—	3.3
工　人	51.2	24.8	14	2.5	7.5
商饮服职工	46.2	15.4	7.7	23	7.7
总平均水平	48.4	19.5	20.8	3.8	7.5

　　表 3 - 3 表明，"全部支配"和"部分支配"两项共占 85.1%，"被子女支配"约占 15%，说明老年人在家庭中的经济支配地位远远高于子女，在家庭中占有相当高的地位。表 3 - 4 也表明老年人在家庭地位上占有绝对优势。显而易见，只把"本人"、"爱人"和"老两口"三项加起来就约占 89%。有趣的是天津市市区老年人状况的调查，其结果同上海、北京的调查十分接近。天津调查的 1098 位老年人中，不仅能够自由支配自己的收入，而且对"家庭经济开支"也具有"决定作用"的有 630 人，占 57.4%；"有发言权但不起决定性作用"的有 259 人，占 23.6%；两项合计为 81%。由京津沪这三个调查结果，是否可以推论：在 20 世纪 80 年代城市老年人与子女共居的家庭中，80% 以上老年人在家庭经济事物中具有支配权和发言权。

　　其次探讨家庭事务决定权，即在家庭日常生活中，不论大小事情，看由谁拍板决定。先以性别分组，来比较一下老年人配偶之间的家庭事务决定权。

表 3 - 5　北京 237 名退（离）休职工决定家政大事统计表

单位：%

性　别	干　部	高　知	文教卫人员	工　人	商饮服职工	总平均水平
男	50	52	49	61	60	55.5
女	50	48	51	39	40	44.5

　　从表 3 - 5 可以看到，决定家政大事，男女权力基本平等，因职业不同而有差异，干部、高知、文教卫人员属于平权；而工人、商饮服职工男性权力高于女性。如同家庭经济支配权联系起来，便会看到一个很有意思的分布，即干部、高知、文教卫人员家庭民主风气浓些，无论是在家庭经济支配权上，还是在家庭事务决定权上，男女平等。而在工人、商饮服职工中，男性决定家政大事多一些，而家庭经济支配权主要掌握在女性手里，形成了男外女内，

男政女财的局面。

再以代际分组，来比较一下老年人与子女之间的家庭事务决定权。

表3－6　北京237名退（离）休职工决定家政大事统计表

单位：%

职　业	本　人	爱　人	老两口	子　女	全家协商
干　部	48.6	14.3	20	2.8	14.3
高　知	18.2	9	54.6	—	18.2
文教卫人员	35.3	—	17.6	—	47.1
工　人	43.8	16.3	16.3	1.3	22.3
商饮服职工	61.5	—	7.7	23.1	7.7
总平均水平	43.6	13.2	19.2	2.2	21.8

从表3－6中不难看到，其众数在"本人"一项；如将"本人"、"爱人"和"老两口"三项加起来，将占76%。显而易见，家政大事决定权掌握在老年人手里。但也要看到全家协商决定家政大事已有了一定比例。

总的来看，20世纪80年代老年人在家庭中具有较高的地位。那么影响老年人具有这种家庭地位的主要因素是什么呢？据上海的调查分析，其原因主要有两条：一是经济因素。统计表明，经济因素与老年人的家庭地位是呈较强的正相关（这在与子女之间的比较中，表现得较为突出）。这也就是说，在一般情况下，老年人的经济状况越好，其他家庭成员对他的依赖性就越大，他的家庭地位就越高。相反，老年人的经济状况越差，对其他家庭成员的依赖就越大，他的家庭地位就越低。从有关统计资料可以看到，在老年夫妇经济收入上，男性老年人高于女性老年人的占82%，男性老年人的平均收入比女性老年人平均收入高一倍（分别为65.5元和30.5元）。这种经济上的显著差异，正是男性老年人地位高于女性老年人的主要原因。另外，在老年人与子女之间，据调查，经常补贴子女的老年人占24%。哈尔滨市社会学研究所对离休干部的调查中，发现离休干部经济收入平均值为106.7元，同他们家庭月人均收入45.1元比较，就会看到相差一倍多。在离休干部与子女共居的家庭中，离休干部一般都程度不同的在经济上补贴子女和孙子女。这种不是子女赡养老年人，而是老年人补贴子女的状况，在离休干部家庭中表现得更为突出。这种"倒贴"现象，是当年老年人在家庭地位中相对较高的一个重要因素。二是劳务因素。劳务因素包括买菜、做饭、洗衣、照看小孩等各项家务劳动。统计表明，在老年人夫妇之间，劳务因素对家庭地位有一定影响。从统计可以看到，老年人替子女承担全部和大部分劳务的共占59%。这既是老年人在家庭中发挥作用的一个重要方面，也是其家庭地位相对高于子女的又一原因。在老年人夫妇之间，女性老年人承担全部和大部分劳务的共占78%。北京对东四七条进行的家务时间专题调查，发现70%的男性退休职工和100%的女性退休职工承担买菜、做饭的家务。他们平均每人每天做2.8顿饭。85.3%的退休职工照看过和正在照看孙辈，平均每人照看1.9个孙辈。每天从事家务劳动的时间男性为5.3小时，女性为9.45小时，平均每人每天为8.08小时。哈尔滨市社会学研究所对离休干部的调查表明，37%的离休干部操持家务，每天平均家务劳动时间为6.2小时。退（离）休老年人分担大量家务劳动，是其发挥社会作用的一个主要内容，既照顾了孙辈，又解放了儿辈，实际上是间接为社会生产作出了贡献。从以上的分析中可以得到以下结论：决定老年人家庭地位的主要是老人的经济状况，在老年人与子女之间，劳务因素也起一定的作用。

以上这些调查研究，多为在一个时点上的调查数据，且多在七八十年代。如果进行纵向调研，从新中国成立初期到2000年，即在50年的历史进程中，就会发现社会变迁对家庭权力结构的影响有多大，中国老年人在家庭权力上发生了怎样大的变化。

下面就用河南的一项调查数据来探讨这个既有趣又有价值的问题。

河南的家庭调查是由孙立坤博士主持的，该家庭调查的有效调查问卷为3697份，涉及城乡各个主要群体。现将不同年代家庭事务决定权涉及老年人的部分摘录如表3-7。

表3-7　河南省不同年代家庭调查事务决定情况比重变化表

类　　别	1949~1965年		1966~1976年		1977~1992年		1993~2000年	
	户数（户）	比重（%）	户数（户）	比重（%）	户数（户）	比重（%）	户数（户）	比重（%）
长辈决定家庭重大支出	483	58.3	648	56.2	573	29.7	321	12.1
长辈决定日常生活开支	361	52.5	519	50.7	454	26.9	253	10.6
长辈决定储蓄和投资	271	53.1	427	51.8	389	26.7	229	10.7
长辈决定借款	261	53.5	394	53	353	28.1	216	11.9
长辈决定子女教育	313	47.7	481	48.2	434	25.3	258	10.8
长辈决定生几个孩子	191	37.8	301	39.3	279	21.6	116	6.5
长辈决定谁出任当家人	353	54.8	506	53.9	422	27.5	284	12.7
长辈决定子女就业	289	50.6	437	50.4	417	30.4	248	13.1
长辈决定其他	37	46.8	55	50.9	91	47.2	50	18.2

资料来源：孙立坤《河南当代家庭变迁调查》，人民出版社，2004，第98~99页。

从表 3 - 7 可以清楚地看到，1949～1976 年是第一阶段，在这一阶段中，老年人无论是经济支配权还是家政大事决定权，其比重数均分布在长辈说了算上，即表明家庭决定权基本掌握在老年人手中。而到了第二阶段，即 1977 年至 1992 年，家庭权力发生了根本性的变化，老年人掌握的家庭决定权转移到第二代即夫妻双方决定的手中。多数老年人家庭决定权旁落，由其第二代夫妻双方取代。老年人只在其他事务上还有一定的决定权。到了第三阶段，即 1993 年至 2000 年期间，老年人的家庭决定权更多地丢失。第二代夫妻的家庭权力进一步扩张，其比重远远超过老年人在第一阶段权力的比重。可以说是老年人家庭权力处于群体性的下降，而且下降幅度十分显著。不难看出，社会转型、改革开放的时代背景，对家庭权力结构的冲击是令人惊异的，家庭在权力方面犹如发生了一场地震或者说一场"革命"。多数家庭由老年人掌控变为年轻夫妻掌控，老年人从家长的位置上走下来，把家庭主要决定权交给年轻的夫妻。这一变化进一步折射出老年人社会地位下降的客观事实。应该特别引起社会决策者的关注。

3. 家庭处境

老年人在家庭中地位的高低，是否决定家庭成员对老年人的态度呢？这是在讨论老年人家庭地位过程中自然引申出来的一个有趣并值得探讨的问题。

在探讨这个问题上，20 世纪 80 年代潘穆、孙烽提出了一个家庭处境的概念。所谓家庭处境，是指人们在家庭中受到其他成员对待的情况（包括物质与精神两个方面）。它与家庭地位是两个不同的概念。家庭地位主要是反映家庭成员之间基于物质基础之上的，必须遵从的支配与被支配的关系；家庭处境则主要是反映家庭成员之间的相互态度。它并不是反映绝对生活水平的高低，而是反映人们在具体的家庭经济条件下，是否受到相应的对待。围绕这个课题，他们作了很多双变量相关分析，发现老年人家庭处境的变化并不一定与老年人的家庭地位（或经济劳务因素）相关，也就是说，它们之间并没有直接的必然联系。这就推翻了人们的习惯看法：老年人家庭处境的好坏，取决于老年人家庭地位（或经济收入）的高低。那么，直接影响老年人家庭处境的因素是什么呢？他们提出主要是子女的道德状况。他们认为在子女对待父母的态度上，主要存在着三种道德类型：（1）封建主义的道德。封建主义在家庭关系中的表现是家长制，即一切服从父母的意志。（2）资本主义的道德。资本主义把家庭关系变成赤裸裸的金钱关系。在对待父母的态度上，子女是采用实用主义态度，即利于己时则"好"，不利于己时则差，甚至遗弃、虐待。（3）社会主义的道德。社会主义以集体主义为核心，反映在家庭关系上是民主的、同志式的、互助的关系；在对待老年人的态度上，它继承和发扬了我国劳动人民的传统美德，在精神上尊敬、爱护老年人，在物质上赡养、扶助老年人，尽子女应尽的责任和义务。他们运用这三种基本道德类型对不同层次老年人和子女态度差异进行分析，取得了较为满意的解释。对于老年人家庭地位与处境的一致或不一致的现象，他们的见解如下：那些老年人家庭地位低（经济、劳务状况差）而处境好的情况，一般是由于子女受社会主义道德观念的支配（个别的也可能是受封建道德的支配）；那些老年人的家庭地位低（经济、劳务状况差）或家庭地位虽高（经济、劳务状况好），而处境差的情况，往往是由于子女受到资本主义道德观念的影响。至于那些老年人家庭地位高（经济、劳务状况好），而处境也好的现象，则需具体情况具体分析，因为在三种不同的观念支配下，都可能出现这种现象。但有一点是可以肯定的：一旦老年人的家庭地位（经济状况、劳务能力）下降时，受社会主义道德观念支配的子女态度是不会变差的，而受资本主义道德观念支配的子女态度就会随之变差。通过对老年人家庭处境的探讨，可以得出以下结论：（1）直接决定老年人家庭处境的主要是子女的道德状况。当然，这也与老年人本身对子女的态度、老年人本身的道德观念，以及两代人之间的思想、感情等因素有关。但是，作为子女，在对待老年人的问题上，则不论老年人本身如何或双方思想、感情如何，主要是在于如何认识自己对老年人所应负的责任和义务。（2）老年人的家庭地位（或经济、劳务等因素）是通过子女的道德观念来影响老年人的家庭处境的。相同的家庭地位，由于子女的不同道德观念，会造成不同的家庭处境。只有建立在子女的社会主义道德基础之上的老年人家庭处境，才是真正幸福、安定、可靠的。总之，家庭处境主要是反映家庭成员之间的相互态度。决定家庭处境的直接因素是精神因素，物质因素则是通过精神因素起作用的。要不断改善老年人的家庭处境，除了逐步发展各项社会主义的老年福利事业外，更重要的是大力发扬社会主义的道德观念，搞好精神文明建设。可以说，老年人的家庭处境的改善，是社会主义发展的必然。

第四章　老年社会角色

社会学研究个体，一般是从地位和角色入手的。人的社会角色与社会地位是不可分割的。世上没有无角色的地位，也没有无地位的角色。角色表现地位，地位规定角色的范围。

社会学研究老年人，正是通过从角色这个研究点入手，进而研究老年社会结构的。社会角色是社会个体与社会结构联系的中介，它是研究社会结构的起点。借助角色这个分析概念，有助于理解一个老年人是怎样进入一个有文化的社会结构中，并在不同场景中实施不同的行为模式和方式，与别人发生这样或那样的关系，有益于深刻认识自我，认清个体在社会体系中的位置，懂得不同场景下为什么会有不同的人际关系和互动模式，进而成为一个理性的社会人。

一　现实角色与戏剧角色

在社会学看来，人类社会好比是一个天然大舞台。人类社会中的各种活动，犹如一台台社会剧。每个人都在社会剧中，按着不同场景中的地位规定的行为模式去扮演自己的角色，有的担任经理，有的担任工人，有的担任爷爷，有的担任乞丐。他们各司其职，各尽其责。各种各样的社会角色交织在一起，串演着人类社会一场场活剧。

演剧，通常要照着剧本规定去演。社会活剧没有那种事先写好的剧本，但人要按社会安排好的文化规范去做，经理要按经理的行为模式去做；做爷爷要照做爷爷的样子去行事。就其本质而言，演社会活剧，其实也有看不见的"剧本"，这就是社会规范。社会规范是社会对个人所要求的行为标准，也是社会中大家共同遵守的规矩。社会正是通过这些社会规范的制度化，实现社会的稳定有序和谐。

1. 角色

什么是角色呢？人们习惯于把戏剧中的人物说成是角色。而社会学中角色是一个分析工具。它指的是社会规定的用于表现社会地位的行为模式，或者说是一个地位所要求的规范总和。如一位老人，在单位，他的职业是大学教授，教授就是他的一个角色；回到家中，他是妻子的丈夫，儿子的父亲，丈夫和父亲是他在家中的两个角色；出门坐车，他就是一个乘客，乘客是车上的角色。教授、丈夫、父亲、乘客就是他在不同场景中的角色。

如何准确把握角色这个概念自身的含义呢？

首先，角色是社会地位的外在表现。每个人在社会上生活，他总是处在一个具体的社会位置上，他要通过角色表现自己的地位。即通过自己的角色扮演，如衣着打扮、行为举止、语言（包括肢体语言）来体现社会地位。人们认识一个人的地位也往往是通过对角色扮演来辨认的。比如穿警服，就判断是警察；别人称其为处长，他就是处级的负责人。角色是地位的外在的、动态的表现形式，地位则是角色的内在依据，社会地位总是通过角色表现出来。

其次，角色是一套包括权利和义务的行为模式。角色是有事先规定的包括权利和义务的行为模式。特别是职业角色，其权利和义务往往都有明文规定。应该做什么，不应该做什么，其规定一般较清晰。即使是规定相对较模糊的家庭角色，社会既有明确规定的，也有约定俗成的。即当父亲有哺养教育子女的权利，又有哺养教育子女的义务。这种权利和义务相结合要求的行为模式，使人懂得在不同场景下如何待人处世，如何恰当地按着不同地位角色所规定的权利和义务去行事，做到既到位又不越轨。有的老年人溺爱子女，教育不得法，孩子出了问题，其实是老年人教育不到位，没有履权尽职，事先没有按长辈角色严格要求自己。

再次，角色是对特定地位的期待。角色有规定，人们就会对一定的角色有一定的期待。比如当父亲就得有父亲样，当教师就要为人师表。人们对不同角色会有不同的期待。人们对不按其地位行事的角色，会认为其行事不称职。比如教师缺少师德，当官的腐败，人们就会认为这个老师没有做老师的资格，这个官不是清官是贪官，他背离了人们对其地位与角色所规定的权利义务的期望。

最后，角色是社会群体或组织的基础。社会群体或社会组织是由角色网编织而成的。家庭是由夫妻、父母、子女、兄弟姐妹这些角色组成的群体。学校是由老师、学生、管理人员构成的组织。角色是社会群体与社会组织构成的基础单位。

为了更深入地理解角色的含义，应特别提出的是把握好演员与角色的关系，即处理好社会活剧中的个人与角色关系的问题。这有两层意思：一是不管是谁，只要担当某一角色，他就要按这个角色的行为来行事，即照这个角色的规定要求去办；二是扮演某一角色的演员会消失，但这个角色一直存在。即使这个演员不存在了，将来别的演员依然可以扮演这个角色。这表明演员和角色不是一回事，演员要按角色规定而不是依自己意愿去扮演；不管演员怎样，角色规定不变，演员只能按自己理解、领悟的角色规定去扮演，即按规定的角色模式去做。正是从这个意义上，有的学者从角色引申出来面具这一概念。角色犹如在一些场景上戴面具一样，按着面具这个角色去扮演。不同场景就须换用不同的面具，去扮演不同的角色。即在学校课堂上，授课者就要戴老师的面具，按老师的规范要求自己，如不戴老师的面具而戴爷爷的面具去教课，就会出笑话。

2. 角色丛

谈角色概念，不能不涉及角色丛这个概念。角色丛也称为角色集。在社会生活中，每个人都不止承担一个社会角色，他总是在不同场景中承担着各种不同角色。社会学把很多角色集中于一人身上的现象，称为角色丛。比如前面提到的老教授，他在家中是妻子的丈夫，儿子的父亲；在车上是乘客。这种教授、丈夫、父亲、乘客角色集中他一人身上的现象就是角色丛。角色丛表明，一个人在不同场合和关系中，担当着不同角色。当其在一个社会位置上与不同人打交道时，就要根据不同关系表现出不同的行为举止来。从这里我们可以领悟到，每一个人就是一个角色综合体，即扮演的都不是同一角色，而是多个角色或一串角色。推而广之，由角色丛集合起来就是一个角色网。社会就是由这些重重叠叠的角色交织起来的大网络。每个人都是在各自的网络上同别人发生关系，由此造成纵横交错、纷繁复杂的人类社会。

3. 角色规范

谈角色概念，更不能不涉及角色规范这个概念。这是因为角色规范指示了人们需要满足的方式和相应的行为目标，规定了人们日常生活的方式和活动范畴。社会成员正是通过角色规范，懂得了社会期待他应有的行为，了解到什么是该做的和什么是不该做的。

那么什么是角色规范呢？角色规范即社会规定的社会成员应有的行为准则、模式、标准。它是社会规定的每个社会成员角色行为的基本要求。显而易见，社会规范就是用社会文化制约人们的生物性需求，把人们的举止行为纳入到社会性的体系中。社会就是一个角色结构或角色体系。社会通过角色规范体系等统一社会成员的行为，组织和协调人类的群体生活，借以维护社会自身的存在和发展。

角色规范主要有两大类，一是经过一定程序成为条文的，如宪法、政策法规、规章制度、公约守则等。这些角色规范由于有明确性和强制性的特点，它对社会成员具有规定性作用，即有约束力量。比如我国《老年人权益保障法》第一章第四条规定："国家保护老年人依法应有的权益。老年人有从国家和社会获得物质帮助的权利，有享受社会发展成果的权利。禁止歧视、侮辱、虐待老年人或者遗弃老年人。"① 这就是社会对衡量老年人角色行为的准则和依据。谁离开和违背这些角色规范，社会就会通过法律或行政或其他形式的手段，对离轨越轨者实行制裁，以达到社会控制的作用。二是大量不成文的规范。这主要是指习俗、道德、观念等。这些角色规范的特点是弹性大。它主要是通过舆论形式表现出来，并具体地渗透到每个社会成员的心理和行为中。比如说父亲这个角色，在不同时代、不同民族、不同社会、不同家庭中，其角色规范有很大差异。什么是好父亲？人们会有不同理解。但父亲角色规范毕竟与母亲角色规范不同，更不会同于厂长、处长、共产党员的角色规范。虽然没有明文规定，但父亲角色是有其自己的一套模式。人们通过文化习得并延续这套模式，用于指导自己的角色行为。显见，社会是通过这些角色规范来统一和制约社会成员，为社会整体与个体之间搭起了桥梁。从角色个体来讲，它对角色与角色间起了"黏合剂"的作用。从社会角度讲，它对角色与社会起了沟通和整合的作用。

对于角色规范，还应了解角色规范的复杂性。由于人们的社会地位和社会角色纵横交织，人们的角色规范错综复杂，常常给人们的行为带来左右为难的处境。这种复杂性表现在角色规范本身的复杂性，即角色和角色规范之间是存在着很多复合形式的：第一种是各种角色在内部具有相对的共同性，各种角色规范相辅相成；第二种是各种角色根本对立，而各种角

---

① 侯世标等编《老龄工作手册》，合肥工业大学出版社，2008，第297页。

色规范间相互抵触；第三种是有一个明显的主要角色为中心，角色行为以此为规范；第四种是各角色缺乏内在联系，而各种行为规范杂乱地并存在一起。情况不同，角色规范的功能亦就不同。在这种情况下，重要的问题不是人们的角色与地位相称，而是人们运用什么样的价值来选择角色规范。这就引申出角色规范复杂性的第二个问题，即角色本身的复杂性。人们的社会角色是怎样评价和选择角色规范的呢？原来每个角色都有自己的一套"参考系"。所谓角色"参考系"，是指该角色在其特定位置上观察问题的方法和观点。每一个"参考系"在观察问题的范围上是有取向性的，它使人偏重于注意社会现象的某些方面，而忽略其他方面。即同一事物因取向不同，而结果不一。比如甲家婆媳不和，而作为邻居的乙家婆婆、儿媳对其看法和评价往往不一样，她们各有各的感受和体验，即各有不同的"参考系"。对于甲家婆媳不和的原因，乙家婆婆可能会认为是甲家儿媳不懂得孝敬老人，乙家儿媳可能会认为是甲家老太太太封建。对同一事物得出不同的结果和看法，这是由角色"参考系"不同所致。另外，社会发生巨变，角色模式出现新问题，即在新旧角色规范交替过程中，原来的角色规范模糊了，新的角色规范尚未清晰，也会给确定角色规范带来困惑。正是由于角色规范的复杂性和角色"参考系"的复杂性，常常给人们的角色行为带来左右为难的困扰和烦恼。

　　角色规范不是一成不变的，它是一个复杂的动态的过程。角色规范的变动，根源于角色的变化。角色是社会的产物，社会是发展变化的，作为社会系统中的角色也是可变的和动态的。首先是时序变了，角色规范也同样在变。"文革"及"文革"前，女青年穿时装被斥为"奇装异服"，被社会视为丑。而随着时间的推移，现在人们不仅把穿时装看做"美"，而且还搞各种各样的时装大赛，就连当年看不惯的老年人也争当时装模特，争相媲美。其次是空间变了，角色规范也会变。在南方，人们喜甜，而在北方，人们则喜咸；南方农民女人下田多，而北方农民男人下地多。地域不同，角色规范大不一样。此地的规矩搬到彼地就不一定行得通，各乡有各乡的风俗。再次是价值观念变了，角色规范也随之变化。由于传统观念的封闭保守，中国人过去看不惯"比基尼"和现代舞，而开放使人们的价值观念发生变化，健美操、迪斯科也不再是少数青年人的专利，老年迪斯科已风靡各地。就连被视为老年人"禁区"的拉丁舞，在当代全国各地，七十多岁老年人劲舞狂舞的现象也屡见不鲜。人们的价值观变了，"不像样子"会转化成"像样子"；"不入眼"也会变为"顺眼"。因此，我们在看到角色规范的相对稳定性时，也要看到角色规范的变动性。在社会大变迁中，尤其不应忽略这一点。[①]

二　转型带来角色缺失

转型包括社会转型和人生转型，二者在一定程度上造成了老年人的角色缺失。

1. 社会转型带来的角色缺失

中国传统社会是一个有着严格角色规定的社会，它是依据血缘身份等级的规定，为每个不同等级的社会成员安排明确角色的规范，它具体化到人们生活的每一层面、行为举止每一个细节。古代社会不仅有君明臣忠、父慈子孝、兄友弟恭等明确要求和规定，还在衣服色饰、起居行止、物件享用、言语词达上有具体规定。正是这些严酷的角色规范控制，使得中国古代社会带有超稳固性的特征。

我们现代社会所实施的社会改革，是社会结构的一场革命性变革，它是对传统社会的扬弃，是对既有的生活方式包括既有的角色规范和角色意识的猛烈冲击。在从传统社会向现代社会转型的过程中，社会角色会出现缺失现象，即传统角色被打破了，现代角色尚未形成，出现了新角色的角色规范、角色意识的"真空"、缺失。这在客观上就会由不是角色规范要求的角色要求来取代，即在功利与浮躁的社会背景下，社会成员会自觉不自觉地以谋取自我功利为角色要求。这种现象体现在社会生活各领域中，并通过在公共场所中的社会公德、职业活动中的职业道德、家庭生活中的家庭私德折射出来。

在公德领域，突出的是社会尊老敬老传统美德的缺失。乘公共汽车给老年人让座是传统美德，传统青少年有这种强烈的角色意识，见到老年人就会主动让座，不让座自身就会觉得是一种耻辱，社会就会对之谴责。而现在青少年把给不给老年人让座视为无所谓，成为习以为常的现象。青少年缺少这种角色意识。这种角色意识缺少，是同家庭教育、学校教育、社会教育中缺乏这种角色意识教化有关的。这种社会性角色规范、角色意识缺失还突出表现在代际差异上。一些老年人做志愿者、当义工、为社会做好事，为人们做公益服务，常常不能得到青少年的赞同、赞扬、仿效，而是遭到青少年嘲讽、

---

① 参见李德滨《女人社会学》，中国妇女出版社，1998，第 114～115 页。

不屑一顾，甚至遭到唾骂。哈尔滨有位75岁老人义务为外来人指路，断了一些搞运营车辆的司机的"揽客财"路，而遭其唾骂。① 这既有代沟问题，也有社会教化不到位、缺位的问题。

在职业道德领域，问题更突出。为了发财，一些人专打老年人的主意，有的通过传销、推销，有的通过卖药、卖医疗器材，有的用高利息融资诱骗，有的甚至利用老年人的好心、善心坑蒙老年人等。在功利第一这种角色要求驱动下，什么缺德的事都会干出来。在市场经济条件下，强调诚信角色、自我良心，是职业角色培育的长期重要内容。

在家庭私德领域，功利对情感的影响也很突出。突出的是代际间的孝亲问题。现代化冲淡了孝敬老人的角色意识，"孝小"不"孝老"也成了一个社会问题。再就是老年夫妻也面临角色挑战。比如老年同居日渐增多，社会对此没有可操作性清晰的规范表述，处于一种僵化或缺失状态。

2. 人生转型带来的角色缺失

老年人从长年工作的岗位上退下来，其工作生活习惯改变了，人生发生了大转变，一下子找不到自我位置了。自己该做什么？自己的角色定位在哪儿？自己该戴什么样的角色面具？出现了一时的角色"真空"。

每一个人在社会中生活，都是身兼多重角色的综合体，即自身是一个角色丛。人有角色面具，表明演员与角色、自我与面具不是一回事。角色与面具不是人的本真性存在。本真性存在是指"我"之为"我"、人之为人的内在规定性，是自我的同一性。一个人可以有不同的存在方式、表现样式。然而这些存在方式、表现样式都是真实自我的现象性显现。在这些现象性存在背后，有一个一以贯之的灵魂，就是真实自我，即演员或个人本真的自我。

本真的自我，常常要在角色、面具中显露、显现出来。这是因为人在交往中，总要是通过外显性的角色与人打交道。角色是社会对个人的规定限制，是个人由所处的社会结构关系网络的具体位置决定而必须戴上的社会面具。在现实舞台上，他是以戴了面具的角色出现的，而不是作为演员自己存在于舞台的。这表明两点：一是本真的自我只能在面具下存在。本真的自我只能在角色所规定的范围内施展自己的才能。父亲的角色就规定了你怎样在做父亲的角色范围内行事处事。既不能用乘客角色或推销员的角色来行使父亲角色，也不能用商人角色来处理父女关系。即言行要符合做父亲的身份。这里

---

① 2009年5月11日《新晚报》。

也隐含着角色或面具对个性的某种否定。表明做父亲对子女也不是什么话都能说，什么事都能做。意味着适于母亲或同伴的言行，不一定适于父亲，其言行要限制在做父亲的范围内。二是场景决定角色或面具。在复杂的社会关系网络中，每一个具体关系都有一个具体角色要求或面具。每个人在不同场景中有其具体的角色或面具。表明不同角色有不同面具。人们在不同场景下转换角色、更替面具。现代社会人际交往频繁，频率加快，表明角色交替加速，这导致现代人精神紧张、压力加大。

退休对老年人来说，是角色张力缩小的过程。从复杂的人际关系转向相对简单稳定的人际关系，其社会角色减少，既可能带来角色与心理失调，也可能带来角色稳定与心理健康。问题在于角色调适与心理适应，即本真自我的陶冶。

三　退休时角色冲突与角色转换

1. 角色冲突

退休是人生的一个转折点，人扮演的角色也会发生这样那样的冲突。社会学把这种角色内的冲突和角色间的冲突，称为角色冲突。比如退休了是退下来好好休息，养好身体，还是做点事情，或者是再找份工作？如果是应聘工作，可能会有两三个单位或工作等待你，有的是环境条件好些，但报酬少；也有的是环境条件差些，但报酬多。在两个中只能选择一个。即两个角色同时向你发出要求，但你不能分身，同时到两个工作岗位，这就发生角色冲突。

为什么会出现这种角色冲突呢？这是由于人一方面是社会的人，另一方面是物质的人。作为社会的人，他可以一个位置占有多个社会空间。而作为物质的人，他只能占有一个空间。而当一个人在一个时间里，要分别在不同地点扮演两个角色，角色冲突就必然要发生。随着社会发展，现代社会中角色冲突的机会也较传统社会有显著增加。角色冲突成了我们社会生活中一个最普遍的现象。

角色冲突主要有几种不同的类型。（1）角色外冲突。即发生在两个或两个以上的角色扮演者之间的冲突。老夫妻吵架、婆媳不和、上下级关系紧张、医生与患者发生纠纷，诸如此类角色与角色之间发生的冲突，均属角色外冲突。（2）角色间冲突。即发生在同一个人所扮演的不同角色间的冲突。作为中老年职业妇女，最突出的角色冲突，就是家庭中贤妻良母角色要求与事业上强者角色要求的矛盾。这种冲突首先表现在时间上。在中国目前生活条件下，家务烦琐，中老年职业妇女在有限时间里，既要顾家务，又要顾事业，家庭与事业往往发生尖锐冲突。其次表现在气质上，无论是妻子角色，还是母亲角色，甚至有的还是奶奶、姥姥角色，社会对其所期待的是温柔、贤惠、慈爱、富有同情心和牺牲精神。而律师、经理、老板等职业角色，则要求其坚毅、果断、有胆有识、不要"婆婆妈妈"。两种角色集中于一人身上，极易造成矛盾的两重性格。再次表现在精神状态上，她们有理想有期望，希望自己能做出一番事业，但现实烦恼又摆脱不了，面对家庭生活感到无聊烦恼，越忙越乱，心情就越烦躁，越烦越渴求发展。而一旦把家庭和孩子丢开，内心又感到深深自责，产生"罪恶感"。真是斩又斩不断，理又理不清。这种理想与现实的矛盾，正是角色与角色冲突的表现。（3）角色内部冲突。即发生在同一个人所扮演的同一角色内部的角色冲突。拿教育孩子来讲，每个孩子的行为和性格不同，做老人的教育子女的方式就应不同。若对大儿子严格些，对小儿子宽容些，生怕别人会说老人偏心眼。若是教育方式"一视同仁"，又肯定不会取得好的效果，因为兄弟之间性格行为不一样。作为老人这个角色，真是两下为难。

产生角色冲突的原因很多，也很复杂，主要的方面有：（1）角色准备不足。人们对角色学习具有连续性，角色准备不足，就会出现角色冲突。面临退休，很多人都是角色准备不足，明明到退休年龄了，却觉得自己并不老，思想观念上对退休准备不足。（2）角色差距。这有两种情况：一是理想角色与领会角色之间的差距，即角色扮演者对自己所扮演角色的领悟同理想角色不一致。比如共产党员这个角色，其宗旨是全心全意为人民服务。但有的党员不是想着这个宗旨，而是一心想着用党员这个招牌谋私利，搞不正之风。他是用自己的领会角色代替理想角色。有的老干部作风不正，开后门，搞特殊化，甚至行贿受贿，他们实际扮演的角色同社会期待的干部角色形成鲜明对照。这种角色冲突，便是由理想角色与实际角色差距造成的。（3）角色扮演中断。每个人在生命周期中，都会遇到新旧角色交替，即旧的角色中断，新的角色开始。如果在这个角色交替过程中，还没有来得及为后来要扮演的角色做好准备，这样也会产生角色冲突。诸如从少年到成年，单身到已婚，已婚到鳏寡（或离婚、分居），其间一般都会发生一段角色扮演中断。退休时期，对于老年人来说，最易发生这种角色扮演中断。（4）身兼角色过多。有的人同时扮演过多的角色，例如社会兼职过多，或家庭关系复杂。意味着社会或家庭对其有不同的社会期待，不同的声音、角色同时提出要求，"兼职者"就难以同时满足各方面要求,顾此失彼。(5)边际角色。即介于两种系统或两个价值不同社会群体的边际人,容易造成角色冲突。比如农村老年人到城里做保姆,是遵照乡村人模式还是城里人模式行事呢?按照乡村人的方言土语、衣着举止,则怕人家贬斥为"山炮";按照城里人的言谈举止、衣饰打扮,又怕人家会说是"土包子开花——臭美"。这种角色冲突来自不同社区的冲突。(6)角色期待不清或不同。这里有各种不同的情况,一是社会对某种角色期待含糊不清,缺乏明确具体的要求。对什么是好父亲、好老人的评价标准,人们的理解是不同的,社会没有统一明确的规定。这种社会没有统一规定"各说各有理"的角色,在实践中是很容易出现角色冲突的。二是对同一角色存在几种相互冲突的期待。比如朋友这个角色,人们对其可以有这样那样的理解,甚至有着相互冲突的期待。有的认为是朋友,就不能帮助其做坏事;有的则认为是朋友就应两肋插刀,即使做越轨之事也要帮忙。两种相互冲突的期待落在一个角色者身上,就会出现角色冲突。(7)社会变迁迅速。在社会大变迁时代里,人们的价值观念变化大,角色的责任、权利、义务变化快,极易造成社会的角色冲突。我国改革开放以来,人们的价值观念发生了巨大变化,许多传统的东西受到冲击,人们对爱情、婚姻、家庭等看法日趋开放,这些新与旧、现代与传统、封闭与开放等矛盾纵横交织,使社会角色冲突向着更加普遍化和明朗化方向发展。①

2. 角色转换

退休对于老年人来说,更多是一种角色转换,对于这种转换,叶乃滋曾概括为六点:(1)从一定的职业群体的角色丛中退出,转向一定的退休群体的角色丛;(2)从一个肩负社会公职责任的职业角色,转换为不任社会公职的一个退休角色;(3)从执掌一定的社会支配权力的权威型角色,转换为仅有普通公民权的平权型角色;(4)从在紧张、固定的劳动秩序中生活的竞争型角色,转换为在松散、自由的消闲秩序中生活的休息型角色;(5)从一个面向社会的事业型角色,转换为回归家庭的家庭角色;(6)从一个交往活跃的动态型角色,转换为交往活动渐少的静态型角色。②

李德滨对这种角色转换,曾概括为三点:

第一,职业角色进入闲暇角色。作为老年人最显著的社会特征,就是他

---

① 参见李德滨《女人社会学》,中国妇女出版社,1998,第126~129页。

② 叶乃滋:《老年社会学》,黑龙江人民出版社,1991,第175~176页。

们生活中主要部分不再是为了生活而谋职业。在我国，大部分老年人完全失去了终生从事的职业的角色，还有少部分（即少于四分之一）老年人，职业角色只是他们生活中极其轻微的一部分。退（离）休，对于老年人是一种社会标志。就像举行婚礼，表明单身汉成了丈夫、单身女子成了妻子一样，结婚礼仪作为一种社会象征，其中包含丰富的内容，其中最重要的内容是社会角色发生了变化。老年人办了退（离）休手续，离开了几十年工作过的岗位，作为一种社会象征，标明老年人失去了职业角色，其生活的主要内容由工作变成了闲暇。退（离）休的过程，使老年人从职业角色进入了闲暇角色。当然这个转变过程并不是一刀切的，是因人有别，是有层次的。例如，农村老年人不同于城市老年人，农村老年人闲暇相对少些，常常是职业角色和闲暇角色兼而有之。再如女性老年人不同于男性老年人，城市女性老年人退（离）休后，多数是从社会劳动转入家务劳动，失掉了社会职业角色，但不一定进入闲暇角色。从宏观总体或发展趋势来看，老年人在角色上的显著变化是从职业角色进入闲暇角色。即从一种紧张的、有竞争的、节奏快的社会生活，转入一种平缓的、松弛的、节奏慢的家庭生活。这种角色的变换，对他们的生活方式和思想观念影响往往是巨大的。在这种情况下，最容易产生角色冲突，造成心理不适应，出现挫折感、空虚感、孤独感，表现在行为上为烦躁不安、发脾气、不愿出门、怕见人、无所适从、不知所措等。而经过一段时间的调适，即通过认知闲暇角色，而进入闲暇角色过程（其中包括别人对老年人进入闲暇角色的期待），不适应感的程度则因人因时而有所降低，以至趋于适应。为了适应这种角色变换，很多老年人退（离）休后，采取外出旅游、探亲访友、转而从事自己热心的事业和有兴趣的活动等，使角色冲突得到缓解和减弱，取得了程度不同的效果，使自己较为自然地转入新的社会角色。可以说，这些都是实践中比较成功的经验。

第二，从主体角色演变为依赖角色。中国老年人退（离）休后，即从社会回到家庭，正好走了一个人生的之字形（家庭—社会—家庭）。一般来说，在这个过程中，老年人社会地位变化较大，而家庭地位变化较小，但在家庭中的角色也有明显的变化。这种在家庭中的角色变化主要表现在哪里呢？老年人在退（离）休前，其子女虽然已从学校毕业走向工作岗位，有的已结婚并有了小孩，但他们在很多方面还常常依赖于父母。例如，调换工作、照看孩子、修建房屋、托人办事，甚至经济生活也要靠父母接济等。因为相对来说，父母社会关系较广，有的社会地位高些，有的经济条件好些，其实力往往比子女强。俗话说，大树底下好乘凉，其子女便簇拥在老人周围。而当父母一旦退（离）休，儿女就会从依赖父母转为关怀老人、体贴老人了。老年人则从对子女的各种义务中解放了出来，即从家庭的主体角色演变成依赖角色。并且老年人年龄越大，对儿女生活依赖程度也就越大。过去是子女依赖父母，父母照顾子女，现在则是子女照顾父母，父母依赖子女。在这个问题上表现最突出的是农村家庭。认清这种家庭中的角色演变，是很有意义的。因为在中国，由于受传统文化的影响，随着年龄增大和经验积累，特别是基于原来的家长地位，老年人在家庭中的权欲感也日益强烈。在老年人看来，他们为家庭辛勤耕耘了一辈子，为子女竭尽毕生之力，到了晚年往往对子女期望值较高，期望子女服从自己的主张和意见。而这常常阻碍了他们对自己已演变成新角色的认识，其结果很容易形成代沟。而有些家庭之所以没有形成代沟或代沟很浅，其原因不是在于子女传统观念较深或念及父母养育之情，就是在于父母认同演变后的新角色或降低对子女的期望值。不难看出，老年人从家庭主体角色演变为依赖角色，其过程常常是缓慢的，它不像从职业角色转为闲暇角色那么急速。急速的变化，带来的是不适应感强，但令人一目了然；而缓慢的演变，则益于人的调适和适应，但常会使人意识不到它的变化，而忽视它的存在。

第三，从配偶角色变为单身角色。到了老年期，失去配偶的可能性越来越大。老年人失去配偶，变成鳏夫或寡妇，这种从配偶角色变为单身角色的变化，可以说是老年期带有特征性的一件事。无论是我国，还是外国，经历这个角色变化的女性为多，即老年期失去丈夫的寡妇是非常多的。失去配偶这种角色关系的变化，对老年人的社会、心理影响是非常大的。一些研究资料表明，老年人丧失配偶的第一年内死亡率相当高（占 12.2%，而配偶健在老人在一年内死亡率仅占 1.2%）。许多有病老年人，在亲人去世后其健康状况往往趋向恶化。对于老年人来说，对其身心影响最显著的角色变化，莫过于从职业角色到闲暇角色和从配偶角色到单身角色的变化。从职业角色到闲暇角色，可以说是老年期对老年人心理的第一次冲击。而从配偶角色到单身角色，可以说是老年期对老年人心理的第二次冲击。

综上所述，可以看到，老年人退（离）休后，随着社会情境的变化，其角色也在不断地发生变化。其变化趋势是：老年人社会关系范围不断缩小，角色越来越单一化。而在这个角色变换过程中，思想调适便提上了议程，成为老年人面临的一个大问题。角色变换和调适的理论告诉人们，社会情境发生变换，要求每个人相应地进行角色变换，对自身的行为加以必要的调整，以适应新的社会环境。如老年人能够随着情境的推移及时恰当地进行角色变换，在对环境适应方面就可能比较顺利，其精神状态也相对较好。反之，对角色变换不善于及时调整，就有可能产生角色压力，发生身心方面的困难，甚至陷入角色冲突和困扰之中。①

四 老年人的家庭角色的变换

家庭是老年人生活的主要天地，家庭角色是老年人的基本角色。

家庭角色包括父母、配偶、儿女、兄弟姐妹等多种角色。其中最主要的角色是父母和配偶角色。老年人在家庭中主要经历共居角色、老伴角色、父（母）亲角色、空巢角色等角色变动。

共居角色，主要指生活在主干家庭或联合家庭或称为大家庭中的老年人，他们常常扮演配偶角色、父（母）亲角色、公公（婆婆）角色或岳父（母）角色、爷爷（奶奶）角色或外公（祖母）角色。这种家庭在城市比较少，在农村较多。在农村由于老人有耕地，故多与已婚子女生活在一起。在城里，老人有退休金，对子女依赖性小；亲子之间存在代沟，共同生活易出摩擦；家庭住房面积受限制。故城市中大家庭相对较少。共居角色，有助于老年人享受天伦之乐，但多重人际关系也给家庭带来摩擦和纷扰。

老伴角色，多为老年夫妻或带未婚子女的核心家庭中的老年人，扮演的基本角色为夫妻角色，也有少量还扮演父母角色。家庭和老伴是老年人生活的依托。老伴在经济支持、日常生活照料和精神慰藉方面发挥着儿女们无法替代的作用。统计表明在经济方面，男性老人的收入是女性老人的 2 倍，女性老人的生活来源主要靠自己的老伴；在生活照料方面，都将老伴作为自己之外的第一生活照料者；在精神慰藉方面，老年人诉说心里话的第一选择也是配偶，其次才是儿女们。

父（母）亲角色，多为丧偶老年人与子女共居的破损家庭或称残缺家庭中的老年人。在这种家庭中的父（母）亲角色，与非老年人家庭的父（母）亲角色有一些变化：除与子女有经济和情感交流，保留形式上、劳务上和思想上的联络外，已不对成年儿女负法律上的责任；老年期父母抚养儿女的责任已经完成，但一般多承担抚养和教育孙辈的责任；在社会期望上，老年期父母角色不再负有中年期父母角色的责任，只是在力所能及的范围内，帮助儿女分担一些生活压力，将其定位为家庭助手。显而易见，这种父母角色意

① 参见李德滨《老年社会学》，人民出版社，1988，第 83～86 页。

味着权利、义务和社会期望的淡化。

空巢角色，多为丧偶后无子女或子女不在身边的单身家庭中的老年人。在我国"女性老人的丧偶期平均长度为 8.6 年"。[①] 丧偶对老年人身心造成很大损伤。对于男性老年人来说，丧偶意味着精神上的孤独和生活上的无人照料。对于女性老年人来说，意味妻子角色变为寡妇角色，孤独与悲哀将伴其余生。特别是经济上丧失主要依靠，这对女性老年角色影响是深刻的。当然经济状况雄厚的女性老年人，其贫困程度和孤独感一般相对会小些。

这四种老年角色，既可视为老年角色类型，也可视为老年人的人生角色历程。当然这个历程，并不是每个个体都要必经的历程，有的可能经历四个阶段中的两个或三个阶段。从老年家庭角色变迁来看，大体经历从户主角色到非户主角色的转变，从抚养者角色到被赡养者角色的转变。

老年人的家庭角色这种变换，是同整个社会家庭结构、功能变化，城乡差异，个体家庭具体变故相关的。

首先是同整个社会的家庭结构和功能变化有关。家庭结构是指家庭中人员的构成。一般大体分成六种类型：（1）核心家庭，即由一对夫妻及其未婚子女构成的家庭；（2）不完整核心家庭，也叫破损家庭或残缺家庭。即核心家庭中因原有配偶一方死亡或离异所形成的家庭；（3）主干家庭，指一个家庭中有两代以上的人，而每代人中只有一对夫妻，或一对已婚子女继续与父母生活在一起的两代或三代核心家庭重叠在一起的家庭；（4）联合家庭，指兄弟成婚后都不独立门户，仍与父母生活在一起、具有血缘关系、几个核心家庭联合在一起共同生活的家庭；（5）单身家庭，指只有一个人独立生活的家庭，他们是未婚，或配偶死亡、离异、身边无子女及其他家属的家庭。（6）隔代家庭，即祖父母与孙辈生活在一起的家庭。一般将核心家庭、不完整核心家庭、单身家庭统称为小家庭，把主干家庭、联合家庭统称为大家庭。传统社会大家庭多，现代社会家庭日趋小型化。据 1990 年全国人口普查，家庭中的 3 人户与 4 人户，已占家庭总数的 50%。而 3 人户、4 人户绝大多数为核心家庭。家庭结构这种小型化的变化，直接影响老年人的家庭结构。在我国，乡村老人与子女生活在一起的比较多。在城市老人多与配偶生活在一起，只是在不能自理或 70 岁以上时才与子女生活在一起。城市老年人家庭的这种状况，同社会流动大、亲子居住条件限制、独生子女等因素相关。整个社会的这种家庭结构变化，对老年人家庭结构的影响是深远的。

---

① 杜世勋：《中国老年人生命周期调查与研究》，《中国人口科学》1994 年第 4 期。

家庭功能一般是受家庭性质和结构制约的。其主要功能有：（1）生产功能；（2）抚育和赡养功能；（3）满足性生活功能；（4）教育功能；（5）消费功能；（6）休息和娱乐功能。在中国养老也是家庭的重要功能。邬沧萍主编的《社会老年学》从满足养老需求角度提出家庭的五个功能：（1）提供经济支持；（2）提供生活照料；（3）提供精神慰藉；（4）提供心理支持；（5）老年再社会化的主要途径。[①] 这里讲的前四点，我们是赞同的，第五点提法有毛病，从阐述内容看，不应是老年人再社会化的重要途径，而应是老年人继续社会化的重要途径。再社会化与继续社会化是社会学中两个含义不同的概念，不应混淆。从家庭功能角度看，现代社会使家庭功能日趋缩小，老年人在家庭功能上所发挥作用也日趋缩小，其职责也仅是发挥维系各子家庭的情感中心作用，为子女分担照料孙辈，从事轻微家务劳动等。

其次是同城乡经济与文化的差异有关。从总体上，城市老年人家庭变化大于农村老年人家庭。在农村老人多与已婚子女共居。由于土地束缚，子女结婚也都不离开村落。老年人一般多从事劳动。即使不能参加生产劳动，但都有土地，拥有土地的种植和收益权，这有利于已婚子女对老人的赡养。在城市老年人多为与配偶生活在核心家庭中，他们靠自己的退休金生活；为避免代沟，喜欢两代人独立生活。但老年人一旦丧偶，或不能自理，或超过70岁就会与子女共同生活。

再次是同个体与家庭有关。老年个体的身体状况、婚姻状况等发生意外，或老年人家庭状况出现意想不到的情况，老年人家庭角色都会发生变动变化。

五　退休后角色的重新选择

退休是人生的转折点，也是新生活的开端，在五彩缤纷的社会面前，退休老人面临新角色抉择。现代社会的开放性及经济、社会发展水平提高，为退休后老年人的角色重新选择提供了较大的自由度。

1. 退休后角色重新选择是老年人自由支配生活的新起点

人生最难得的是自己可以自由支配全部时间和空间，自由地从事自己喜爱的活动。人在青少年阶段，要集中精力学习，为进入社会做好充分准备，尤其是在重文凭重学历的现代社会，青少年要为考上理想学校而拼力竞争，

---

① 邬沧萍：《社会老年学》，中国人民大学出版社，1999，第467～469页。

不可能自由支配自己的时间和空间。中年或壮年阶段，正是为生存和发展拼搏时期，工作、家庭、事业几乎挤满了人生的时间和空间，很难自由支配自己的全部时间和空间，除个别人能自由地从事自己喜爱的活动，大多则是为家庭为社会忙忙碌碌。恰恰是现代社会，为老年人的生活提供了一个崭新的社会条件，这就是当代中国在城市普遍实行的退休制度。退休制度既是一种劳动制度，也是一种社会保障制度。它使从生产、工作岗位上退下来的老年人不仅物质生活有保障，而且在社会支持下，可以自由支配自己的全部时间和空间，自由地生活，从事自己喜爱的活动。而这是青少年、中年人生活角色选择所不具备的。

这种时间、空间和活动完全由个人支配和选择，有助于人的个性发展，具有促进人的自由，推动全面发展的意义。从这个意义上讲，老年人退休后能自由支配自己的角色选择，是社会文明进步的一个标志。

这种自由选择退休角色，自由支配自己的时间和空间是带有强烈的个人色彩的。有的人选择再工作，有的人选择回归家庭，有的人选择从事公益事业，有的人选择自己的兴趣爱好。有多少人就有多少种选择，由此构成了社会绚丽多彩的退休角色生活。

当了7年副总理和5年总理的朱镕基，2003年退休后，既没有回清华教书，也没有以某种方式尽余热。而是以"一介草民"自居，闭门谢客，在家读书、唱京剧、拉胡琴、练书法，不作传记，不题词，视清名高于一切。①

2009年81岁的褚时健，是中国最具有争议性的财经人物之一。他曾经是有名的"中国烟草大王"。在云南红塔集团的18年中，为国家贡献利税至少有1400亿元。后来被查出犯有贪污罪而被判无期徒刑，后获减刑，改为有期徒刑17年。2002年因严重糖尿病获批保外就医，回家居住养病。大起大落的褚时健没有选择颐养天年，而是在古稀之年选择了承包荒山，投身水果业。他的果园占地2400亩，果树34万棵，在昆明打出"褚时健种的冰糖橙"，以81岁高龄又谱写了一段绿色传奇。②

选取这两个例子是想说明，人们退休后的角色选择是多姿多彩的，有的常常是令人意想不到的。因为论才华、论能力、论经验、论学识，朱总理可谓人杰，退休后却选择了闭门谢客，在家读书。褚时健人生经历大起大落，人过古稀没有选择颐养天年，却潜心钻研，发展橙子种植，打造自己的品牌。

---

① 宗和：《朱镕基的退休生活很幸福》，2009年4月18日《老年日报》。
② 宗和：《81岁褚时健续写传奇》，2009年3月7日《老年日报》。

大量社会事实表明：退休，才有真正的自由时间和空间，才有真正的自由的生活，才有从事自己喜爱活动的天地。

2. 退休后角色重新选择是实现自身价值的新机遇

我们很多人都有个人生梦想、个人追求，期望在自己的爱好、兴趣、喜欢的事情上，能集中时间、精力，或学习，或深造，或试验，或旅游，或研究，或写作，能够圆自己的梦，实现自己的人生价值。而恰恰是退休为实现自身价值、开创人生的第二个春天，提供了重新选择新角色、重新定位的新机遇。

人的自我价值的最高表现是自我实现，是人的发展需要的满足，是个人自由全面发展的表现。人具有自我实现，自我塑造的倾向，为了实现"新我"，老年人在角色生活选择中，通过新旧角色转换，进入新角色，获得了自我价值的实现。在创造中超越现实，不断自我塑造、自我实现，才能感悟生活的意义，发现生命的价值，获得尊严和幸福。老年人退休角色的选择，正是实现人的梦想、塑造新我、超越自我、自我实现的方式。

著名交响乐指挥家郑小瑛 70 多岁了，却被称为"最忙的老太太"。整天奔波在外，开音乐会、排练和讲演。她带着团每天排练 5 个小时。2008 年她成为奥运会火炬手。四川发生大地震，她通过赈灾义演，当场为灾区募集善款 200 多万元。即使古稀之年，仍在为自己热爱的交响乐奔忙，通过事业，实现自我。[①]

1931 年出生的中国科学院院士、海洋研究学家郑守仪，研究有孔虫 50 年，2003 年获有孔虫研究领域的国际最高奖——美国库什曼有孔虫研究杰出人才奖。为了实现一生追求的梦想，她将青岛市政府拨给她的 100 万元科研经费的大部分，拿出来做成放大几百倍的有孔虫模型，在中山市三乡镇建立了有孔虫雕塑园，在青岛建立了中国第一个有孔虫科普基地。她用自己创造性的人生，实现着人生价值，收获着人生的尊严和幸福。[②]

2009 年在哈尔滨出现一股银发老人考"证"潮。报载六七十岁老人考取律师证、司机驾照、心理咨询师执业证书等，仅常青职能技术培训基地就为社会培养 31 万多名拥有书画装裱、计算机、按摩等各种职业证书的老年人。报载，现在老年人已不再满足养养花草、打打牌的休闲生活，他们更多希望

---

① 多为民：《郑小瑛：最忙老太太背后支撑大》，2009 年 1 月 2 日《中国老年报》。
② 吴丹：《郑守仪：一生钟情有孔虫》，2009 年 4 月 29 日《中国老年报》。

通过精神和知识上的充电，来适应现代化社会的需要。而考"证"可以帮助老年人在日常生活里充分体现自己的社会价值，并在过程中获得成就感和满足感。[1]

显而易见，退休后的角色重新选择，是实现人生价值和社会价值的新机遇。全新设计自我，就会在新角色中重塑自我，有新的创造，开创人生第二个春天。

3. 退休后角色重新选择是建立一套适应新角色的生活方式

老年人退休后选择生活角色，是为了满足个人的各种生活需求。各种老年人生活角色都是一定的生活模式、生活规范和生活习惯。从这个意义上讲，老年人退休后的角色重新选择，就是对一定生活方式的选择，就是建立一套适应新角色的生活方式。

从大的方面讲，老年人退休前是在一种"有职权、有竞争、空间广、节奏快"的生活方式中生存与发展。退休后则变成"无职权、无竞争、空间窄、节奏慢"的生活方式。这是两种截然不同的生活方式。要适应这种新角色的生活模式、生活规范和生活习惯，要有一个磨合过程、适应过程。要实现这个过程，就需通过对老年人生活角色的重新选择，而实现生活方式更替的过程。

这种角色重新选择，首先难在退休之初期，即刚从岗位上退下来时，犹如一台汽车在疾驶中一下子停下来，由于惯性作用，而不能马上停下来。一个人在工作岗位上工作了几十年，形成了那种刚性生活方式的惯性，一下子难以改变过来。很多人在退休第二天早上，往往还按上班程序和节奏去做，甚至有的连饭盒或文件包都装好，准备去上班。这表明退休不仅仅是办个手续的事，它涉及一个人的价值观念、角色意识到角色行为的转换过程。甚至在初期，对于很多人来说，空落、无所适从、烦躁、痛苦都是会有的。这就是退休后角色面临的由在职人员的生活方式向退休人员的老年生活方式转换问题。解决问题的关键，在于价值观念和角色意识的转变。

为什么刚退休时角色重新选择难？为什么价值观念和角色意识转变不容易？问题就在于难以绕开老年人的非老年生活方式与退休后老年生活方式的矛盾，也就是退休后老年人的角色与原来在岗在职人员角色意识的冲突。说白了就是难以一下子摆脱几十年形成的生活方式定势，思想深层的那种抗拒

---

[1] 戴刚：《银发老人考"证"忙》，2009 年 4 月 5 日《哈尔滨日报》。

生活方式转变的意识在作怪。一旦新的生活角色清晰起来，就会成为建立新的生活方式的起点。当然这个过程，对于每个具体个体来说，都是必经的过程，只是时间上有长短。短的有几天、个把月，像工人、妇女转变过程相对较短。长的一二年都有，特别是一些领导干部或实权干部。

　　退休后老年人角色重新选择的模式是多种多样的，可以说充满了多样性和无限性。从内容上看，老年人退休后角色选择大体有两大层次：第一个层次为参与生活型，主要包括：（1）参与社会型，包括第二次就业、社会公益服务、开发咨询、传授技艺、对青少年进行优良传统教育、参政议政等。（2）参与家务型，包括主持家政事务和家务劳动、照看孙辈等。

　　这里特别提到的参与型中的参政议政。《中国老年》介绍了当了60年人大代表的八旬老农民申纪兰。60年间申纪兰11次走进人民大会堂；60年她栽树平田，修路打井，把一个穷乡僻壤变成世外桃源。她作为农民代言人，1953年就提出男女同工同酬。现八十多岁仍在参政议政。①《中国老年报》刊载一幅照片，天津河北区红都路街如皋里社区公开竞选第一届居委会工作人员，80岁的于秀华和75岁的贾维义两位离退休老人当上社区居委会兼职委员。② 凭着几十年阅历和声望，老年人在参政议政上是有优势的。

　　再就是参与公益活动和公益事业。这在老年人中是相当普遍的一种社会现象。《老年日报》就介绍了一位广州老人熊传德提灯守隧道，照亮孩子上学路的事迹。熊传德退休后做代课老师，发现学生上学路过的隧道太黑，不安全。熊传德就不管刮风下雨，每天早上到隧道口等学生，举灯护送，他用自己的善举奉献，感染着师生，感染着社会。这种灯塔角色，既照亮了别人，也使他自己获得自我和新的生活方式。③

　　第二层次为健身康乐型，包括：（1）休养型，包括休养、疗养、养生、保健。（2）体育型，包括跑步、打拳、练气功、打门球、游泳等各种老年体育活动。（3）娱乐型，包括老年迪斯科、交际舞、秧歌、唱歌、下棋、打牌、搓麻将等各种文娱活动。（4）创造型，包括书法、绘画、音乐、科研、著书、立说、文学创作等各种创造性活动。（5）学习型，包括学习各种老年生活知识、科技知识、文化知识、政治时事等学习活动。（6）消闲型，包括居家休闲、消遣游乐等。其实这个层次的老年人太多了，可以说大多数老年人都选择这个层次中的一个或几个角色。健身康乐成为当代老年人角色生活中最重

---

① 张慧芬：《申纪兰：60年人大代表的人生记录》，《中国老年》2009年第2期。

② 王新：《于秀华在作竞选演讲》，2009年5月12日《中国老年报》。

③ 钟南、刘汉泽：《"灯塔老人"照亮孩子求学路》，2009年4月14日《老年日报》。

要的内容。《老年日报》曾介绍这样一位老人,她是山东省七旬老太。该老人因大脑轻度萎缩,导致记性变差。她背《三字经》,三个月竟全背了下来,后来又读四书五经,她说:"当初背诵是为了练脑子,没想到还学到了很多知识,值!"[1] 背诵也可以成为老年人生活方式的一种模式。

4. 退休后老年人角色重新选择是老年主体能动性的体现

老年人退休后生活角色选择是以主体认识的选择性为前提的。人的角色选择性是主体性的重要内容。老年主体能动性是退休后角色选择的动力源。老年人主体性是社会性与个性的统一。人的主体是通过个性与社会环境发生关系,老年人的主体活动总在不同程度上打上其个性的印迹。正是老年主体性具有个性特色,决定了老年角色选择的不同色彩。

退休后老年人角色选择,很多来自自身的能动性,更多是"真我"的体现。即这种角色与演员,真我与面具近于一致。这种个性色彩使角色、面具失去了色彩。

湖南82岁老人李鸿斌,二十多年来用退休工资、子女赡养费和自家苗木收入共20万元,在当地村建生态林防火工程、修路护井、扶贫帮困、奖学奖抗旱,被当地称为"老雷锋"。[2] 这种80岁老人20年如一日做"雷锋"角色,靠的是主体的能动性。他用自己的善举,为这个时代打上了个性的印迹。

另一位82岁老人是哈尔滨市建国公园社区退休老人吴国柱,他原来是粮食学校校长,退休后十几年如一日,义务擦洗庭院墙壁,书写板报,被人称为"庭院美容师"。[3] 80岁患病老人,原来是校长,义务美化社会环境,这是发自内心,源于主体能动性,是"真我"扮演的雷锋。

还有一位75岁老人,20年如一日,绘出"丹青兰河传、萧乡清明园"系列中国画长卷,再现著名作家萧红家乡呼兰河畔当年市井民俗风情,成为呼兰历史研究的主要画卷。这位老人就是黑龙江呼兰的关子昌先生。他为再现呼兰旧日风貌,仅走访记录就写了三大本,其画作对研究呼兰历史和萧红作品具有重要价值。[4] 关先生古稀之年,通过重新选择"画家"这个新角色,用自己的画笔,为呼兰历史民俗画出精彩的画卷,也为自己的主体能动性涂上了鲜明个性色彩。

---

[1] 郭静:《七旬老太忘性大,"四书五经"练脑》,2008年11月6日《老年日报》。
[2] 董晓楠:《湖南出了个"老雷锋"》,2009年4月1日《老年日报》。
[3] 刘崇明等:《82岁抗癌老人专管社区"牛皮癣"》,2009年2月19日《新晚报》。
[4] 刘超媛:《古稀翁绘出呼兰旧貌》,2009年4月1日《新晚报》。

六　角色化应注意心性陶冶

在论及角色与演员关系时，高兆明提出："角色面具是形，操守、心灵、胸怀、能力是神。故在强调社会角色化过程中更应当注重个体心性的陶冶，倾心于个性化的培育。纯粹的角色化，不是社会化只是机械化，不是个性化只是面具化。"①

人在社会中生活，特别是老年人历经人生上下浮沉、尊卑贫富之变、权势利禄之移。即伴随社会位置变动，角色也随之变动。这种变动都是外在变动，即形的变动。在角色即形的背后，其实有个内在的东西，即"神"，或曰"精气神"在控制与操纵角色。同样一个角色，每个人表现出来还是有差异的。同样是父亲角色，有的人扮演出来的是好父亲，有的人扮演出来就差一些。同样是好父亲，各自的品位、风格依然有差异。这就同父亲本人的操守、心灵、胸怀、能力、性格等因素相关。这些内在的东西直接影响到角色扮演者对角色的领悟程度、扮演水平和技巧。

角色的这些内在东西，像高尚的操守、善良的心灵、宽阔的胸怀、智慧的能力、良好的性格、文明的修养，我们称之为心性。心性是角色的魂、是角色的神、是角色的支配者。前面提到的那些做善事、长期做公益事业的老年人，就因为他们有一颗公心，有一颗爱心。这公心、爱心就是他们角色的魂，支配他们几十年如一日去做为别人、为社会谋利益的事。正如俗话所言："修身不为名传世，做事唯思利及人。""若有余力行好事，贡献社会造福人。"可以说，这是他们几十年心性修炼、内化的结果。倘若是一个私心重的人，他会舍掉自己利益去为别人做好事、善事？他能自己不辞辛苦、不计报酬、不图名利，去为别人和大众创造幸福快乐？即或做一次尚可，让他几十年如一日去做是不可能做到的。

自古以来，中华民族就非常重视心性陶冶。古语讲气节云："事业文章，随身消毁，而精神万古不灭；功名富贵，逐世转移，而气节千载如斯。"讲操守云："富贵不能淫，贫贱不能移，威武不能屈，权势不能侵。"讲心灵云："德为至宝，一生用不尽；心作良田，百世耕有余。"讲胸怀云："世事如棋，让一着不会亏我；心田似海，纳百川方见容人。"讲修德云："行义忘利，修德忘名。"讲为人处世云："为人尚正直，处事贵公平。""以诚待人，以信交

---

① 高兆明：《社会失范论》，江苏人民出版社，2000，第82页。

友。"这些格言名句，就是我们修炼心性、陶冶心性的好教材。

心性的陶冶是一个从小就该做的事情，也是一个需全社会来做的事情。这在社会学上叫社会化。

人到了老年，心性已基本定型。但要适应快速发展的现代生活，老年人也应当注重个体心性的陶冶，使自己心胸更开阔，能够保持高尚的情操与平和的心态。这有助于自己在各种场合中扮演的角色恰到好处，且有品位，如鱼得水，使晚年生活过得健康快乐，这对家庭、社会都是有积极作用的。

第五章　老年社会化

人是怎样懂得角色，获得社会性，在文化大网络中有序生活的呢？人到了老年，还要不要社会化了？老年人社会化有什么特征？诸如此类问题需要通过老年社会化的研究来回答。老年社会化的实质是探讨老年个体与社会、自然性与社会性、适应与改造的关系问题。

一　社会化就是学习社会文化

在社会学中，社会化一词已有一百多年的历史。当代社会学界对社会化研究形成三条主要线索，或者叫三个角度，即文化角度、个性发展角度和社会结构的角度。三个角度表明对社会化有三种不同理解和诠释。

第一个研究角度认为社会化的实质是社会文化的内化。即把社会化看成文化延续和传递的过程。认为人的社会化过程，就是接受世代积累的文化遗产，保持社会文化的传递和社会生活的延续。这个学派被称为文化社会学，其创始人为美国萨姆纳和托马斯。

第二个研究角度认为社会化就是人的个性形成和发展的过程。社会人就是经由社会化过程而形成的有个性的人。这个学派属社会心理学派，其代表人物为美国的库利和米德。

第三个研究角度认为社会化就是要使人"变得具有社会性"。即社会化本质是角色承担。角色学习过程就是社会化过程。其功能在于维护和发展社会结构。这个就是结构功能学派，其代表人物为萨金特和著名的帕森斯。

那么什么是社会化呢？社会化就是将一个自然人转变成一个能适应社会文化，履行社会角色的社会人的过程。同时还包括个人适应社会生活的整个过程。简单地讲，社会化就是人一生学习和传递社会文化的过程。

这是因为人一出生，就生在已有社会规范的文化网络中，但刚出生的人犹如一个小动物，只具有生物性。他要适应社会，就须从小学习社会规范，知道社会或群体对他的期待。而社会则是通过各种渠道，千方百计对他施加影响。帮助他了解什么是对的，什么是不对的，什么可以做，什么不可做，使其个体逐步形成符合社会需要的价值观和行为。这个从小到大再到老，学习社会或群体行为模式或行为规范的过程，就是用社会属性制约其自然属性的过程，增强社会性的过程。离开了社会属性的制约，去满足人的自然生理需求（如食欲和性欲的满足）是人类生活所不允许的。从这个意义上讲，人的社会属性是人之所以为人的根本标志。

而人的这种社会属性，是从小到大不断学习社会文化的结果。关于人学习社会文化的过程，哈维格斯特曾提出人生六个时期，对理解人生不断学习的内容，即增强社会性很有参考价值。（见表5-1）

表 5 - 1　哈维格斯特的人生六个时期

幼儿期	（1）学习走路 （2）学习吃固体食物 （3）学习说话 （4）学习大小便的方法 （5）懂得脾气的好坏，学习控制自己的脾气 （6）获得生理上的安定 （7）形成有关社会与事物的简单概念 （8）与父母、兄弟姐妹及他人建立情感 （9）学习区分善恶
儿童期	（1）学习一般性游戏中必要的动作技能 （2）培养对于自身有机体有利的健康习惯 （3）和同伴建立良好的关系 （4）学习男孩或女孩角色、标准 （5）发展读、写、算的基础能力 （6）发展日常生活必要的概念 （7）发展道德性及价值判断的态度 （8）发展人格的独立性 （9）发展对于社会各个单位和团体的态度
青年期	（1）学习与同年龄男女的新的交际 （2）学习男性与女性的社会角色 （3）认识自己的生理结构，有效地保护自己的机体 （4）从父母和其他的成人那里独立地体验情绪

青年期	（5）有信心实现经济独立 （6）准备选择职业 （7）做结婚与组织家庭的准备 （8）发展作为一个市民的必要的知识与态度 （9）追求并实现有社会性质的行为 （10）学习作为行为指南的价值与伦理体系
壮年初期	（1）选择配偶 （2）学会与配偶一起生活 （3）家庭中添了第一个孩子 （4）教养孩子 （5）管理家庭 （6）就职 （7）担负起市民的责任 （8）寻找合适的社会团体
中年期	（1）形成作为市民的社会责任 （2）建立一定的经济生活水平，并维护这种水平 （3）帮助十几岁的孩子成为一个能被人信赖的幸福的成人 （4）充实成人的业余生活 （5）接受并适应中年期生理方面的变化 （6）照顾年老的双亲
老年期	（1）适应体力与健康的衰退 （2）适应退休和收入的减少 （3）适应配偶的死亡 （4）与自己年龄相近的人建立快活而亲密的关系 （5）承担市民的社会义务 （6）对于物质生活的满足方面要求降低

见郑杭生主编《社会学概论新编》，中国人民大学出版社，1987，第105～106页。

二 不同年龄段社会化有不同的目标和内容

从哈维格斯特对人生六个阶段的概括中，我们可以清楚地看到，个人社会化在人的生命周期中具有阶段性的特征，即在不同生命周期有不同的社会化内容。幼儿期主要是接受父母教化，从生物性向社会性转化；儿童期主要是学习基本性别角色，建立自我概念；青年期主要是建立行为的基本准则和伦理体系，掌握谋生技能，为成家立业做准备；壮年初期主要是建立家庭，有了独立生活能力，掌握独立生活的本事；中年期主要是上养老下养小，提高社会地位；老年期主要是随地位和人际关系的萎缩，结识新朋友和维持老朋友关系，不断学习新鲜事物，以适应晚年生活。由此可以看到，不同年龄期有不同特点，不同阶段，其社会化的条件和要求也不同。

老年期，是人的社会化的最后阶段。作为老年人，其社会化的内容主要包括以下四点。

1. 调整具体生活目标，建立新的生活方式

为了适应退休后的角色与生活方式转换，老年人退休后，就要按退休后的角色选择新的具体生活目标：是再工作继续发挥余热，还是转向健身康乐活动？确定目标后，以此为支撑点，建立退休后的生活方式。在这里，首先有一个客观认识、评价自己和自身价值的问题。对自己的自身特点，即健康状况、性别、性格、能力、人际关系、家庭现状等有个客观的评估，使个人评价与社会评价大体保持一致。在这个基础上，决定是老有所为，或是老有所学，还是老有所乐。目标确定下来，才有助于确立新的社会地位和角色，以适应退休下来的新生活。

2. 传递社会文化，内化价值观念

从社会学或人类学角度看，文化是人类生活中带有人为痕迹的现象。或者说，它是一个社会所表现出的一切生活活动的总和。世上凡经人力造作或利用的种种现象，都是文化现象。在人类社会，人们创造的是社会文化，上代传给下一代的也是文化，下一代学习和继承的还是文化。从这个意义上讲，社会化就是学习和传递文化。如果没有文化，也就没有了社会。文化包括物质文化和非物质文化。物质文化是指由人力所创造的有形的具体实物；非物质文化是指由人力所创造的抽象事物。在非物质文化中，其核心内容包括价值体系、社会规范。价值体系是指社会、民族或群体中存在的比较一致的共同理想、共同信仰及较为持久的信念。价值体系在社会文化中的核心地位，表现为对个体行为所起的稳定作用。社会规范是社会文化的另一项核心内容，它通过教化与内化，使规范成为人们的自觉行为。法规、道德、习俗能约制人们的行为，成为维护社会稳定有序的控制工具。

由于现代化社会发展节奏快，生活和工作规范变动大，老年人要适应

现代生活就需不断地学习新的法规、政策、制度以及村规民约、民俗，才能跟上时代步伐，与同时代的不同群体进行互动沟通，成为不陌生的社会成员。

3. 掌握新的生活技能，适应新的社会角色

学习和掌握生活技能，本来是未成人的社会化的主要内容。因为这是生存和发展的谋生手段。而老年人学习和掌握生活技能，与未成人学习和掌握生活技能有很大不同。老年人学习新的生活技能，主要不是为了谋生和发展，而是为了适应现代高科技社会里边的新的生活方式。比如，出国旅游，就面临语言困难，就有一个适当学习外语的任务。再如使用电脑，就得掌握电脑操作的基本程序与方法。在日常生活中，经常要面对如何使用电视、录放机、空调、微波炉、取款机等电子装置这些问题。不学习就不会使用，或使用中出了问题就不知所措。除了学习现代科学技能，还要学习现代化的心理调适技能、保健方面技能、社交方面技能、理财方面技能、休闲娱乐方面技能、综合性质方面技能等。显而易见，要做一个"合格"退休角色，就需不断学习和掌握新的生活技能，才能适应具有高科技含量的且复杂快节奏的现代生活。

4. 弥合代沟，促进家庭沟通和谐

代沟是由于社会结构、社会生活、文化观念变化反映在代际间的一种认同感上的差异，它是两代人不同人生观价值观的反映。这种代沟是社会和家庭普遍存在的社会现象。代沟问题解决不好，就会引发家庭冲突和社会冲突，不利于家庭与社会的和谐、安定。

代沟是社会客观存在的，不可能消除，只能通过代际间的协调来缓和代际矛盾冲突，这要靠代际双方的沟通。作为老年人要加强对现代社会新知识的学习吸收，更新观念，参与社会。用现代观念武装自己，把新的行为模式与规范内化为自己的行为价值，拉近与青年人和社会的距离，这是缩小代沟的根本方法。特别是在家庭中，老年人要淡化原来的社会角色，学习和强化家庭角色。不要当领导，什么都要去管去干预；要学会做个好家长，与子女平等相处，帮忙不添乱。对于年轻人来说，要注意学习和接受民族文化中的优良传统，尊重老年人，学习老年人的长处和优点，建立与老年人在精神沟通方面的桥梁与平台。正是这种平等互动的沟通，才能缓解代沟，促进家庭的沟通与和谐。

三 老年人还须继续社会化

在社会学中，老年人的社会化被称为继续社会化。继续社会化，通常指一个人从青年到老年的连续学习的过程。社会化理论认为，一个人经过儿童社会化和青年社会化，就其从自然人变为社会人而言，这个任务和过程应该说算基本完成了。但相对作为该社会成员中一个完善的成员所应具备的一切知识和技能来讲，只能算进入社会的开始。因为他要进入社会特别是现代社会，即使他已掌握了一些基本的社会生活常识和技能，他的社会化程度也还是不完全的，他还要不间断地学习，才能使他的社会化程度逐渐完善起来。从这个意义上讲，社会化往往是一辈子的事。

人到了老年，经过了一辈子风风雨雨，个性的东西已基本定型，很难动摇其根深蒂固的社会认识和生活习惯。那么为什么还要继续社会化呢？社会学家刘豪兴概括了老年社会化的必要性和迫切性，很有借鉴意义。

1. 适应晚年生活新环境的需要

老年人退休，离开工作岗位，原来的地位变了，角色变了，活动场所和活动关系变了，周围环境发生了重大变化，对许多现象产生了陌生感。所有的变化，使得原来的生活经验不够了。要适应新的环境，就得重新学习。

2. 了解和适应新的生活方式的需要

生活方式是人们享用物质生活资料和精神生活资料的方式。它具有强烈的时代特征。在现代社会里，生活方式变化频率快。特别是人的价值观念的变化，直接影响生活方式的变革。一个人如不能及时地适应新的生活方式，就会影响家庭和睦、人际关系、社会参与，甚至有碍社会进步。老年人唯有了解和适应生活方式的变化，密切老年人与中年人特别是青年人的关系，才能缩短代际距离，跟上时代的步伐。

3. 更好地为现代化建设贡献余热的需要

老年人在退休后一段较长时期内，仍保持着相当的精力和劳动能力，仍能从事一定的体力或脑力劳动，参与各种社会工作和社会活动，特别是智力开发方面的工作。然而，个人所学的知识是会老化的。老年人重新从事的工作，可能是老本行，也可能是新工作。随着科技的发展、生产过程的改革和设备的更新，老年人原有的知识和技能往往变得陈旧了。这就需要学习，掌握新知识、新技能，充实自己，才能更好地发挥自己的智慧和力量。

4. 教育下一代的需要

老年人肩负着教育下一代、传递社会文化的历史责任。老年人传授给下一代的应是"活"的经验，应该是紧密结合时代的文化结晶。这就要求老年人要了解新知识、新需求，掌握时代跳动的脉搏，要把过去的知识和经验融汇于现代的社会现实中，不能照老皇历去教育下一代。从这个意义上讲，要教育下一代，也必须继续学习。①

显而易见，继续社会化是老年人适应现代社会生活的需要，是人格完善的需要，也是对不完全社会化的补课。对老年人愉快度过晚年生活有着重要意义。当然，继续社会化的过程，对于个人来说，也不是什么舒适的事情。讲起这个过程，费孝通先生也曾有过十分形象的描写。他写道："我们长大了的人觉得在这世界是做事能应付自如，左右逢源。须知这是从十多年种种不自由中挣得的自由。社会的桎梏并不是取消了，只是我们熟悉了。我们真能非礼勿视，非礼勿言，非礼勿动，则我们在这些社会的重重规则下，自能如一个熟练的球员在球场上，往来奔驰，随心所欲而不逾规了。我们得把和社会生活发生矛盾的本能检点收藏，另外养成一套应对的习惯，自由世界才能实现。在养成这套习惯时，一路有碰壁的机会，被呵责，被鞭策，被关在黑房间里，被停止给养的威胁，种种不痛快，不自由的经历是免不了的。"② 作为老年人的继续社会化，那种不痛快、不自由会少很多，但心理痛苦依然是难免的。

社会应怎样对老年人实施继续社会化呢？关键是要依据老年人的不同心理特点和人格类型，来确定老年人的晚年生活需要，即按不同类型特点帮助老年人实施继续社会化。美国心理学家按照人格与调适情况，将老年人分为下列五种类型：（1）成熟型。具有这种人格特性的老人从幼年至中年，环境顺遂，事业成就，从而能够平稳地进入老年，对于退休和老化能够理智地接受，不悲观、不退缩，既不过于进取也不过于自我防卫。（2）摇椅型。这类老人属于依赖型的人，不拘小节，也无大志，把退休看成是解除责任的一个有利时机，正好安享晚年而不用在工作单位里忙忙碌碌。他们对于老迈并不

① 参见刘豪兴、朱少华《人的社会化》，上海人民出版社，1993，第162～164页。
② 费孝通：《生育制度》，天津人民出版社，1981，第99～100页。

恐惧。（3）防卫型。这类老人防卫心很强，固执刻板，通常在年轻时工作勤奋负责，遵守规范，重视事业方面的成就及贡献。退休后比较不能适应晚年生活，依然想寻找工作，期望通过忙碌的工作来保持活力和消除对衰老的恐惧。（4）愤怒型。这种人格类型的老人通常在年轻的时候碌碌无为，甚至有失败和遭受重大挫折的经历，因而到了晚年就非常伤悲，但这类老人常将自己的失败归咎于客观因素，或者埋怨环境太差使其无法发展，或者指责他人从中作梗致使自己不能有所作为，等等。故而常常牢骚满腹，愤世嫉俗，常和别人发生冲突。情绪方面的失衡，又会导致这类老人在生理方面的病症，最终影响健康和寿命。（5）自怨自艾型。这种类型的老人和愤怒的老人相比较，相同之处在于年轻的时候事业都没有成就，或者遭受重大挫折，总之，人生处处不顺利或不得志；两者不同之处在于愤怒型的老人常把自己的不得志都归罪于别人，而自怨自艾型的老人则只埋怨自己，认为都是自己不努力或者没能力才虚度终生。因此，郁闷、沮丧、消沉，常有"人老珠黄不值钱"、"活着没有意思，只有死才能解脱"的消极、悲观思想。① 这种分类对我们也有一定的参考作用。即针对不同人格类型的老年人，有针对性地开展继续社会化工作，就能有效地帮助不同类型特点的老年人适应新生活、新环境、新关系，上好继续社会化这一课。

四　老年人继续社会化带有再社会化特征

很多人不了解继续社会化与再社会化是两个不同的社会学概念，常常从字面理解，以为再社会化就是继续社会化。其实再社会化同继续社会化的含义不同，两者不是一回事。继续社会化是人们完成青年社会化后，还要继续不断学习的过程，而再社会化是指一个人从一种生活方式向另一种生活方式急剧转变的过程。它要求人们抛弃原来的社会文化和生活方式，接受一套对于他本人来说完全是新的社会文化和生活方式，从而与新的环境中的社会成员结成新的社会关系，进入新的团体生活。在这里，继续社会化和再社会化的区别，就在于继续社会化的过程是逐渐的和部分的，往往是在不知不觉中进行的。而再社会化的过程，则是一种基本的与迅速的改变，因而不适应感会很强烈。比如一个学过美术专业的人，毕业后从事美术创作工作，但他还需要不断地学习探索，才能做好他的工作。这种再

----

① 见范明林、张钟汝《老年社会工作》，上海大学出版社，2005，第 26 ~ 27 页。

学习的过程，是继续社会化的过程。如果突然停止他的美术工作，让他到工厂上车床，当车工，他就需放弃过去的生活方式和工作方式，从头学习车工的技能。这种放弃原来的美术工作，从事车工工作的过程，就是再社会化的过程。诸如移民迁到别的民族地区或国家，在与原来生活方式完全不同的环境中生活；一个学生或工人、农民穿上了军装，开始了军队生活；一个过世俗生活的人当上了僧侣，开始过上了曾经是陌生的出家人的生活等，都是再社会化的过程。

不难看出，继续社会化是在原来的生活方式的基础上进一步发展提高。再社会化则是超越原来的基本方式，与过去断绝关系，进入新的生活。前者的基本方式是一致的，而后者是完全不同的生活方式。

再社会化，一般说来有两种基本类型：第一种是主动再社会化。这是一种主动接受新的生活方式和参与不同生活方式的团体生活的适应过程。这种类型的再社会化，一般出现在社会急剧变动之后的社会生活中，以及移民的生活中。比如，解放后，我国广大农民自觉地接受农业合作化的生活方式就是一例。再就是在我国沿海地区，解放前经常有些民众被迫背井离乡，移居别国谋生，这个过程也是主动再社会化的过程。主动再社会化的特点是不用外力强制，是自觉地适应新的团体生活的过程。第二种是强制再社会化。这是一种社会性的强迫教化。在社会生活中，有些人的行为不符合社会规范和大多数人的利益，社会为了维护正常的社会生活的秩序，必须对这一部分人进行社会规范教育。凡是违法乱纪的人，都是强制教化的对象。强制教化分为政治教化和刑事教化两种：像对国民党战犯的改造，就属于政治教化；对刑事犯罪分子的改造，属于刑事教化。由于性质不同，教化内容也有区别。政治教化是转变人的阶级立场和政治观点；刑事教化是行为规范教育。

老年社会化从总体上看，大多属继续社会化。但从刚退休阶段看，即从工作岗位退回家庭这一阶段，其变化带有180°大转弯性质。这种180°大转弯表现为：劳动角色转换为供养角色；决策角色转换为平民角色（在家庭中，由"家长"角色转换为被动接受照顾的角色）；工具角色转换为感情角色（工具角色是指人们肩负着一定的社会公职，在社会政治、经济、文化各领域占据着主体地位，他们所扮演的角色是为了某种特殊的目的，如职业上的角色。情感角色是为满足身心情感的角色），比如在家庭中父母、子女的角色除了角色180°大转弯外，老年人还将遭遇多重"突然失去"的威胁，如子女情感支持的突然失去（子女成家分居，老年人进入"空巢家庭"）、健全身体的突然失去（疾病并可能面临肢残或死亡）、配偶的突然失去（丧偶并带来的心理健康上的问题）。遭遇多重"突然失去"，具有大转弯性质，带有再社会化的特征，即它超越原来的基本方式，进入新的方式。对于个人来说，这是两种不相容的方式，不是那种在原来基本方式基础上的提高。正是从这个意义上讲，老年人继续社会化带有再社会化特征。

了解和认清老年人继续社会化带有再社会化特征是有重要意义的。

从社会角度看，应当通过社会工作，为退休老年人提供和创造必要条件，使老年人尽快适应这种人生大转折。如办讲座、开电视专栏、进行心理调适和辅导、提供各种咨询服务等。

从家庭角度讲，家庭成员要充分理解老人退休时的心理处境，帮助老人更新观念，体验现代生活乐趣，纠正偏差心理和性格缺陷，调整期望值，构建新的心理平衡等。

从老年人本身来讲，老年人应树立乐观向上的人生观，知足者常乐；培养兴趣，参与活动；充分表达情感，合理宣泄情绪，学会从怀旧痛苦、郁闷情绪中解脱自己，保持轻松平静的心态。

五　老年人继续社会化面临的问题

由于我国目前正处于社会转型、体制转轨的历史巨变中，这给社会成员终身学习、终身教育、终身社会化提出了严峻挑战。相对而言，老年人一方面是创造社会财富、促进社会稳定和发展、社会整合的重要力量，另一方面老年人比中青年具有更多旧的思想观念、行为习惯，需要调整更新，与时俱进，"活到老、学到老、改造到老"的继续社会化任务显得更为重要。

正如《21世纪中国老龄化社会研究》一书所指出的："一定要看到，老年人的社会作用是个变数。近年我国事实已经证明，一旦老年人正面社会化不力，法轮功、伪科学、封建迷信之类的反面社会化马上乘虚而入，类似'59岁现象'、老年人静坐示威、老年人上访闹事、老年人性犯罪、老年人散布迷信、老年人精神疾病、老年人生活空虚、老年人自杀等等的老年人社会问题的典型事例就会反复出现。缺少正面的继续社会化的老年人在未来很可能会成为社会的沉重包袱，甚至政治上的不稳固因素。"[1] 这是从负面，或者说是从问题严重性视角阐述老年人继续社会化的重要性。该书还讲一步从社

---

[1]　曲文勇主编《21世纪中国老龄化社会研究》，黑龙江教育出版社，2004，第221页。

会与工作的角度讲到这个问题的价值："老年人继续社会化工作的质量，影响着全社会其他人的人生观和价值观，影响着全社会的精神文明水平。如果老年人继续社会化工作做得好，老年人晚年生活幸福，那么全社会成员对自己的老年生活有良好的预期，社会就更有可能良性、正向、协调发展；相反如果老年人继续社会化工作被轻视、无视，老年人晚景凄惨悲凉，那么许多社会成员就有可能产生各种负面的想法和行为，社会就更有可能恶性发展。因为全社会的每个成员（理论上都可能成为老年人）都在通过体验、观察、实施对老年人的继续社会化，而不断调整自己的社会角色、社会行为、社会技能——自尊自重或自贱自弃，充实幸福或空虚痛苦，创造奉献或巧取豪夺，遵纪守法或违法乱纪，修身养德或无耻沦丧……因此老年人继续社会化绝非仅仅事关老年人群体，它更涉及所有社会成员；它不仅仅事关教育和精神文明建设，还可能影响社会整合甚至政局稳定。"①

我国老年人继续社会化面临的问题，既有社会方面的问题，也有老年人本身的问题。从社会角度看，老年人继续社会化缺少具有可操作性的法律法规和规章制度，缺乏把宪法、教育法、老年法中的原则性规定能逐步落实的细化的配套的政策和法规，也缺少中长期的统筹规划。老年人受教育权利、学习权利没有真正有效的法律保障和制度保障，社会没有尽到老有所教的义务；老年继续社会化的管理制度尚不完善，没有专门的管理机构和人员负责老年人继续社会化的日常工作，老龄委、教育和文化部门应当有一个如何协调和落实老年人继续社会化职能问题；终身教育理论与实践中的具体问题很多。社会方面问题不少，核心问题是社会和政府对老年人继续社会化认识和重视不够。

下面着重就老年人继续社会化中老年人本身面临的几个问题进行探讨。

1. 反向社会化问题

反向社会化，也叫逆向社会化，或称后喻社会化。是指传统的受化者对施化者反过来施加影响，向他们传授社会知识、价值观念和行为规范的社会化过程。或者说是指年轻一代向年老一代传递与社会主流文化大体相一致的亚文化的过程。

反向社会化是相对于正向社会化而言的，它表明社会化具有双向性。在传统社会化理论中，人的社会化是一个单向教化的过程。只要提到社会化，

---

① 曲文勇主编《21世纪中国老龄化社会研究》，黑龙江教育出版社，2004，第222页。

就是父母教育子女、教师启蒙学生、上代人指导下代人。按照传统社会化理论，家长、老师、长者、权威人物始终处于施化者（也叫执行者）的地位，而子女、学生、年幼者、下属则总是社会化的对象。这种理论强调了社会化过程中环境对个人的作用。在现实社会中，特别是在现代社会，人的社会化其实不是一个单向的教化过程，它具有双向性。除上一代向下一代传递文化和实施教化的正向社会化过程外，还有一种受化者对施化者反过来施加影响，向他们传递社会知识、价值观念和行为规范的社会化过程，这就是反向社会化。

关于反向社会化的一个典型事例，是原人民日报总编辑范敬宜先生所观察的现象。老先生在《赞"回家问问孙子"》一文中写道：

近来常和老同志们一起开会，讨论问题时往往会涉及某些当今的新领域、新学科、新知识。什么知识经济啦，知识产权啦，信息高速公路啦，计算机软件的使用和管理啦，等等。有时遇到难题，一些老同志便很自然地说"等我回家问问儿子"，或者"等我回家问问孙子"。

开始听到这类话，觉得很不习惯：当了一辈子知识分子，甚至是有点名望的知识分子，到头来怎么还要"回家问问孙子"？后来仔细想想，忽有感悟——这不是长幼失序，而是反映了我们正在经历一种历史性的变化。

"回家问问孙子"，首先说明当今世界科学技术正在一日千里地发展，我们的知识越来越跟不上时代的车轮，而儿孙辈这方面的知识正在或者已经大大超过我们。回想一下，我们在小学、中学、大学时代学的那点科学技术知识，比起今天的青少年，真是幼稚、肤浅得多了。今天，许多家庭都出现这种情况：当爷爷、当父亲的使用电脑远不如还在小学读书的娃娃熟练，这是社会的进步，不服气还真不行。

"回家问问孙子"，还说明了社会观念的变化。过去，老年人经常用这样的话训斥儿孙："你懂得什么？""我走过的桥比你走过的路还多！"现在很少听见这类倚老卖老的话了，逐渐取代的是"不耻下问"。这是因为老年人已经承认自己的现代科学技术知识落后于形势，迫切要求迎头赶上，不再以"下问"为丢面子。这也是时代的进步。

其实，即使在科学技术高度发达的西方国家，"回家问问孙子"也属于正常现象。据说，由于现代科学技术发展太快，法官审理案件时也经常遇到自己不懂的专业知识。在这种情况下，法官也往往只好宣布暂时休庭，回去请教专家或问问儿子、孙子。这是一位法律问题专家讲的，想来所言非虚。

这样说，当然不是贬抑老年人。老年人有老年人的长处，有许多宝贵的经验值得年轻人学习。只是想强调一点，在日新月异的科学技术面前，知识更新的迫切性越来越突出地摆在老一代面前。这已成为一个世界性课题。美国有些五六十岁的老博士，为了重新武装自己，又去攻读新的博士学位。因此，要想更好地跟上时代步伐，我们必须努力地学习，虚心地学习，包括向自己的第二代、第三代学习，否则，即使想"发挥余热"，这余热也越来越有限了。从这个意义上说，愿意"回家问问孙子"是值得赞美的好现象，比起老是慨叹"人心不古"、"一代不如一代"，要积极得多，有价值得多。①

这个事例表明，在社会飞速发展、科技进步和知识更新的现代化社会里，年轻人对新知识、新创造、新技能有较多、较及时的了解，他们接受老一辈传递给他们文化的同时，也向老一辈传授新知识、新技能。

对于社会化中这种双向性理论，刘豪兴教授在《人的社会化》中有精辟的阐述。书中对社会化的双向性作出了这样的概括：

社会化的双向性表明：（1）社会化不是施化者只作用于受化者（施化者→受化者）的单向过程，而是施化者与受化者相互作用（施化者⇌受化者）的双向过程；（2）在社会化过程中，施化者和受化者都不是被动的，施化者对受化者有教化的权力，反过来，受化者对施化者也可以施加影响；（3）施化者在执行教化任务的同时，自己也在接受社会化，其思想观念、情感倾向、行为方式也会发生某些变化；（4）年轻一代不仅是社会化的对象、受化者，同时也可以是社会化的执行者，担任着反向社会化的任务。可见，反向社会化是双向社会化理论中的一个重要内容。

正向社会化与反向社会化，是人的社会化过程中互为补充的社会化形式，也是人类社会文化传递、发展、创新不可缺少的基本方式。正是由于有了正向社会化，人类文化才得以延续，社会才可能保持相对稳定，人们的生活才有规可循、有序可依；同样，由于有了反向社会化，人类文化才得以不断更新，社会生活才不断有质的飞跃。因此，我们在把握正向社会化的意义和作用的同时，对反向社会化也应该有所认识。

---

① 范敬宜：《赞"回家问问孙子"》，1998 年 6 月 24 日《人民日报》。

反向社会化的本质特征表现在，它是年轻一代以新知识、新观念、新行为影响年长一辈的过程。年长一代接受反向社会化，既是继续社会化的过程，又不同于一般意义上的继续社会化。我们知道，继续社会化是指成年人为适应社会变化或适应社会流动、职业变化而主动选择、学习和接受新的文化，以及调适个人与社会的角色关系的过程。继续社会化的执行者既可以是长者，也可以是幼者，还可以是自身，同时，成人教育机构、大众传播媒介等也执行着继续社会化的任务。反向社会化也是继续社会化的一种形式。

还应指出，反向社会化不是反社会化，尽管它们仅一字之差，但两者却有区别。反向社会化是现代社会人的社会化的一种特殊形式，而反社会化则是对社会化的反动。从文化传递的角度来看，社会化是接受社会主流文化以及与主流文化大体相一致的某些亚文化的过程，反向社会化则是指年轻一代向年老一代传递与社会主流文化大体相一致的亚文化的过程。从目标上来说，反向社会化是与社会化的总体目标相一致的，而反社会化则是对一定社会的社会化总体目标的背离。①

2. 消极情绪综合征

情绪被心理学家称为"生命的指挥棒"、"健康的寒暑表"。情绪与老年人的健康和继续社会化息息相关。健康向上的情绪有助于老年人继续社会化，愉快度过晚年。消极情绪是老年人继续社会化的障碍。

对于老年人的情绪特点，范明林、张钟汝在《老年社会工作》② 中有生动的概括。

（1）自尊感与自卑感共存。所谓自尊感，是指个体在他人的言行满足尊重自己的需求后产生的一种情感。凡是对自我评价积极的，自我肯定、自我尊重的个体，其自尊感就比较强。老年人一般都有较强的自尊感。在传统社会中，"老"意味着至高的权力，在社会上是"长辈"，在家庭中是"家长"。明显的辈分优势使老年人理所当然地受到尊重。自尊感对于老年人来讲，是一种积极的情绪。它可以起自我约束和自我激励的作用。老年人希望赢得他人的尊重，而在有损自尊的行为面前老年人又会有所约束，以维护自己的荣誉和尊严。同时自尊感还有利于老年人延长独立生活的能力，减少对他人的依赖性。但是也有部分老年人不论在工作单位里还是在家里，时时事事习惯

---

① 刘豪兴、朱少华：《人的社会化》，上海人民出版社，1993，第 275～276 页。
② 范明林、张钟汝：《老年社会工作》，上海大学出版社，2005，第 86～92 页。

于以自我为中心，要求晚辈言听计从，甚至独断专行。当自尊得不到满足时，又往往表现出愤怒的情绪，或者产生自卑感。

所谓自卑感，是指个体由于自尊心得不到满足或过低地评价自己所产生的一种情感，一般意义上讲，生理上或心理上有某些缺陷或弱点的人，较容易引起自卑感，受到各种挫折也易产生自卑感。对于老年人来讲，更多的是因自尊需求得不到满足而产生的自卑。一些老年人在职时担任各级领导工作，下属对其请示汇报，十分尊重，其自尊心得到充分满足。离开工作岗位后，失去了这种工作关系，就觉得权力缩小，权威性和影响力降低或消失，认为别人不再尊重他了，开始自卑起来。有些老人发现自己无法跟上日新月异的科技进步，无法适应市场经济的激烈竞争，在生产技术、管理经验方面的优势日渐丧失，也容易产生自卑感。自卑感是一种消极情绪，它可以抑制老年人的自信心，使老年人自我封闭、自我孤立、自我退缩，减少社会交往。严重的自卑感甚至会诱发老年人自我否定，走上轻生的道路。

（2）空虚感与孤独感共生。所谓空虚感是指个体对时间高估所产生的一种心理体验。一个人对时间的估计受"对定时高估，对实时低估"的心理规律所支配。老年人离退休后，不用每天早出晚归去上班，空闲时间一下子增加了许多。如果没有及时调整作息表，安排好自己应做的事和爱做的事，就会感到百无聊赖，时间难熬。空虚感是一种消极情绪，容易引起老年人失眠、不安、对周围事物丧失兴趣，对人生意义悲观失望。

所谓孤独感，是指个体由于社会交往需求未得到满足而产生的一种情绪。个体由于心理自我封闭、自我禁锢或自我畏缩，也会产生孤独感。个体进入老年期以后，社会环境变化比较明显。因离退休，社会交往频率降低，交往圈子缩小，容易产生离群后的孤独、寂寞；因突然遭受丧偶、亲朋好友生离死别的强烈刺激而陷入沉默寡言，长期独处，与世隔绝；因搬家、子女分居而造成没有谈话对象的无奈，孤独感是在老年期较常见的一种消极情绪，长期严重的孤独感易导致老年人人格变态，也有碍身体健康，甚至影响寿命。

（3）吃亏感与嫉妒感同现。吃亏感是指个体在对自身投入付出的自我评价与实际产出和回报不相适应时产生的一种情绪。眼下最容易让老年人产生吃亏感的是收入差距拉大。老年人年轻在职时，国家实行"低工资、广就业"的劳动就业制度，退休时个人并无足够的养老储备，必须依靠退休金维持晚年生活。改革开放以来，人民群众收入水平有了很大提高。虽然退休职工的养老金和各类津贴标准也几经提高，但与在职职工相比，两者的收入差距还是在拉大。再加上老年人对自己的能力和技术以及贡献的评估中浓厚的自我期待色彩等因素，容易使他们产生"生不逢时"的吃亏感。这种情绪使老年人的心理天平常处于不平衡状态，从而影响老年人的身心健康。与吃亏感相关联的是嫉妒感。

所谓嫉妒感是指个体由于他人在某些方面优越于自己，而自己又不甘心他人的这种优越感所产生的情绪。有些老年人是在与年轻人相比时产生嫉妒感的，有的是在与同龄人相比时产生嫉妒感。社会地位、经济条件、物资生活、才能乃至相貌、年龄都可能是引起嫉妒的客观因素，而有些老年人性格上的唯我独尊、唯我独优也可能引起嫉妒。虽然怀有嫉妒感的老年人并不多，但也是一种危害性较大的消极情绪，它会导致老年人精神痛苦，并造成其中枢神经系统功能紊乱，出现头疼、背痛、胃痛现象。

（4）焦虑感与抑郁感相伴。所谓焦虑感是指个体在面临现实存在的或预计会出现的对自身会产生某种威胁的客观事物时所引起的一种情绪。老年期是角色转变最频繁的时期，老年人从"工具"角色转变为情感角色，从劳动角色转变为被供养角色，从父母角色转变为祖父母角色，难免对这种剧烈变动一时适应不了，或者没有及时从旧角色中退出来，或者还没有学会扮演新角色，从而引起角色冲突，手足无措，产生焦虑感。有些老年人是因为离退休后收入减少，难以承受物价上涨、医疗费用增加的压力，意识到经济窘迫的威胁而产生焦虑感。有些老年人由于担心自尊心受到损伤也会产生焦虑感。焦虑感从积极方面看，具有增强老年人改变现状的紧迫性的作用。比如老年人因不熟悉新角色的行为规范而焦虑，就会加紧学习，尽快进入角色。但焦虑感在更多的情况下会给老年人带来消极作用。

所谓抑郁感是指个体因目标追求受挫折而悲伤失望时产生的一种情绪。老年人在漫漫的人生道路上经受过种种坎坷，经验过不同程度的抑郁。他们耳闻目睹社会经济发展中不尽如人意的现象，为此忧心忡忡；他们为身体上的某些不适迟迟不能排除而疑心自己有不治之症，从而产生抑郁感；他们为得不到子女和周围人的理解和体谅而加重抑郁。轻度的抑郁，使得老年人对周围的一切不予关注，缺乏兴趣，或常有莫名其妙的烦恼和不快，但这些现象如不受新的刺激会自行消失。

（5）衰老感和怀旧感同在。所谓衰老感是指个体面临体力减退、视听功能下降、行动迟缓、记忆力下降等正常衰老现象而产生的"老不中用了"的情绪。退休、丧偶等生活事件也会引发老年人的这种心理感受。衰老感使老年人受消极自我暗示的影响，加剧了大脑功能的衰老甚至病变，从而产生短期记忆明显下降，临时遗忘显著。在态度和行为方面背离常态，比如变得固执、过敏、怪僻、过度专注自己的生理变化、自我封闭，终日退缩在家，避免与外界交往。严重的衰老感会引发濒死感。但大多数产生衰老感的人，内心并不愿意衰老，他们留恋过去的好时光，追忆往昔的峥嵘岁月，产生较强的怀旧感。

所谓怀旧感是指个体面对老年期的种种情况而产生的对年轻时代或故人、故物怀念留恋的一种情绪。大多数老年人都有这种心理状态。有些老年人喜欢用老眼光看新问题，就不容易从现实的困惑中解脱出来；还有的老年人过分怀旧，逢人就唠叨当年"过五关斩六将"的成功业绩；尤其是个别丧偶老人，沉浸在对已故亲人的极度思念之中，常常触景生情，睹物思亲，难免心绪忧伤，悲观失望，这种怀旧心理无疑会影响老年人的身心健康。

消极情绪给老年人带来很多危害：消极情绪损害老年人的身体健康；消极情绪破坏老年人的生活乐趣；消极情绪阻碍老年人的人际交往；消极情绪造成老年人的行为偏差。比如有些老年人有迷信心理，他们对所谓的"神灵"十分崇敬惧怕。做任何事情都小心翼翼，唯恐得罪"神灵"。在这种敬畏情绪的控制下，这些老年人极其容易接受暗示，任何平淡无奇的东西，都可以被认为是一种凶吉祸福的预兆。这样就给一些江湖骗子、巫师、术士留下了可乘之隙，什么看相术、占卦、星命、测字、看手纹等五花八门的迷信活动沉渣泛起。有些老人深信生辰八字与人的命运紧密联系，对子女婚姻横加干涉，酿成悲剧。有些老年人与孙辈生活在一起，老年人对迷信现象的敬畏心境，潜移默化地感染了孩子，使幼小的心灵蒙上了愚昧灰尘，损害了下一代的身心健康。概括地讲，消极情绪使老年人在较长的时间内消沉、抑郁、无精打采、愁眉苦脸，使老年人颓废，丧失直面人生的勇气。

从这个意义讲，老年人继续社会化就是与消极情绪斗争并战胜消极情绪的过程。说到底是战胜自我，树立乐观向上的人生观过程，是冲洗失意带来的精神痛苦，使自己的心理天平恢复平衡的过程。

3. 死亡恐惧

人有生就有死，这是不可抗拒的自然规律，任何人也改变不了。老年人继续社会化中就有一个如何正确面对死亡的问题。人死了不能复生，死者已平静死去，活着的人还要愉快、坚强地活下去。要利用老年期的有限时间，积极地安排好晚年生活。但老年人在生命终期越来越迫近时，会自觉不自觉地对死亡产生一种恐惧心理。特别是由于身体的衰弱、疾病的疼痛、对人生的遗憾和对亲属的留恋等，焦虑和不安也随之增加。尤其是身患重病时，唯恐死神降临，终日惶惶不安，对死亡会产生不可名状的恐惧。

从继续社会化角度看，老年人也有个死亡教育问题。社会可通过不同形式，让老年人认识并讨论死亡，思考如何面对死亡的问题。老年人之间相互交流对死亡的看法，鼓励其说出自己的忧虑和不安，以摆脱死亡恐惧心理。帮助老人总结一生的贡献，肯定自己存在的价值，积极对待自己的余生，这是积极度过晚年的态度。还可帮助老年人计划、处理还未完成的事情，合理地作出自己葬礼的计划。对于那些在这个世界上日子不多的老年人，更要以爱心帮助其克服各种各样的苦恼，让他们愉快、安详地离开这个世界。

六　老年教育是老年人继续社会化的现代方式

从社会学继续社会化角度看，老年教育是老年人继续社会化的基本途径和现代方式。

1. 老年教育是现代社会终身教育一个特殊的组织部分

所谓终身教育是指人们在一生中所受各种教育的总和。老年教育是成人教育的一种类型，是现代社会终身教育的最后阶段。老年教育性质既不同于学历教育，也与在职的职务培训、基础教育补课不同。它主要是一种社会文化和生活教育，主要是改善老年人生理和心理素质，培养老年人爱好、兴趣，提高老年人生活质量和文化品位的教育，是现代社会终身教育的一个组成部分，它体现着现代社会老年人的自我价值和社会文明进步。

2. 老年教育是老年人继续社会化的现代方式

老年人继续社会化是人生社会化的最后一个阶段。家庭是传统老年人继续社会化的主要场所。现代社会的老年人继续社会化突破传统家庭模式和范围，表现出更高程度的社会性，老年教育就是一种实现老年人继续社会化的现代方式。（1）老年教育有助于老年理念的现代化。老年教育为老年人提供接受大量信息的条件和场所，有助于开拓视野，转变观念，活跃思想。（2）老年教育有助于丰富老年人生活，老年人在各种学校、培训班学习，既能增长知识、技能，又可以结交许多朋友，比如学友、舞友、牌友、画友、诗友等。（3）老年教育有助于老年人重新获得新角色。通过老年教育，老年人学会了在家庭扮演各种角色，学会了做家务，懂得怎样做父母和祖父母，实现了社会角色到家庭角色的转换。

3. 老年大学是老年人继续社会化的人才培训基地

目前，老年大学已遍布全国各地，其课题设置越来越丰富。有促进老年人身心健康的"卫生保健"、"中医按摩"、"太极拳"、"家庭烹饪"；有娱乐身心的"民族舞蹈"、"拉丁舞"、"钢琴演奏"、"民族乐器"；有丰富老年人精神生活的"书法"、"绘画"；有引导老年人正确对待老年人生的"老年心理与修养"；还有帮助老年人掌握老有所为的"法律"、"驾驶"、"财会"、"电脑"等课程。很多老年人通过多年老年大学学习后，在社区发挥作用，成为社区各类活动的辅导员、老师和骨干。老年大学培养出各类人才，有的成了文化体育方面老年明星，有的成为画家、诗人、小说家，有的成为创造发明家。老年大学成了老年人才的培训基地，为老年人继续社会化开辟了一条光明之路。

七　五彩缤纷的老年人继续社会化类型

退休后老年人继续社会化生活是多姿多彩、五彩纷呈。每个人各以自己的生活方式融入社会，扮演多彩的角色，重新调整自己的生活目标，传承社会文化，不断学习新的生活技能和知识，使人生第二个春天过得有声有色。

这里我们展示一下当代老年人继续社会化的各种类型。

1. 在岗工作型

在岗工作型有很多种，有一直在岗的，有延聘的，有再聘的。也有许多是退休后重新工作的，有的回到原单位，也有的选择了新单位。

重庆巫山县有位 65 岁老人，40 年如一日始终工作在岗位上，他叫李美成，是守护 500 余亩 1 万多棵古松的护林员。他的 40 年报酬合计起来为 3110 元。2007 年他被评为"感动重庆十大人物"，是奖金替他还了贷款和欠账。他用自己的一生守护着这些珍贵古松。①

西安有位 101 岁老人叫徐益卿，90 岁时进修完了老年大学的所有课程，每天拿着放大镜读报，还喜欢与身边的亲人、朋友、邻居聊天交流。老人原来做小生意，后来开了一个工厂。2008 年 6 月，老人与儿子看中滦镇一个环境很好的农家院，办起了农家乐。这是老人的第四次创业，他说就是"心闲

---

① 周立：《当执著受到瞩目后》，2009 年 2 月 21 日《老年日报》。

不下来"。在老人的心目中，创业不因年龄止步。①

江西省赣州市的丘星初，原来是市环保局副局长兼总工程师，1993 年起享受国务院特殊津贴。1998 年退休后，来到广东一家五金电镀公司，成为一名普通打工者。11 年后的今天，他已成为公司环保部的经理。他不仅为企业环保作出了贡献。10 多年来先后在英、美、日、法等 13 个国家主办的国际性学术期刊上发表了 36 篇论文。2007 年，他还荣获番禺"十佳外来工"称号。活到老，学到老，贡献到老，丘星初从退休老局长角色转为打工仔角色，成为老有所为的新典范。②

2. 事业奋斗型

这个类型多为专家学者，他们一生以事业为重，人生最大乐趣就是埋头为自己终身所从事的事业奋斗。

被称为"精神首富"的"杂交水稻之父"袁隆平，2009 年已 79 岁高龄，依然活跃在全国各地的实验田里。他总结自己是"80 岁的年龄，50 岁的身体，30 岁的心态，20 岁的肌肉弹性"。2007 年袁隆平正式就任美国科学院外籍院士。他认为："人啊，不要太出名，你爬得太高，掉下来会摔死的。""人怕出名猪怕壮，做名人一点都不好玩。"他现在的目标是带领团队全力攻克亩产 900 公斤的第三代超级杂交稻技术难关，并准备向第四代超级杂交稻亩产 1000 公斤目标进发。③

被誉为"石油化工技术自主创新的先行者"，国家最高科学技术奖获得者，2009 年 85 岁的两院院士闵恩泽，带领着其团队建起了一套可年产 5 万吨生物柴油装置，能把植物油和废弃的地沟油转化成柴油。他说："目前，世界各国生物柴油的发展步伐快得不得了，我们要争取技术领先权出于我手。在别人屁股后面跑，永远跑不过人家。"他的夫人讲："他丢不开的还是搞科研，不让他搞，他就手足无措。""我们俩都是癌症患者，我切除了一个肾，他摘的东西更多。但是这么多年，我们几乎忘记自己的病，癌症真的像没有了一样。也不去想自己老了这件事情，即使头发都白了。"在继续社会化的道路上，闵恩泽 85 岁高龄仍站在世界新能源开发的最前沿。④

国际著名昆虫学家、圣马力诺国际科学院院士周尧，被称为中国"蝶

---

① 张国栋：《101 岁老人开办农家乐》，2009 年 4 月 8 日《老年报》。
② 见《退休老局长变身打工仔》，2009 年 5 月 20 日《中国老年报》。
③ 建朗：《"精神首富"袁隆平》，2009 年 5 月 24 日《新晚报》。
④ 张慧芳：《闵恩泽：盛名之下的平凡生活》，《中国老年》2009 年第 4 期。

神"。1990 年已 78 岁的周尧，开始编写划时代的科学巨著《中国蝶类志》。全书 100 万字，5000 余幅彩色图片，4 年后编写完成。1998 年出版了《中国蝴蝶分类与鉴定》，1999 年出版了《中国蝴蝶原色图鉴》，2004 年出版了《世界名蝶鉴赏图谱》。一生专心研究蝴蝶，其成就卓著，直到 2008 年 96 岁时故去。正如他生前讲到的，"我一生没有浪费时间"，把一生献给了蝴蝶研究事业。[1]

3. 甘于奉献型

这个类型的突出特征是为党为国为人民，无私奉献。为了整体利益，为了全社会，为了别人，甘于把自己的生命和一切贡献出来。年轻时，把青春献给了革命，献给了祖国；年老了，继续发扬光荣传统，继续为人民奉献自己的一切。

老红军、老党员、原武汉军区空军副参谋长张绪，1983 年离休，2008 年 87 岁时因病逝世。张绪一生清廉节俭，坚守理想信念，直到生命的尽头，诠释了生命的壮丽灿烂。1980 年张绪与 10 名离休老战士组建了"老战士报告团"，张绪被推荐为团长。22 年他们奔走 15 个省市，深入军队、学校、企业作报告 2700 多场，以亲身经历教育青少年，"不求索取，不计报酬，不讲条件，不搞吃请，不提个人要求"。他们被授予"全国关心下一代先进集体"、"全国关心下一代先进工作者"的荣誉称号，老伴曾责备他带病作报告："作报告连老命都不要了。"他的老部长关天祥回忆他的教导："一个人少年立志，青年立信，老年立言。言就是对青年人言传身教，把好作风、好传统、好思想传给青年一代。"张绪既是这样说的，也是这样做的。对自己对家人严格要求，一世忠诚，一生坚守。他是一个典型的、为理想奋斗终生、甘于奉献的共产党员。[2]

2009 年西安出了件新鲜事，一位拾荒老人入围"文化遗产保护人物"。他就是 59 岁的唐舍娃。唐舍娃家境贫寒，与老母相依为命，以拾荒为生。2008 年唐舍娃在垃圾场捡破烂时，发现两块石碑，从刻字上判断是重要文物。他要把它交给国家，就在朋友帮助下来到西安市考古所。经鉴定，这两块石刻是唐代公主的墓志铭，非常有价值。考古所决定奖励老人奖金 500 元，他连连摆手说："我不要钱，只要打个条子就行了。"后来在评"中国文化遗产

① 华商：《中国"蝶神"周尧》，2009 年 2 月 14 日《老年日报》。
② 穆琳、张海宁：《一生的忠诚，一生的坚守》，2009 年 3 月 31 日《中国老年报》。

保护年度杰出人物"时，唐舍娃被评为入围者。他知道这个消息后说："我很高兴，真的没想到，文物交给国家我就心满意足了。"唐舍娃生活清贫至极，面对珍贵文物却不存私心，他说："人活一生要耿直，活在世上就要像树一样长得端端的。"人穷志不短，不受诱惑，这就是这位老人一生坚持上的继续社会化的一课。这表明，人不在于地位高低、财富多少，甘于奉献才是高尚的人。①

2009 年 77 岁的"一分钱爷爷"潘振声辞世。潘振声是国家一级作曲家。50 多年来，他创作了大量儿童歌曲。《春天在哪里》已成为世界儿童乐坛中的"世界名曲"。退休后，他除了创作《一分钱》、《小鸭子》、《祖国祖国我们爱你》等脍炙人口的儿歌外，还去各地采风，历时 4 年推出《56 个民族新儿歌》等作品。在全国人民学雷锋时，他创作出《一分钱》。后来上海公安博物院成立，开出 20 万元价格收购潘振声的《一分钱》手稿。潘振声说："孩子把一分钱交给警察叔叔，这份手稿，我当然也要交给警察叔叔，一分钱不要！"后来经中国文物局鉴定，《一分钱》手稿、曲谱被评为"现代革命一级文物"。②

甘于奉献，是老年人继续社会化的精神凝聚。哈尔滨有对老夫妻，男的叫兰玉民，64 岁，女的叫王秀霞，63 岁。为庆祝大庆油田发现 50 周年。他俩利用半年时间自费走过全国 21 省、市、自治区 200 多个地级市，播放铁人王进喜的纪录片 200 余次，负责赠送铁人纪录片光碟 300 多张，在石油战线宣传铁人精神。每到一地就在长卷上留下全国各地签名和盖章，他们还计划把行走全国经历做成一部纪录片。③

4. 热心公益型

这个类型的特征是把为别人做好事，为社会做有益的事情，作为自己的责任和任务，作为自己追求的人生乐趣。如捐钱修路、修学校，扶贫救困，义务劳动，救灾，义诊，为群众做调解工作，维护公共交通秩序，做义工、志愿者等。

浙江温州中心城区有个老人建了一个施粥铺。每天早上有五六百人领粥，其中有拾荒者、流浪汉、乞丐、僧人等。这个免费粥铺已办了近 3 个年头。目前有义工 23 人，除一位智障青年外，其他都是老年人。施粥铺主要发起人是

① 文艳：《拾荒老人入围"文化遗产保护人物"》，2009 年 5 月 7 日《老年日报》。
② 《"一分钱爷爷"潘振声辞世》，2009 年 5 月 18 日《都市资讯报》。
③ 彭博、徐建东：《冰城老夫妻自费走全国宣传铁人精神》，2009 年 6 月 3 日《哈尔滨日报》。

82 岁的朱永麟，他每月 1400 多元退休工资，烟酒不沾，甚至很少吃肉。他提出建立施粥铺，几位老街坊一起从养老金中挤出四五千元，把施粥铺置办起来。他们每天要煮 18 锅粥。老人办施粥铺的善举得到了社会支持。捐款捐米的人越来越多。朱永麟说："给我们捐款的人很多，我们在银行开了户，把筹集来的钱都存进去，这样收多少、花多少账目很清晰。现在，我们账户里有 20 多万元剩余。"老人们的善举还得到了市委书记的支持。① 这些老人通过自发地做善事，来实现自己的继续社会化。这表明做善事，不论贫富，不分大小，贵在坚持。

广东出了个"现代愚公"，他叫张运才，是高州市大坡镇良垌村人。2009 年 85 岁。因住在山里，去镇上不方便，村里要修路，因许多扯皮问题一再耽搁。张运才是一个普通村民，他不顾家人与村民的不理解，决定带领家人修一条通向镇里的路。通过做工作，让四个儿子掏钱，加上自己的积蓄，再向亲戚朋友借款，共筹集了 5 万元钱。1 月动工，张运才带着儿子儿媳和租来的卡车、设备等开始了"愚公移山"。3 月主体工程完工。张运才右脚溃烂，4 月右腿下部被全部切除。路基本修好，去镇里上学的孩子及村民去镇里或上山可走新路，但张运才却不能用双脚踏上自己修的这条路了。特别令人伤心是路修好了，却不被村民理解，还说老人"出风头"之类的闲话，村委会对修路也未曾有资助。八旬老人举债修路，结果住院还花上万元，可谓雪上加霜。但老人乐观："做自己想做的事就好。""我只想修好这条路。""有债没有什么关系。一年还不上就两年，两年还不上就三年。总能还清的。"② 这就是一位普普通通八旬老人用"愚公精神"修路，来实现继续社会化的感人故事。

87 岁老医生齐伊耕，是浙医二院教授。他曾在国内率先开展远端脾肾静脉分流术。老人说："我有高血压、高血脂、心律不齐……我不向 100 岁目标看齐，只求闯过 90 岁的关，我相信自己没问题。"如今，接近九旬高龄的齐老，每天靠四个轮子的老人专用车到医院给病人义诊。③ 八九旬老人应该在家颐养天年了，但老人仍念念不忘以自己的专长，为社会为别人贡献自己的余生，这是发自内心的角色内化，是一辈子人生价值内化的结果。

哈尔滨有位 70 岁老人，被称为"建议大王"，他叫孙玉海，是平房区退休工程师。从 1987 年起孙玉海就走上了"人民建议"之路。23 年来，他花 20 余万元，走遍北京、呼和浩特、满洲里等城市，走到哪儿思考到哪儿，把合理化建议提到哪儿。他先后提出百余项合理化建议，其中 20 项切实可行的建议被采

① 张巧：《热粥传递温暖，小慈唤起大爱》，《中国老年》2009 年第 4 期。
② 韩璐：《八旬"现代愚公"举债修路》，2009 年 5 月 16 日《老年日报》。
③ 丁星云、方序：《87 岁医生每天义诊》，2009 年 3 月 11 日《钱江晚报》。

纳。如取缔北京火车站前马路市场，扩建道路的建议；北京市前门大街、正阳门广场和大栅栏扩建的建议；哈尔滨市一类街道老居民楼阳台窗户统一改造，粉刷楼体的建议；哈尔滨市治理整顿革新街教堂周边环境的建议；"七三一部队"罪证陈列馆至哈飞集团北门 400 米的卸煤场应迁至郊外的建议等。老人说："23 年里，邮寄 5000 封建议信笺，用了 28 瓶胶水。"① 为了社会有个好环境，这就是一位 70 岁老人 23 年的人生追求。这种追求不是为了自己谋利，因为这要耗费时间和精力，要破费自己的金钱，要奔波呼吁，所得到的回报是社会效益。这种高尚的追求，源于中国老年人继续社会化的要求。

5. 兴趣爱好型

兴趣爱好是个人发展的动力源。很多老年人退休后，就选择自己的兴趣爱好作为晚年目标，确定人生新的角色定位，实现并完善自己的继续社会化。比如旅游、摄影、唱歌、跳舞、乐器、绘画、书法、钓鱼、种花、集邮、收藏、剪纸、炒股、演戏、上网等。

从湖南省委书记高位退下来的熊清泉，拜湖南籍著名画家黄永玉为师，学习作画，一时被传为艺坛佳话。熊清泉在 71 岁那年拜黄永玉为师，因他有书法功底，为不辱黄永玉名声，每周学画一到两天，然后到美术馆看画展，参加美术界活动，谋取心得，回家潜心创作。几年之后，熊清泉先后在北京、香港、长沙、昆明等 8 个城市举办个人画展，还在洛杉矶、旧金山、纽约举办个人画展。他创作的《人间仙境》还在第十届中国美术展中获奖。熊清泉说："我把画画当做养生之道，每天画画，就像练习气功，一天也放不下。现在我一点毛病都没有，身体健康得很。"81 岁的熊清泉每天作画 7 小时，自信能活 200 岁，他在 77 岁生日作诗道："老夫今年七十七，长寿意识日益坚。养身学画天天学，保健体操常常练。有滋有味音乐伴，无忧无虑愁自避。莫道年迈不值钱，人生价值在晚年。"②

鞍山 74 岁高龄的谷东平老人，获得"2009 中国杯共和国 60 周年优秀词曲、歌手、乐手展示大赛"全国总决赛专业组演唱金奖，他是所有参赛者中年龄最大的一位。谷东平原是歌唱演员，退休后他仍然放不下文艺，经常参加各种大型广场演出、大型文化活动，连续获得"群众文化工作突出贡献奖"。这次参赛，他凭着长期的艺术积累，在万人参赛、500 多人竞争中闯入

---

① 倪文凤：《"建议大王"的人生追求》，2009 年 5 月 21 日《新晚报》。
② 楚戈：《"名利双收"熊清泉，自信能活二百年》，《中国老年》2009 年第 5 期。

决赛，荣获专家称赞的专业组重奖。①

湖南长沙有位99岁老人叫卢阜民，被星城誉为"股神"。每天由保姆送到证券交易大厅炒股，边炒股边做保健操，午餐就是一张大饼一杯热水。10多年如一日，天天准时到位，操作电脑，乐此不疲，乐在其中。② 无独有偶，辽宁鞍山有位90岁老人叫杜小青，也是个老股迷，炒股已有14年历史。她把炒股当成一种游戏，她说："赔不赔没啥，咱就图一乐，玩呗。"③

6. 继续学习型

活到老，学到老，是大多数老年人的追求。老年人继续学习主要分为：一是到各种老年大学或培训班学习。这种学习属正规性学习；二是自学，按自己的需求和喜好，专攻某一专业某一领域的学问，或专看某一专业、某一领域的书；三是向孩子或有专长的人求教。学习内容多种多样，五花八门。继续学习是老年人进行继续社会化的基本前提和重要内容。

社会学家柳中权，2009年81岁。现为大连理工大学教授、博导。七旬八旬仍带学生跑到基层搞调查，指导博士生作论文。他提出："不断补充新鲜知识，使生命之树迟些枯萎。"他写道："我家里藏书3000余册，每年还要从微薄的养老金中挤出点钱订报购书。除了参加学校老教授邓小平理论研究小组活动外，还要抽出许多时间读书。""不补充新鲜知识，瞬息间就会变成文盲、科盲，生存就是变化，变化就是知识和经验的积累，累积知识和经验就是无休止地更新自己。一旦停止这种创造性活动，生命也就停止了。"④

曲文勇主编的《21世纪中国老龄化社会研究》中引了曲兰在《来自老父老母的生存报告》中提供的案例，这里不妨摘引如下：

在山西，还有一位坐火车上学的丁敏老人，她已经75岁了，她五年如一日地乘坐太原到榆次的火车，到太原市老年大学上课。

1998年初，70岁的丁敏在女儿的陪同下来太原市老年大学报名学习绘画和唱歌。从此，她每逢周一、周四早晨6点15分准时从家里起身，乘火车到太原火车站再转乘公共汽车到老年大学，中午不回家。她说：

① 许玲：《74岁老人获全国金奖》，2006年5月25日《老年日报》。
② 《长沙99岁"股神"称炒股是长寿之道》，2010年2月24日《新晚报》。
③ 刘家伟：《90岁老太"玩"炒股14年》，2009年11月26日《老年日报》。
④ 柳中权：《生活，就是面对现实的微笑》，《大连市老教授老有所为老有所乐交流汇报会文集》，1999。

"来一次不容易，要充分把时间利用起来，多学一些，够回去练才行。"

丁老一生从事会计工作，退休后还又干了几年。也许是职业使然，丁老确实很会"算计"，这一点表现在她对时间的利用上。她说她的时间不够用，在家练习画画时，还捎带看看或听电视《老年课堂》和有关卫生保健的节目；做饭时还背歌谱、歌词；晨练时一边唱歌一边散步；晨练完在回家路上顺便买上菜。

丁老的老伴前几年过世，她一人住着100多平方米的房子，她在水泥地面上用粉笔写满了她喜爱的诗词，无论到哪个房间，都能随时读诗，驱除了杂念和烦恼。在用过的日历、台历上，每一页都标满了汉语拼音。丁老说她小时候没有学过汉语拼音，现在查字典不方便，要设法补上这一课。老人笑着说："小孙女写了一篇作文，题为《奶奶的日历本》，还获了奖呢！"

学了音乐课后，她能识简谱了，又买了二胡和二胡演奏的书籍，经过一年的琢磨和练习，竟也能拉上几曲。她最喜欢拉的曲子是《真的好想你》，当她思念亲人、想念朋友的时候，拉这首曲子可以宣泄自己的情感。当亲人团聚，孩子们来看她时，也拉这首曲子表达她的一腔真情。

还有一位老人，在报纸上撰文，写他当上"家庭医生"的经历。他开始时在济南老年大学学习"中老年保健"、"楷隶"、"行草"专业。后来偶然插班听了一次按摩保健课，一下子就被吸引住了，于是从此爱上了按摩保健。近四年的学习，还真学到了不少养生知识，自己得益不说，还成了全家的保健大夫。家里人有个头痛脑热、感冒什么的，他都能给治一下。他的老伴因患"风心病"做了"换瓣术"，体质较弱，一不注意就因感冒引起发烧、肺部炎症而咳嗽，每次都要输液治疗七天左右，不仅药费开销大，也影响子女工作和全家人休息。他掌握了按摩保健基本技能后，坚持每天给老伴按摩一次，采取按、揉、推、拿等手法，重点是增强抵抗力，提高免疫力，预防感冒。主要穴位是风府、风池、大椎、合谷、太阳等，加上捏脊，取得了明显效果，四年来老伴儿再没有输液、打针，体重也增加了。

还有一位刘老先生，本来是给孙子报名学绘画的，孙子学习的事儿是大事儿，他千方百计找了一个很正规的绘画班。报名时，他忽发奇想：我也可以学呀！反正闲着也是闲着，还可以顺便督促孙子学习。于是也报了名，就与孙子坐在同一个课堂上，成了同学！这祖孙俩互帮互学，都学会了水彩画的基本技巧，在不断切磋的过程中，这一老一小还上瘾了，于是这祖孙俩开始到名山大川去采风，家乡附近的景点都被他们走遍了，而且成果颇丰，孙子也在这个过程中学到了很多绘画之外的知识。

据《老人天地》载，在南京有一对夫妇，老先生 81 岁，老伴儿 75 岁，两人本来都读过大学，英语也很熟练。离休后，又一起到金陵老年大学学日语、世界语、法语和德语，两人边学边交流。而且从 1982 年开始，两人竟然骑自行车周游全国，南到海南的"鹿回头"，北到黑龙江的"北极村"，西到戈壁滩的"千里雪"，东到黄海之滨的"无名岛"。沿途还救了 6 个人，义务为群众治病近万人次（因为老太太过去是大夫）。沿途他们经常会碰到各国来旅游的人们，经常义务为老外当导游，一会儿用英语，一会儿用日语，有时还用法语和德语，不少老外为此与他们同路旅游。

后来他们走不动了，就又回到老年大学，重新坐到了课堂上。他们已经骑车周游了中国，下一个目标是周游世界。学习多种语言就是为周游世界做准备。①

老红军中有三位博士，现在世的涂通今就是其中一位。涂老 2009 年 95 岁。涂老参加过二万五千里长征。1955 年在苏联获医学博士学位。1964 被授予少将军衔，荣获一级红星功勋荣誉奖章和三种三级勋章。他说："离休前每天都在忙工作，很多想做的事情都没有时间做，离休后我要完成所有梦想。"他相继担任了《中国医学百科全书》和《新中国预防医学历史经验》副主编，撰写、编译了《急症神经外科学》等十余部专著。还以 92 岁高龄的特殊网民身份，做客中国军网，与网民就各种问题侃侃而谈。②

7. 家务劳动型

家务劳动型在离退休老人中占的比例较大。特别是女性老人，多数退休回家负责家务劳动。担负起买菜、做饭、照顾子女、抚育孙辈等家庭劳动，扮演家庭"采购员"、"炊事员"、"保育员"、"卫生员"的角色。过着"清早买菜提篮子，中午做饭点炉子，儿女走后带孙子，空闲时还要打扫房子"这种忙忙碌碌的生活。

家务劳动是社会必不可少的劳动。哈尔滨有一位照顾百岁岳父的六旬老人，他叫程同斌，2009 年 62 岁。程同斌 1985 年结婚后，就主动要求与岳父

① 曲文勇：《21 世纪中国老龄化社会研究》，黑龙江教育出版社，2004。
② 于悦洋：《红军博士涂通今，一生钟爱小米红薯粥》，《中国老年》2009 年第 6 期。

母同住，照顾有病岳母。1992 年岳父也患重病，夫妻二人精心照顾岳父母 24 年。101 岁的岳父逢人便讲，有程同斌这样的好女婿是他家的福气。①

113 岁老人李春，2009 年 3 月于广东仙逝。这位广东最长寿老人，在 90 岁之前，一直坚持做家务，洗碗做饭，还到菜市场去排队买菜。90 岁以后才基本不做家务了，但生活基本自理，整天用包装袋编小绳子，有客人来就送一些。直到 110 岁时，才停止编绳子。她还让家人给她读报听，晚上看电视新闻，她说："人老了，认字来不及了，但做人不能糊涂，一定要认识社会，了解天下大事，才不会与社会脱节。"②

8. 休闲娱乐型

这个类型老人家庭负担相对轻，或采取相应手段减轻家庭负担，过着一种无忧无虑、安安静静的生活。他们或散步打拳练操，或听广播，看电视，读报纸，或种花喂鸟养宠物，或爬山旅游钓鱼，或摄影集邮搞收藏，或搓麻将打桥牌下象棋，或唱戏唱歌跳舞，生活过得休闲自在。既娱乐身心，又结识朋友，使晚年生活有滋有味，成为当代中国社会真正的"有闲阶层"，为中国老年人继续社会化添上一幅多姿多彩的画面。

就拿旅游来说，旅游已不是城里老年人的专利，现在农村也兴起旅游，《老年日报》就报道过浙江农民组织去千岛湖、北京等地旅游。③《老年日报》还报道有四位 61 岁至 74 岁老人骑一辆三轮摩托车，从四川到贵州、广西、广东、福建等地周游天下。④

跳舞成了当代老年人休闲娱乐的一个热点。在哈尔滨道里区，有一对 77 岁老年夫妇，男的叫黄克桓，老伴叫韩瑞荣。他们对在亚洲流传的"排舞"进行二度创作，使其乐曲动作更加适于东北的中老年人。每天早晨两人骑自行车到道里区的各个广场和街心花园，教老年人跳自创的"排舞"，风雨无阻。2009 年"三八"节期间，他们带领尚志活动站的"排舞"队代表道里区参加市里组织的中老年人才艺展示，受到各界的欢迎和关注，各区的老年活动站纷纷邀请他们夫妇去当教练。⑤"排舞"将成为哈尔滨市流行的下一个老年人时尚。

---

① 于瀛等：《六旬女婿照顾百岁岳父》，2009 年 5 月 14 日《新晚报》。
② 马勇、程小琪：《113 岁的李春老人》，2009 年 3 月 22 日《羊城晚报》。
③ 胡剑文：《农村"白发团"出游成时尚》，2009 年 5 月 4 日《老年日报》。
④ 项银银等：《四老有欲驾"Q 版房车"周游全国》，2009 年 5 月 1 日《老年日报》。
⑤ 黄晏君：《"排舞"跳得夕阳醉》，2009 年 6 月 14 日《哈尔滨日报》。

佛山十二姨芳龄 90 岁，在网上摆太极拳擂台，竟是没人敢来挑战。由此而成为网络红人。她在微博自述是："练太极，防流感！拯救地球，人人推手！"①

9. 养生保健型

延年益寿是这类老年人的共同追求。他们多数有这样或那样的大病或小病，特别关心自身的健康。为了晚年有个相对健康的身体，他们或加强锻炼，或奔走医院，或参与各种健身养生活动。很多长寿老年人是怎样养生的？这是老年继续社会化的内容，也是老年人普遍关注的话题。

93 岁高龄的邓小平，其养生之道被概括为四条：每周吃粗粮；饮酒不贪杯；乐观又豁达；时时勤用脑。②

著名社会学家，104 岁的雷洁琼把自己养生之道概括为："不抽烟、不喝酒、不锻炼。"年轻时喜欢运动的雷老说："我现在很少做身体锻炼，毕竟年纪大了，有一点活动，也是运动很轻微的那种。"③

88 岁老中医陈彤云总结养生之道说："第一要务就是要养心。心就是心态，保持一份平和的心态，才能谈养生。"④

2009 年 93 岁的万里，退休后，每天上午看报，下午 3 点到 5 点是活动时间，每周 4 天打网球，3 天打桥牌，严格遵守，一天不落。他说："打网球能让我四肢灵活，打桥牌能让我思维敏捷。"他认为"一动一静胜过吃补药"。动就是打网球，静就是打桥牌。⑤

《哈尔滨日报》在介绍有地方特色的广场文化时写道："在香坊区和乐松广场，每天晚上都有两支秧歌队和一个舞蹈队在这里翩翩起舞，其中一支秧歌队的队长是一位叫徐才的 81 岁的老大爷。老人介绍，这里的秧歌队已经组建十多年了，两支秧歌队现有 100 多人，除了下雨天，几乎每天都在这里扭秧歌。据徐才老人介绍，两支秧歌队每晚都来广场扭三个小时左右。秧歌队的另一位负责人王文学大娘兴奋地讲："扭秧歌把我多年的老胃病都治好了，以前是啥药都治不好，自从扭上秧歌后，啥药都不吃，3 年多了再也没犯过，扭秧歌能治病！"⑥

---

①　《九旬妪网上摆太极拳擂台》，2010 年 1 月 27 日《新晚报》。

②　周鹤：《邓小平的养生四法》，2009 年 2 月 20 日《生命时报》。

③　崔普权：《百岁雷洁琼无药养生》，2009 年 3 月 19 日《老年日报》。

④　董长喜：《养心是养生第一要务》，2009 年 3 月 3 日《生命时报》。

⑤　徐静：《万里：一动一静胜吃补药》，2009 年 5 月 22 日《老年日报》。

⑥　黄晏君：《广场文化"唱"响冰城夜晚》，2009 年 6 月 7 日《哈尔滨日报》。

第六章 老年基本社群

人类离不开群体生活，群体生活是人类的基本特征。这是因为群体生活是人类生产的需要，是人类社会生活的需要，是人类安全的需要，也是人类精神上的需要，人类必须结群而生。

我们每个人都生活在一定的群体里。对于每个个体来讲，群体有大有小，有熟悉的，也有不熟悉的，有关系密切的，也有关系不密切的。研究老年群体，我们就要从老年人最了解、最熟悉、最密切的基础群体入手，来研究老年人是怎样进入群体，并在其中生活的。这个基础的、面对面的群体就是基本社群。

一 老年基本社群的特征

我们先了解一下基本社群这个概念，基本社群这个概念，最早是由美国社会学家库利提出来的，后来发展成为社会学中一个重要的概念。

基本社群是个人参与社会生活的基础群体，是指在一定范围内关系密切的小群体，例如，我们自己家庭的小天地，关系密切的朋友小圈子，朝夕相处的邻里，自己整天工作或学习的小组。再如军队中一个班组里亲密的战友，一个集体宿舍中情趣相投的同志。诸如在社区里，一些女性老年人，特别是年龄大些的女性老人，有两三位或四五位一起聊天的聊友，谁家事情都搞得一清二楚；一些男性老年人有的是棋友、牌友、麻友，天天在一起下棋、打牌、搓麻将，聊天交流；有的是诗友画友，天天在一起吟诗作画，交流心得；还有一些男女老年人经常在一起打拳练剑，谓之拳友剑友；有的老年人在一起唱歌跳舞扭大秧歌，从而结成合得来的密友；也有的老年人在一起炒股，成为关系密切的股友。诸如这些平常称为"小圈子"、"团伙"的群体，其成员往往有一种轻松舒适感，不像在陌生人面前那样受拘束，气氛往往比较自由融洽。在这种关系中，个人的满足感是很重要的。社会学把这种面对面结合的、关系密切的小群内的人际关系，称为基本关系，把这种群体叫基本社群，或叫初级群体，也有的翻译为首属群体。把不属于这种基本的、初级的、首属的群体，叫作非基本社群，或叫次级群体，也有的译为次属群体。诸如人员不固定的一些小群体，临时性的调查组以及一些社团组织等，都属于这一类。

从基本社群的概念可以看到：基本社群中的人际关系，是一种特殊的个人关系，它同整个社会或社会组织里普遍存在的那种一般关系不同。这表现在，基本社群里的成员有"我们感"，即每个人都把自己作为"我们"中的一员或特殊的整体中的个人来看待，而不是作为社会组织里的普通的一个角色来处理。在行动中，表现为积极、主动、自发，而不局限于个人特定的权利和义务，也就是不完全按预先规定的任务行事。也就是说，他不是被迫的被动的，而是主动的自觉的心甘情愿的，因为这对于他的心理是一种满足。由此可以推论，如果一种工作能够产生心理上的满足，这种工作便有助于基本关系的产生。

库利认为："基本社群的特征，是亲密的面对面结合和合作的群体。"他的这个看法，可以作为我们研究基本社群特征的参考。① 基本社群的特征如下：

第一，规模小。这是基本社群的一个必要条件。因为一个人，与他最熟悉、关系最密切的一些人总是很有限。如果一个人与他的关系规模不断扩大，其成员逐渐增多，他们之间的互动势必减少，关系就会趋于表面化。在这里，规模小并不是基本社群的绝对特征，可是作为基本社群来说，它只能是一个很小的规模。

第二，面对面互动。一般来说，没有直接的、面对面的互动，是很难形成一个基本社群的。基本社群是深入沟通的结果。只要彼此往来，思想反复交流，相互深入了解，才能达到关系密切的程度，结成基本社群。面对面的互动是必不可少的，它可以导致基本社群关系的形成。但也不能把它绝对化起来。就是说，并不是任何面对面的互动都可以导致基本社群产生。比如，人们乘坐公共汽车，或去商店买东西，在这种情况下，乘客与司机、售票员，顾客与营业员之间，每次都有面对面互动的情况，但这种转眼即逝的互动，一般对双方都没有什么特殊意义，也不会留下太深的印象。像这种面对面的互动，一般是不易形成基本社群的。但也有这种情形，

① 见李德滨《社会学100题》，天津人民出版社，1984，第79~81页。

诸如一家人之中，或者夫妻之间，或者亲密的朋友之间，他们分居两处，相隔很远，难得面对面互动，但不能否定他们的这种基本关系，他们的群体属于基本社群。

第三，足够长的时间。一两次互动是不可能促成基本社群的形成和发展的。只有在一个较长的持续的时间里经常互动，人们才能相互了解，关系密切。互动越久，沟通越深，彼此关系才能越密切。这里我们要把关系密切与关系亲密、关系亲切区别开来。例如，有的老夫妻之间、老人与子女之经常吵架。从这个意义上说，他们关系不亲密、不亲切。可是谁也不能否认他们的关系是婚姻关系，是血缘关系，其关系是密切的。

二 老年基本社群的结构

基本社群是人类最早、最小、最基础的群体。

研究基本社群的结构，首先面临的问题就是基本社群的规模。从总体上看，基本社群的规模是比较小的，一般由几个人构成。在基本社群中，最小的规模是两人群体（比如由夫妻组成的家庭），比较大的基本社群一般为20多人，不到30人。

最小规模的群体，其典型例子就是由夫妻两人组成的家庭。两人的关系也简单：两个关系由一条纽带联结，具有高度亲密感。两人之间的互动就是群体的全部活动。在这个独特的两人组合中，任何一方退出，都会使该群体解体。因为这个群体的存在依赖于双方合作。

不同群体规模决定不同的群体关系。两人群体潜在的关系为二，三人群体潜在的关系为六，四人群体潜在的关系为十二。人数增加，关系就会愈加复杂。群体规模的大小，直接影响群体凝聚力的强弱。显而易见，超过两人以上的群体成员关系就具有了一种全新的结构特点。三人组合就形成三角关系，成员之间互动就不再是单一的、对等的。其成员之间互动关系就会出现亲疏、多寡之别。群体规模的变动，直接影响到群体结构状态。群体中人数增加，就带来派别组合的增加。

作为基本社群结构，其实就是研究基本社群组成部分之间的关系，说白了就是研究群体成员间的人际关系。群体内的人际关系是一个网络，是一个等级地位体系，这个等级体系的本质是群体的权力和资源的分配。

基本社群的结构，大体可以概括为，群体内有一至两个核心人物，这就是学者讲的正式或非正式的群体领袖。同领袖人物关系最密切的少数人，围绕在核心人物周围形成一个权力中心，掌握着群体的命运，指挥着群体的活动。在权力中心周围的，是群体的一般成员。离核心最远的是边缘成员，是该群体的外层。

在基本社群中既有核心人物，也有一般成员，即表明在基本社群中每个人地位有高低，权力有大小。而这种地位、权力是由什么决定的呢？一是由天然尊长和血缘关系的亲疏决定的，天然尊长是一个群体里的自然领袖，如家庭中的家长或长辈，邻里中的长辈或有声望的人。二是依据个人的品质和才能进行的职能分工。应该特别指出的是，基本社群的核心人物或群众领袖，他不像非基本社群或组织里的领袖人物主要是靠权力、靠职务来指挥其成员，而多为靠权力与权威结合来领导与指挥，权力多依赖于职务、地位，即权力来源于职务和社会地位。而权威和职务、社会地位没有直接联系，它是以个人的威望、学识、品德、行为去影响他人。个人的威望使其成员心悦诚服。如果其他成员不承认或不接受其影响，也就无所谓权威。一般在规模小的基本社群中，核心的人物主要靠的是权威，在稍大一些的基本社群中则主要是靠权力和权威结合来指挥和影响群体。

在老年基本社群中，如兴趣群体（像唱歌、作画、舞蹈、打拳、练剑）中，多由有擅长专业或有组织能力的人为核心人物。在这里挑头的或组织者周围有一位或几位兴趣爱好者，由兴趣沟通而成为关系密切者，由于经常性地面对面互动从而形成老年兴趣群体。在这个基本社群里，与群体成员互动频率最高的人物，往往就是这个群体的领袖人物。在这种基本社群中，领袖人物主要靠权威而不是权力来影响群体成员。因为在这种兴趣群体中，其领袖人物往往不是权力人物。而权力人物（即退休前职务比较高）是兴趣群体一般成员的比比皆是。当然这种兴趣群体规模较大些，其老年兴趣群体就会有了实际的"头"角色（即队长、站长、组长）。由于群体规模变大，其群体领袖靠权力指挥和影响成员的趋向就会增强。在诸如老年兴趣群体中，由于主要是面对面沟通，老年人之间不仅在自己兴趣爱好方面进行交流沟通，也在思想感情方面进行沟通交流，从而能够建立起良好的私人关系。但由于每个成员在价值、态度、性格等方面的观念不同，每个成员投入的感情就有差异，即在每个成员间私人关系密切程度是不一样的。核心人物与成员、成员与成员之间关系是有亲与疏、紧与松、远与近的区别的。因此，我们看到的老年兴趣群体既有团结合作的一面，也有矛盾甚至是争执对立的一面。

三　老年基本社群类型

社会群体是纷繁复杂的，其类型划分因划分标准不同而有所不同。老年基本社群属基本社群中的一个类型，而基本社群又是社会群体中的一个类型。为对老年基本社群类型有更为全面的了解，特别是它在社会群体中位置和作用，拟从三个层面进行探讨。

1. 社会群体类型

主要分为以下几种基本类型。

（1）基本社群与非基本社群。

以成员互动关系为标准，划分出基本社群（也叫初级群体、首属群体、直接群体）和非基本群体（也叫次级群体、次属群体、间接群体）。这是社会学研究中最经典的划分类型。

基本社群，是指成员之间的互动具有面对面交往、合作特征的群体。在这种群体里，成员之间空间距离近，且具有强烈的群体一致感和自我意识。它是人类群体活动的主要形式，也是人类最初进入的群体，比如家庭群体、游戏群体等。

非基本社群，成员间互动形式主要是间接的，成员之间的相互了解比较有限，个人的情感投入受到一定限制，但个人进入这个群体后会产生群体归属感，比如同学群体、工友群体。非基本社群的规模一般比基本社群的规模大。

（2）小群体与大群体。

以群体的规模为标准，划分出大群体与小群体。

小群体指成员人数不多、规模有限的社会群体。具体人数也没有严格规定，但多在30人以下。其成员可以面对面互动，情感投入较多，如家庭群体、朋友群体。

大群体人数众多，其活动方式和组合形式常超出作为实体群体的范围。典型的大群体就是统计群体（如性别群体、年龄群体等）、利益群体（如阶级群体等）。

（3）正式群体与非正式群体。

以群体结构特征为标准，分出正式群体与非正式群体。

正式群体指有明确规范，即群体被赋予明确职责，成员资格有严格规定，群体活动有计划性，如学校、工作的班组。

非正式群体指规范不严格，职责分工不固定，群体活动具有随意性，如兴趣群体、友伴群体。

规范性与随意性是区别正式群体与非正式群体的重要标志。

（4）先赋群体与后致群体。

以成员归属方式为标准，可划分为先赋群体与后致群体。

先赋群体指那种与生俱来的，非个人能选择或改变的群体，如家庭群体。家庭是每个人无法选择的，生在穷家就是穷家孩子，生在富家就是富家孩子，孩子无法选择父母和家庭。先赋性就意味着感情的全部投入，与其他成员关系亲密和协调就意味着快乐，情感不协调就会痛苦。无论这个群体是好是坏，都不能离开其归属，没有选择性。

后致群体指后天获得的群体归属。由于是后天获得的，就意味着个体对其群体有选择性。个人可以在这个群体中，也可脱离该群体选择其他群体。比如兴趣群体，可选择跳舞群体，也可选择唱歌群体。个人可根据自己的意愿或选择，投入并参与该群体。

有选择性与不可选择性，是先赋群体与后致群体的最大区别。

（5）内群体与外群体。

以成员主观感受作为标准，分为内群体与外群体。

内群体，指成员对其群体感到安全、认同并对之有强烈归属感的群体。即主观感觉不错，自我态度认同，在感情上有依恋感和心理上有归属感。

外群体，指成员对该群体少有亲近感和归属感。

（6）所属群体与参照群体。

以群体成员的归属为标准，划分为所属群体与参照群体。

所属群体指群体成员所处群体，即指"我们"群体。

参照群体指被作为某种参照对象，并对成员态度、认识发生重大影响的非所属群体。说白了，就是拿来参照的群体。

有了参照群体，有助于科学评价所属群体，增强选择行为的自觉性。

2. 基本社群类型

主要可分为以下类型。

（1）老年基本社群与非老年基本社群。

以年龄为标准，可将基本社群分为儿童基本社群（如玩伴群体）、少年基本社群（如学习小组）、青年基本社群（如兴趣小组、团小组、密友群体）、壮年基本社群（如工友、酒友）、老年基本社群（如每天在一起打拳练剑的拳友、经常在一起搓麻将的牌友）。

（2）女性基本社群与男性基本社群。

以性别为划分标准，可将基本社群分为女性基本群体（如经常在一起逛商店的娱乐的密友、闲暇时间经常在一起聊天的聊天群体）、男性基本群体（如棋友、酒友）。

（3）不同阶段的同学基本社群。

以上学学习为划分标准，可将基本社群划分为小学基本社群、中学基本社群、大学基本社群，甚至研究生基本社群，还有党校基本社群、干校基本社群、培训班基本社群等。因曾经共同在一起学习，彼此面对面互动、关系紧密的同学，也容易形成各种不同基本社群，很多称为学友，师兄、师妹常为基本社群内的称呼。

（4）由各种不同职业形成的基本社群。

以职业为划分标准，可将基本社群分干部基本社群（有行政干部、管理干部、专业干部等）、工人基本社群（有高级工、中级工、一般工人等）、农民基本社群（有务农的农民、有搞畜牧业的农民、有搞商品流通的农民等）。即在职业工作互动过程中形成各种小圈子，或共同工作的办公室、班组、合作体等。

（5）由各类娱乐活动形成的基本社群。

以娱乐活动为划分标准，可将基本社群分为唱歌、跳舞、扭大秧歌、弹拨乐器、搓麻将、打牌以及网络上各种游戏等各类基本社群。由于闲暇时间增多，生活质量提高，娱乐生活丰富多彩，在娱乐过程中也会形成各种娱乐的基本社群。由于娱乐无拘无束、天马行空、无所不谈，很容易形成各种基本社群。

（6）由各种兴趣爱好形成的基本社群。

以兴趣爱好为划分标准，可将基本社群划分为作画（国画、版画、油画等）、写诗（各种诗社、诗组、诗友）、收藏（玉器、邮票、票据、家具、钟表、相机等形形色色收藏协会）、刺绣、唱戏、写作、篆刻、发明、剪纸等。兴趣爱好最容易把趣味相同的人聚到一起，有共同语言，形成各种兴趣爱好的基本社群。

（7）由各类健身活动形成的基本社群。

以健身养生为划分标准，可将基本社群划分为打拳、舞剑、做保健操、登山、滑冰、滑雪、打篮球、踢足球、玩网球、长跑以及利用康复器材健身等。这些健身的活动多为群体性活动，在经常的面对面的互动过程中，很容易形成各类健身活动的基本社群。

除此之外还有利益基本群体、社区基本社群、工作基本社群等。

3. 老年基本社群类型

老年基本社群类型也很多，这里只集中谈三个基本类型。

（1）家庭。

家庭是老年社群的基本类型，它是老年生活的主要天地。

老年家庭色彩斑斓、五花八门。其主要类型，因划分标准不同而有所不同。

以家庭人口规模大小为划分标准，分为老年大家庭和老年小家庭。在城市老年小家庭多，在农村老年大家庭相对多，低龄老人小家庭多，高龄老人大家庭多。从总体上看，老年人多在小家庭生活。

以家庭经济状况为划分标准，分为老年富裕家庭、贫困家庭和一般家庭。家庭经济状况对老年人的晚年生活质量有重要影响。

以身体健康状况为划分标准，分为老年健康家庭和病态家庭。家里有不能自理的老人，就会给家庭成员带来很大的负担。

以社会规范状态为划分标准，分为老年常态家庭、偏态家庭和越轨家庭。老年偏态家庭主要指偏离正态的家庭，比如老年离异家庭、破损家庭、同居家庭等。老年越轨家庭主要指违法犯罪家庭，比如吸毒贩毒家庭、贪污受贿家庭、偷摸扒窃家庭等。

以个性特征为划分标准，分为老年一般家庭和特殊家庭。老年特殊家庭指带有特色特征的家庭，比如老年犯罪家庭、音乐家庭、作家家庭、侨民家庭、高官家庭、残损家庭。

以职业状况为划分标准，分为老年工人家庭、农民家庭、干部家庭、知识分子家庭等。职业不同，家庭成员素质和家庭氛围便有很大的不同。其家庭生活方式有明显的差异。

以家庭和谐氛围为划分标准，分为老年和谐家庭、偶尔吵架家庭、处于分裂状态家庭。家庭和谐程度对老年人身心健康有直接的影响作用。

以各种不同标准来划分老年家庭，还可划很多类型。从种种不同家庭类型中可以看到，中国老年人生活在不同家庭环境中，体验着不同家庭的酸甜苦辣。即使在同一个类型不同时期的家庭中，老年人在家庭中也要品味不同时期家庭的滋味。

（2）邻里。

邻里是以天然的地域上的靠近、人员的熟悉而形成的基本社群。它是老年人基本社群的重要内容和类型。在现代化之前的传统的乡土社会里，邻里是一个很重要的社会结合。它是指乡土社会里的左邻右舍，也有的大到一个村落。至于在现代化大城市里，一些住在大楼公寓的人，虽然大家彼此离得也很近，可是由于相互往来很少，彼此并不熟悉，其已失去我们所讲的这种邻里的含义了。城里人正在努力改变格子楼带来的人际阻隔，用新的方式创造新的邻里关系。而传统意义上的邻里特点，就在于彼此之间离得近，彼此往来频繁，因此相互非常了解和熟悉。这种以地缘关系为基础结合的群体同以血缘关系为基础的家庭，其功能是有所不同的。它的功能主要有三点。

第一，生产互助。在以小农经济为主的自给自足的社会里，邻里间的彼此合作、相互依赖、共同谋生的情形十分明显。目前在我国广大农村基本上还是采用手工和体力操作的条件下，这种以邻里组成的各种形式的生产互助依然是不可缺少的。因为居住靠近，相互熟悉，加上劳动条件近便，这种以邻里关系为基础结合的生产组织是既实际又合理的。继续发挥邻里的生产互助的作用，是有利于生产的发展的。

第二，守望相助。即对遇到特殊困难或不幸的家庭与个人给予帮助。这个功能和作用，目前在我国表现得还十分明显和突出。像婚丧嫁娶、治病救人、盖房修墙，邻里相帮是经常可见的。这种守望相助，还表现在共同维持社会治安上，好的邻居往往是自己的一面安全墙。老年人比年轻人更注重邻里间的这种守望相助的社会功能。

第三，思想交流。思想交流以及感情联络，是人们精神生活中的一个重要方面。人们在现实社会中生活，总不免有这样或那样的想法和议论。特别是老年人（尤其是女性）喜欢与邻里天南海北地东拉西扯。邻里间的这种交谈，客观上起到了交流思想、联络感情、增进友谊的作用，也是一个很好的心理释放的过程。在中国，邻里可以说是老年人生活中不可或缺的重要老年群体。

（3）朋友圈子。

老年人一生，会有各种不同的朋友圈子，如同学圈子（如小学、中学、大学等）、同事圈子、交往圈子、兴趣嗜好圈子等。由于长年累月在一起生活、学习、工作、交往，兴趣相投，相互配合，彼此合作，形成了密切的关系，结成的这种群体也属基本社群。这种社群的特点就是成员关系密切，常常属于那种无话不说的关系。老年人到了晚年，没有工作牵挂，有了空余时间，常常与这类朋友圈子成员来往，聊天交流，互相解闷，彼此帮助。这种朋友圈子，也是以各种方式活动着。有的是每天固定聚在一起，有的则是以不固定的形式相聚。其群体有的有固定的人员范围，有的无固定的人员范围。这个类型的群体对社会有重要意义。因为这个群体的成员目标与社会目标是一致的，对社会起促进作用。相反，如果这类群体的成员目标与社会目标不一致，这种小圈子就会对社会带来危害。比如同样是老年聊天群体，有的与社会目标相背，就会在一起发牢骚，宣泄对社会的不满，甚至谩骂社会，彼此传染，就会给社会带来不稳定不和谐的音符。目前我国学界对这方面的研究还很不够。加强对老年人朋友圈子这种类型的研究是非常有价值的。

四 老年基本社群的功能

老年基本社群与儿童青少年基本社群的功能是有差别的。儿童青少年基本社群的基础功能是社会化功能。基本社群是儿童、青少年获得社会化的摇篮，是个人通向社会的桥梁。角色的习得，人格的培养，主要是靠基本社群获得的。它是儿童青少年进入社会的第一个培训基地，即表明儿童青少年社会性的取得，是在基本社群内互动的产物，是基本社群培养出来的。基本社群是培养社会人的最普遍、最切实可行的学校。

对于老年人来说，基本社群的功能侧重点与儿童青少年基本社群的功能侧重点有显著的差别。老年基本社群的功能，主要表现为以下三点。

1. 满足老年社会生活的基础功能

老年人在社会上生活，需要穿衣吃饭，需要参与社会活动，需要安全保障，需要他人的帮助和支持，需要个人的尊严和荣誉，需要与他人建立友谊。所有这些需求，都主要地直接地要从基本社群获得满足。

经济需求是人的第一需求。老年人物质生活的满足，主要是在基本社群中实现的。基本社群是个人活动的舞台，是个人安身立命的地方，没有这个舞台作依托，个人将一事无成。

基本社群还是老年人生活上获得支持和帮助的重要来源。老年人在生活上可能会遇到各种各样的困难，需要得到他人的帮助才能解决。比如电视机坏了，需要找人帮助修理；生病了，需要有人帮助送医院或请大夫；家里出了特殊情况，需要与工作单位沟通。诸如此类求助，最能给个人提供切实有效帮助的是他所在的基本群体内的成员，比如家人、同事、邻居、朋友等。

因为这些人与老年人朝夕相处，彼此了解，能够及时给予有效的帮助。

老年人还有安全上的需要，包括人身财产安全，以及环境安全、政治安全等。安全感对老年人生活是至关重要的。如果老年人在某方面的安全受到威胁，一种潜在的危险围绕着自己，将会对老年人造成极大的精神压力从而精神紧张，使生活失去色彩，甚至造成精神创伤。而基本社群是老年人的安全港湾，老年人在基本社群中会获得安全感，比如老年人在家中，在自己的朋友圈中，总是会觉得安全一些，有一种"我们感"，彼此不设防，扮演角色甚至可以不戴面具。基本社群是老年人的避风塘、安全港。

2. 老年人精神生活的调节器功能

老年人最怕晚年孤独和失落，精神生活是其生命的支撑。人到了老年，特别盼儿女早点回家，盼找个知己聊天，盼与人交往互动。而人的精神生活，主要是靠社会交往形成和实现的。老年人喜欢与别人发议论、谈感想、说天论地、纵论天下，把个人的喜悦、烦恼、冤屈、痛苦、人生经历表达出来，取得别人的共鸣、同情和支持。这样才能使自己精神上得到满足和安慰。要表达感情、倾述烦恼，去跟谁说呢？这就需要有倾述对象，这个对象就是与自己关系密切的或亲密的人，这就是他所在的基本群体的成员。基本群体成员之间经常进行思想感情交流，如正式和非正式的交谈、聊天、娱乐、欣赏艺术或自然景观等，老年人正是通过这种情感交流互动来调节自己的精神生活，获得自身精神生活的协调和满足。

老年人所处的各种类型的基本社群，其功能各有侧重，但在运行过程中，都有思想情感方面的交流与互动，客观上对老年人的精神生活起着调节作用，即发挥着精神生活调节器的功能。

3. 社会秩序稳压阀的功能

基本社群的安定，是维持社会秩序的首要条件。老年基本社群，在保持和传递社会文化、调节群体成员之间关系、维持基本社会价值方面具有维护社会秩序的功能。

美国社会学家帕森斯在分析社会系统时，曾提出群体所具有的四项功能：适应环境、实现目标、统一内部、维持价值。他提出的后两项功能，就是老年基本社群的稳压阀功能。所谓统一内部，即调整群体成员之间的关系，制定规范，使群体组织成为一个整体。这在宏观上表现为群体的"社会控制"功能。所谓维持价值，即群体往往形成一种潜在的价值形式，给成员的行为以动机和活力，满足成员的要求。这在宏观上则表现为道德、宗教、教育等"文化"功能。我们知道，社会秩序控制有两种形式：一种是正式控制，以法律、警察、监狱等为主要形式。另一种是非正式控制，以舆论、道德、风俗、习惯等为手段，非正式控制主要是通过基本社群完成的。正是基本社群教给了人们在一定社会中占主导地位的思想、价值观和行为规范，而一个社会的稳定就是靠广大社会成员接受这些价值观和行为规范而达到的，这在社会学上叫社会规范的内化。这个过程，既包括基本群体对"乡规民约"、道德守则等规范的制定，也包括对基本规范的教化和内化。老年人是执行和传承社会基本规范和传统价值的主体。老年人在精神文明建设中发挥着基础作用，是使社会秩序稳定有序的稳压阀。

五　老年基本社群特例分析：中国老年家庭

家庭是基本社群，被称为社会的细胞，它带有面对面互动的显著特征。它是由亲缘和血缘关系这种纽带组成的，其成员之间关系亲密、情感投入深、归属感强。对于人的社会性习得、人格养成都有重要意义，是基本社群的典型单位。

1. 中国家庭变迁

要了解中国老年家庭，就需对当代中国家庭大背景有个清晰了解，才有助于从宏观视角把握当代中国老年家庭的现状与特点。

伴随中国社会政治经济生活的巨变，家庭也发生了根本性变化。孙立坤对河南家庭的 3740 份调查问卷表明，1949 年以来的半个世纪中，城乡居民家庭变迁大致经历了三个阶段：传统家庭、政治家庭、开放家庭。

1949～1965 年为传统家庭。这一时期，虽然人们的思想观念正在不断更新和进步，但传统家庭观念和生活方式仍居主导地位。1966～1977 年为政治家庭。这一时期正是"文化大革命"时期，浓厚的政治色彩充斥城乡居民家庭，并对居民家庭生活产生重要影响。1978 年以来为开放家庭。随着社会改革与开放，新的思想观念占据主导地位，传统的家庭观念和生活方式在城乡家庭中均退居次要地位，家庭不再是一个相对封闭的体系，它与社会的政治、经济、文化联系日益紧密。[①] 孙立坤对半个世纪以来中国家庭经历的三个阶段

---

① 孙立坤：《河南当代家庭变迁调查》，人民出版社，2004，第 3 页。

概括，反映了中国当代家庭所发生的巨变。

当代中国家庭发生这种巨变，具体表现在以下几方面。

第一，传统家庭观念的嬗变。随着改革开放大格局的形成，中国出现了历史上从未有过的人流、物流、资金流、文化流、信息流等大流动。社会大流动不仅冲击着中国社会结构，也改变着中国家庭。正如柳中权教授所指出的："几千年来积淀下来的'光宗耀祖，荫及子孙'、安土重迁等血缘亲缘纽带和观念遭到了强烈的冲击。传统的家庭中心主义正在被现代家庭观念取代。"① 家庭观念的变化，带动了社会从传统家庭向现代家庭的转变。

第二，家庭群体形式变化显著。家庭规模开始缩小，呈现小型化趋势。特别是在城市，核心家庭的比重在上升。据 20 世纪 80 年代的城市调查，核心家庭比重已达 66% 以上。据 2000 年第五次全国人口普查数据，全国家庭户中二代户比重为 60%。表明核心家庭已成为中国家庭的主体。而且数据表明，大家庭趋于缩小，小家庭日趋扩大。家庭群体形式这种变化非常明显，已成为家庭发展的一种趋势。

第三，家庭社会功能转换。改革开放以来，我国的家庭功能，正在从传统的生产、抚育、赡养、消费、休息娱乐和满足性生活的基本功能，向多内容、高层次的现代家庭功能演变。其变化引人注目：城市托儿机构以及家庭保姆业的兴起，是家庭哺育功能变化的标志；幼儿的隔代哺育（即由祖父母或外祖父母一辈来承担哺育幼儿的责任）现象很普遍，无疑是对传统亲子关系的考验；随着社会经济政策的转变，原来被取代的家庭生活功能在一定程度上得以恢复；闲暇时间增多，老龄人口逐渐增多，文化娱乐和设施的社会化、家庭文化的娱乐比重增大并有了更多的新内容。家庭功能的内容和形式正在转换中。

第四，家庭关系趋向民主化。家庭关系主要反映在夫妻关系和亲子关系的变化上。在夫妻关系上，在过去相当长的时期里，生育是中国家庭的主要功能，亲子关系成为第一关系，男性有绝对的主宰地位，家庭实质上实施的是家长制，妻子与丈夫之间是一种依附关系。随社会生活的变化，夫妻关系的重要性逐渐上升，夫妻间的平等关系受到重视，男女平权被普遍接受。表明家庭从家长制向民主制的转变。在亲子关系上，两代关系的平等因素也在增加。随着家庭权威的淡化，年轻一代经济地位的上升，其经济、事业、爱情、家庭事务方面的独立性、自主性越来越强，下一代"当家"的情况也日

① 陈立行、柳中权：《向社会福祉跨越》，社会科学文献出版社，2007，第 192 页。

益增多。亲子关系也从依附关系进入了平等关系。平等、平权带来的是家庭关系民主化。

2. 当代中国老年家庭现状与特点

当代中国老年家庭群体的活动方式、内部结构状态、成员关系以及功能等方面，都发生了变化，出现了许多新的特征。

（1）老年家庭规模伴随老龄化加深而变小，随年龄增长而有所增长。

表6-1显示65岁以上老年人口比重从1990年占5.8%，逐年上升至2001年的7.83%。其拐点是1997年（7.04%），表明进入老龄社会行列。而家庭人口规模从1990年的3.96人降至2001年的3.42人。两组数据表明，老龄化是逐年加深的，而老年家庭人口规模则是逐渐缩小的。

表6-1 1990~2001年中国人口老龄化与家庭规模变动

年份	65岁以上老年人口（%）	家庭人口规模（人）	年份	65岁以上老年人口（%）	家庭人口规模（人）
1990	5.8	3.96	1996	6.94	3.7
1991	5.98	4.01	1997	7.04	3.64
1992	6.07	3.95	1998	7.43	3.63
1993	6.15	3.92	1999	7.63	3.58
1994	6.23	3.87	2000	6.96	3.44
1995	6.7	3.7	2001	7.83	3.42

资料来源：见田雪原等《老龄化——从"人口盈利"到"人口亏损"》，中国经济出版社，2006，第362页。

再看一下不同年龄组群老年家庭规模的状况，如表6-2所示。

表6-2 2000年不同老年年龄组群家庭规模

年龄组群（岁）	家庭规模（人）
60~64	3.54
65~69	3.5
70~74	3.56
75~79	3.69
80及以上	3.8

资料来源：见田雪原等《老龄化——从"人口盈利"到"人口亏损"》，中国经济出版社，2006，第363页。

表6-2显示，老年家庭规模是随年龄增高而增大的。特别是75岁以上组群家庭规模明显增大，表明年龄越高对家庭的依赖程度越大，家庭规模也随之增大。

（2）老年家庭夫妻关系比较融洽，但也存在争论争吵。

中国老年夫妻总体看来是比较融洽，不同调查数据虽有差距，但多数认为超半数老年夫妻关系是亲密的、融洽的，其满意度也往往比下一代要高。据河南的调查，20世纪40年代到60年代出生的老年人认为和谐幸福的占52%，认为比较满意的占28%。而20世纪60年代出生的中年人认为和谐幸福的占30%，认为比较满意的占52%。①

老年家庭夫妻关系是老年家庭中的核心关系。老年夫妻与中年夫妻相比，不论在心理和生理以及家庭生活，还是在社会生活方面，都发生了很大变化。城市老年夫妻退休前，白天上班，下班后才能在一起，而退休后，整天在一起，在一起的共同生活时间多了。这既带来了乐趣与休闲，也带来了摩擦与冲突。由于心理与生理上的变化，再加上各类家庭琐事缠身，争吵争论是不可避免的。也有少数老年夫妻到了晚年，关系势同水火，经常争吵，给身心带来损伤，甚至殃及他人。

（3）老年家庭中代际关系上互动频繁，但孝亲观念淡化。

在城市，老人大多生活在自己的家庭中，在农村多数老人与子女生活在一起。从总体上看，老年人与子女生活在一起的占主体。生活在这种家庭中，两代人的关系融洽与否，直接影响到老年人的身心健康。

一般来说，65岁以上老年人能够自理，就不愿意和子女居住在一起，但都要求子女居住在自己居所附近，以便经常探望。目前研究数据表明，老年人与子女的代际互动还是比较频繁的，子女与父母互动，比与兄弟姐妹、已婚子女之间的互动频率要高。②

当然这种互动频率，并不表明老年人受尊重的程度。老年人在家庭中的地位在下降，家庭权力在代际间也显示了下降的趋势。2000年底进行的"中国城乡老年人口一次性抽样调查"表明，城市老年人当家做主的为62.3%，农村为45.4%；家中遇有大事，老年人花钱自己说了算的，城市比例为59.9%，农村则为42.6%。而在农村，老年人听从子女的比例高，子女当家做主的比例为41.6%，大事花钱子女说了算的占44.3%。特别是孝亲观念淡

---

① 孙立坤：《河南当代家庭变迁调查》，人民出版社，2004，第138页。
② 潘允康、阮丹青：《中国城市家庭网》，《浙江学刊》1995年第3期。

化，尊重老人、孝敬老人风气趋向弱化，不尊重老人现象到处可见，甚至存在虐待老人事件。

（4）老年家庭功能萎缩，显功能减少。

对于老年家庭来说，其家庭功能在萎缩。其经济生产功能，对于多数老年家庭来说已不存在。但在农村，很多老年人只要身体还行，就还会以整劳力或半劳力从事经济生产活动。人口再生产功能已完成，消费功能还存在，但也趋向简单化。其主要功能：一是相互照顾和娱乐功能。即夫妻之间的互相关照、扶持，以及参与家庭或小区内的文体娱乐活动。二是对孙辈的教育和抚养功能。为上班子女分担教育和抚养孙辈的责任，成为当代城乡老年家庭的一项重要功能。接送、管教孙辈成为老年人的一项分内工作。

3. 未来中国老年家庭

学者普遍关注的是现代化和老龄化对未来中国老年家庭的影响问题。

从现代化角度看，社会现代化不仅涉及社会结构层次，还涉及观念与人的社会行动层次。它是以对传统的行为规范、观念、准则和关系状况的否定或改造为前提的。这必然为家庭群体功能演变提供广阔的余地。同时，作为社会实体形式之一的家庭群体承载着传统的观念、规范和各种关系状态，而且其功能运行和实现都与那些传统的东西有密切的关系，现代化必然使家庭遭受到冲击。在社会转型的情况下，新与旧的冲突十分剧烈，家庭群体内部成员之间的矛盾、家庭与社会大环境之间的摩擦是不可避免的。家庭原有功能的强化也好，淡化也好，被取代也好，都使家庭在社会结构中的作用发生变化，也使成员个体的观念、行为抉择发生变化。相互矛盾的情景的出现是不可避免的。[①] 在现代化冲击下，老年家庭的结构、内部关系、功能等必然要发生变化，使老年家庭从传统型向现代型转变。

从老龄化角度看，中国的老龄化是在生育率和出生率下降的大背景下展开的。在这种一对夫妇只有一个孩的格局下，老龄化速度加快，小型家庭增多，势必给未来带来"4—2—1"式的家庭结构。这种"4—2—1"式的家庭结构意味着，将来有的老年人需要子女照料时，却难获得子女的照料。因为年轻夫妻照料或与一方父母生活在一起，便难能同时再照料或与另一方父母生活在一起。这向社会养老提出了课题。在社会提倡一对夫妻只生育一个孩子的时候，终生不育的丁克家庭也多了起来，甚至终生不结婚的人也出现了。

---

① 陆学艺：《社会学》，知识出版社，1996，第 110 ~ 111 页。

这些不生育的家庭也同样面临着社会养老问题。

战捷在《老年社会学教程》中提出：2010 年之后，当大批独生子女的父母成为老年人之时，很多人已经没有条件与子女继续居住在一起。这时，政府和社会必须承担起照顾老人的责任。这些老人的数量很多，一般是由以下几种状况所组成：独生子女在外地工作的老年家庭；两个独生子女结婚，与其中的一方一起生活，剩下的另外一方的父母家庭；有两个以上的子女但却由于种种条件的限制而无法与子女生活在一起的家庭；无子女的老年家庭。[①]这是未来中国老年家庭面临的突出现实问题：家庭养老能否由社会取代？这是一个涉及社会、经济、文化等各领域，且是一个难度大、问题多而又不得不解决的大问题。正是在这个意义上，提出了未来家庭向何处去？未来家庭的新职能是什么？这是老龄化向老年家庭提出的新的严峻课题。

---

① 战捷：《老年社会学教程》，中国大百科全书出版社，2000，第 187 页。

第七章　老年社会组织

在讨论老年基本社群之后，我们再来探讨老年社会组织，这是两个不同的社会层面。基本社群的目标宽泛、结构较松散，而组织目标更明确，结构更严谨。现代社会是高度组织化的社会，各类社会组织已经成为全部社会生活领域中占据主导地位的群体形式。老年社会组织既有许多不同于老年基本社群的特点、结构、功能，也有许多同其他组织不同的特色，这里将围绕老年参与组织这个主题来研究老年社会组织。

一　社会组织概念与中国老年社会组织

1. 社会组织概念

社会组织是指追求特定目标的社会团体，如政府、党团、公司、医院、学校、学术团体等。

社会组织与基本社群不同。

第一，基本社群目标往往不明确，且经常发生变换。社会组织有特定的目标和宗旨。有清晰目标与否可以说是社会组织与基本社群的突出差异。

第二，基本社群一般人数比较少，通常不超过 30 人。规模小，才有可能做到面对面的互动。而社会组织不受人口规模限制，它要比基本社群规模大得多，它的人口规模可以上百上千上万。群体规模大小，也是社会组织与基本社群间的一个重要分界。

第三，基本社群的界限往往模糊不清，依赖于群体成员的认定。加入或退出基本社群一般无须特别手续。社会组织则有清楚的界限，组织成员进出一般要履行一定的手续，有着明确的识别标志。

第四，基本社群内部分工不是很清晰，且多为初级的、不发达的。社会组织分工明确，且发达或专业化。

第五，基本社群内部结构相对不稳定，其成员位置与关系是变动的。社会组织内部存在着正式的稳定的关系结构。社会组织比基本社群的内部结构相对正规与稳定。

从这里不难看出，社会组织是一种比基本社群更加形式化、抽象化的单位。

2. 中国古代老年相关组织

人们一般习惯把社会组织特别是社团组织视为资本主义时期产物。按着社会组织的基本概念，其实早在封建社会时期，中国就有了与养老相关的社会组织。

中国最早的国家养老机构组织，设置于南北朝时期。南朝梁武帝普通二年（521年）正月下诏，① 创设"孤独园"。既收养无家可归的孤儿，也收养无人赡养的老年人，并负责为被收养的老年人料理后事。这是中国古代第一个官方创设的救济赡养机构。

唐代，在长安、洛阳二京设立悲田院，作为国家对贫困无依老年人救济的机构组织。悲田院所需开支，由国家拨付。先是由僧人负责主持，后由各地长官选派德高望众的老年人负责日常事务。②

宋代，先是在京城开封，设立城东和城西两个福田院，后又增置城南、城北两个福田院，负责收养鳏寡孤独的老年人与孤儿，以及城中衣食无着的饥民。作为国家专门救济机构组织，其主管官吏，每当冬季，就会到大街小巷，把无依无靠或流浪街头的老年人、失去双亲的儿童及乞食的饥民，收容到福田院住宿。这种冬天额外的收养，每天由福田院负责官吏把收养人上报中书省，由国家左藏库按规定拨给相应的钱米。到了宋徽宗时期，把福田院改为居养院，收养老人从60岁以上改为50岁以上，把居养院普及到了县城。其救济机构组织规模扩大，成为老年人救济收养机构组织发展最为完善的时代。③

明代，承袭宋代传统，在京城和全国各地广泛设立养济院、资善堂、粥厂等机构组织。其收养人数均由皇帝下诏决定，其管理更为严密。如北京宛平养济院，在收养的数千名老年人中，每100余人分为一会，由官府在其中选派会头1人进行管理，每日要集中查验。④

---

① 《梁书·武帝本纪》。
② 《旧唐书·武宗纪》。
③ 《宋会要辑稿·食货六八·恩惠》；《吴都文粹续集》卷八。
④ 沈榜：《宛署杂记》卷一《养济院·孤老》。

清代，收养救济老人的机构组织改为厂局，规模比明代更大。北京厂局就有 48 所。在当时救济收养老人的机构组织中，最著名的为广宁门外的普济堂粥厂。这是一个叫王廷献的居士创办的，后来得到康熙的表彰。普济堂从民间慈善组织转为官办组织，皇帝拨款赐米，由北京顺天府派官吏轮流管理。[①]

从上述中国古代养老组织可以看到，中国历史上，一直就有尊敬老人、孝敬老人、赡养老人的优良传统，古代统治者还建立了许多养老救济机构组织，以国家的力量帮助孤苦无依的老年人。

3. 当代中国老年社会组织

党中央和政府十分重视老年工作。在计划经济时代，利用国家各级组织，为老年社会福利制度设计：离退休制度，劳保制度，公费医疗以及对城市"三无"老人（无劳动能力、无生活来源、无赡养人或赡养人无赡养能力的老年人）的供养和对农村"三无"老年人的"五保"制度，即保吃、保穿、保住、保医、保葬制度。

改革开放后，中国政府于 1982 年 3 月成立"老龄问题世界大会中国委员会"，后改名为"中国老龄问题全国委员会"，简称"全国老龄委"。随后全国各省、市、乡镇逐步设立了老龄工作办事组织，建立起自上而下的老龄工作组织网络。随着老龄工作开展，各类老年社团应运而生。如老年基金会、老年体育协会、老年学学会、老年大学协会、老年保健协会、老年书画研究会、老年科技工作者协会、老教授协会、老年法律工作者协会、老年保健医学研究会、铁路老战士协会、老记者协会等。[②] 一些老年服务机构组织也陆续产生，如老年人活动中心、托老所、康复医院、临终关怀医院、老年人心理咨询机构等，老年组织得到了蓬勃发展。

二 老年社会组织特点

1. 政府老年组织有待完善

1982 年 10 月 20 日中国老龄问题全国委员会正式成立。它是新中国第一个领导全国老龄工作的政府组织。该组织内设综合部（计财部）、组织联络

---

① 光绪《顺天府志》卷十二《厂局》。
② 唐振兴：《全国性老年社团组织蓬勃发展》，2009 年 3 月 4 日《中国老年报》。

部、政策研究部、老年权益部、政治工作部、国际部且明确了各部门的职能。对全国老龄委的定位是议事协调机构，主要是起咨询参谋、综合协调、督促检查的作用，在很大程度上是过去定位的事业单位、社会团体的延续。随后全国28个省市自治区先后成立地方老龄问题委员会。1995年2月中国老龄问题全国委员会再次更名为中国老龄协会。1999年10月，经中共中央、国务院批准，全国老龄工作委员会成立，负责全国老龄工作，对各成员单位的职责和工作进行协调。国家老龄工作机构的任务已经明确，就是领导全国的老龄工作，负责了解老龄问题的发展状况，制定老龄工作方案和老龄政策等。

全国老龄工作委员会由国务院副总理担任，成员单位由国家26个部门组成，委员由各成员单位一位副部长级领导担任。委员会下设办公室，负责日常工作。目前，全国已基本建立起省（自治区、直辖市）、地（市、州、盟）、县（市、区、旗）、乡镇（街道）各级老龄工作委员会及其办事机构，村（居）民委员会有专人负责老龄工作，初步形成从中央到地方的工作组织网络。

从老龄工作的实际运作看，这种齐抓共管、有分工有协作的老龄工作体制，取得了显著成就，也暴露了不少问题。主要是：第一，部门条块分割，存在扯皮推诿现象。突出问题是分工有余，协作不足。分工很明确，其实各行其是，各部门对老龄工作重视程度有很大差异，有的视为无足轻重，其工作效率效益相对较差。再就是职能缺位。一些综合性工作，常常找不到责任人。比如基层老年人缺少文体活动场所和相关服务设施，却无法确定是由民政部、文化部、财政部、建设部等哪个组织具体负责落实，这种条块分割体制带来的是部门之间的扯皮推诿。第二，老龄委权威性不够，协调困难。老龄委办事机构级别低，难以协调相关权力部门；老龄委设在民政部，也不利于部门协调工作。第三，投入少，投入机制不健全，特别是基层。在经济欠发达地区，开展老龄工作步履艰难。

从发展角度看，政府老龄组织有待完善与提高，才能适应日益严峻的老龄化趋势。第一，理顺和加强老龄工作组织机构。建立国务院直接领导下的有行政职能的老龄事业管理机构。各级地方老龄办建设类似的老龄事业管理机构；第二，建立健全投入机制。老龄事业经费要纳入财政预算，并随老年人口比例增加和经济社会发展逐年增长。

2. 非政府（民间）老年组织发育不足

民间组织，在国外被称非政府组织（NGO）、非营利组织（NPO）等，在国内被称为"社会中介组织"、"社会团体"等。

非政府（民间）组织属于公共组织范畴，又与政府相对应，是指除了执政党组织、权力保障性组织、政府之外的其他所有的公共组织。严格地讲，非政府（民间）组织是：自治性和志愿性的、不以营利为目的、提供公共物品的正式组织。从目前我国的实际状况看，很难找出这种完全符合标准的非政府（民间）组织。从大体上看，我国的非政府（民间）组织可分为社会团体、民办非企业单位和事业单位。

非政府（民间）组织的特征：自治性（是依法建立的、自主管理的社会组织），组织性（不谋取政治权力、代表自己团体利益的正式组织）；非营利性和志愿性（即组织活动带有非营利性和志愿性，活动目标是社会公益的），民间性（成员多以社会公民的身份参与，不以单位工作人员或职工身份参加。非政府组织对参加者资格没有硬性的规定。如老年学会是按学术标准组成的，其中也有不是老年人的）。除此之外，柳中权先生还提到中国民间组织的特性：一是角色上的官民二重性，即"形同质异"性。双重管理体制决定了其半官半民性。二是资金筹集上的地域差异性。即贫富地区在资金筹集上的区别。[①]

在开展老龄工作和发展老龄事业上，非政府（民间）组织有许多优势：第一，灵活性。民间组织规模小，在组织体制和活动方式上具有弹性，能针对条件变化随时作出调整。便于做政府部门不方便做或无暇去做的事情。比如，民间组织可根据不同层次老年人需求，提供上门服务（医疗、购物、托老、服务等），提供更加灵活和更具个性化服务。第二，多样性。作为政府补充，民间组织能够满足社会多元化需求。随着社会的多元化，人们对社会公共物品和公共服务的需求越来越高，越来越多样化。政府作为公共物品主要提供者，很难对多样化作出及时恰当的反应，去满足数目巨大、种类繁杂、彼此冲突的局部需求。民间组织可以填补政府公共服务上的缺陷，可根据人们不同的"口味"提供差异性、个性化服务。比如民间组织可以建立从高档的温泉别墅式养老院到廉价的家庭式养老公寓等不同档次的养老机构。满足不同文化、身份、阶层、习惯、偏好的人群需求。在卫生健康、养老服务、扶贫救助、维护老人权益等方面提供服务。第三，有效性。政府由于体制和科层制限制，往往对新的需求和发展机会反应迟钝，效率低下。而民间组织比政府要灵活有效，且提供公共物品成本低。民间组织在社区老年服务上，

---

① 陈力行、柳中权：《向社会福祉跨越》，社会科学文献出版社，2007，第 171～172 页。

能有效地提高老年服务质量和效率，并降低成本。第四，专业性。绝大多数民间组织是专业性的，是针对特定问题和对象开展工作的。这里既有专业理念，也有专业经验，还有专业技巧。比如老年工作小组，经过专业训练的工作人员，就能帮助老年人很好地度过适应期并给予其临终关怀等。这是政府组织无法做到的。[①]

非政府的（民间）组织可以说既是政府组织的补充，也是政府的一翼。非政府（民间）组织大发展有助于社会可持续和科学发展，有助于人的全面发展，也有助于中国老龄事业的大发展。

从总体看，我国非政府（民间）组织发展并不遂人意。国家政府在这方面扶植支持力度不大，非政府（民间）组织发展缓慢。并不能满足社会特别是老年人的社会需求。国家和政府应在法规和政策上支持和鼓励各种公益的非政府（民间）组织的发展，创造宽松的发展大环境，在各方面给予优惠条件，大力地扶植支持，使其尽快发育、成长、壮大起来，才能更好适应快速老龄化的社会需求。

3. 老年社会团体发展较快和基层活动组织较活跃

随着人口老龄化和现代化的发展，老年社会团体逐渐增多，规模不断壮大，对社会发展的作用和社会影响力也越来越大。

在政府的引导和扶持下，中国老教授协会、老年科技工作者协会、老年法律工作者协会等全国性老年社会团体已发展到13家，分会遍及全国各地。老教授协会和老年科技工作者协会的个体会员数量已超过65万人。各地成立了退休工程师协会、老教育工作者协会、离退休医务工作者协会等一批以老年知识分子为主体的社会团体，组织老知识分子继续为社会经济发展做贡献。中国老年大学协会，作为组织各地老年大学、老年学校校际之间协作的全国性社会团体，成立于1988年。截至1998年，组织起老年大学和老年学校9100多所，学员70多万人。到2005年底，城市社区和农村老年人协会发展到31.7万个，在组织老年人参与基层社区建设、社会公益活动和维护老年人合法权益等方面发挥了积极作用。

中国老年组织真正活跃的是地方基层，特别是社区老年组织活动开展得有声有色，丰富多彩。尤其是老年自治的专业协会和老年文体组织等比较活跃，显示了基层老年群众组织的生命力。

---

① 陈力行、柳中权：《向社会福祉跨越》，社会科学文献出版社，2007，第172~175页。

　　老年人自治专业协会主要是由老年人自己组织、自我管理、自我服务、自我教育的各种管理组织和各类专业协会，如退休科技工作者协会、退休教师协会、退休医生协会、退休法律工作者协会、老年体育协会、老年大学等组织，产生了很好的社会效益。

　　老年文体组织，是各地围绕老年人的文娱体育活动，成立的老年体育协会、太极拳辅导站、老年合唱团、老年艺术队、老年秧歌队、老年诗社、老年舞蹈队、老年模特团等，经常开展的各种文化体育活动，活跃了老年人的晚年生活。

三　老年社会组织构成

　　老年社会组织也同其他社会组织一样，不同的老年社会组织，规模有大小、结构有繁简、职能有异同，体现在现实生活中是五花八门，有很大差异。比如全国老龄委这种大型组织，它是由国家26个部委部门组成，委员会下设办公室，内设六个职能部门。下属省（自治区、直辖市）、市、县、乡各级老龄委，形成一个从上到下金字塔式的组织网络。而基层社区中的秧歌队，只有一个队长和几十个队员。同样是老年社会组织，但其规模、结构、职能在形式上有很大不同，从其构成要素来看，主要有以下5种要素。

1. 一定数量的成员

　　不管组织大小，都要有一定数量成员构成。这是组织生存的先决条件，作为现代组织，它有明确的边界。社会个体必须具备一定的条件、履行一定的手续才能加入组织，取得其在组织中的某一个角色。而由于不同组织在目标上差异，它们对各自成员参与程度的期待是有高低之别的。老龄委与秧歌队对各自成员要求是不同的。同一组织内不同成员间的能力也是不同的，其角色要求也不同。组织对个体要求常常是与其分工有关的。

2. 特定的活动目标

　　目标是组织的灵魂。组织存在的意义是为了实现组织的全部目标，完成组织所要完成的任务。从这个意义上讲，组织的结构取决于组织的目标与任务。比如老龄委就是围绕我国老龄事业发展的主要目标，概括讲就是落实老有所养、老有所医、老有所教、老有所学、老有所为、老有所乐。其具体职责：负责调查、研究、制定有关老龄工作的政策、措施；负责研究制订老龄事业发展规划和中长期计划，并联合有关部门对规划执行情况进行检查评估；代表国务院负责监督、督促、协调各职能部门完成所承担的老龄工作事项；负责《老年人权益保障法》的实施、监督和检查，是老年法的执行主体；负责全面规划、安排为老服务设施、老年文体活动设施建设、组织老年文体活动，贯彻实施对老年人各种优待政策和参与社会的政策；负责组织指导老龄科研、人才培训、老年教育和心理咨询等工作的开展；国务院交办的其他事项。这就是老龄委这个组织的目标与任务。这个组织就靠这个目标和任务而存在和发展。一旦这个目标模糊甚至丧失，这个组织就面临解体的境地。我们知道，组织成员参与组织活动的动机和愿望可能千差万别，但他们最终都要统一到共同组织目标之下；同时，这一共同目标又要能集中体现各个成员的愿望和利益。特定的目标是组织存在的依据，它指引着组织努力的方向。

另外，社会组织作为社会分工协作的产物，决定其各自目标的独特性。不同组织有不同的目标，同一组织内部不同职能部门也有各自不同的分目标。还以老龄委为例，老龄委下设六个部。六个部的目标与职能是不同的。综合部（计财部）：负责全国老龄委及办公室年度工作计划、工作总结等综合性文件的起草工作，承担有关会议的组织与会务工作；综合协调协会文秘、信息、档案、保密等行政事务的管理工作，负责国有资产及经费的计划、管理工作；承办全国老龄工作委员会办公室交办的其他事项。组织联络部：负责全国老龄工作委员会成员单位的联系、协调工作，调查了解党和政府有关老龄工作方针、政策、规划及全国老龄工作委员会决定事项在成员单位的贯彻落实情况，并综合上报；负责《老龄工作简报》和《老龄情况反映》的编写；承办全国老龄工作委员会办公室交办的其他事项。政策研究部：负责各地老龄工作的调查研究和经验交流；开展老龄政策的宣传教育和先进典型的表彰工作；配合有关部门开展老年文化体育活动；研究提出全国老龄工作发展的方针政策和规划建议；负责重要政策性文件的起草工作；承办全国老龄工作委员会办公室交办的其他事项。老年权益部：配合有关部门维护老年人合法权益；调查了解《老年人权益保障法》的执法、普法情况，并综合上报；负责接受处理有关老年权益的来信来访工作；承办全国老龄工作委员会办公室交办的其他事项。政治工作部：负责干部职工的思想政治工作及管理工作；负责干部考核、任免、调配、奖惩、机构设置、人员编制、劳动工资的管理工作；负责党群、纪检、监察、审计工作。国际部：联系参与联合国老龄组织的有关活动；协调联络对外合作、交流项目；联系参与有关老龄问题的双边和多边国际会议；承办全国老龄工作委员会办公室交办的其他事项。[1] 六个部各自的目标与职能是不同的，但从属一个总目标，是总目标的分解。在这个组织体系中，各分目标是为总目标服务的，分别是总目标的构成部分。

3. 明确的行动规范

一个组织有了特定的目标，要靠一套行动规范来约制其成员，以保证目标的实现。这套行动规范是通过规章制度、条例及守则等，把组织的目标体系、任务分配、权力和职位的分工及要求，机构人员的设置，所有人员的责、权、利的限定，以及对每个成员的工作方法及工作程序的要求等，都以明文规定的形式确定下来，使成员之间的互动更多地是以间接的或非接触的方式进行。使他们各自相对独立的行动能有机地结合在一起，而被纳入实现统一的组织目标的轨道之中。越是复杂的组织，其行动规范越要具体清晰。

4. 严谨的权力结构

为了管理、协调组织的需要，对组织的权力进行多层次多方面的划分，即建立由决策者、管理者和执行者所构成的一种支配—服从的层级体系，并对各级各层次的职能进行分工，形成一套权力和分工的体系。在这种金字塔形的权力结构中，极少数决策者处于塔尖的权力核心地位，少数管理者处于塔中的权力边缘，而大量执行者则处于塔底的权力外围。在这种权力自上而下的纵向分配中，实际上还存在权力的横向分配，即同一层级中，还存在不同权力之间的互相配合与互相协调。

组织中权力分配，直接反映着组织结构。权力是指按一定方式影响和控制他人活动的能力。组织的管理者就是通过运用权力来指挥、协调和监督组织的所有活动，来保证组织目标的实现。组织中权力分配涉及权力结构的两种形态：集权与分权。所谓集权，就是组织的主管者将组织的所有权力集中在高层的个人或极少数人手中，实行权力独揽，一切号令出自个人或极少数人。所谓分权，就是将组织的一般权力下放给组织的下一级次的部门，如参谋部门、职能部门、事业部门，它使组织的各水平级次分享职权，并使每级组织拥有多于下级组织的职权。在传统组织，或小规模组织中，多采用集权形式，也叫家长制。在现代组织，特别是大规模组织中，一般采用分权体制，也叫科层制。是采用集权还是分权，直接影响权力结构，并影响到组织的

---

[1] 见侯世标等《老龄工作手册》，合肥工业大学出版社，2008，第271～272页。

构成。

5. 一定的技术设施

组织的技术设施，主要包括两方面：一是场所、工具等"硬"设施，二是熟练运用这些设施完成个人活动的"软"技术。"硬"设施需组织的配置，"软"技术有赖于组织对成员培训及成员自身知识和技能的积累。

以上是组织构成的五种基本要素，表明不管组织具有怎样的千姿百态，它都由这五种基本要素组成。

与这五种基本构成要素相关的，还应提到的是组织的结构—功能要素。[1]即组织作为一个整体，可以把它视为一个多维立方体，它是由许多点和面构成的。这个"点"就是职位，"面"就是部门，"体"就是组织。

所谓职位，是指组织规范正式确立并规定了具体行动模式的位置，这一位置与其他相关位置的互动关系也是严格规定的。特定的职位确定了担任该职位的行动者在组织内的关系网络中所处的位置及与相关的权利和义务，即确定了该行动者的社会地位；地位的确定又使得与此相关的被期望的行动模式得以确定，即使该行动者的社会角色得以确定。组织中的职位代表了一整套规范和行动模式，它具有持久的特性，它不会因个人的气质、偏好而改变，是组织结构—功能的最基本的元素。

所谓部门，是以组织目标为导向，以组织规范为前提并以组织内部分工为依据，将若干相关职位正式联结在一起而形成的一种稳固的组合。它使职位间的互动关系得以集中化和法规化。部门和职位又在高低两个层面上构成组织内的基本功能体。

正是这种"点"、"面"、"体"的联结，使我们更清楚了解组织的这种结构—功能关系。可以说，了解了其职位的关联，就可确认其部门的形态，而知道了部门间的关联，就会对组织的正式结构有个清楚了解。

四 老年社会组织类型

组织种类繁多，各种组织由于其目标、性质、结构、组成方式和活动方式等不同，可以分成许多类型。比如可按组织目标、组织成员关系和控制方式、组织规模、组织的社会功能等将组织分成很多类型。划分标准不同，划

---

① 见陆学艺《社会学》，知识出版社，1996，第 128～129 页。

分出的类型也不同。

这里将以老年社会组织为主体，侧重老年参与的视角，按不同划分标准，对老年组织进行分类。

1. 以老年参与状况为标准

可将老年社会组织分为两类：一类是由老年人组建和参加的为老年人服务，同时也为社会服务的社会团体；另一类是老年人之外的为老年人服务的社团组织。[①]

2. 以社会资源为标准

可将老年社会支持主体分为政府、非政府（非营利）组织、企业。

国家和政府因为掌握着更多的社会资源，是老年社会支持的主体，起领导作用。政府责任是创造支柱性的环境。政府提供的养老资源主要是社会保障和福祉资源，建立养老保障系统。利用政府本身的政治优势和资源优势，通过法律法规、政策、制度从客观上引导市场向老年人服务倾斜。在微观层面，通过政策优惠等方式，给养老事业的经营者以援助，为老年人提供社会保护、保障方面的法律、心理咨询等服务。另外，政府除用正式制度性的支持外，还要用国家控制之外的社会资源弥补国家资源的不足。

非政府（非营利）组织，包括事业单位、慈善机构、老年人活动团体、医疗机构、新闻媒体，老年学术团体、老年志愿者团体等。这类组织可为养老事业提供的社会资源有：为养老事业提供资金、知识、医疗保健、组织力量、舆论支持、个性化服务等，可以创造和改变老年人的生活微观环境。这种非政府（非营利）组织在公共物品的供给中，具有得天独厚的优势：第一，这类组织是具有运作功能的实体。它在提供养老服务上能更贴近老年人的生活，应变能力强，讲究服务效益。第二，这类组织有助于补充政府用于养老福利上的资金不足。它能通过社会捐助，动员社会各方面资源参与养老服务供给。第三，通过这类组织，有利于动员志愿者的力量，促成庞大的社会人力资源，有效推进社会尊老养老，维护社会稳定。第四，这类组织能够创造大量就业机会，其经济与社会效益显著。第五，这类组织有益于维护弱势群体利益，起到社会安全阀的作用。第六，这类组织不以营利为宗旨，有助于缓解相对贫困老人无法享受的某些服务，使这部分老年群体权益获得保障，

[①] 见邬沧萍《社会老年学》，中国人民大学出版社，1999，第447页。

需求获得满足。

企业是以赢利为目的组织，但这不排除它所应承担的社会责任。企业通过发展养老产业，把社会资源吸收到养老产业上来，为老年人提供多元化、多层次的服务。如各类养老机构可以满足不同层次、不同群体的老年人养老需求，弥补了政府兴办养老机构床位短缺、服务单一等不足；生活服务公司可为生活不能自理的老人提供送货上门服务；老人综合服务中心、专业护理服务、老年日托、老年大学等，可满足老年人在生活照顾、精神慰藉方面的需要，有助于提高老年人生活质量；老年旅游业开发适应老年人的新产品，有益于开拓老年人生活视野，丰富老年人的晚年生活。

3. 以老年社会工作为标准

可将老年人社会工作组织划分为五类。

（1）老年社会行政组织。老年社会行政工作组织主要包括三大块。

一是老龄工作最高领导机构——全国老龄工作委员会。简称全国老龄委，统筹规划和协调指导全国的老龄工作，研究、制定老龄事业发展战略和重大政策，协调和推动有关部门实施老龄事业发展规划，指导、督促和检查各地老龄工作。老龄委隶属国务院，主任由国务院副总理担任，成员单位由国家26个部门组成，委员由成员单位一位副部长级领导担任。委员会下设办公室，负责日常工作。

二是老年福利事业管理的行政机关——民政部门。民政部门是承担老年人福利事业管理的行政机关。主要是拟定有关老年工作的方针、政策、法规、规章；拟定老年福利事业发展规划等，具体负责老年事业的管理。在组织上，中国老龄协会也由民政部代管。

三是老干部局和退休职工管理委员会。各省、市、自治区以及地、市、县的老干部局是各级党委和政府派出的老干部管理机构。老干局有的归属党的工作系列，有的归属政府行政系列，有的则归党、政合管。老干局工作职责：负责老干部的政治学习、文件传阅、听报告、参加政治活动；发挥老干部社会参与活动，宣传表彰老干部好人好事；负责老干部的疗养，办好老干部活动场所，开展文体活动；对老干部进行慰问活动，反映老干部的意见和要求，帮助解决他们的实际问题。退休职工管理委员会，负责退休职工的管理工作。坚持在组织上有人管理，政治上有人关心，生活上有人照顾。

（2）老年社会团体。老年社会团体是指以老龄工作为主要内容，以老年人需求为主要活动目的，或以老年人为活动的参与主体的非政府性的社会组织。如老年福利基金会、老年活动中心、老年大学、老年书画研究会、老年体育协会、农村老年协会等。

一是中国老龄协会。该协会几经变动。其主要任务是：对我国老龄事业发展方针、政策、规划等重大问题和老龄工作中的问题进行调研，提出建议；开展信息交流、咨询服务等与老龄问题有关的社会活动，参与有关国际活动；承办国务院交办的其他事项和有关部门委托的工作。

二是老年工作的科学研究和学术活动组织。1986 年中国老年学会成立，各省、市相继成立了地区性的老年学会。其老年学术组织还有中国老年文物研究会、中国老年书画研究会、中国老年摄影协会、中国老年历史研究会等。

三是中国老年基金会。中国老年基金会是兴办中国老年福利事业的集资性社会团体。该基金会于 1986 年成立。其主要任务是：筹集、使用、管理老年福利基金，兴办老年福利事业，就有关老年福利基金等事项与海外侨胞、港澳同胞、国际友好团体及友好人士进行交流与相互合作。

四是中国老年大学协会，属老年学校协作性的全国社会团体。

（3）老年社会服务组织。老年社会服务组织，包括各种所有制形式下的社会福利院、敬老院、干休所（军队）、老年公寓、老年康复中心、老年医院、老年呵护中心以及社区老年活动中心、老年活动站等。这类机构组织直接为老年人提供服务。一般称为事业单位，但所有制不同，有的直属民政系统，有的属集体兴办，也有的属个人兴办。其经营方式也不同，有走市场化的，也有走社会福利型的。

（4）专业技术和自我服务性质的老年组织。

一是老年人自治的专业协会。主要是由老年人自己组织、自我管理、自我服务、自我教育的各种管理组织和各类专业协会。如退休教师协会、退休科技工作者协会、退休医生协会、退休法律工作者协会、老年体育协会、老年大学等组织。这些带有行业性质的老年组织，在为老有所为创造平台的同时，还创造了一定的经济效益。另外，在城镇还建立了老年人协会、退休职工协会、退休职工管理委员会，以从事社会服务活动为主，还开展互助互济活动。

二是为社会公益服务的老年组织。如维护社会治安、管理交通秩序、监督环境卫生、宣传计划生育等公益活动。有些老年人还组织"老红军教育青少年协会"、"老干部关心下一代协会"、"干部子女教育组"、"失足青年包教小组"、"家庭青少年活动辅导站"、阅览室等。

三是生产经营性的老年组织。在城市，一些离退休老职工自发组织起来，参与技术攻关、开发新产品、修旧利废、技术培训、咨询服务等。在农村，一些老年人组织起来，从事种植、养殖，推广科技、发展农村商品经济、提供农业社会化服务。

四是老年咨询服务组织。主要是老干部、老专家和专业人员，如参加政府和企业咨询。

（5）老年文体组织。为活跃老年人文娱、体育的活动，各地普遍成立了老年体育协会、老年合唱团、老年艺术表演队、老年秧歌队、老年太极拳辅导站等，开展文体活动，活跃老年人晚年生活。①

4. 以养老服务机构为标准

可分为以下八种类型。

（1）老年社会福利院。是由国家出资举办、管理的综合接受三无老人（无法定赡养义务人，或虽有法定赡养义务人，但无赡养能力的；无劳动能力的；无生活来源的老年人）、自理老人（日常生活行为应能自理、不依赖他人护理的老年人）、介助老人（日常生活行为依赖扶手、拐杖、轮椅和升降等设施帮助的老年人）、介护老人（日常生活行为依赖他人护理的老年人）安度晚年而设置的社会养老服务机构，设有生活起居、文化娱乐、康复训练、医疗保健等多项服务设施。

（2）养老院或老人院。专为接受自理老人或综合接待自理老人、介助老人、介护老人安度晚年而设置的社会养老服务机构。设有生活起居、文化娱乐、康复训练、医疗保健等多项服务设施。

（3）老年公寓。专供老年人集中居住，符合老年人体能心态特征的公寓式老年住宅，具备餐饮、清洁卫生、文化娱乐、医疗保健等多项服务设施。

（4）护老院。专为接待介助老人安度晚年而设置的社会养老服务机构。设有生活起居、文化娱乐、康复训练、医疗保健等多项服务设施。

（5）护养院。专为接待介护老人安度晚年而设置的社会养老服务机构。设有生活起居、文化娱乐、康复训练、医疗保健等多项服务设施。

（6）敬老院。在农村乡（镇）、村设置的供养三无、五保（吃、穿、住、医、葬）老人和接待社会上的老年人安度晚年的社会养老服务机构，设有生活起居、文化娱乐、康复训练、医疗保健等多项服务设施。

（7）托老所。为短期接待老年人托管服务的社区养老服务场所。设有生

---

① 参见周玉萍等《老年社会工作》，知识产权出版社，2008，第191~196页。

活起居、文化娱乐、康复训练、医疗保健等多项服务设施，分为日托、全托、临时托等。

（8）老年人服务中心。为老年人提供各种综合性服务的社区服务场所。设有文化娱乐、康复训练、医疗保健等多项或单项服务设施和上门服务项目。[①]

5. 以老年人工作团体文化特性为标准

可分为以下5类老年工作团体。

（1）支援团体。即社会工作者帮助组员应付日常生活压力的组织。通过非正式、平等参与讨论，重点解决组员分享的共同关注问题。

（2）治疗团体。即社会工作者帮助组员改变行为及康复。通过组员互助解决问题，重点解决组员的问题。

（3）社交康乐教育团体。即社会工作者帮助组员与同辈积极参与身心健康的活动。通过决定于程序活动性质，团队精神及语言、非语言参与，重点解决小组程序作为活动参与、学习等的媒介问题。

（4）服务团体。即社会工作者帮助组员共同合作，为其提供服务。通过形式化程序，重点在于完成服务任务。

（5）护老者团体。即社会工作者帮助家庭成员发挥护老者功能。通过非正式及平等参与，也包括正式演讲。重点解决护老者的需要及老年人的需要。[②]

6. 以为老年人工作为标准

可分为以下专门小组。

（1）现实辨识小组。主要是帮助轻度到中度认知混乱的老人，在一定环境中获得一些提示，帮助他们确认时间、方位。

（2）动机激发小组。主要是通过刺激和激活带有抑郁症倾向的老年人的兴趣，帮助老年人参加个人或群体活动。

（3）社交与娱乐性小组。主要是重新点燃老人对与他人接触的兴趣，并从小组活动中找到乐趣。

（4）支持性小组。帮助老人超脱跟负面（丧偶、患病、迁居、家庭困

---

① 见周良才《中国社会福利》，北京大学出版社，2008，第68~69页。

② 参见关锐煊、颜文雄《老人小组、社区、行政工作》，香港集贤社，1993，第11页；周玉萍等《老年社会工作》，知识产权出版社，2008，第157~158页。

扰）生活事件联系在一起的情感创伤，找到调适的方法。

（5）治疗性小组。运用小组的能量，帮助老人改变不良的或功能失调的（如抑郁症和孤独症）行为形态。①

五 老年社会组织功能

老年组织既包括老年人参与的组织，也包括为老年人服务的组织。由于老年组织所具有的特殊地位，使其具有灵活性、效率高等特点和优势，并具有许多独到的功能。

1. 团结功能

老年社团组织是经政府批准的合法机构。这些老年机构组织把各领域各层次的老年人组织起来，兴办各种老年实体，参与各种社会公益活动和健身活动，维护老年人的各种权益，把老年人聚集在各类老年组织里边，发挥了对老年人团结凝聚和维护社会稳定和谐的作用。

2. 联结功能

老年人退休后，与政府等组织中断了直接联系。有了老年人自己的组织或为老年人服务的组织，就可通过老年组织反映老年人的愿望、意见和要求，了解党和政府的方针政策。老年组织成了老年人个体与政府联系的桥梁和平台，起到了为老年人与政府联结的功能。

3. 示范功能

老年人退休后，应该怎样继续社会化？怎样才能老有所为、老有所学、老有所乐？老年组织可以起到示范带动作用。要老有所为，老年组织可以提供平台和咨询，老年组织也有各类成才的典型与经验，可以提供老有所为的参照系；要老有所学，可直接参加老年大学或各类老年培训组织，也可在各类老年组织中找到启迪；要老有所乐，可参加各种老年文娱组织，或借助老年组织发挥自己所长、兴趣爱好；老人要维权，也要靠老年维权组织。或从老年维权组织寻找援助，或通过各类老年组织协调解决。老年组织对于每个

---

① 见〔美〕凯瑟琳·麦金尼斯－迪特里克《老年社会工作》，隋玉杰译，中国人民大学出版社，2008，第250～261页。

老年人个体起了示范带动作用，即老年人从老年组织中获得了力量。

4. 调适功能

老年组织作为独立运行的服务主体，它能直接为角色转换的老年人服务，消解可能引发的问题，起到调适、协调的作用。比如可提供心理咨询等专业性服务，缓解老年人的心理压力；提供各种社区服务，缓解老年人的经济负担并为其解决实际困难；开展老年培训项目，帮助老年人更新知识、掌握技术、转换观念。老年组织在现代社会生活中，起到了缓冲社会矛盾、创造合作、沟通的作用。

5. 拓展功能

在满足老年人的需求上，老年组织能够超越政府职能，开拓服务空间，提供多样性服务，满足老年人各层次的多样性服务。比如围绕提高老年人生活质量，建立就近的社区托老所、家庭或养老院、家庭病房，以及代领养老金、上门家政服务等。在提供老年护理服务方面，可以提供各种形式各种标准病护和照料，既可使老年人得到照料，又可使年轻人放开手脚工作，这种拓展功能有助于社会安定和谐。

6. 补缺功能

中国政府机构改革中，政府要从一些社会领域退出。一部分行政功能由民间组织承担，老年组织将承载大量社会服务性功能。而这些恰恰是政府难以顾及或是政府工作薄弱之处，对政府工作可以起拾遗补缺的作用。老年组织将在提供多元化服务方面，成为政府有关补充者和合作伙伴，发挥填补空缺的功能。

7. 整合功能

老年组织具有整合不同部门、不同社区资源，优化组合，获得最大效益的功能。在组织社会化网络方面，老年组织可组织千千万万志愿者为老年福利、福祉服务，开展居民互助服务、便民服务、志愿服务。通过整合社会资源，减少成本，提高效率，更好地满足各类老年人的社会需求。

8. 监督功能

老年组织是有效制约政府权力的一股体制外力量。可以对政府形成有效的监督制约。中央政府拨付各级政府有关老年方面的资金,老年组织能做到体制外的监管,保证社保资金等最大限度地发挥作用。

9. 宣传功能

老年组织在全社会推进志愿者服务理念、开展义工服务、弘扬敬老美德、传承传统文化精髓、推进社会文明建设方面,具有宣传功能。

在弘扬社会文明,特别是弘扬中华民族优秀传统文化方面,老年人和组织是践行者,也是宣传者,是社会文明传承者。正是从这个意义上讲,老年组织具有宣传功能。[①]

六 老年社会组织参与和管理

老年社会参与是体现老年人生命质量、生活价值的重要标志。《中华人民共和国老年人权益保障法》专设"参与社会发展"一章,并明确规定老年人社会参与的八个方面。世界卫生组织在《积极老龄化政策框架》中,对老年社会参与提出了三项积极建议:第一,提供终身教育和学习机会;第二,承认和帮助老年人根据个人的需要、喜好和能力积极参与各种经济发展活动、正式与非正式的工作以及志愿者活动;第三,鼓励老年人充分参与家庭社区生活活动。在中国,老年社会参与的具体内容包括:老年教育和学习活动、参与社会发展和经济发展活动、自愿者组织活动、自筹组织活动、文化娱乐活动、体育健身保健活动、家庭与社区中的照料活动等。不难看出,这些参与活动大都是在各种类型组织中实现的。从这个意义上讲,社会参与实质上是组织参与。组织参与,目标清晰,付出成本相对较低,其效率效果效益较佳,搞好老年人组织参与就是在做老年社会参与的工作。

搞好老年组织的管理工作,要注意以下几个方面。

1. 理顺和加强老龄机构

全国老龄工作委员会要增加行政职能,成为全国老龄工作管理组织,对全国各地方老龄工作有指导职能。能代表国务院负责监督、检查、协调各职能部门,负责对我国《老年人权益保障法》的实施、监督与检查,贯彻落实对老年人各种优待政策,真正成为老龄工作的政府行政组织。

---

① 参见陈立行、柳中权《向社会福祉跨越》,社会科学文献出版社,2007,第 176~182 页。

2. 加大政府对老年社会组织的管理力度

着重从制度安排、政策和运作机制上保证各类老年组织正常运转。在保护和扶持上，给老年组织予以倾斜。使老年组织规范化、法制化，保障老年组织健康发育和发展。

3. 建立健全资金投入机制

将老龄事业经费纳入财政预算，并随老年人口比例增加和经济社会发展逐年增长。国家出面组织、吸纳社会资金，通过给予企业税收优惠，筹办社会福利基金、老年基金、老年银行等，并给予这类组织机制保护性的倾斜政策。这些资金主要应用于为老年人服务的设施建设、维护老年人合法权益、老年教育、组织老年人丰富精神文化生活等。这里应提到一句，资金投入不要仅仅安排在项目建设上，比如建老年活动室、购买老年康复体育活动器材。还要有相应的管理、维护资金等配套建设经费。像建老年活动室，就要有老年活动室活动和维护资金；老年康复体育活动器材也不是安装上就完事了，还要有与维护和管理相应的配套经费。没有这些相应资金或安排，老年活动室就难以长期活动起来，老年康复体育器材也不能持久地发挥作用。

4. 加强老龄工作队伍建设，特别是基层老年社会组织的建设

应该强调的是老龄工作组织，要把社区老年组织队伍抓好抓实，通过培训班、联谊活动、学习交流活动，把秧歌队、太极拳辅导站、演奏队等组织的负责人联系起来，纳入老年组织管理视野，这对提高组织素质，维护社会安定和谐都是有积极作用的。

第八章 老年社会分层

社会分层研究是社会学研究的重要方面和领域。社会分层研究涉及社会分化、社会差别，其焦点涉及社会平等与不平等、公平与不公平、公正与不公正的问题，历来是社会关注的核心问题。老年社会分层更是一个敏感的话题，是进入老龄化社会的一个重要理论与现实问题。

一 社会差别、分化与社会分层

什么是社会分层呢？社会分层指社会中的人们被区分为高低有序的不同等级、层次的过程与现象。

在社会生活中，人们是在不同的水平上生活，人群是分层次的，不同层次间是不平等的。平等只是相对的，不平等是绝对的。

社会上流传着十种人的民谣，很有典型性：

一等公民是公仆，老婆孩子都享福。
二等公民是官倒，出了问题有人保。
三等公民搞承包，吃喝嫖赌都报销。
四等公民大沿帽，吃了原告吃被告。
五等公民是歌星，兜里钞票数不清。
六等公民是个体，坑了老张坑老李。
七等公民白大褂，死人活人都害怕。
八等公民是记者，吃了喝了瞎胡扯。
九等公民搞科研，只讲奉献不讲钱。
十等公民主人翁，夹着饭盒学雷锋。

这个民谣虽有不够准确且带有偏激的一面，但它反映了社会是有等级的、有层次的，不平等是客观存在的事实。人们在社会上占有的社会资源不同，就存在着不平等的现实。

社会这种不平等来自社会差别，而社会差别是社会分化的产物。所谓社会分化指的是社会系统中原来承担多种功能的某一结构要素，发展成为承担单一功能的多个结构要素的过程。社会越现代，分化越突出。社会分化程度是衡量社会系统发展程度的重要指标。人们到任何时候也不可能消灭社会分化，这就意味着社会不可能消灭社会差别。

社会分化有两种基本形式：一种为水平分化，即按照某一种标准或特征，将人们分为不同类型的地位群体。这些地位群体之间没有高低顺序上的差别，比如老工人中的工种分化（工种分化出车工、钳工、铣工、铇工）。这种分工对于这些不同群体在社会表现、生活方式、价值观念等方面没有明显的差别，具有相似的一致性。

另一种为垂直分化，即按一定标准，将人们分为不同层次地位的群体，这些地位群体之间具有高低顺序的差别。比如在企业分为管理者与生产者。这是一种垂直分化。社会分层就是指垂直分化现象。不同层次的人在社会表现、生活方式以及价值观念等方面具有明显差别，具有异质性特征。这种分化所造成的差别，就叫社会不平等。

从这里可以看到，研究社会分层，实质上就是研究社会不平等现象。这种社会不平等，是一种深藏在社会结构内部的社会群体之间的关系。分层的本质，是探索人群之间的关系和人群占有资源的关系。当某种社会资源有限时，人群之间的关系就会紧张，社会不平等的程度就会高，群体之间的差距就会较大。

不平等是客观存在的，这同社会既需要平等，也需要效率有关。社会过分不平等，就会出现摩擦、矛盾、冲突，导致社会不稳定。社会如果过分强调平等，就会压抑一部分人的积极性，从而影响社会效率。从这个意义上讲，平等与不平等都是有限度的。人们不能得到完全的平等，也不能容忍以不公正的方式制造不平等。

社会资源本身就是不均匀分布的。拿财富来说，财富通常用基尼系数表示。基尼系数是由意大利经济学家基尼提出的。基尼系数是用来表示财富的集中度的。如全社会的财富都集中于一个人手中，基尼系数就是1。如财富全社会平均分布，基尼系数就是0。如果基尼系数是0，财富绝对平均，社会就失去了激励，人们就失去了创造热情，社会就失去了活力，就意味着死亡临近。再拿权力来说，如果社会权力均匀分布，社会必然处于混乱中。又拿声望来说，如果声望均匀分布，社会也就没有了声望。无论是财富，还是权力、声望，都是不均匀分布的，社会分层是客观存在的，它也是社会正常运转的必要条件。

那么为什么要研究社会分层呢？研究社会分层就是用科学的标准，去认识这些客观存在的不同的社会层次，解释造成种种不平等的社会机制，探讨如何利用不平等的积极方面，限制其消极方面，把不平等限制在合理的限度之内，探求如何调动不同阶层人的积极性，使其和谐共处，共同发展。显而易见，社会分层的目的，就是使社会和谐发展。这是因为一个社会要持续、稳定、协调发展，就要面对社会发展中各阶层各种利益、利害摩擦、矛盾和冲突，建立阶层利益的整合机制、矛盾和冲突的化解机制、社会分层的稳定机制，而这些都要建立在对社会分层结构的了解和把握的基础之上。正如李强所指出的："社会分层制度的核心，是在为人与人之间，以及人与资源之间的关系建立起秩序。"①

二　社　会　分　层　标　准

社会学关于社会分层的标准很多，不同学者根据不同的分层理论、不同的研究目的、内容和方法，提出的社会分层标准也各有所不同。比较有影响的是以财富、权力、声望作为划分社会阶层的标准。

1. 财富

一个人社会地位高低与拥有财富多少有密切关系。在一般情况下，财富多的人，地位就较高。财富包括生活资料、金融资产、不动产等。财富是本人及其家族过去收入的积累。收入一般用工资收入、资产收入和其他收入之和来计算。收入分配是社会运行的显示器，收入分配反映着社会结构。不合理的收入分配是社会结构不合理的表现。我国近年来收入差距扩大速度太快差距太大，已危及社会和谐。

收入在不同类人群中分配是不平等的，差距也在拉大。

（1）工资收入。1978 年以来职工工资进行了 10 多次调整，工资有了大幅度增长。但不同单位之间的工资差距拉大了，不同所有制之间的工资差距也拉大了。一些垄断行业，工资大大高于其他行业，如金融、电讯、电力等

---

① 李强：《中国社会分层》，社会科学文献出版社，2009，第 17 页。

行业。

（2）房租收入。改革之前，住房补贴也是收入的一部分。居住面积越大所获得补贴越多；住宅商品化，把隐含在房租补贴中的那部分不平等货币化了，又出现了卖房价差上的新不平等。行政级别越高，得到的差价就越多；住房私有化后，租房也有房租收入。

（3）实物收入。农民的实物收入是其农产品。随着农产品商品化率的提高，其比重有所下降。在城市，所谓实物收入多为单位购的大米、食油、鱼等物。经济效益好的单位就会经常以各种名目分东西，经济效益不好的单位就很难做到。

（4）地租收入。在沿海地区，地价升值快。村委会用土地办厂或搞房地产开发，就可获巨额收入，这实际上是吃地租。有的人家由于地租收入可观，就靠地租生活，但地租收入的最大受益者是乡村干部。

（5）金融资本收入。主要是通过储蓄、股票、国库券、储蓄性保险等，获得利息、红利和其他投资收益等。这一块收入比例在不断上升。

（6）经营性收入。农民经营性收入在增长，2005 年农户平均经营性收入为 1490 元，占其全部现金收入的 61%；城镇居民的经营性收入主要在金融收入、房租收入等财产性收入中；个体和私有企业主的经济收入，因经营资产的规模大小不同，收入有差异，高的年收入以亿元计。

（7）灰色收入和黑色收入。灰色收入是不能摆到桌面上的收入。有两各情况：一种是不正当但不违法收入，另一种是违法收入。违法收入也被称为黑色收入。如一些官员利用权力寻租；国有企业头头利用权力得好处，将国有资产流入自己腰包。

那么中国收入差距有多大呢？

据世界银行报告，1981 年，中国基尼系数为 0.288，1998 年为 0.42。联合国开发署 2004 年公布，中国基尼系数为 0.45。据学者估计，21 世纪初，中国城乡综合基尼系数接近 0.5。

在中国，收入差距是比较严重的。它集中体现在：城乡居民收入差距拉大；东、中、西部地区差距拉大；产业与行业间的收入差距拉大；不同所有制间收入差距拉大。

收入差距拉大，造成当今中国贫富两极化现象极为严重。

中国最富的人是由哪些人构成的？据杨继绳先生概括：（1）私营企业主；（2）房地产开发商；（3）资本经营者；（4）乡镇企业及其他集体企业承包人；（5）各级掌握实权的干部和办事人员；（6）企业经理人员；（7）建筑承

包商；（8）歌星、影星、少数体育运动员；（9）外资企业的中方管理人员；（10）乡镇企业供销人员；（11）能拉到"饭局"的高级餐饮娱乐业老板；（12）搞服装贩运赚差价的批发商；（13）为个体书亭搞批发的书商；（14）一些非法获利而得不到法律惩罚的群体。[①]

中国最穷的人是哪些群体？（1）纯农群体；（2）进城农民工群体；（3）亏损企业职工群体；（4）失业和下岗职工群体；（5）离退休职工群体；（6）在基层与当地权势人物结仇，因而受到当地权势人物打击的人。[②]

这种收入上的不平等，财富上的大分化，是同社会转型、体制转轨期间的大调整、大改组、大动荡密切相关的。其间一方面存在着社会腐败，特别是改革过程中的腐败，另一方面也同改革政策不配套有关，从而使一些国有企业职工和农民为改革付出的代价太大。

2. 权力

韦伯认为"权力是把一个人的意志强加在其他人的行为之上的能力"。权力可以支配人与群体，可以支配和控制稀缺资源。利用权力可以获得财富和声望。由于权力具有这种决定性作用，所以必须对权力予以制衡。权力不受制衡，就必然产生腐败。

在社会转型、体制改革过程中，中国社会的权力结构、实施方式等发生了明显变化：（1）改革使权力由高度集中走向适度分散；（2）改革使部分公共权力由政府转向社会；（3）改革使以权力为中心的权力、财富、声望"三合一"的格局发生了变化；（4）改革使权力实施方式由主要靠直接行政手段变为多种方式。

在中国权力层面问题上，杨继绳提出权力商品化和权力资本化的问题，[③] 点明了问题之穴。杨先生提出权力绝对不能进入交换领域。他指的权力是公共权力。但实际上，从20世纪80年代后期，权力就进入了市场，权钱交易就开始了。富裕阶层有参政的要求，权力阶层有致富期望，二者相互交换。没有监督的权力会谋取金钱，金钱也将谋求权力的庇护。权力进入市场，即商品化后，权力和金钱成为等价物，权力可以变成金钱，金钱也可以变成权力。当用金钱买到权力后，就会疯狂地利用权力回收成本，求得利润最大化。

---

① 杨继绳：《中国当代社会各阶层分析》，甘肃人民出版社，2006，第75~76页。
② 杨继绳：《中国当代社会各阶层分析》，甘肃人民出版社，2006，第80~81页。
③ 杨继绳：《中国当代社会各阶层分析》，甘肃人民出版社，2006，第94~98页。

权力资本化比权力商品化更进一步。它已不满足一次性交易，而是将权力作为资本进行增值。即投入的金钱，通过权力，要变成能增值的金钱。权力资本化的主要形式有：（1）在股份制企业中，官员不投一分钱却可获得"干股"。用权力顶股份，同其他持股人一样分红。（2）直接利用"权力资本"经商。农村私营企业家有41.5%是村干部，19.3%是原乡镇企业负责人。二者加在一起是60.8%。①农村私营企业主和乡镇干部几乎"一体化"。有村干部背景的企业比没有这种背景的企业，收入要高出60%，利润差额是由权力资本转化而来的。（3）有些私营企业让出一部分产权给乡村政府，换回一顶"红帽子"，既取得政治上之安全，也可在银行取得贷款。而乡村政府不投一分钱就可享受企业的收益。（4）经营者从掌权者手中获得资本增值的机会，再从增值资本中给掌权者以回报。掌权者将"权力资本"投入到这些资本增值的过程中，从而获得增值部分的红利。如土地审批权、短缺商品的进口许可证、重大项目承包权等。（5）权力合伙。即不同权力部门掌权者结成同盟，将公共权力变成为小团体谋私利的权力。

3. 声望

声望也称名望、声誉，是在人际互动过程中，众多人对某人地位的主观看法。众人对某人的能力、品质、影响力等综合评价，即为被评价者的声望。声望高的人有号召力，有社会影响力，人们会对其心悦诚服。

声望与拥有权力和财富有关，但更多与其从事的职业有关，还与其本人的学识、阅历、品行、风度、气质有关。也与其社会行为和生活方式有关，有时还与其前辈声望有关，像出身名门望族的人声望就高一些。知名度高，声望就高。

社会学家在进行阶层研究中，比较注重职业声望。常用职业声望作为衡量声望的重要指标。职业声望是人们对某种职业社会地位高低的看法。某种职业很体面，其职业声望就高。职业声望既与这一职业所需学识水平、社会责任有关，也与这一职业的经济收入、社会影响范围有关。

对于中国职业声望状况，社会学家做了大量调查。北京、上海、深圳都做过深度调查。为使对中国职业声望调查有个概括性了解，现将1999年中国社科院社会所研究员许欣欣作的中国城市居民职业声望调查结果介绍如下（见表8-1），这是对全国63个城市2599名城市居民作的抽样问卷调查。

---

① 国家体改委等：《中国个体私营经济调查》，军事谊文出版社，第129页。

表 8 - 1 中国城市居民职业声望调查排序

排序	职 业	声望得分	标准差	排序	职 业	声望得分	标准差
1	市长	92.9	13.71	36	大企业会计	73.4	14.54
2	政府部长	91.4	13.85	37	党政机关一般干部	73.3	15.24
3	大学教授	90.1	13.39	38	私营高科技企业雇员	73.3	15.57
4	电脑网络工程师	88.6	14.08	39	证券公司职员	72.4	14.75
5	法官	88.1	13.94	40	导游	71.7	14.1
6	检察官	87.6	13.9	41	私立学校教师	71.5	14.92
7	律师	86.6	13.39	42	党政机关小车司机	70.1	17.7
8	高科技企业工程师	85.8	13.5	43	文化个体户	68.2	15.91
9	党政机关领导干部	85.7	16.6	44	保险公司职员	67.5	15.83
10	自然科学家	85.3	15.12	45	企事业单位政工干部	66.8	15.7
11	翻译	84.9	—	46	工商个体户	65.7	
12	税务管理人员	84.9	—	47	三资企业职员	65.4	
13	社会科学家	83.9	—	48	护士	64.1	
14	医生	83.7		49	饭店厨师	60.6	
15	计算机软件设计师	83.6		50	出租汽车司机	59.5	
16	作家	82.5		51	邮递员	59.1	
17	记者	81.6		52	公共汽车司机	58.5	
18	房地产经营开发商	81.5		53	社区服务人员	56.6	
19	国有大中型企业厂长、经理	81.3		54	股份制企业工人	53.2	
20	投资公司经理	81.1	—	55	殡仪馆工人	53	
21	歌唱演员	80.1	19.51	56	宾馆服务员	52.6	
22	编辑	79.7	14.33	57	商店售货员	50.8	
23	播音员	79.5	15.83	58	公共汽车售票员	48.7	
24	银行职员	79.1	14.85	59	国有大中企业工人	47.4	
25	私营企业家	78.6	16.24	60	环卫工人	45.5	
26	影视剧演员	78.2	19.53	61	农民	44.7	
27	空中小姐	78	15.87	62	乡镇企业工人	44.3	
28	工商管理人员	77.3	15.41	63	饭店招待	43.5	
29	电脑系统管理员	77.2	15.73	64	国有小企业工人	43.5	
30	国立中小学教师	77.1	14.38	65	私营企业工人	43.2	
31	广告设计师	76.7	14.02	66	集体企业工人	42.7	
32	警察	76.2	18	67	个体户雇工	37.7	
33	机械工程师	76	14.29	68	保姆	36.9	
34	国有小企业厂长	75.9	16.11	69	建筑业民工	34.9	
35	运动员	74.7	17.09				

资料来源：许欣欣：《从职业评价与择业取向看中国社会结构变迁》，《社会学研究》2000 年第 3 期。

改革开放以来，中国人对职业声望的评价也发生了变化，其突出变化为：

（1）由看重政治待遇转为看重经济收入；

（2）由看重体制内转为体制内外并重；

（3）由看重权力级别到看重职业的社会影响；

（4）由行政级别高其职业声望高转为声望来源多样化；

（5）由传统职业声望高转向新兴职业声望上升。

三　当代中国社会分层结构

当代中国社会正处于转型期，社会结构和社会阶层都在变动过程中，其阶层有的没有成形，有的还在分化，分层结构还很难清晰描述。

这里侧重介绍杨继绳先生通过直观法提出的中国当代社会阶层结构模型。[①] 他以财富（收入）为基础，再参照权力、声望因素将中国当代社会阶层结构划分为五个阶层。

1. 上等阶层

主要包括政府高级官员、国家银行及其他国有大型事业单位负责人、国有大型企业或大型股份公司经理、大中型私有企业主，他们的总人数在1100万左右，约占全国从业人员总数的1.5%，这些人构成了中国社会金字塔的顶端。他们数量很小，对社会影响很大。

从权力角度看，他们掌握着国家重大事情的决策权和大企业的决策权。他们制定一个政策能影响众多人的地位升降。他们的一项投资决策可能影响成千上万人的就业机会。他们直接或间接地控制着媒体，可以影响社会舆论。他们的权力处于社会各阶层之上，并与各级权力机构有着密切的联系。除大中型和国有企业之外，这个阶层的人最怕的事情，就是失去权力，怕失去屁股坐的位置。

从财富角度看，这个阶层的人，特别是政府高官，并不一定处在金字塔的顶端，但收入比较丰厚，各种看得见与看不见的物质待遇是优裕的。其中大型私有企业主的财富处于中国社会各阶层的顶端。

从声望角度看，由于他们所处的社会位置和社会影响力，以及个人学历、资历、人脉关系等，其社会声望较高。相对而言，私有企业主声望差些、但

---

① 见杨继绳《中国当代社会各阶层分析》，甘肃人民出版社，2006，第369～374页。

他们有的当上了政协委员，有的积极参加社会公益或慈善事业，有的到名牌大学取得较高的学历，或为子女安排好的学校，努力为自己争取声望的分数。

2. 中上阶层

主要包括高级知识分子（约50万人）、中高层干部（约50万人）、大型企业经理和大型企业的高层管理人员（约800万人）、中型私有企业主（约100万人）、外资企业的白领雇员（约80万人）、国家垄断行业的职工（金融、保险、电信、电力、铁路等行业，约1500万人），总共大约为2580万人左右。占全国从业人数的3.4%左右。这些人处于中国社会中上层位置。中上阶层是普通人心目中的成功象征。

这里讲的高级知识分子，是指专门从事知识创新、文化产品创造和知识文化传播的阶层。可以说，知识是他们安身立命之本；知识是他们谋求生计的基础；知识是他们为社会服务的手段。知识分子的一个重要特征，即有独立人格和自由的思想，肯为社会作奉献。正是因这一点，他们的声望地位是很高的。他们中的科学家在每次职业声望调查中都名列前茅。在声望调查中，排在前20位的大多是知识分子。知识分子的收入不如私有企业主和企业经营者，但非常稳定。知识分子没有掌握行政权力和资本支配权力，但他们说话有分量，常常有咨询权、参谋权，官员们比较尊重高级知识分子，愿意听取他们的意见。

中高层干部，这里主要指局、处级干部。如在县级，科级干部也相当于中上层干部。这两级干部没有决策权，他们是各项政策的实际操作者，他们有各种各样的"审批权"，可以说多握有实权。他们的收入也不算低，以北京为例，2004年，北京局级干部月工资8000元，处级干部月工资5000元，一般省市要低些。除工资高且稳定之外，还有很多一般人得不到的好处，如住房、用车、医疗、公务消费等。这些好处一般人用钱也是很难买到的。其声望多在中档或中上档位次。

企业高层管理者与中型私营企业主。他们的财富处于中上或上等地位，但声望多处于中下或中等地位，综合起来为中上阶层。其中中型公有企业经理和大型企业高管人员还属工薪族，他们的财富没有同规模的私有企业主那么多，但其权力和声望地位高于私有企业主。

3. 中等阶层

据2004年国家统计局统计，全国专业技术人员（工业、农业、卫生行业）约为1800万人，高中专业教师193.3万人，普通高校专任教师85.8万人，县以上独立核算研究机构及科技信息与文献机构共有科学家和工程师225.2万人。一般文艺工作者、一般新闻工作者、律师、会计等约1200万人、党政机关公务员约1100万人、企业中下层管理人员约1000万人、小型企业主300万人，个体工商业者2350万人，其他处于中等地位的约1000万人，以上总计约9254万人，占全国从业者总数的12.3%。

这个阶层可称为中等阶层，也可称为中间阶层。他们具有一定的知识资本及职业声望，从事以脑力劳动为主的职业，掌握并提供市场需要的职业专业技能，年收入在4万~6万元之间。

这个阶层的规模，即在各个阶层中所占比例大小，对于社会有着特殊的重要意义。因为这个阶层所占比例小，社会就可能是个金字塔形结构。这个阶层占的比例比较高，比如中下层有一半进入中层，其社会就可能是个橄榄球形结构。一般来讲，橄榄球形社会结构，其社会相对比较稳定。

4. 中下阶层

这个阶层是当今中国社会的主体。它包括农民阶层，主要指在农村从事农林牧渔业劳动的稳定的劳动力阶层，约3亿人；城乡两栖阶层，泛指农民工，约有1.2亿人，最高有1.5亿人的说法；工人阶层约有1.5亿人，它包括采掘业、制造业、电力、煤气及水的生产和供应业、建筑业、地质勘察业、水利管理业、交通运输仓储和邮电通信业等；批发零售贸易和餐饮业人员近5000万人。这个阶层共约有4.87亿人，占全国从业人数的64.8%。

不难看出，中下阶层主要是从事体力劳动的阶层。他们的收入地位、声望地位处于中下水平。权力地位近年来更是低下。在这个阶层中，比较而言，工人地位稍微高些，其次是两栖劳动者，农民最低。

工人阶层在改革中处于不利地位，承担着较多的改革成本，获得较少的改革收益。工人之间收入差距拉大了，特别是老工人、退休工人收入偏低偏下。其中"买断工龄"之类的做法可以说是对工人的剥夺；下岗也给工人造成很大的精神、生活压力；私有企业和外企企业的工人面临的公平待遇问题也很突出，主人翁地位失落，谁来代表工人的利益也成为一个突出问题。

城乡两栖阶层，即流动农民工，他们是介于工人与农民之间的阶层。原来是农民，占着农民的身份，现在干的主要是非农民的活，却没有城里工人的身份，其收入一般比在农村务农多，但低于城里工人。由于没有城里工人身份，社会地位低下。许多应享有的公民权利，实际上能享用的有限。

农民阶层是分化最突出的一个阶层。1979 年家庭联产承包责任制使农民成了自由人。之后户籍制松动，农民开始脱离农业劳动，转而从事其他多种职业。以 2004 年为例，有 1.38 亿人，即占在乡镇企业中劳动者的 28.5%，还有约 1 亿农民流动到城市打工；干个体经济的有 2066 万，占 4.2%；农村私营企业就业劳动者 2024 万人。乡村医生、教师等占 1%。没有脱离土地的农民为 2 亿，占 41.6%。① 表明这个阶层通过分化，产生个体工商户阶层、私营企业主阶层、产业工人阶层等。从改革收益角度看，近年来国家对农民实施土地免税、粮食直补、良种补贴和综合补贴以及渔业生产油料补贴等各种形式补贴，使农民得到了实惠。农民阶层从受剥夺层成为相对获益阶层。

5. 下等阶层

这个阶层包括城乡贫困人口，如农村无地、无业者和城市下岗、失业人员。这部分人约 1.35 亿人。其中，城镇贫困人口近 2000 万人，进城农民工贫困人口 2500 万人，农村贫困人口约 9000 万人。

关于城镇贫困人口，王来华在《城市新贫困问题研究》中指出：以 2002 年全国最低生活保障对象（约为 2065 万人）为例，其中，特困职工（含下岗人员）占 46.3%，失业人员占 17%，上述人员的家属占 32.5%，合计为 95.8%。三无人员只占 4.2%。从这个比例看，在整个低保对象中，其主体是在职困难职工、下岗人员和失业人员及其家属。目前城市相对贫困的人群大约有四种类型：一是有生理缺陷的人群；二是孤寡老弱人群；三是因就业和生产经营问题造成的临时低收入人群；四是因自然灾害造成的困难人群。在这个概括中，部分下岗失业人员成为相对贫困人群的一个重要组成部分。不仅如此，有关研究者还指出，城市贫困问题的严重程度甚至超过农村。主要表现在两个方面：一是城市的相对贫困人口数量较前大幅度增加；二是贫困的程度较前加剧，贫富悬殊问题突出。②

关于农村贫困人口，李嘉岩在《人口可持续发展与农村反贫困研究》中指出：“改革开放初期，农村贫困人口数量大，主要分布在集中连片的贫困地区，在 1986 年划定的 592 个固定贫困县中至少包括了 50% 以上的贫困人口，且 2/3 左右贫困人口是分布在东部和中部省区。”截至 1999 年，我国“贫困人口从地域分布上看主要集中在西部（西北和西南地区）自然条件恶劣的石

---

① 李培林等：《社会学与中国社会》，社会科学文献出版社，2008，第 198 页。
② 王来华：《城市新贫困问题研究》，中国文史出版社，2005，第 2～3 页。

山区、深山区、严重干旱地区、高寒阴湿地区、黄土高原区、地方病高发区以及库区、牧区、雪区、蓄洪区、移民区、边疆区等。以上这些地区多属于革命老区和少数民族地区"。①

四　中国老年人分层

中国老年人分层，其实是社会分层的延续，是涵盖于社会分层中的。其差异在于有了年龄限制，即把社会分层中 60 岁以前的人群剔除去，即为老年人分层。这里侧重从原来从事职业为标准作粗线条的分层，主要分为老年干部、老年知识分子、老工人、老农民等四个基本阶层。还有一个新崛起的新兴阶层，即私有企业者阶层，由于人数相对较少，加之对老年个体、私营工商者掌握材料有限，这里就不展开了。

1. 老年干部阶层

老年干部阶层，既包括享受离休待遇的老干部，也包括一般退休的老年干部。干部在中国是一种社会身份，是按照有关规定列入干部编制的。主要由两大类型构成：一是未退休前是党政干部，包括政府公务员、执政党干部、人民团体和事业单位的干部，掌握着国家的政治权力资源；二是离退休前是国有企业干部，掌握着公有经济的权力资源。

第一，经济上基本无后顾之忧。干部的收入因级别不同，收入有差异。但总体上离退休后干部经济生活有保证，每月均有固定的离退休金，并享受离退的各项待遇。

以退休前的工资收入为例，看一下 90 年代中期中央直属事业单位干部工资表（见表 8 - 2）。

表 8 - 2　职员职务等级工资标准表

单位：元

职　务	一	二	三	四	五	六	七	八	九	十	十一
正　部	—	890	957	1032	1107	1182	1257	1332	1407	1482	—
副　部	823	890	957	1032	1107	1182	1257	1332	1407	1482	—
正　局	—	640	698	757	823	890	957	1023	1090	1157	1223

① 李嘉岩：《人口可持续发展与农村反贫困研究》，湖南人民出版社，2004，第 91~92 页。

续表

职　务	一	二	三	四	五	六	七	八	九	十	十一	十二	十三	十四	十五
副　局	582	640	698	757	823	890	957	1023	1090	1157	1223	—			
正　处	—	457	498	540	590	640	690	740	790	840	890	940	990		
副　处	415	457	498	540	590	640	690	740	790	840	890	940	990		
正　科	—	353	383	413	443	483	523	563	603	643	683	723	763	803	843
副　科	323	353	383	413	443	483	523	563	603	643	683	723	763	803	843
科　员	290	313	337	360	383	412	440	468	497	525	553	582	610	638	—
办事员	265	285	305	325	345	368	392	415	438	462	485	508	532	555	—

　　进入 21 世纪，干部工资水平大幅度提高。2004 年北京市的月薪标准为：科级 3000 元，处级 5000 元，局级 8000 元，省部级 10000 元。工资高且十分稳定，领导干部还有住房、用车、医疗、公务消费等好处。

　　第二，有较高的社会地位。离退休前是社会政策的制定者或执行者。无论职位大小，都掌握过一定权力，担任过领导角色。其手中的权力，可以影响一些人进退和企事业兴衰。长期处于一种支配地位，具有优越的社会地位。即使离退休，仍念念不忘"书记"、"厂长"、"处长"的职位头衔，更是以局、处、科级自居。

　　第三，人格特征有显著变化。樊新民提出，新中国成立后干部阶层经历了三个发展阶段，其成员素质发生变化，在对权力资源管理的人格特征方面也发生着变化。他认为：

　　第一阶段为新中国成立之初至 50 年代。掌握社会权力资源的干部队伍绝大多数是从革命军队转到地方的军人或者是从事地下工作的职业革命者。其高层是具有共产主义信念的政治家；中下层大多是由农民入伍，而后转业的军人，忠实于革命事业。其管理队伍高度清廉，其人格特征是革命型的。

　　第二阶段为 60 年代至 70 年代。许多新中国成立后参加工作的优秀青年知识分子、工人、农民进入管理阶层，这些年轻者往往以革命接班人的理想人格参与社会管理，形成职业革命者和新成员结合的混合型的管理阶层。因是在计划经济体制模式中管理的社会权力资源。由于权力高度集中，经济管理一元化，所有制形式追求公有，意识形态强调集体主义，再加上不断采用政治运动方式清理整顿干部队伍，使得这个管理阶层虽有少数腐败堕落分子，但总体上保持清廉。这时期新加入干部可称为接班理想型。

　　第三阶段为 80 年代初至今。这个时期，管理阶层经历新老交替，体制由计划经济模式向市场经济模式转变。特别是 90 年代后期，从党政干部任命制向国家公务员改革，一代新的管理阶层正在形成，这个新阶层被概括为事业型。①

从这三个人格类型可以看到，现代的老年干部主要是前两个类型，即革命型和接班理想型。这个类型的人格特征，即靠信仰靠觉悟把社会权力用于公共事业，不以权谋私。离退休后，看到权力私有化、权力商品化、权力庸俗化，就会有各种不同感慨。

显而易见，从财富、权力、声望三个方面来看，至少在财富、权力方面，老年干部阶层都是位居高位，其声望也是不低的。这与他们离退休前所具有的权力优势是分不开的。

2. 老年知识分子阶层

知识分子阶层与干部阶层不同，干部阶层是以掌握一定的权力为谋生手段，知识分子阶层是以掌握专业技术知识为谋生手段，靠掌握的社会知识资源从事知识传播、应用、创新的一族。老年知识分子阶层包括老科学家、老工程师、老学者、老作家、老新闻工作者、老律师、老编辑、老教师、老文艺工作者、老医生等。

知识分子阶层内部也是分层次的。按高级、中级、初级技术职称，可划为高级知识分子、中级知识分子和一般知识分子。因层级不同，其掌握的社会资源有多寡之别，其社会地位也有高低之别。

第一，经济收入有保障。知识分子与干部在社会角色上有较大差别。但在离退休待遇上，知识分子被归入干部一档，与干部执行大体相同的离退休金制度。

比较而言，有真才实学的知识分子收入，同工人、农民相比是高收入；同干部相比，如果不计灰色收入，则不相上下，高级知识分子比干部略高些，中级以下比干部略低些。但近年的退休金涨幅，知识分子开始低于对应的干部；同私营企业主、外资雇员相比，是低收入。从总体上看，知识分子收入在社会中属于中等偏上水平。其中，一些尖子人物的收入是相当高的，但与过去相比，知识分子特别是高级知识分子收入数量和收入地位还是大大降低了。

老年知识分子对老有所为追求非常强烈，要把自己长年积累下的专业知识奉献于社会。同时老年知识分子退休后也会遇到日常生活中一些困难。一

---

① 樊新民：《中国城市职业阶层的特征、利益冲突与整合》，见《2005 年中国社会学学术年会论文集》上卷，第 293～294 页。

且生病住院，经济上就会捉襟见肘，晚年生活出现生活照料难，老年子女照料高龄父母面临无力照料与无法分身等困境。这些问题也常常与经济收入无法满足需求有关。

第二，有制约权力没有行政权力。从权力地位来看，知识分子没有行政权力，其优势是有制约权力。制约权力不是靠强制、行政、金钱使别人服从，而是靠教育、舆论、理论使人从内心服从。这一权力能否发生作用，取决于知识分子能否自由发表自己的思想见解。知识分子通过写文章、出版书籍、作报告、讲课、上新闻媒体等方式，发挥制约权力的作用。

第三，声望地位较高。由于知识分子以学术成就为本，名望为根，他们受到了社会尊重，他们的声望地位在社会各阶层中是比较高的。从我国改革开放以来多次职业声望调查中，排在前20位的多是知识分子。如教授、科学家，总是排在前几位。

知识分子声望也存在值得注意的倾向，突出问题是出现滥评，特别是高级职称。清华大学60年代初有正副教授108人，到了90年代，光正教授就有2000多人。由于缺乏社会制衡，甚至出现抄袭论文、买卖文凭、用权力和金钱巧取职称、出卖知识分子良心等各种学术丑闻。知识分子声望也面临着严峻挑战。

不难看出，知识分子在社会生活中，其声望地位是高的，是受社会尊重的。其经济收入也是有保障的。在权力方面，一般是有制约权力而没有行政权力，是一个比较典型的社会阶层。

3. 老工人阶层

工人阶层，严格说是工人阶级。改革开放以来，原来意义上的工人阶级发生了分化，成为利益有所差别的不同阶层。在工人中，明显地划分为国有企业工人、私营企业工人、外资企业工人、乡镇企业工人、由农村流入城市的农民工。

工人是当代中国社会变化深刻的社会部分。他们首先面临的是劳动制度的变化。在劳动力严重供过于求的大背景下，普通工人没有什么职业选择自由，只能听市场摆布，使工人生活失去了昔日的稳定。

不仅如此，他们还面临所有制的变化，一部分劳动者要转入私有企业和外资企业；分配原则的变化，工人只不过是诸多分配要素（资金、土地、房产、技术等）中之一（劳动力）；产业结构的变化，表明体力和简单操作技能工人地位下降。

工人处于种种不利地位，使得工人承担改革成本比较多，而改革收益比较少。

对于老工人来说，原来承诺的劳保、医疗等社会主义制度优越性也都打了水漂，失落感比较强。

（1）收入提高了但差距拉大了。先看工人的收入，全国总工会调查表明，2002 年职工全部收入为 1028.66 元。而 1997 年为 659.55 元，1992 年为 234.18 元。收入增长了，但差距也拉大了。差距拉大表现在：低收入人群多于高收入人群，低收入人群占 45%，高收入人群占 13%；地区间收入差距拉大，上海是黑龙江的 2.34 倍；行业间的收入差距拉大，最高的是最低的 3 倍；[①] 不同经济类型之间收入差距拉大，最高的是最低的 2.47 倍；企业内部收入差距也拉大，最高的为最低的 1.68 倍。

再看老工人，退休后有退休金，但数额有限。可按月领数额为本人工资的 60% 至 70% 的退休养老金。但在数额上远远低于公务员和事业单位标准，差距较大。据山西 2002 年统计，在国有企业、事业单位、集体企业、机关退休人员中，占到这个群体人数 61.9% 的国有企业退休人员的人均退休金为 6129 元，人数占到 12.8% 的事业单位退休人员的人均退休金为 10696 元，人数占到 9.62% 的集体企业的人均退休金为 4338 元，人数占到 5.6% 的机关退休人员的人均退休金为 10858 元。表明占 70% 以上的国有企业退休人员和大多数集体企业退休人员的退休金最差，属于城市中的低收入群体。[②]

（2）主人翁地位失落。改革开放之后，工人对自己主人翁地位自我认同少了。有相当多的企业职工代表大会形同虚设，企业管理过程中决策的民主化程度不高。"老三会"的监督职能削弱了，"新三会"的监督职能作用还没建立起来。经营者的权力在企业内缺乏制衡。一把手说了算，工人很难有话语权。有人说，工人"不是主人翁，而是主人空"，"主人下岗，公仆在位"。表明在市场经济体制下，工人不再认同主人翁的社会地位，不再把企业看做自己的企业，而是注重寻求更好的个人发展机会。这也向社会提出了一个新课题：在市场经济条件下，如何科学地为工人的地位定位问题，或者说在市场经济体制下，如何解决工人的民主参与问题。

老工人退休后，生活照料主要靠家庭。但老工人收入不高，子女又较多，家庭中代际摩擦较多。加之在家庭中，工人家庭中工人户主率较低，老工人

---

①　刘铮、周英峰：《最高与最低行业工资差 3 倍》，新华社北京 2009 年 7 月 29 日电。

②　丁润萍、崔晋生：《山西六大社会阶层的现状与发展趋向分析》，见《2005 年中国社会学会学术年会论文集》（上卷），第 496~497 页。

在家庭中地位也不高，面临的困难和问题相对较多。

（3）权力——谁来代表工人的利益。在计划经济体制下，工人阶级首先是生产资料的主人，国家直接管理企业。工人的生老病死由企业包下来，工人和企业利益是一致的。工会代表政府维护工人利益。

在市场经济条件下，劳动者的利益和企业出资者利益是不同的。在社会转轨时期，工人的利益很容易受到侵害。谁来维护工人的切身利益？特别是劳动力严重供过于求，大量剩余劳动力等待就业；国有企业转轨困难，社会保障跟不上；在传统体制外发展起来的就业单位（如私营企业和外资企业）中，多数缺乏规范的劳动制度，工人利益得不到制度上的保证。在这种劳资力量对比失衡的状态下，工人利益很容易受到损害。这成了影响社会和谐的一个敏感问题。

工人利益得不到保证这一严酷事实，呼唤着工会的改革。工会应成为工人利益的真正代表。工会应重新为自己定位，在企业、政府、工人三个利益主体分立的情况下，应成为工人利益的代言人。工会不仅应成为在岗工人的代言人，也应成为退休工人的代言人。同老龄委、退休办等组织协调，为退休老工人说话、办事，为老工人分忧解困。

4. 老农民阶层

农民阶层是中国最大的阶层，也是分化最突出的阶层，农民阶层的变化是社会关注的问题。

（1）农民阶层内部分化显著。农村改革打破了原有的社会格局，传统的整合模式被新的社会力量解构。农民、农村组织、农村基层政府、人际关系、社会风气、精神面貌也在急剧分化、重组、变迁之中。农村传统的贫农、下中农、中农、富农、地主阶层已被抛弃，重新分化出新的利益集团。

一是农业劳动者。他们承包土地，从事种植业、养殖业等劳动，农业收入是家庭收入的主要来源。这是农村居民的主体，也是老农民的主体。

二是农民工。他们离开农村流入城镇从事非农业劳动，工资是他们的主要来源。他们的户籍在农村，有土地，但不享受城市的福利待遇。农民工年龄大的，干不动了，绝大多数返回农村养老。

三是私有企业和小型外资企业的雇工。他们是打工者中收入相对高一些的人群。但他们的社会地位、劳动和生活保障程度不如在国有企业和集体企业做工的农民工。

四是农村知识分子。即在农村从事教育、科技、医疗卫生、文化艺术的知识分子。他们是农村的工薪阶层。农村老知识分子常常是农村的文化精英。

五是个体劳动者、个体工商户。他们主要是从事批发零售、餐饮、服务业。

六是私有企业主。他们拥有自己的生产资料，雇有相当数量的工人，自主经营，自负盈亏。其财富有多寡之分，少则十万百万元，多者上亿元。这些人凭自己拥有的财富和声望，在农村有相当影响。

七是农业经营大户。他们多为农村专业户，如种田大户、养猪大户、养鱼大户、造林大户等。他们多以自己的专长带动别人发家致富，故他们在农村声望较高，多成为新农村建设的示范户。

八是乡镇企业管理者。主要包括乡镇企业厂长、经理、科室干部和供销人员。其经济上比较富裕，政治上有地位。

九是乡村干部。他们是农村的管理者。乡村干部权力常与该乡村经济发达程度有关。有集体经济实力的乡村，村干部的权力很大，影响力强。没有集体经济实力，特别是边区贫穷乡村，村干部所掌握实权并不大。特别是在农村减少了许多税赋后，农村基层组织所掌控的社会资源不多的状况下更是如此。很多经济不发达地区的老村支书、老村长，特别关心的是养老待遇提高的问题。

（2）老农民养老没有经济保障。农民不仅收入低，而且收入不稳定，晚年生活没有固定的退休金。对于农村老人来说，不管年龄多大，只要具有劳动能力，就会一直从事劳动生产。即使年老体弱了，也能够在家庭劳动分工之中找到轻体力活，比如照看菜园、放养牲畜，或做家务活等。当他们丧失劳动能力后，就有一个接受经济支持的问题。调查表明，55%靠儿女提供经济支持，30%靠劳动收入，还有15%靠其他方式。靠儿女是主体，当然这跟老人拥有一块土地有很大关系。

对于农民老人来说，突出的问题是老有所养和老有所医。老有所养的关键问题是子女是否孝敬老人。而孝敬老人问题，在农村是一个很严峻的问题。有相当多的农村老人是靠自己靠不了，靠子女靠不上。农村老有所医同样是一个突出难题。有病无钱医，有钱无处看，看了白花钱，是农民老无所医的真实写照，现在中央提出医疗覆盖农村的新举措，这种状况将会有所改观。

（3）老农民缺少话语权。农村实施村民自治，农民通过民选的方式选举村委会，农民的民主意识在增强。但农村老人由于文化低，年老体弱，社会地位低，难有反映和维护自身权益的渠道，成为农村的弱势群体。从社会分层的广义看，农村老人成为社会下层。

五　中国社会分层结构特点和变化趋势

从变动的当今中国社会阶层结构的格局看，其中国社会分层结构有以下特点。

1. 社会阶层分化与变化较大

改革开放，使传统的中国社会结构发生了历史性的变化。打碎了阶级体系，破除了单位制，冲击了身份制。分层结构出现了比较大的变化：农民队伍分化突出，工人队伍有了新扩张，新的个体工商层出现，贫富之间的差距进一步拉大。中国社会结构和社会关系分化十分突出。阶层与阶层间，阶层内部的层与层间都在动态分化之中。中国社会从阶级划分评价体系进入了阶层划分评价体系。

2. 中间阶层比重还不大

在西方社会学家评价体系中，中间阶层占 45% 以上的社会，才叫现代社会。即整个社会阶层结构呈橄榄形，中间大两头小，社会相对稳定。据著名社会学家陆学艺 2009 年分析认为，目前的社会结构总体来说还是洋葱形，但是中产阶级在变化，洋葱的中间变大了。1999 年中间阶层大致占 15%，2008年是 22% ~23%，大致是每年增加 1%。首先是私营企业主在扩大，他们中绝大部分人是中产；其次知识分子扩大了，白领扩大了。① 中国的中间阶层在增大，但达到理想的橄榄形状态还需时间。

3. 多数工农大众处于社会中下层或下层

工人（包括农民工）、农民是社会物质财富的主要创造者，是社会的基础。他们以体力劳动为主，向社会付出最多，得到社会回报最少。他们占社会就业人口的 70% ~80%，但处在社会下层，这与我们的社会发展目标相悖，成为社会不稳定的重要因素。农民一是收入低，二是负担重，三是与乡村干部矛盾尖锐；工人一是应有的住房、医疗、教育没有保障，二是承担着过重的改革成本；农民工主要是享受不到应有的平等社会待遇。这些问题已经引起国家和政府重视，不断加大投入，解决民生问题，问题逐渐在得到缓解和

---

① 袁韵等：《我国中产阶级年增 1%》，2009 年 8 月 18 日《生活报》。

解决。

4. 阶层间在财富、声望、权力方面有错位和不透明问题

人的社会地位与其受教育程度应为正相关关系。我国目前的状况，有些上等阶层人受教育不是很高。而受到高等教育人在财富地位上多处于中等或中下层次。整体错位现象比较突出，如知识分子声望地位高，而财富地位低；私有企业主是财富地位高，而声望地位低；政府官员权力地位高，但财富地位不算高。错位的弊端是显而易见的，如官员与私有企业主进行权钱交易。

再就是高级官员、国家银行及国有大型事业单位负责人、大公司经理、大中型私有企业主，他们的财富、声望、权力都处于中国社会的顶端。社会关注他们，但不敬重他们，甚至怀疑他们的人格。因为他们的财富和权力的获得渠道不透明，社会并不全然认同他们。

从中国改革开放以来社会分层结构变化趋势来看，社会学家李强经过长期研究得出如下结论。

（1）阶层结构定型化。李强把社会阶层以及阶层之间的关系愈来愈趋于稳定的现象，称之为"阶层结构定型化"。我国阶层结构定型化主要表现在以下几个方面：

第一，阶层之间的界限逐渐形成，并且越来越明显。

第二，社会下层群体向上流动的比率下降，表明社会下层流入上层的机会减少。

第三，具有阶层特征的生活方式、文化模式也逐渐形成。居住房屋市场化和消费的档次化，使各个档次等级次序分明。

第四，阶层内部的认同得到强化。富有阶层之间的互动形成的组织和网络，强化了内部阶层的认同感。

分化、分层的最终结果，必然导致分层结构的定型化。分层定型化表明阶层稳定有序。

（2）精英配置趋向合理。精英是社会学的一个专门术语，指社会中的有杰出才能者。中国社会的一个突出特点，就是精英人物，特别是政治精英人物在社会中发挥的作用尤为巨大。

任何社会的精英群体都要解决三个基本问题：精英配置、精英循环与精英互换。

精英配置是指不同类型精英群体的比例关系。即政治精英、经济精英和技术精英三者比例要有一定的配置。三者中任何一个都不可无限制地扩张。

比如改革开放以前，我国的政治精英群体过于强大，而经济精英和技术精英显得十分弱小。改革开放这些年来，使这种配置发生很大变化，经济精英队伍不断扩大。

精英循环是指精英群体的继承问题。通过公平方式，建立了一套比较完善的精英循环的体制，使精英循环机制有很大进步。

精英互换是指政治精英、经济精英和技术精英之间的流动。精英互换有利于精英群体之间的相互认同和社会团结。

（3）中间阶层有待于培育。中国的中产阶层主要由以下四部分人构成：

第一，传统的干部和知识分子阶层。这是目前中国中产阶层中最为稳固的力量。

第二，所谓"新中产阶层"。这个阶层的基本特性是：年纪比较轻，一般都有较高的学历，有新的专业知识，懂外语、会电脑，大多就职于三资企业、新兴行业（如金融、证券、信息、高新技术）等领域。由于该群体处于产业结构的高端，技术含量高，体制上又多属外资，其收入处于明显的优势地位，在消费方式上有很强的高消费倾向，生活方式也开始形成所谓的新"格调"。

第三，效益比较好的国有企业、股份制企业和其他经营比较好的企业、公司、单位的职工层。

第四，大量的个体、私营经营者。在农村包括那些经营比较成功的富裕起来的阶层，在城市包括大批下海、从事工商业活动的中小工商业业主、独立经营者、中小公司经理等。

从对以上四个阶层的分析，可看到中产阶层有三个突出特点：

第一，中国并不存在一个统一的中产阶层，即各个构成部分具有巨大的差异性。

第二，中国中产阶层的力量还比较弱小，好在总的趋向是逐年增长。

第三，中国中产阶层的发展受到制约。国际核心国家高端产品对中国作为初级产品的边缘国家的压力，是制约中国中产阶层发展的严重障碍。

（4）社会分化导致阶层利益的"碎片化"。中国中产阶层不是一个统一的群体，而是分割成不同利益的群体。

现代化本身就是一个分化过程。分化可以是两极分化，也可是利益"碎片化"，即人们的利益是多元的。利益"碎片化"，或多元化，减少了社会震动，有利于社会稳定。①

----

① 见李培林等《社会学与中国社会》，社会科学文献出版社，2008，第217～225页。

第九章　老年与社区

社区是家庭与社会联结的纽带。老龄化对社区结构与功能产生重要影响。如何满足老年人的需求，越来越成为社区工作、社区服务的突出问题。老年人日益成为社区生活活动的基础和主体。社区成为研究老年人的重要窗口与基地。

一　中国社区的发展

社区作为社会学的一个基本概念，最先是由德国社会学家滕尼斯在1887年出版的《社区与社会》一书中提出来的。其原意是"共同体"与"亲密的伙伴关系"，后来发展为区域性的社会共同体。

在我国，最先提出中文"社区"概念的是费孝通先生。20世纪30年代费孝通把这词介绍到中国来时，将当时所译的"地方社会"改译为中文的"社区"，被国内学者认可后流行开来。费孝通1948年曾在《社会研究》第77期发表的论文《二十年来中国社区研究》中谈到这个译词的形成过程。费孝通在1980年中国社会学第一期讲习班上也生动地介绍过这个过程，本书作者都亲耳聆听过。

1. 什么是社区

概括来讲，社区是指具有地域性纽带的社会组织单位；或者说，社区就是具有地域性的利益共同体。①

在学术界，各国学者对社区没有一致公认的定义，至少有近百种不同提法。但多数达成共识的内容只有两点，一是地域性，二是公共联系的纽带。

在我国，值得一提的是2000年11月3日，国家民政部颁发的《民政部

---

① 李培林等：《社会学与中国社会》，社会科学文献出版社，2008，第135页。

关于在全国推进城市社区建设的意见》指出："社区是指聚居在一定地域范围内的人们所组成的社会生活共同体。"并明确指出城市社区的范围，"目前城市社区的范围，一般是指经过社区改革后做了规模调整的居民委员会的辖区"。这个带有行政性、操作性的社区概念，既与学术性社区概念有共性的一面，也有不同的一面。它被限制在一个带有最小行政组织区划单位的范围内。

2. 社区构成要素

作为社区，都有哪些因素构成呢？

一是社区具有地域性。社区首先是一个规模较小的地域性居住单位，也就是通常所说的邻里社区。

二是社区具有一定时间持续性和地域性连带的社会组织。具有人际关系亲密联系和居民自主的组织联系纽带，是社区基本特征。而这些特征的形成，要在一个地域间和时间持续的互动过程中生成。互动与参与需要一定的时空。

三是社区是一种结构、一种意识和一种秩序。（1）社区是社会缩影，它揭示了城市、农村不同类型社会的内部结构。不同时期的社区有其不同的结构与功能。（2）社区也是一种共同意识。现代社区强调以人为本，传统社区更注重邻里互助，不同社区有不同的"我们感"。（3）社区还是一种秩序。不同社区有自己的一套行为规范、互动模式，以各自的行为准则处理问题，解决问题，保护自身权益。

四是社区是一套完整的组织网络系统。社区是由政府、居民、社会单位、民间组织等共同组成的网络联盟，形成一套完整的组织系统。

3. 社区类型

社区类型可因划分标准不同，而有各种不同划分类型。

第一种是根据生产力水平和社会发展程度来划分，将社区分为传统社区（如不发达的农业社区、牧业社区、渔业社区）、发展中社区（指由传统社区向现代社区转型中的社区，如发展中的集镇社区）、现代社区（指具有现代化特征的社区，如城市社区）。

第二种是根据空间分布来划分，将社区划分为农村社区、集镇社区和城市社区。

第三种是根据虚实状态来划分，分为虚拟社区（互联网中的虚拟生存空间）、实在社区（与虚拟社区相对应的传统的现实社区）。

4. 中国社区发展历程

作为社会（特别是城市）治理中的一支重要力量的社区，在现代政府、企业和公民社会的关系中，不仅是公民社会成员的摇篮，是企业生根发展的市场，也是政府民主治理、平衡关系、收集信息、加强社会凝聚力、增强社会资本、解决社会问题所不得不依赖的重要社会力量。

社区特别是城市社区，在中国大体经历三个发展阶段。

第一阶段，启动阶段。自 1984 年民政部召开以"社会福利社会办"为主题的漳州会议以后，以传统民政工作对象为目标的社区服务开始在一些大城市出现。1987 年民政部武汉会议后，以传统民政对象为目标，依靠街道、居委会开展社区服务的活动在全国推广开来。1996 年江泽民提出大力加强社区建设，青岛、南京、上海等城市开始社区建设的尝试。1998 年机构改革，国务院明确赋予民政部"指导社区服务管理工作，推动社区建设"的职能。1999 年民政部在多次召开研讨会的基础上，先后选择社区服务和城市基层工作基础比较好的 26 个城区作为社区建设的实验区，积极探索社区居民自治的思路和对策。①

第二阶段，推广阶段。在各试验区探索和交流的基础上，民政部于 2000 年 10 月 9 日向中共中央、国务院上报《关于在全国推进城市社区建设的意见》。中央办公厅、国务院办公厅于 2000 年 11 月 9 日向全国转发了民政部的意见（中发办［2000］23 号），确定了地方党委和政府领导，民政部门牵头，有关部门配合，社区居民和社会力量广泛参与的新的社区建设工作体系，明确了社区建设的指导思想、基本原则、主要内容和目标任务。由此，中国城市社区建设开始进入政府主导下全面推进的新阶段。2001 年 7 月，民政部在青岛召开社区建设总结交流、推广大会。社区建设的主题开始由社区服务转向社区选举、民主自治、组织建设、政府放权还权及各种体制创新。2002 年民政部在吉林省四平市召开了全国城市社区建设现场会，经评审确认 27 个市为"全国社区建设示范市"，148 个区为"全国社区建设示范区"。会议要求以社区为平台，社区组织为依托，信息技术为手段，整合城市民政工作。2002 年，在示范活动的基础上，社区建设全面推进。可以说，由政府推动的以民主自治为核心的社区建设，是从 2000 年中发办 23 号文件发布之后开始的。而民政部 20 世纪 90 年代后期开始的社区建设试点，则启动了中国城市

---

① 见李培林等《社会学与中国社会》，社会科学文献出版社，2008，第 139 页。

社区民主自治的进程。①

第三阶段，改革阶段。为适应体制改革形势的需要，街道办事处体制也开始进入改革的范畴。自 2001 年 4 月青岛浮山后街道办事处成立首家街道层面的社区自治组织，到 2003 年 7 月北京市鲁谷街道成为第六家改革试验者，中国城市治理的脚步已经由草根社区上升到基层政权层面。有人开始预言，中国未来城市管理将朝"一市多区"转变（即市区两级政府，一级自治机构）。在街居民主自治的改革过程中，大量民主自治、公民参与治理的组织形式和活动涌现出来。如居委会的"议行分设"、听证制度、一门式服务、社区论坛、社区民间组织、居民评议民警和政府职能部门、街道级社区、决策听证会、政务评议会、巡回接待制度等等。虽然自上而下的体制改革多数还停留在试点阶段，但培育公民社会，确立政府、企业与公民社会共同参与的治理模式，已经成为主流意识。

逐步走向自治的现代社区，再也不是可以依靠单位组织进行管理的社会控制单位，它已经变成具有明确自主利益、追求自治的地域性社会共同体，一个在城市治理中与城市长期利益联系最紧密最直接的利益群体，一个政府、企业、非政府组织、社会机构千方百计想渗透进去、取得信任、获得信息、得到支持的消费者和公民的聚集地。伴随公民社会的成长，现代社区开始容纳业主、居民代表大会、社区居委会、业主委员会、共建组织、物业公司、房地产开发商、非政府组织、社区民间组织、提供专项服务的商业组织、社区医疗卫生组织、民间公益组织、政府服务机构、不享受政府薪金的义务制居委会、接受居民评议的派出所、自荐参选的区人大代表，以及演变为大社区的街道办事处等各类新型组织和错综复杂的新型关系。

目前，以民主自治为核心的社区建设，正在成为城市居民与城市政府共同追求的目标。城市政府希望通过社区建设，培育起负责任、能自觉约束自己行为、主动对城市建设献计献策的公民和公民社会组织，以承担共同治理的重任。居民则希望组织起来，摆脱个人被边缘化的境地，加强维权和参与治理的能力。正是来自官民两方面的动力，促使社区成为中国公民社会新的生成点，成为对城市管理体制改革影响最大的居民自治组织。②

5. 当代中国城市社区特点

不同学者从不同视角，对当代中国城市社区特点作了不同概括。

---

① 见李培林等《社会学与中国社会》，社会科学文献出版社，2008，第 139 ~ 140 页。
② 见李培林等《社会学与中国社会》，社会科学文献出版社，2008，第 140 ~ 141 页。

田雪原等通过分类办法，将城市社区划为三类，进而对三类城市社区特点作了如下概括。

一为单位专业社区特点。单位专业社区是我国计划经济体制的产物，在计划经济体制下，各个企业单位、事业单位为了解决工作人员的居住和生活问题，筹集资金建立起生活小区。其特点是：（1）行政主导。其所在居住区的居住和生活所需要的资金，来自财政拨款；（2）单位办社区。所有企业、事业单位都在自己单位内兴办幼儿园、学校、医院、商店、菜市场、电影院、文化宫、运动场、澡堂等具有社会功能的生活服务项目与设施；（3）自封闭性。单位生活社区所具有的各种服务项目与设施只对单位内部所有人开放，对社会不开放，自成体系，自我封闭。

二为故旧居住社区特点。即我国城市中大量存在的旧中国遗留下来的居民居住社区。其特点是：（1）历史遗留；（2）陈旧、杂乱、设施不全；（3）消亡趋势。

三为新兴生活社区特点。改革开放后，在工业化、市场化、城市化、现代化、社会化的进程中，出现的商业化运作的新兴生活社区。其特点是：（1）商品住宅开发的结果；（2）软硬件环境好，设施齐全；（3）社会化程度高。

对当代我国社区，田雪原等认为存在以下缺陷：（1）缺乏共同的社区精神；（2）缺乏共同的利益；（3）缺乏公共空间；（4）缺乏社区文化。[1]

王颖专门谈到中国社区公民社会成长的特性：（1）社区是中国公民社会的重要组织形式；（2）上下结合推动的社区自治；（3）地方政府在社区公民社会成长过程中的作用不可忽视；（4）自治社区的重新定位；（5）社区公民社会正在成为城市治理的重要政治力量。[2]

不难看出，城市社区特点，为我们勾勒了城市老年人生活居住的小环境的基本画面，亿万城市老年人便是生活在这种不同的社区环境里。

二　中国社区在老龄化中的功能、结构与功能变化

人口老龄化给中国社会带来的最大挑战问题是养老问题。养老问题将日益成为中国社会一个愈来愈突出的社会压力。解决这个问题基本要靠家庭和

---

[1]　田雪原、王金营、周广庆：《老龄化——从"人口盈利"到"人口亏损"》，中国经济出版社，2006，第 295 ~ 304 页。

[2]　见李培林等《社会学与中国社会》，社会科学文献出版社，2008，第 154 ~ 156 页。

社区。因为就我国现实情况而言，当前不足1%的老人被社会福利养老机构所收容，其余99%的老人居住在自己所属的社区里。即使现代发达国家也只有5%属社会养老。绝大多数老人是生活在自己所习惯和熟悉的社区里。从这一客观现实出发，社区将承担这一社会重任。社区承担的担子，一头是国家，一头是家庭，它是解决现代老龄化社会养老问题的基本场所。

从这个意义上讲，社区在老龄化社会中具有独特功能。

（1）稳固传统的功能。

传统的家庭养老方式具有悠久历史。作为传统的生活习惯和生活方式，深刻地影响着中国老百姓。它与其他养老方式相比，具有充实感、亲切感、安全感、自然感等优点。人们都希望老年人能在家庭中安享亲情所带来的温馨和天伦之乐。历史的沉淀，使这种传统与习惯得到社会认同。这是传统习惯力量驱使的结果。当然现代社会的家庭人口结构发生了根本性的变化，使家庭养老的条件弱化。但历史传统不可能一下子消亡，它要在新的历史条件和背景下找到新的衔接点，这就是社区养老的出现。家庭与社区共同承担起养老的局面。这使传统有了新的形式，有助于民族传统习惯延续和发展。从这个意义上讲，社区有助于传统养老的巩固和发展，具有稳固传统的功能。

（2）整合资源的功能。

社区具有整合社区内外社会资源的功能。社区是区域性的小社会，其中既有党政组织部门，也有大量民间组织和企业，其人力、物力、财力以及精神力量都是较为丰富与充实的，其人脉关系多元并成网络。社区对所在社区单位组织具有整合这些社会资源的责任和能力。比如借助社会资源的力量，建立社区活动场所、建立体育康复设施、开展各种文体活动等。而这些功能，作为个人与家庭是不可能做到的，个人家庭由于力量太小、关系太简单，不具备协调整合这些社会资源的条件。正是因为社区具有这种整合社会资源的功能，才使社区组织不断从低级层面向高级层面发展，使社区养老事业蓬勃发展。

（3）守望相助的功能。

守望相助是社区的一个突出的社会功能。社区里居民居住靠近，低头不见抬头见，彼此了解熟悉。社区负责人多为选举和应聘上岗的，加之很多离退休干部和退休老职工热心社区事业，经常开展各种居民互助互济活动，解决居民特别是老年人社会生活迫切需要解决的问题，诸如医疗卫生、治安保卫、代办储蓄、代买副食和日常生活用品等。例如，天津志愿者已达50万，其中三成以上是老年人，这些"老志愿者"，义务扫楼门、为居民义诊、义务送报。① 四川雅安市区新康路大街 6 号大院老人多，相互关心帮助，老人觉得幸福指数很高。② 哈尔滨道里区抚顺办事处组织社区开展百家宴活动，使邻里相互认识，相互帮助，特别是使空巢老年人有了依靠。老人喜称，家里多了"半个儿"。③ 这种社区守望相助，更直接地体现在社区邻里对老年人的照料。哈尔滨道里河松小区 80 岁的李长峰老人，29 年雷打不动地照料 74 岁残疾老邻居马望兰。马望兰总是流泪说这句话："没有李嫂，我活不到今天。"④

（4）文明示范的功能。

伴随着老龄化速度的加快，老年人正在成为社区活动的主体和文明示范的载体。很多老年人以身示范，为居民做好事，传播社会文明。哈尔滨南岗区十字社区有个年均 75 岁的"老年雷锋班"，该班成立于 1999 年，班长是 88 岁、原志愿军老战士杨兴民。在班长带领下，"老年雷锋班"十年来搞庭院卫生、义务巡逻、看院护绿、帮贫助困，做好事千余件，被称为社区不走的活雷锋。⑤ 哈尔滨南岗保健路有个家属大院，其南侧有个残土堆满的土包地，74 岁的宫瑞卿老人，自雇铲车清残土，年年育树苗，建立起一个世外桃源般的休闲广场。宫老不仅在这里设立健身器材，还年年负责树木修剪、侍弄、清洁，21 年来从未间断。⑥

老年人在社区的文明示范功能，不仅表现在为社区做好事，还注重精神文明建设。哈尔滨沙曼社区六街区有个社区老年国旗班，其 16 名成员都是年逾古稀的老人。老年国旗班成立于 1998 年，十余年来，风雨无阻坚持训练。每逢重大节庆，都会在社区举行升国旗仪式，借此开展爱国主义教育。如今国旗班成员已换了几批，发展了 70 多名老党员，还带动了 100 余名小学生成立了红领巾国旗班。⑦ 显而易见，老年人在社区比例日趋增大，老年人在文明方面的表率作用也日益显著，文明示范功能日显突出。

从养老角度讲，社区养老延长了家庭养老的保障链，减少了老年人对家庭或机构养老的依赖，既肯定了家庭养老的优势，又弥补了家庭养老的不足，是合乎中国国情和民族传统、解决养老挑战的一个有效途径。家庭和社区照

---

① 欣文：《"老牌志愿者"感动你我他》，2009 年 2 月 19 日《老年日报》。
② 罗树权等：《和谐大院老人幸福指数高》，2009 年 8 月 10 日《老年日报》。
③ 于瀛：《吃上一顿百家宴，家里多了"半个儿"》，2009 年 9 月 5 日《新晚报》。
④ 王剑春：《29 年照料残疾老邻居，八旬老太真情感人》，2009 年 6 月 18 日《新晚报》。
⑤ 柏凡露：《"老年雷锋班"10 年做好事千余件》，2009 年 3 月 6 日《哈尔滨日报》。
⑥ 赵婧一：《21 载守护一片绿》，2009 年 5 月 27 日《新晚报》。
⑦ 王剑青：《老党员撑起社区国旗班》，2009 年 7 月 2 日《新晚报》。

顾是我们老龄政策的基础。在快速老龄化的社会现实面前，社区结构与功能也在发生新的变化。著名人口学家田雪原等提出社区结构与功能方面的四个新变化。①

（1）社区老年物质供养结构与功能的新变化。

目前我国社区对老年人的物质供养，还处于缺失状态。发展社区养老，就要改变这种缺失状态，补充除家庭之外的社区内部的公共物质供养，使之有个合理的结构，以发挥社区养老功能。对老年人的物质供养，要从传统的低水平的狭义的物质供养逐渐地向现代的高水平的广义的物质供养转变，即从注重"衣食住"这种温饱型向注重衣食住行游乐医等追求数量与质量并重的全面型供养转变。随着社会经济的发展，社会共享内容的不断增大，社会与社区养老保障项目不断增加，社区对老年人口的供养会不断增强，社区功能也会有新的调整。比如建立老年人俱乐部、托老所，给老人送餐、送医等。

（2）社区老年医疗保健结构与功能的新变化。

目前，我国城市社区已普遍设立医疗保健机构，大的社区设立了小型医院，小的社区设立了诊所，少数社区已设立了专门的老年康复中心，老年社区医疗保障有了一定基础。但也存在一些问题：没有开展对老年人优先优惠服务；没有专门针对老年人的专业服务；社区没有专业性的医疗护士等。目前总体状况还不能适应老龄化快速发展的需要，特别是不能满足高龄、伤残、孤寡、空巢老年人群的需要。因我国社区老年医疗保健在结构和功能上不适应，现实要求构建和完善社区老年医疗保健的结构和功能：一是建立重点针对老年人的社区医疗保健机构，设立老年人健康档案；二是开设老年人家庭病床，社区医疗保健机构上门服务；三是开展社区老年照护服务，主要是为疾病康复老人、慢性病老人、临终老人提供服务；四是发展社区老年护理教育，把培养社区老年人专业护理人才作为应对人口老龄化的一个重要举措来抓；五是开展社区老年人健康咨询与教育活动，提高老年人健康知识水平。

（3）社区老年人生活照料结构与功能的新变化。

社区照顾主要是社区老年人照顾。目的是帮助老年人不脱离社区，在自己家中受到照顾，过正常人的生活。社区照顾分为健康照顾（属社区医疗保健范畴）和生活照顾。生活照顾主要是帮助老人吃饭、穿衣、洗浴、购物、

---

① 见田雪原、王金营、周广庆《老龄化——从"人口盈利"到"人口亏损"》，中国经济出版社，2006，第314～324页。

外出、打扫房间卫生等。社区老年人生活照料问题日显突出。家庭照顾做不到，就要靠社区，靠左邻右舍，这是最方便、最及时、最亲切的方式，是老年人最乐于接受的方式。这方面先进做法和经验也有很多，主要是：一是建立社区托老所；二是建立社区老年公寓；三是组建志愿者服务队伍；四是灵活运用市场机制。

（4）社区老年人精神慰藉结构与功能的新变化。

老年人原有的精神慰藉结构，在新历史条件下也会发生一些变化：一是在享受家庭亲情与天伦之乐方面，过去那种只注重数量不注重质量的状况有较大改变。二是社区公共活动型精神慰藉增强。老年人参加社区公共活动，主要包括文化活动、娱乐活动、体育活动以及一定的生产活动、旅游活动、社区卫生与环保活动、社区治安活动等，这些有助于增进老年人身心健康，使之在精神上获得慰藉。三是服务型精神慰藉加大。既有无偿服务（像志愿者上门服务），也有有偿服务（通过收取适当费用，实现有偿服务）。这些老年人功能方面的新需求，必然导致精神慰藉结构与功能的新变化。

三　社会网络理论与社区老年工作

社会网络理论是 20 世纪四五十年代提出来的。它是用系统的方法分析人与人之间的联系，有助于社会工作者与服务对象的相互沟通与互动，对社区工作特别是社区老年工作更有指导借鉴作用。

社会网络理论有以下几个基本观点。

（1）社会网络是一群人之间的关系结构及他们之间所存在的交换关系及特定角色。显而易见，社会网络是一群人间的相互联系，这个理论就是用这些联系的整体特点去解释这群人的社会行为。

（2）社会网络通常扮演支持性角色。这种社会支持网络是一种非正式的社会支持，主要是解决个人及社区的"第一线"问题，因为每个人遇到需解决的问题时，通常第一反应是向相熟或亲密的人求助。显而易见，社会支持网络是对正规社会服务有效支持模式的一种补充。

（3）社会支持网络具有缓冲压力和保护主体的功能。所谓缓冲压力功能，一是在危机发生前或刚发生，其压力未产生前，社会支持可帮助个人以乐观态度或提前准备来应对压力，减低压力的负面影响。二是压力产生后，但病态未形成前，社会支持可帮助个人以积极态度面对困境，或鼓励个人去执行适当的治疗程序。这些支持系统包括亲戚、朋友、互助小组及邻里等。所谓保护主体功能，指社会支持能帮助个人主体融合于社会网络之中，强化其个人主体的心理及生理健康，帮助个人与社会之间的协调，达到实现减少压力或避免压力的作用。

（4）不同类型的社会支持网络交织，有助于社区解决个人与群体所面对的各类问题。

个人网络，即由求助者现存的人际关系，以及他所身处的环境内有发展力的成员所形成的互助网络。

自愿网络，即求助者和帮助者之间建立联系，形成一对一辅助关系。帮助者多为有经验，且对求助者关心，能对其提供帮助或协助。社会工作者主要是作为两者搭桥的工作。

互助网络，即将问题相同或兴趣相似的人聚合在一起，建立联系，促进其相互间的支援功能。社会工作者可以把他们组成互助小组，或把该小组与社区其他非正式组织联系起来组成网络，以求互相支援及互相咨询的效果。

邻里援助网络，邻里属非正式自然网络，社会工作者就是通过强化社区内非正式自然网络的联结，形成一个有效的邻里援助网络系统，来帮助社区求援的人士。

社区授权网络，这个网络主要是聚合非正式社区领袖，建立一个讨论场所，借以反映社区内各群体的意见及利益。社会工作者就是促进这些非正式领袖的沟通、联系及互助，并建立网络，反映社区的各种意见和利益。

不难看出，社会网络理论对于社区老年工作有直接指导和借鉴作用。社会网络理论，其核心强调相互联系、相互支持，通过社会网络实现社会支援。它有助于社区老年人与社区的紧密联系，有益于老年人的社区参与，有助于老年人的自助和互助，有利于社区社会资源的挖掘和利用，有益于社区社会支援的实现。

四　社区老年服务

社区老年服务，是针对"未富先老"的现实国情，以社区为平台，通过低成本的社区"为老服务"网络，一方面为老年人提供必要的物质生活服务，另一方面提供精神和其他社会服务，满足生活在社区中的老年人的需求。

1. 社区老年服务的内容

第一，老年人包户服务。被包户的老人主要是社会上的孤寡老人、空巢独居老人、生活有困难的老人。包户一般由社区或居委会与包户个人签订协议，明确服务人员、项目、时间、服务要求以及标准等。包户人要对老年人承担必要责任和义务。

第二，社区养老、托老服务。社区为老年人提供收养和寄托服务，一是养老院，专为接待自理老人或生活有困难老人而设置的社会养老服务机构。二是老年公寓，以老年人集中居住为主要特征，有专人为老年人日常生活提供必要的服务。三是老年人的日间照料机构，是为方便老年人居家养老，同时减轻子女照料困难而设置的社区养老服务场所。

第三，老年人互助服务。利用老年人社会资源，开展老年人互助活动。主要是通过组织低龄、健康老年人为高龄、病残老年人提供帮助。

第四，老年人文化生活服务。为满足老年人在文化娱乐体育健身方面的需要，社区兴办老年人活动中心、老年之家等，组织诗社、音乐沙龙、联欢聚会，开展社区图书阅览、棋牌游戏、健身、服装表演、文艺演出、太极拳辅导等活动，满足不同层次不同兴趣老年人对精神文化生活的需要。

第五，老年人教育服务。举办社区老年大学、老年学校及各类讲习班、讲座，为老年人提供学习知识和技能的服务。老年人不仅可以学到知识，还可以结交朋友，同时愉悦身心，提高生活质量。

第六，老年人权益保护服务。为确保老年人的人身和基本生活权利免受侵害，而提供社会服务。一是法律保护。在司法、民政部门的支持下，为需要保护的老年人提供法律上的援助，包括对一些民事纠纷实施调解。二是生活庇护。对于需要提供生活保护的老年人，社会工作者要通过对老年人和家属的沟通协调，有效地帮助老年人化解危机和矛盾，为老年人提供安全感和精神慰藉。三是舆论保护。舆论保护在化解老年人与其子女或亲友矛盾方面有重要作用。很多家庭纠纷或不敬老等社会现象属道德领域的社会问题，主要还是靠舆论和习俗的力量来解决。

第七，老年人生活综合性服务。诸如为老年人提供生活用品的供给和调剂服务、家政介绍服务、家电维修服务、物业服务、婚介服务、退休和就业服务、心理健康服务等。

2. 社区老年服务的特点

第一，综合性。社区虽小，五脏俱全。社区老年服务包括老人日常生活方方面面，既包括养老服务、健康服务，也包括生活服务、文教服务、再就业服务等；服务对象繁杂，被服务的老年人既有不同生活状况，也有不同社会地位；服务主体，既包括社区内的个人，也包括社区内单位；执业主体，既包括社区、街道，也包括各种社会团体、专业工作者、志愿者组织等。老年人的特殊性和社区功能的多样性，决定了社区老年服务的综合性。

第二，互助性。社区老年服务的一个突出特征就是互助性。社区老年服务中也有市场的运作，但它更强调老年人的自助与互助。比如利用社区的邻里互助、志愿者互助、所在地单位的捐助等各种社会资源，来满足老年服务需求。这既有助于增进社区成员之间的情感交流，也有助于在社区树立尊老敬老的良好社会风尚。

第三，福利性。社区老年服务带有福利性的特征。老年人作为弱势群体，特别是其中的孤寡老人、病残老人、贫困老人，如何提高他们的生活水平和生活质量，也要靠社会为他们提供一些无偿、低偿、微利的服务。这种对弱势群体的关照，体现了社会福利性。从这个意义上讲，社区老年服务，在政策实施和服务运作中，就应突出福利性这个理念，体现这个特点。

第四，专业性。社区老年服务中有很多属专业性很强的工作。如婚介服务、心理调适服务、康复服务、护理服务、精神治疗服务等都是专业性很强的服务。目前我国多数社区老年服务还处于低级阶段，社区老年服务也有一个从一般"送温暖"式服务向专业性服务的发展过程。随着这种服务性质的转变，社区老年服务专业性的特征也必将突出和强化。

第五，差异性。由于社区在占有社会资源方面存在着巨大差异，其社区老年服务在理念、人力资源、设施、经费投入等方面存在着差别，其老年服务就存在差异，呈现着老年服务上的多样性。

3. 社区老年服务系统的发展

社区老年服务是一个社会系统工程。这个社会系统的建设和完善，需要一个发展过程。要建设和完善这个系统工程，特别要加强以下三个系统的建设。

（1）加强社区老年服务的政策系统建设。我国已制定和颁布了多项有关社区老年服务的政策和法规，但还缺乏系统的社区老年服务政策体系。

一是关于老年生活照料的服务政策。要改变以前国家、集体办福利的状况，社区服务向社会化、产业化方向发展。鼓励社会力量和民间组织兴办各种老年服务机构；要充分利用社区资源优势和便利条件，发展社区老年服务网络化，建立提供衣食住行等基本生活服务的网络；安全保障和紧急救助的服务系统，以应对突发病症、治安案件等紧急事件；中介服务系统，主要是以婚介、家政、再就业等为内容的中介服务。

二是老年医疗保健服务政策。加强以社区卫生服务中心为主体的老年医疗卫生设施和医疗卫生队伍建设。鼓励社会力量、大中型医疗机构及卫生专业技术人员进入社区；积极宣传健康保健知识，加强老年人自我防病能力；建立老年人健康档案，对老年人定期进行体检和动态监测。

三是老年精神文化参与政策。在教育服务政策方面，为老年人提供继续教育的机会与场所。鼓励社会力量投资于老年教育事业；在心理咨询服务政策方面，为老年人提供专业的心理咨询，开办老年心理门诊、咨询室、咨询热线等；在娱乐、健身服务政策方面，主要是做好三方面工作：提供必要的场地、设施；组织日常活动；增进交流，通过汇演、比赛推进社区老年文体活动开展。在老年权益保障政策方面，建立老年法律服务网络，为有需要的老人提供法律咨询、调解、代书等服务；强化对老人权益的司法保障。如建立老年庇护所；为老年人提供法律援助；开展法律宣传，提高老年人的法律意识。

（2）加强社区老年服务的资金支持系统建设。社区老年服务资金支持系统的完善与否，直接关系到社区老年服务开展的效果。目前我国社区老年服务资金支持系统，主要由以下几个方面组成：一是政府对社区的财政投入。这块投入总体上看处于相对较低的水平。二是社会慈善捐助。我国社会慈善事业还处于不成熟时期。政府应通过政策，倡导社会慈善、捐助公益事业。三是发放福利彩票。星光老年之家计划就是靠社会彩票筹资，应用于社区老年服务事业。四是社区老年服务收费的再投入。取之于老，用之于老。把社区为老服务低偿收费，用于社区老年服务再建设，以缓解资金的短缺。显而易见，资金投入这一块远远不能适应社区老年服务之需求。解决社区老年服务资金支持系统是一个亟待解决的问题。但解决社区老年服务资金来源，也要兼顾社区老年服务的特殊性，既要考虑社区老年服务的福利性、公益性，也要兼顾社区老年服务的产业性。

（3）加强社区老年服务的人力资源系统建设。目前社区老年服务的人力资源系统，主要是由两部分构成：一是由政府聘用或任命的职业社区服务工作者或是职业社会工作者，他们主要是在社区各种助老、养老机构中从事日常的管理与服务工作；二是志愿服务人员，通称为"义工"，他们的特点是出自自愿，不计报酬。

从社区老年服务的人力资源系统建设上看，其人力资源配置存在的问题比较突出：一是从事职业社区服务工作者年龄偏高，数量偏少，难以适应人口老龄化、高龄化形势下的社区老年服务工作；二是从事社区老年服务的人员专业化程度较低，既影响社区老年服务的质量，也制约了老年社区服务的发展；三是志愿者队伍不足，民众参与意识不高。

加强社区老年服务的人力资源系统建设，一是要抓好职业社会工作人员的专业化建设，通过培训提高现有人员的专业水平，吸纳一些经过专门训练的专业人才；二是鼓励志愿者队伍参与，完善志愿者奖励制度，规范志愿者服务标准，提高服务质量。

五 社区养老

社区养老是指老人住在自己家庭或自己长期生活的社区里，在得到家人照顾的同时，由社区的养老机构或相关组织承担养老工作或托老服务的养老方式。说白了，即老人晚上住在家里，白天接受社区的照料、医疗保健、精神慰藉等服务以及参加各项文化体育娱乐活动。其构成主要以社区服务中心为核心，以社区敬老院、托老所、家政服务中心、社区卫生康复中心为依托，以社区志愿者为补充，以老年人日间照料、生活护理、家政服务和精神慰藉为主要内容，以社区内有老年人的家庭为服务对象，建立一个畅通的网络服务体系。

1. 社区养老的可行性

社区养老是当代解决我国快速老龄化条件下一种切实可行的养老模式。为什么这样说呢？

第一，家庭照料越来越成为一个社会难题。独生子女一代已进入成家立业阶段，4—2—1人口结构模式正在形成，两个独生子女结婚后很难有能力照料四位老人。加上年轻一代婚后多选择离开父母单独居住，由于代沟的存在，两代人多数也不愿在一起住。加之社会流动加快，子女在外地或国外工作生活的日益增多。现代型家庭很难承担起照料老人的责任，特别是年迈或有病的老人。

第二，老年人不愿离开家庭和自己所熟悉的环境。俗话说："八十有个家，九十有个妈。""金窝银窝不如自己的草窝。"老年人喜欢生活在家中，喜欢生活在自己熟悉的环境中，因为能感受到家的亲情和温馨，有家的自由和宽松。而到养老机构居住，就没有家的感受，到子女家生活总觉得不那么方便。人到老年，多喜欢在自己的家中生活。长期离家居住，多为不得已的选择。

第三，社区养老为老年人自主安排晚年生活提供了一个新选择。社区养老，就是社区依托街道、居委会，兴办各种福利设施，设立老年人服务项目，开展包户、入户服务与"托老"服务，为社区内老年人提供各种形式的福利服务。它的优势就是就地就近，在家门口养老，方便快捷实用。既满足了在家居住的长处，又满足了养老所获得的各项服务；既能得到家人的照料和邻里的帮助，又能得到专门机构诸如照料、康复、医疗、娱乐等方面的正规照顾。权衡利弊，社区养老是目前一种比较理想的养老模式。

第四，社区养老有其独特的优势。与传统家庭养老和机构养老模式相比，社区养老服务具有专业、便利和成本低的独特优势。从专业性角度看，由专业人员来照料老年人，不仅能提供多方面服务，保证服务质量、满足老年人的各种需要，避免传统家庭中多个成员为照料一个老人而团团转的窘状。而且使社会人力资源的配置更为科学、合理、经济，提高了服务效率。从便利性角度看，社区养老服务能避免养老官僚化趋势和社会成本过高的弊端，低成本运作，服务方式灵活，不需要较大的投入，能充分发挥社区特有的管理职权和地缘优势。

第五，可以有效利用社区社会资源。社区有比较充沛的社会资源。一是有专业专门的机构可发挥作用，如医疗、心理咨询、康复等机构；二是社区内所驻的各种社会组织，如机关、学校、企业、商服、中介组织等，可充分挖掘和利用这些组织，发挥其为社区服务的功能。三是社会闲置资源，如低龄老人和下岗职工，他们可成为社区照顾的重要资源。社区是一个广阔的天地，社会资源充足，是社区养老的有效资源和潜在资源。

2. 社区养老的现实意义

既然社区养老是解决目前我国养老的一个可行模式，那么它有怎样的现实意义呢？

第一，探求出一条适于我国养老的新模式。与机构养老服务相比，社区养老作为一种利民、便民、亲民的养老模式，具有低成本、覆盖面广、服务方式灵活等诸多优点，也容易普及和推广，它可以用较小的成本满足老年人的服务需求，将成为破解养老服务这一巨大难题的出路。

第二，缓解政府财政压力。在"未富先老"的现实面前，我们的经济还未达到发达程度，物质条件尚不充裕，单靠政府的力量来发展养老福利事业是不现实的；按现有经济水平看，要承受如此高速的人口老龄化，决定了我国不能由政府包办社会养老福利事业，开展社区养老服务，既能帮助政府缓解财政压力，又能为老年人提供方便服务，是适合我国国情，解决养老模式的有效方法。

第三，突出了以人为本的新理念。这种让老年人生活在熟悉的家庭和社区环境中，接受生活照料的服务形式，符合中国传统的主要养老选择，也适应了老年人的生活习惯和心理特征，使老年人享受亲情融合的家庭生活氛围，满足了他们不离开熟悉的环境下享受养老服务的需求，突出了以人为本的新理念，使养老的人性化色彩更浓。

第四，减轻家庭照料压力。调查显示，目前全国城市老年人空巢家庭（包括独居）的比例已经达到 49.7%，与 2000 年相比增加得非常迅速，提高了 7.7 个百分点。对地级以上大中城市的调查显示，老年人的空巢家庭（包括独居）比例更高，已经达到 56.1%。中国人口家庭结构趋向小型化，而且这种趋势仍在延续。随着家庭小型化和空巢家庭的出现，老人的赡养、照料逐渐成为家庭成员的沉重负担。特别是独生子女将负责照料双方父母四个人，将成为一个难解的课题。而社区养老服务，可以支持和帮助他们照料自己的父母，还可改善居家老年人的生活质量。此外，通过居家养老服务的政府补贴计划，可以让一部分家庭经济有困难但又有养老服务需求的老年人得到精心照料，从而对稳固家庭、稳定社会起到良好的支撑作用。

3. 社区养老服务的基本形式

社区养老服务的基本形式，有三种：

第一种为集中供养服务。即在社区内由各类组织和个人兴办的养老院、托老所、老年人公寓等养老机构，雇用专职工作人员为入住的老年人提供集中供养服务。其服务内容包括衣食起居、医疗保健、文体娱乐等。这里既有政府救济的无依无靠无生活来源的孤老，也有自己或家庭承担养老费用的老人。这种集中供养方式，占老年人数的不足 5%。

第二种为居家养老，即老年人居住、生活在自己家里，但接受社区组织为个人提供的各种生活服务。这种形式是社区养老服务的最普遍、最基本的形式。它的主要优点是成本低，方便实用，老年人又可不脱离自己所熟悉的社区环境和邻里朋友，还能享受家庭照顾和社区服务，实现了家庭养老与社会养老的有机结合。

第三种介于两者之间的"日间集中供养服务"。如社区内的日间托老所，早晨由家庭成员将老人送到这样的养老机构，晚上下班后家人再将老人接回家。即白天由养老机构专职工作人员负责对老年人照料，晚间则由家庭成员负责照料。

4. 社区养老服务的内容

第一，日常生活服务。这是社区养老服务的重点。一是送餐服务，二是代办服务，包括法律代理、看病就医、代交电话费、代办邮政业务、代购日常用品、办理保险业务等。三是家政服务，包括清洁卫生、陪伴等。

第二，医疗保健服务。这是社区养老服务的一项基本任务。主要包括：了解社区老年人基本情况；指导老年人疾病预防与自我保健；为社区老年人常见病、多发病诊疗；急危重症现场紧急救护及转诊；为老年人提供家庭出诊、家庭护理、家庭病房等服务。

第二，精神生活服务。围绕社区文体活动，举办老年人棋牌、歌咏、书法比赛；举办各种老年文艺团体表演、办老年大学、老年问题讲座等；充分发挥社区广场、图书馆、阅览室、报栏、墙报等作用；利用和管理好社区服务中心（站）、社区文化中心（站）、星光老人之家等场所；设立聊天室、心理咨询室等，通过各种文化体育娱乐活动，推动老人间的思想交流、精神慰藉，丰富老年人的精神生活，让健康向上的文化陶冶老年人的情操。

5. 社区老年福利服务星光计划

谈社区养老，不能不提社区老年福利服务星光计划。这是民政部 2001 年启动的一个计划。这一计划，就是民政部把发行福利彩票筹集到的福利金的绝大部分，用于资助城市社区老年人福利服务设施、活动场所和农村乡镇敬老院建设。

由于该计划资金投入巨大，项目数量多，覆盖面广，受到了广大老年群众热烈欢迎。这种以福利金的资助为手段，以满足社区老年人需求为出发点，为居家养老提供了支持，为社区照料提供了载体，为老年人提供了场所，对社区老年服务实施提档升级有着重要意义。[①]

6. 社区为老服务目前存在的问题

第一，观念认识不到位。

第二，为老服务以福利性简单服务为主，缺乏进一步为老年人服务的能力。

第三，政府投入不足。投入总量相对不足，有些地方经费配套不到位；硬件投入多些，而运营管理投入少。

第四，社区自治不足。为老服务行政化色彩浓，有些服务项目实用价值小，利用率低。

---

① 参见周良才《中国社会福利》，北京大学出版社，2008，第 98 ~ 104 页。

第五，社区为老服务人力资源匮乏。人手少，特别是缺乏专业人才。

7. 社区为老服务资源的整合

第一，在管理体制方面进行整合。在街道这一层面，建立老龄工作委员会，或养老机构联席会议制、老年人维权联席会议制等。通过组织建设和制度建设，加强基层老龄工作的管理力度，为社区为老服务提供一个具有权威性和协调功能的平台。

第二，在硬件资源方面进行整合。诸如把街道便民利民设施、社区服务中心、敬老院和托老所建在同一幢楼内，使老年人参加活动和接受照料更加方便；把居家养老服务中心、老年日间护理中心，设在敬老院或老年护理院、社区服务中心、老年活动中心、老年活动室等机构内，充分利用这些机构的多功能活动场地、康复设施、餐饮设施和图书资料，使其资源发挥更大的作用；在老年教育方面，可与社区内的学校实行"共建"，充分利用教育资源。

第三，在人力资源方面进行整合。一是加强街道社区服务中心、老年活动中心、敬老院的服务人员与社区卫生服务中心、老年护理院的医护人员的沟通和合作，为老年人防病治病提供服务；二是加强街道社区服务中心、老年活动中心与街道社会保障服务中心、社区老年法律服务中心的沟通与合作，为老年维权提供服务；三是加强社区医务人员与老年人非正式支持系统的沟通，以共同照顾老人；四是在培育志愿者队伍方面，与社区内的学校、单位和驻军合作，发动学生、职工、战士为社会孤老、退休孤老提供协助。[①]

---

① 见周玉萍等《老年社会工作》，知识产权出版社，2008，第179～182页。

第十章　老年社会制度

社会制度是人类社会行动及社会关系的规范体系。社会制度在规范人类行动，实现社会进步及维持社会秩序方面发挥着核心作用。那么在老年这个层面，社会都有哪些规定性，这些规定性是怎样表现出来的，特别是老年保障制度的功能发挥与改革完善的现状与趋势怎样，将成为本章关注的重点。

一　社会制度、制度化及制度体系

要把握老年社会制度，首先要了解社会学有关社会制度的一些基本概念，比如什么是社会制度，社会制度都有哪些基本类型，社会制度有何功能，什么是制度化，什么是制度体系等。了解了社会制度的这些基本概念，有助于把握老年社会制度的特征、内容、功能，有益于从中国老年社会制度层面上深刻理解社会本身的合理性，也有利于认识老年社会制度改革与完善的迫切性与必要性。

1. 社会制度的含义与特征

社会生活千差万别，纷纭繁杂，变化多端。但社会生活是有秩序的，有规律的，是按一定社会安排有序进行的。那么是什么东西使人们的社会生活按一定规定进行呢？是什么东西使社会生活具有这种秩序呢？这就是社会制度。

社会制度是社会学研究的中心课题。它是社会的主要构成部分，是人类文化的重要组成部分。

什么是社会制度呢？社会学家对它下了很多定义，很难统一。

那么怎样来把握社会制度的含义呢？制度是有别于组织的。组织是机构，是实体。而制度则是规范，是在一定的历史条件下形成的社会关系和社会活动的规范体系。也就是说，它是由许多行为规范结合起来的，表现为一种有组织、规范化的体系，像婚姻制度、法律制度、交通制度、财政制度等，就是社会规定的关于婚姻、法律、交通、财政等方面一系列有组织有系统的社会行为规范。

从社会制度的含义中可以看到：第一，社会制度是为满足或适应社会某种基本需要服务的。婚姻制度是满足两性关系上的需要和人种的延续，为调节、稳定家庭和社会关系服务的；法律制度是调节社会成员关系，为维护和稳定社会秩序服务的；交通制度是为满足社会成员沟通需要的。第二，社会制度是有力量的，它往往具有行政的、法律的或道义的力量。作为制度规范，它还有强有力的手段来保证。不按制度的规范去行事，制度就会以自身的力量去约制其社会成员，对于离轨越轨的成员会以强制的方式使其就范。第三，社会制度是各种社会关系的反映。制度是通过各种规定规范体现出来的。各种规定规范反映着一定的社会关系。各种规定规范（如政策、法规等）是制度的外部表现。由老龄委颁发的《关于全面推进居家养老服务工作的意见》，就是针对我国人口老龄化进程加快、家庭养老功能日益弱化，破解我国日趋尖锐的养老服务难题的一项制度性设计。它反映现阶段的中国家庭养老功能日益弱化，社会养老又不可能一步到位。而这种制度设计，是对传统家庭养老模式的补充与更新，是促进家庭和谐、社会和谐和代际和谐，推动社会主义和谐社会的重要举措。

不论哪种社会制度，它都是一种有组织有系统的社会规范结合的体系。但制度因其范围大小不同，而分出不同层次。社会制度大体上有三个层次：第一层次是广义的社会制度，是以整个社会作为自己的实体，即指社会形态，比如社会主义制度、资本主义制度等，常在区别人类社会发展阶段不同性质的社会时使用。第二层次是中义的社会制度，是指一个社会中具体的社会制度，比如家庭制度、教育制度、宗教制度等，常在分析对不同社会生活领域的问题和研究不同的社会关系时使用。第三层次是狭义的社会制度，即各种组织的规章制度，指代表某种规定行为模式或办事的程序规则，比如学习制度、门诊制度、考勤制度等。这类制度多由各种具体工作部门研究制定。在社会学中，主要是探讨第二层次的制度，即具体的社会制度。

制度的特征：第一，普遍性。从时空角度看，一些社会制度很早就存在于世，比如婚姻制度早在史前时期就已存在。制度内容是随时代变化发生变化的，但社会制度在人类社会是普遍存在的。第二，强制性。制度是一种有组织的社会力量。要保证社会稳定有序，没有强有力的手段是不行的。社会制度是通过一定的手段和形式表现出其强制性。第三，差异性。因发展水平不同、阶级利益对立、民族生活方式差异、自然环境差别等，制度在不同时代不同地区是不一样的，其反映的是制度的多样性。就是在一种主要文化领域内，社会制度也会有程度不同的差异。第四，相对稳定性。社会制度是相对稳定的规范体系，它是社会赖以生存和发展的基础。稳定性是社会制度的重要特征。

2. 社会制度的类型

社会制度是个复杂现象。依据不同标准，可以将制度划分出不同类型。但就基本的、普遍的制度而言，最主要的社会制度有五种。

（1）家庭制度，起源于人类生理的需求，是人类社会最普遍最悠久的社会制度。家庭制度早在史前就已存在。随着历史的变化，在现代社会中，家庭趋向小型化，老年人在家庭中的位置是随时代的变化而变化的。

（2）经济制度，起源于人类谋生的需求，是人类社会最基础的社会制度。古代社会，其经济制度是同家庭制度紧密结合在一起的，共同成为古代社会的基础制度。伴随一夫一妻制的出现，经济制度逐渐同家庭制度分离，成为独立的对社会发生作用的决定力量。经济制度对社会的影响是有决定意义的，它不但决定着社会的面貌，还最终决定着社会发展方向。经济制度对老年人的影响也是至关重要的，直接影响老年人的晚年生活。

（3）政治制度，起源于维持社会统治的需要，是人类社会最重要的社会制度，是受经济发展状况制约的。政治制度的优劣，对社会发展的进步影响很大，政治制度对老年人的社会生活有重要影响。

（4）法律制度，起源于统治阶级维持统治的需要，是由国家制定或认可，并由国家强制执行的社会制度。它可以巩固和发展对统治阶级有利的社会关系和社会秩序。法律制度具有强烈的阶级性。它对维护其社会经济基础起着直接的作用。老年人在维护自身权益方面是离不开法律制度这个保护神的。

（5）教育制度，起源于家庭中儿童最初社会化和青年社会化的需求，是人类最流行的社会制度。教育制度状况是由家庭、经济、政治以及文化制度等决定的。老有所学，老有所教，表明老年人与教育制度有着终身的联系。

3. 社会制度的功能

这里侧重探讨社会制度的共同功能，主要有四个基本社会功能。

第一，提供行为模式。社会制度规定行为模式，通过提倡某一行为或禁止某一行为，把所需要的行为模式树立起来，使社会中的个人或团体知道应该怎样做、不应该怎样做。如果没有这些行为模式，个人在社会中的一举一动就没有了规矩。有了制度，个人的活动就有了行为指南。社会就是通过社会制度向社会成员进行教育，将社会的价值内化为个人的价值，使社会成员自觉地按照预先安排好的方式行动，而不感到约束的。社会制度的这种功能，在社会学上就叫做制度的导向功能。

第二，实行社会控制。维持秩序是社会制度的一个重要功能。社会制度虽然规定了社会成员的行为模式，然而并不是所有的社会成员都是按制度办事的。就是说，现实社会生活中总会出现对制度执行的偏离倾向。如对这种离轨越轨者置若罔闻，任其所为，社会就会出现无政府状态。为保持社会正常秩序，制度就会出来干预离轨越轨的行为。根据偏离的程度，对越轨者给予批评教育、处罚或制裁。社会制度的这种功能，在社会学上叫做制度的控制功能。

第三，传播人类文化。制度对文化的功能，一方面是把过去人类创造的东西保存起来，并传给下一代。另一方面是鼓励创造新的东西，以促进文化的进步。传播人类文化的过程，正是人的社会化过程。社会化是离不开对人类文化遗产的传播的。社会制度在这里，既是社会化的手段，又是社会化的目的。社会制度的这个功能，在社会学上叫做社会化功能。

第四，提供社会合作。社会制度有调适整合的作用。社会各集团和各种人们之间在利益、行为等方面差异很大，然而某些制度能够在同样法则下处理各种复杂的社会关系，使社会成员充分认识到他们彼此利益互相矛盾而又互相依存的社会关系。社会正是通过社会制度，把人与人之间的某些矛盾统一结合起来的，制度的这种作用，在社会学上称作制度整合功能。①

4. 什么是制度化

研究制度，会经常碰到制度化这个概念。那么什么是社会学中的制度化呢？

制度化是社会学研究中的一个重要概念。它表示个人、组织的行为符合社会规范的程度以及与之相符合的过程，也可以这样理解，社会规范在多大程度上和在什么时候被社会成员所接受。作为制度化，从其规范角度来看，它必须为社会体系中的大批成员所接受，把它作为行为的指导。从社会成员角度来看，必须严肃地自觉地去照着办，即内在化。如若从形式

---

① 见李德滨《社会学100题》，天津人民出版社，1984，第108~109页。

上看，制度化了，即标准化了、系统化了、一致化了。然而在实际中，制度化对于每个成员来说，并不是绝对一致、整齐划一的。这表现在制度化对不同社会地位的人有不同的要求。社会地位不同，其权利和义务也不同，这就是说每个成员是按照在其社会体系中的地位来应用的。再就是内在化的程度也是不一样的，有的人内在化深一些，有的人内在化浅一些；在有些事情上内在化深一些，在有些事情上内在化浅一些。作为制度化的过程，一般是指从不稳定、不严谨、非结构的形式过程，发展到有秩序、稳定、有结构的形式过程。也就是从不明确的结构到明确的结构，从非正式的控制到正式的控制的发展过程。这个过程是复杂的，往往是缓慢的。可以说是一个不断标准化、系统化的过程。所以，人们也把这个由非结构形式发展到有结构形式的过程，概括为形式化的过程。形式化常常被视为制度化的基本特征。

制度化的功能主要表现在：增强社会功能，增加社会控制。一旦制度化了，便正规化、形式化了，什么该做，什么不该做，就有了成文或不成文的规则和要求，社会成员的行为就受到一定的规范限制。特别是那些变得合法的规范，其社会控制更强。制度化了，就有助于把一种基本的文化不间断地灌输给社会成员，使其认同这种文化，适应这种制度。制度化如果变得内在化程度很高，这种制度倘要改革往往很难，原因就在于一种文化经过长期教化，已在人们头脑中扎根，成为了法定的"正统"的东西。显而易见，改革制度，首先要改变人的文化价值——教化程度、思想认识。一种社会制度总是代表和反映着一定的民族、阶级、阶层和社会成员的利益和生活方式。这些民族、阶级、阶层和社会成员自然地便成为这种制度的社会基础。这些社会基础的存在和发展，有助于这种制度的维持和延续。反过来，制度化了，也有助于其社会基础的巩固。

制度化的标准，主要有以下几个方面：第一，概念是否明确。制度的概念愈明确，对人的行为要求越清楚，其制度化的程度就愈高。反之，制度概念模棱两可、含糊不清，对人的行为要求就难免不确定，其制度化的程度就低。第二，规范是否普遍。制度规范着人们的行为方式。制度规范愈普遍，人们的行为方式就愈规范，制度化的程度就愈高。反之，制度规范愈不普遍，制度化的程度就愈不高。第三，功能是否积极。制度是否发挥作用，是否有效能，关系到人们参与制度热情的高低。制度的功能愈积极，人们参与制度的热情就愈高，其制度化的程度就愈高，反之，制度化的程度就愈低。第四，结构是否合理。制度结构愈合理，就愈能发挥其效能，其制度化的程度就愈高，反之，结构不合理，有碍于效能的发挥，就直接影响制度化的程度。[①]

5. 制度与制度体系是怎样一种关系

研究社会制度，势必要涉及制度体系。那么什么是制度体系？制度体系与制度是一种什么样的关系呢？

在现实社会生活中，我们看到，一项社会制度常常是与其他制度相关联的，并构成了一个有机整体。即在同一社会中，此制度与彼制度之间是互相连接的、互相依赖的，它们组成一个完整的体系。社会学就把这种制度的组合构成，称为社会制度体系。

研究制度体系，具体来说，就是研究制度与制度之间的关系，研究制度体系存在的外部条件。诸如研究社会制度与自然环境的关系，研究社会制度与文化的关系，研究一种制度在结构和功能上与其他制度的关系，等等。

比如说，在我们的社会里，家庭制度与婚姻制度是什么关系？我们今天的家庭制度与婚姻制度，同过去传统的婚姻制度和家庭制度有哪些不同？我们知道，家庭制度同婚姻制度的关系是很密切的，婚姻制度常常是影响家庭制度的重要因素。我们现在的婚姻制度同传统的婚姻制度有很大的变化。过去找对象是"父母之命，媒妁之言"，现在是自由恋爱，这样的婚姻制度带来许多新的问题：怎样谈恋爱？怎样选择对象？怎样创造选择的条件？其中有很多学问值得社会学研究。在这里，相应的家庭制度、家庭结构、家庭关系也发生了很大的变化，诸如在"大家庭"中怎样处理好婆媳关系，在"核心家庭"中怎样解决日常生活中不断出现的家庭纠纷问题等。甚至住房紧张，两代或三代人挤在一块，也给家庭关系、家庭制度带来影响。因此，要研究这些复杂的社会现象，光就某一制度本身来研究往往是不够的。还要跨越某些制度，把有关制度连成一片，从制度体系上加以考察探讨，才能把握事物的内在联系，作出科学的判断。

既然在制度体系中，制度与制度之间是相互关联的。那么有一个制度发生了变化，其他相关的制度也会直接或间接地受到影响。比如在农村实行生产责任制，这个变化对生育制度、教育制度等是否会有影响呢？事实表明，其影响在各地表现虽然程度不同，然而发生影响是不容置疑的。显而易见，在一个互相关联的制度体系中，一种制度的任何变化，都会直接或间接地影响其他制度的变化。特别是在社会制度的改革中，常常会看到这种社会现象：

---

① 见李德滨《社会学 100 题》，天津人民出版社，1984，第 111～113 页。

要改革一项具体制度，往往是只就该制度本身进行研究和改革不行，还必须从制度体系上，即从此制度与其他相关联的制度的关系上加以综合考察，方能收到改革的预期效果。原因就在于，它牵涉相应的一系列的有关具体制度的改革。[①]

二 老年保障制度是老年人制度体系中的核心部分

老年人制度实际上是一个庞大的制度体系。它是按老年人的各方面需求建立的。那么作为老年制度体系都包括哪些内容呢？早在1991年12月16日联合国大会通过的《联合国老年人原则——愿长寿颐养天年》文件，就提出老年人地位的五个方面18条普遍性原则，可为各国设计老年制度体系提供原则框架。这些基本原则具体内容如下。

（1）独立原则。

①老年人应能在有收入、有家庭和社区帮助以及自助的情况下，获得足够的食物、水、住房、衣着和保健。

②老年人应得到工作机会或有机会参加其他创造收入的活动。

③老年应能参与决定何时以及以何种步伐退出劳动力队伍。

④老年人应能参加适当的文化课程和培训班。

⑤老年人应能生活于安全并且既符合个人的选择又与其变化的条件相称的环境。

⑥老年人应能尽可能长期地在家居住。

（2）参与原则。

①老年人应始终融合于社会中，应积极参与制定和执行涉及其福利的政策，并应将其知识和技能传授给子孙后代。

②老年人应能寻找和发展为社会服务的机会，并以志愿者身份担任与其兴趣和能力相称的职务。

③老年人应能组成老年人的运动组织或协会。

（3）照顾原则。

①老年人应得到家庭和社区根据每个社会的文化价值体系而给予的照顾和保护。

②老年人应得到保健服务来帮助他们保持或恢复身体、智力和情绪的最

---

① 见李德滨《社会学100题》，天津人民出版社，1984，第113～115页。

佳水平并预防或延缓疾病的发生。

③老年人应能得到各种社会和法律服务，以提高其自主能力并使他们得到更好的保护和照顾。

④老年人应能在适当程度上得到疗养院的照顾，使他们在合乎人道并且安全可靠的环境中得到保护、康复以及社会和精神上的激励。

⑤老年人在居住于任何住宿、疗养或治疗住院时应能享有人权和基本自由，包括充分尊重他们的尊严、自信、需要和隐私，并尊重他们对得到照顾的方式和生活质量做出决定的权利。

（4）自我实现原则。

①老年人应能寻求机会来充分发挥自己的潜力。

②老年人应能获得社会所提供的教育、文化、精神和文娱资源。

（5）尊严原则。

①老年人应能过着尊严和有保障的生活，而且不受到剥削和对其身心的虐待。

②老年人不论其年龄、性别、种族或民族背景，是否有伤残或其他状况，均应受到公正对待，而不以其经济上的贡献来加以评价。①

根据这五个方面18条普遍性原则，不难想象，老年制度是一个庞大的制度体系。

在中国，老年制度体系大体有以下几大方面的制度构成。

（1）老年家庭制度。

在老年家庭制度中，突出的有这样几方面：一是老年人婚姻制度。这是每个公民都享有的一项基本权利。对于老年人来说，子女或其他亲属不得干涉老年人离婚、再婚及婚后生活；老年人有选择婚姻形式的自由；赡养人的赡养义务不因老年人的婚姻变化而消除。二是老年人受赡养扶助制度。即赡养人应履行对老年人经济上供养、生活上照料和精神上慰藉的义务，照顾老年人的特殊需要；赡养人不可放弃赡养义务，对不履行赡养义务的，老年人有要求赡养人付给赡养费的权利；老年人与配偶有相互扶养的义务。三是老年人住房制度。赡养人应妥善安排老年人的住房，不得强迫老年人迁居条件低劣的房屋；老年人自有的或承租的住房，子女或亲属不得侵占，不得擅自改变产权关系和租赁关系；赡养人对老年人自有住房有维修的义务；老年人所在组织分配、调整或出售住房，应根据实际情况

---

① 见全利民《老年社会工作》，华东理工大学出版社，2006，第126～128页。

和有关标准，照顾老年人的需要。四是老年人继承制度。老年人有取得被继承人遗产的权利。作为第一顺序继承人可继承父母、配偶、子女的遗产，有接受赠与的权利。

（2）老年经济制度。

主要是满足老年人经济物质利益方面的需求，一是老年人财产制度。老年人有依法对自己的财产占有、使用、收益和处分的权利；子女或其他亲属不得干涉、不得强行索取老年人的财物。二是老年人劳动制度。只要没有丧失劳动能力，老年人可根据社会需要和自身的可能，参加自愿和可能的劳动和参与社会的各项活动；其参加劳动的合法收入受法律保护。三是老年人生活保障制度。有关组织必须按时足额支付养老金，不得无故拖欠，不得挪用。四是老年人消费保护制度。老年人有自由选择和自由购买的权利，特别是有安全权。五是老年人休息制度。在从事法律允许的各种社会劳动中，享有休息的权利。

（3）老年政治制度。

这是满足老年人参加国家管理，参政议政，在政治上享有表达个人见解和意愿的需求。一是老年人选举制度。老年人具有选举权与被选举权。二是老年人人身自由制度。老年人具有言论、出版、集会、结社、游行、示威的自由。三是老年人对国家工作人员批评和监督制度。对国家机关和国家工作人员提出批评和建议的权利；对国家机关和工作人员违法失职行为有申诉、控告、检举的权利等。

（4）老年法律制度。

这是满足老年人人身自由的需要。一是人身自由制度。即没经检察院批准或法院决定，并由公安局执行，不受逮捕，老年人人身自由不受侵犯。二是保护人格尊严制度，保证人格尊严不受侵犯，禁止用任何方式对老年公民进行侮辱、诽谤和诬告陷害。三是住宅保护制度。住宅不受侵害，禁止非法搜查、非法侵入。四是通信自由制度。通信自由和通信秘密受法律保护，除非因国家安全或追查刑事犯罪需要，由公安机关或检察机关依法检查。

（5）老年社会制度。

这是为满足老年人社会参与需求而设计的社会制度。一是老年人参与社会制度。老年人有参与各种社会活动、社会交往、社会组织的权利。二是老年人享有社会发展成果制度。曾经为社会创造财富的老年人应该从国家和社会获得物质帮助，公平地享受社会发展成果，得到社会尊重和保护。

（6）老年健康医疗制度。

这是为满足老年期医疗需求而设计的制度。一是老年人疾病预防保健制度；二是老年人治疗、康复制度；三是老年人健康照料制度。

（7）老年文化教育制度。

这是满足老年人教育需求而设计的制度。一是老年人继续教育制度。国家发展老年人教育，鼓励社会办好各类老年人学校。二是老年人从事文化活动制度。老年人有进行科学研究、文学艺术创作和其他文化活动的自由。国家对于从事教育、科学、技术、文学、艺术和其他文化事业的公民所做的有益于人民的创造性工作，给予以鼓励和帮助。三是老年人知识产权制度。对老年人从事著述或科技开发等知识产权，即版权、专利权、商标专用权、发现权、发明权、科技成果权给予保护。

（8）老年救助制度。

它是满足贫困老年人基本生活的保障制度。对于城市中无劳动能力、无生活来源、无赡养人或有赡养人但其无赡养能力的，政府给予救济；在农村，由集体经济组织担负"五保"供养，患病也应得到社会救助。

（9）老年宗教信仰制度。

老年人有宗教信仰的自由，包括不得强制老年人信仰或不信仰宗教，不得歧视信仰宗教或不信仰宗教的老年人。

不难看出，老年人制度体系是由一系列老年人制度构成的，它包括老年人家庭制度、老年人经济制度、老年人政治制度、老年人法律制度、老年人社会制度、老年人医疗制度、老年人教育制度、老年人救助制度、老年人宗教信仰制度等。

中国老年人制度体系是通过一系列有关老年人的政策和法规体现出来的。其主要是：1982年12月4日全国人大公布实施的《中华人民共和国宪法》和2004年3月14日全国人大通过的《中华人民共和国宪法修正案》修正有关老年人条款规定；1994年12月14日原国家计委、民政部等部门联合制定的我国第一个老龄事业发展纲要《中国老龄工作七年发展纲要（1974～2000年）》；1996年8月29日经人大通过发布实施的第一部保障老年人权益的基本法律《中华人民共和国老年人权益保障法》；2000年8月19日中共中央、国务院下发开展老龄工作、发展老龄事业的纲领性文件《关于加强老龄工作的决定》；2001年7月22日国务院批准颁布实施《中国老龄事业发展"十五"计划纲要（2001～2005年）》；2006年9月21日全国老龄委颁发实施《中国老龄事业发展"十一五"规划（2006～2010年）》。以及国务院各部委和地方性有关老年人政策、法规等。正是通过这些对老年人的纲领、方针、政策、法规，勾画出一个完整的中国老年制度体系。

老年制度体系庞大，作为老年制度体系的核心部分是什么呢？就是老年保障制度。从社会制度层面看，我国人口老龄化速度太快，我们应对人口老龄化的思想、物质、精神、制度、经济、措施等的各种准备不足，老年保障制度建设成为迫在眉睫的大事。抓紧落实养老基金的扩展和收缴工作，建立完善的老年社会保障体系，是从根本上解决老龄社会日益突出的养老、医疗、救助等问题的制度安排。解决好这个关键点、突破口，整个老年制度体系就做活了。抓住了养老、医疗、救助制度这几个基础性制度建设，就抓住了当前老年制度体系建设的核心与基础。

三 老年社会养老保障制度

中国老年社会养老保障制度早在 20 世纪就已启动，至目前，该项制度一直处在改革过程中，即社会养老制度一直处在不断完善的过程中。

1. 城市养老保障制度改革

在计划经济时期，即早在 20 世纪 50 年代，以《中华人民共和国劳动保险条例》的实施为启动城市养老保障的时点。城市养老保障是由企业或单位提供，企业按工资总额的 30% 交纳保险基金。当时，国家对企业在财务上实行统收统支、包盈保亏，企业按照国家有关规定提取和发放养老金，对退休人员实行管理。养老金多少取决于工龄的长短和退休前的工资高低。养老金筹措是现收现付制方式。国家通过企业向城市劳动者提供了从摇篮到坟墓的全面保障，这种安排符合传统体制的内在要求。

以市场为导向的经济改革动摇了传统养老保障体制的基础。80 年代中期，国有企业实行承包制和废除终身雇佣制。这不仅改变了企业与国家之间的财务关系，而且也改变了企业与职工之间的关系。实行利润分成制和利改税之后，企业必须部分承担自行积累和支付职工养老资金等职能。1991 年颁布了《关于企业职工养老保险制度改革的决定》，提出建立基本养老保险、企业补充养老保险和个人储蓄性养老保险相结合的养老保险体系，实行国家、企业和个人三方共同负担。

在确立了养老体系之后，随后改革的重点是加强基本养老保险制度建设、扩大统筹范围和覆盖面。1993 年，十三届四中全会通过《中共中央建立社会主义市场经济体制若干问题的决定》，提出了养老保险实行社会统筹与个人账户相结合的原则。

1997 年，国务院正式颁布了《关于建立统一的企业职工基本养老保险制度的决定》，决定建立统一的社会统筹与个人账户相结合的城镇职工基本养老保障制度，即按职工工资的 11% 建立个人账户，其中个人缴费逐步从 4% 提高到 8%，其余部分由企业缴费划入。企业缴费率由省级人民政府确定，一般不得超过企业工资总额的 20%。这种筹资模式是传统的现收现付模式与完全积累模式的一种混合模式，属于部分积累式的基金筹资模式。

1998 年 8 月，国务院发布了《关于实行企业职工基本养老保险省级统筹和待业统筹移交地方管理有关问题的通知》，实行职工养老保险全国并轨，由市级统筹向省级统筹过渡，养老金的差额缴拨改为全额缴拨，实施养老金社会化发放。

1999 年 1 月，国务院颁布《社会保险费征缴暂行条例》，扩大了社会保险费征缴范围。基本养老保险费征缴范围不仅包括国有企业、城镇集体企业、外商投资企业、城镇私营企业和其他城镇企业及其职工，实行企业化管理的事业单位及其职工，而且各地可以根据自身情况，决定是否将城镇个体工商户纳入基本养老保险范围。

2000 年 5 月，朱镕基总理就建立统一、规范、完善的社会保障体系问题，到辽宁视察。同年，国务院印发了《关于完善城镇社会保障体系的试点方案》，决定 2001 年先在辽宁全省和其他各省（自治区、直辖市）确定的部分市进行试点。与 1997 年《关于建立统一的企业职工基本养老保险制度的决定》相比，2000 年的《关于完善城镇社会保障体系的试点方案》通过个人账户完全由个人积累（个人缴费率为 8%）、分开管理社会统筹基金与个人账户基金、调整和完善基本养老金计发办法、鼓励企业建立企业年金等措施，旨在解决转轨成本和坐实个人账户等问题。养老金筹资模式由"部分积累"，变为"现收现付"加"完全积累"。

随着改革开放的深入，城市养老保障覆盖面稳步扩大。1989～2003 年，参加基本养老保险的城市职工数量由 4817 万人上升到 12250 万人，占城市职工的比例由 33.5% 提高到 46.3%。参加基本养老保险的城市离退休人员数量同期由 893 万人上升到 4013 万人，是 1989 年的 4.6 倍。

城市老年人的养老保障程度高。据 2000 年进行的中国城乡老年人口状况一次性抽样调查资料显示，城市 60 岁以上老年人口中领取离退休金的比例为 70.7%，领取社会养老金的比例为 12.1%，两者合计达到 82.8%。

财政投入加大和基本养老金统筹层次提高，改善了城镇离退休职工的社会保障水平。养老金社会化发放确保了基本养老金的按时足额发放。过去，我国一直实行养老金由退休人员所在企业发放的办法。2003年，实行养老金社会化发放的人数达3538.4万人，社会化发放率达到99.5%。

城市养老保障制度改革，除企业职工这一大块外，还有一大块是机关事业单位职工养老保险制度。

现在的国家机关和事业单位工作人员养老保险制度，是根据1978年颁布的《关于安置老弱病残干部的暂行规定》而形成的框架体系。这是与企业完全不同的养老保险制度。这套职工养老制度的特点是：第一，养老保险费用完全由国家或单位负担，个人不缴费；第二，养老金给付以本人工资为基数，按工龄长短计发。其中国家机关公务员退休后，其基础工资和工龄工资全额发给，职务工资和级别工资按比例发给；事业单位工作人员退休后，按职务工资和津贴两项之和的一定比例发给。

1984年国务院颁发了《关于企业职工养老保险制度改革的决定》，明确规定了国家机关、事业单位的养老保险制度改革由人事部负责，国家人事部多次研究机关、事业单位保险制度的有关问题，并着重抓了养老保险制度改革的试点工作。初步建立起国家、单位、个人共同负担的基金筹集机制。

近年来，事业单位养老保险制度改革试点引起社会热议。山西、上海、浙江、广东、重庆五个省市，正在进行事业单位参照企业职工保障制度的改革。由于事业单位养老制度改革设计上存在严重的不公问题，改革难以深入推进。①

2. 农村养老保障制度改革

农村传统的养老保障模式是一种低水平的集体保障。原来在集体保障模式下，人民公社制度将农村土地等基本生产资料划归集体所有，采取共同生产和统一分配。同时，城乡分割的户籍制度阻止了农民流动，防止对城市福利制度带来冲击。农村社员通过参加集体生产经营活动，农村劳动力获得参与生产成果的权利。只有当他们完全丧失劳动能力时，才能退出农业生产活动，由家庭具有生产能力的成员负责其基本的生活品供应。针对少数没有劳动能力，且无依无靠的老人、残疾人和孤儿，农村集体实行了"五保"制度

---

① 《养老制度不公问题亟待解决》，2009年2月17日《新晚报》。

（吃、穿、医、住、葬）。

农村基本经营制度变革改变了集体保障模式。农村家庭联产承包责任制的建立和完善，使得过去由集体承担的就业和收入等基本保障功能，转为由农户家庭来承担，完全由每个家庭来提供养老保障。尽管政府要求建立统分结合的双层经营体制，但集体经济在绝大多数地区有名无实，乡村集体也缺乏有效的组织手段动员资源，为农村居民提供有限的收入保障和卫生医疗服务。

在新的历史条件下，农村养老问题愈显突出：第一，农村经济体制转变，给传统农村养老保险带来新挑战。一是实施"一对夫妇只生一个孩子"的生育政策，农村老龄化趋势更明显；二是集体经济弱化，把养老任务推向家庭；三是农村基层组织功能弱化；四是青壮年大量外流，给在家老人带来困难；五是农村青年独立意识增强，赡养父母意识淡化。第二，市场竞争使农民的经营风险加大，要求尽快建立能规避风险的养老保险制度。第三，人口老龄化的加快将大幅度增加农村养老保险的需求，与农村经济发展相对落后的状况形成尖锐矛盾。

农村养老问题可能会比城市更严重，在这种严峻挑战面前，农村社会养老问题到了必须提到议事日程上来的时候。

农村养老体制改革，从时间上看，最初试点与城市同步。从 1986 年开始，农村探索性开展了建立社会养老保险制度试点工作。这项试点率先选择在经济发达地区进行。经过一段时间的经验积累，1992 年民政部颁布了《县级农村社会养老保险基本方案》，确定以县为基本单位开展农村社会养老保险。养老保险资金坚持以个人交纳为主、集体补助为辅、国家给予政策扶持的原则来筹集，实行个人账户管理和县级范围统一管理，并对独生子女父母参加养老保险给予提高集体补助标准待遇等。

这项改革迅速地推动了农村养老保险工作，参保人数不断上升。到 1997 年底，已有 7542 万农民投保。然而，1998 年以后农村养老体制改革陷入了停顿状态。政府机构改革，将农村社会养老保险由民政部移交给劳动与社会保障部。1999 年 7 月，国务院指出目前我国农村尚不具备普遍实行社会养老保险的条件，决定对已有的业务实行清理整顿，停止接受新业务，有条件的地区应逐步向商业保险过渡。受体制改革和政策变动影响，农村社会养老保险随后出现了参保人数下降、基金运行难度加大等困难。2004 年，农村劳动力参保数量为 5378 万人，比 1997 年减少了 2164 万人，下降幅度达到 28.7%。农村劳动力参保数量占农村劳动力总量的比例同步下降，由 1997 年的 15.4%

下降到 11%。

面对农村养老的严峻形势，2009 年温家宝总理在《政府工作报告》中提出新型农村社会养老保险试点要覆盖全国 10% 左右的县（市），这对七八亿农民来说，就是七八千万人。这是农村养老保障制度的重大突破。这项制度建立、完善起来之后，我国半数以上人口的养老问题就能得到解决。2009 年 6 月 24 日温家宝主持召开国务院常务会议，具体研究部署开展新型农村社会养老保险试点。会议明确了新型农村社会养老保险制度的基本原则，即"保基本、广覆盖、有弹性、可持续"。一是从农村实际出发，低水平起步，筹资和待遇标准要与经济发展及各方面承受力相适应；二是个人、集体、政府合理分担责任，权利与义务相适应；三是政府引导和农民自愿相结合，引导农民普遍参保；四是先行试点，逐步推开。

2009 年 8 月全国新型农村社会养老保险试点工作会议召开。紧接着国务院出台新型农村社会养老保险试点的指导意见。意见明确提出亿万农民将由国家养老，确定个人缴费标准。明确规定：年满 16 周岁（不含在校学生）、未参加城镇职工基本养老保险的农村居民，可以在户籍地自愿参加新农保。新农保 2009 年试点覆盖面为全国 10% 的县（市、区、旗），2020 年之前基本实现对农村适龄居民的全覆盖。

新农保基金由个人缴费、集体补助、政府补贴三部分构成。

一是个人缴费。参保农村居民应按规定缴纳养老保险费。缴费标准目前设为每年 100 元、200 元、300 元、400 元、500 元五个档次，地方可根据实际情况，增设缴费档次，参保人自主选择档次缴费，多缴多得。

二是集体补助。有条件的村集体应当对参保人缴费给予补助，补助标准由村民委员会召开村民会议民主确定。鼓励其他经济组织、社会公益组织、个人为参保人缴费提供资助。

三是政府补贴。政府对符合领取条件的参保人全额支付新农保基础养老金，其中中央财政对中西部地区按中央确定的基础养老金标准给予全额补助，对东部地区给予 50% 的补助。

养老金待遇由基础养老金和个人账户养老金组成，支付终身。中央确定的基础养老金标准为每人每月 55 元。地方政府可以根据实际情况提高基础养老金标准。

年满 60 周岁、未享受城镇职工基本养老金保险待遇的农村有户籍的老年人，可以按月领取养老金。新农保制度实施时，已年满 60 周岁、未享受城镇职工基本养老保险待遇的，不用缴费，可以按月领取基础养老金，但其符合参保条件的子女应当参保缴费；距领取年龄不足 15 年的，应按年缴费，也允许补缴，累计缴费不超过 15 年；距领取年龄超过 15 年的，应按年缴费，累计缴费不少于 15 年。

这是一个历史性突破，亿万农民将和城市居民一样享有由国家财政补贴的养老生活，是国家做出的又一项重大惠民政策，是国家朝着促进社会公平正义，破除城乡二元结构，逐步实现基本公共服务均等化的一个重大步骤。

3. 城乡社会养老保障制度存在的主要问题

中国城乡社会养老制度存在的问题比较多，比较突出的有如下三个方面。

第一，空账问题，即养老金资金来源不足，是我国城镇养老制度面临的主要问题。1997 年养老体制改革，对城镇职工的基本养老保险采取不同管理办法，即"老人老办法，中人中办法，新人新办法"。但问题在于传统养老体制没有为基础养老金提供积累，新体制不得不面临着庞大的养老金缺口难题。2005 年 5 月 8 日《法制日报》报道，劳动和社会保障部承认，目前城市养老金缺口在 2.5 万亿元，在未来 30 年时间里将达到 6 万亿元。这个数据可能低估了养老金缺口的严重程度。世界银行估算养老金缺口为 3 万亿 ~ 4 万亿左右。假定在 50 年时间里分摊转轨成本，按 3.7 万亿元缺口和平均利率为 4% 计算，每年分担的平均转轨成本将为 1600 亿元左右；如果利率提高到 5%，每年的平均转轨成本将为 1900 亿元左右。[1] 据中国人民大学"划拨国有资产，偿还养老金隐性债务"专题研究：1997 ~ 2033 年中国政府需支付的职工养老金费用总额测算为 8 万亿元人民币。在近 8 万亿元的隐性债务中，约 4 万亿元可以通过现有的社会统筹解决，剩余的 4 万亿元是真正的"缺口"，需要政府以各种方式融资解决。研究还提到目前中国社保基金的"家底"：从 2000 年中国建立社保基金，到 2007 年底，全国社保基金总额已达到 1 亿元左右。[2] 就现实来看，城镇养老保障制度仍然采取现收现付制。在企业缴费不足和养老金存在缺口的情况下，社会统筹与个人账户的混合管理，只能挪用个人账户积累来填补养老金缺口。从开始新体制就面临个人账户空账问题，并随时间推移日益加重。1997 年空账规模为 40 亿元，2000 年上升到 2000 多亿元。国家不得不动用财政资金来填补养老金缺口。如 2001 年中央财政用于社会保

---

① 孙祁祥：《"空账"与转轨成本：中国养老保险体制改革的效应分析》，《经济研究》2001 年第 5 期。

② 《中国养老金支付困境》，《老干部参考》2008 年第 17 期。

障的支出资金就达 982 亿元。

第二，养老制度设计不公，是我国事业单位养老制度改革难以推进的关键问题。从制度设计角度看，问题出在机关或事业单位的职工养老金是由财政拨款，而企业职工养老金保险是采用社会统筹和个人账户相结合的方式，由企业、职工共同负担。这在制度设计上就分出了四个等级：公务员、事业人员、企业人员、农民。公务员由于手握实权，在养老金分成上获益最多；事业单位一般控制着某些资源，故优于企业，低于公务员；企业人员好于农民。这种从分配结构上分出的三六九等是不公平的、不合理的。公平的养老制度，应是没有身份的差异，各人都承担相同的自缴比例，享受平等的社会养老标准。当然这需要一个过程，但制度设计上应坚持这个公平的基本原则。即使参照企业职工保障制度改革，也应公务员、事业单位人员一齐参加改革，减少社会改革阻力，避免造成新的不公平及形成社会养老制度新的碎片。

第三，原来的农村养老保障制度覆盖面小且保障水平低，是我国农村养老制度面临的突出问题。原来实施的农村养老制度覆盖面太小，据 2001 年劳动年鉴统计，2000 年底，领取社会养老金的农民有 97.8 万人，只占农村 65 岁以上人口的 1.9%。2001 年有 108.1 万农民领取养老保险金，当年领取养老金 5.2 亿元，人均仅 481.2 元①。由于缴费标准太低，最低缴费标准为 2 元/月，即使到 10 年后，每月领取养老金不过 4.7 元；15 年后，每月可领取养老金 9.9 元。这么低的养老金，很难保障农民的基本生活，这种低水平，与政府支持力度不够有直接关系。2009 年实施新型农村养老保险试点是一个历史性进步，是人们所期待的。问题肯定会遇到不少，关键在落实，使这个惠民制度不断完善和提高。

4. 城乡社会养老保障制度改革趋势思考

如何面对日益庞大的老年人口养老问题，建设一个适合中国国情的养老保障制度，是应对人口老龄化挑战的重要方面。从发展的角度，中国城乡社会养老保障制度应如何设计，是社会科学亟待回答与解决的重大问题，下面从学者研究的视角，提出一些制度建设上的思路与设想，以启动我们的思想机器，为养老保障制度改革与建设贡献有益的建议。

第一，农村养老保障改革突破口在于建立老年人责任田养老保险。中国

---

① 见国家统计局、劳动和社会保障部《2002 年中国劳动统计年鉴》，中国统计出版社，2001。

社会科学院"人口老龄化对经济、社会发展的影响研究"课题组认为，解决农村养老保障，从现有养老资源实际情况出发，盘活现有的养老资源，提出以农村老年人责任田为投保金投向农村养老基地的养老保险方式。这种"农村老年人责任田养老保险"，是一种特殊的社会化养老方式，集自我养老、子女养老、集体养老于一体，是一种综合性的社会化养老方式。所谓自我养老，是指农村老年人口将属于自己的责任田带入养老基地，作为养老保险的基本金；可以把自己的积蓄、参加养老保险老年人养老金，带入养老基地；有劳动能力的健康老年人，参加养老保险基地里的适当劳动。这三种自我养老方式，可带入一种亦可带二三种。带入项目越多，自我养老能力越强，从养老基地获得养老待遇越高，得到的经费和服务越多。所谓子女养老，是指老年人口进入养老基地后，子女仍可履行对父母的赡养责任和义务。包括生活照料、精神慰藉、物质帮助以及在养老保险基地贡献劳务等。所谓集体养老，是指农村中的各组、村、乡，对其所属的老年人口的供养。特别是在抢种抢收的大忙季节，提供必要的劳务支援。除三位一体外，还有国家扶持一块，即国家对养老保险基地建设和管理，给予一定的扶持和优惠政策。特别是对老、少、边、贫地区的养老保险，给予一定的财力扶持，确保那里老人的基本生活需求。不难看出，通过整合乡村社会各种力量，共建农村老年人口养老保险基地，使养老保险基地成为具有养老保障性质的集体经济组织形式，成为自我发展的经济实体，公有、公敬、公爱的老年生活的大家庭。[1] 课题组对构建基地思路、必要性、可行性、意义都有详尽的阐述。[2]

第二，城镇养老保障制度改革采取老年人口房产养老保险改革的思路。"人口老龄化对经济、社会发展的影响研究"课题组提出的这个办法是，城市老年人口把属于自己的房产折价投保到城镇养老保险专业公司，再按时从养老保险公司领取相应的养老金。提出这一办法的依据，主要是城镇中部分老年人口没有固定的收入来源，但是他们中多数有自己的房产，把这部分房产盘活，转变成养老保险金，用于解决他们的养老保险问题。同时对于已有养老保险金的老年人口来说，也可以将自己的房产转变为养老金，以争取更高些的老年生活水平。[3] 该课题组对房产如何折价和处理、保险公司经营原则、

① 田雪原、王金营、周广庆：《老龄化——从"人口盈利"到"人口亏损"》，中国经济出版社，2006，第235页。

② 田雪原、王金营、周广庆：《老龄化——从"人口盈利"到"人口亏损"》，中国经济出版社，2006，第236~249页。

③ 田雪原、王金营、周广庆：《老龄化——从"人口盈利"到"人口亏损"》，中国经济出版社，2006，第249页。

参保老年人住宅异地调剂、城镇房产养老专业保险范围的拓展、推动城镇住房养老保险的意义都进行了设计和探讨。①

第三，事业单位养老保险改革要从"全国一盘棋"出发，实施"联动"，做好"加法"。事业单位改革，要把坚持制度公平原则放在首位，从"全国一盘棋"考虑，做好"加法"工作。所谓"加法"工作，就是把企业职工的退休金提升到事业单位职工水平。相对而言，所谓"减法"就是把事业单位和公务员水平调至企业水平。"加法"的好处，可减少改革阻力，减轻财政负担，符合改革的合理方向。所谓"联动"即把参加基本保险改革和建立职业年金绑在一起动。具体运作是：首先，养老保险改革与建立职业年金"联动"，一次性完整设计出来，给大家一个定心丸，消除降低待遇水平的疑虑。其次，事业单位从事公益类的、行使行政职能的和从事生产经营活动的三个类型"联动"，一起改革，不分先后。最后，事业单位和公务员"联动"。②这种"加法"、"联动"改革，就是坚持公平，惠及全体民众，并承认差异性。

四　老年医疗保险制度

1. 老龄化向医疗保障制度提出挑战

老年医疗保障制度是社会保障制度的一部分。它是老年人在患病、行为不便时能够得到及时、必要治疗和护理，国家和社会为其提供必要的医疗服务和物质帮助的一种保障制度。

老龄化使医疗保障费用加大。老龄人口是医疗服务需求最高的人群。在我国，老年人全年的人均医药费为总人口平均医疗费的 2.5 倍，18% 的老人占用 80% 的医疗费。③ 特别是老龄化使老年人口增长快，而且高龄人口增长也非常快，到 21 世纪中叶，我国每 5 个老年人口中将有一个高龄老人。这个数量是惊人的，它是届时美国高龄老年人的 2.7 倍，日本的 5 倍左右。这种社会压力是巨大的。

老龄化促进了医疗保障模式的转变。传统医疗保障是以治疗或预防传

---

① 田雪原、王金营、周广庆：《老龄化——从"人口盈利"到"人口亏损"》，中国经济出版社，2006，第 249～255 页。

② 见《养老制度不公问题亟待解决》，2009 年 2 月 17 日《新晚报》。

③ 项曼君等：《从我国老年人医疗保健现状谈老有所医》，《人口研究》1998 年第 5 期。

染病和多发病为主，其保障对象主要是婴幼儿和劳动力成年人口。在现代老龄化社会里，慢性病取代了急性病和传染病，老年人成为医疗保障的主体。

老龄化带来了老年人健康负面影响的增大。首先，随着年龄增大，老年人自理能力和参与能力下降。其次，随着年龄增大，老年人给家庭成员带来的负担加重。最后，随着年龄增大，老年人给国家和社会带来的医疗、护理、服务增多。

2. 城镇老年医疗保障制度

在计划经济时代，即 20 世纪 50～80 年代，我国医疗保障制度包括全民保健、公费医疗、劳保医疗、合作医疗。城镇退休老年医疗保障已含在职工医疗、劳保医疗范畴内。公费医疗是根据 1952 年政务院发布的《关于全国人民政府、党派、团体及所属事业单位的国家工作人员实行公费医疗预防的指示》而建立的一项医疗保障制度。它包括党政机关和事业单位及离退休人员。劳保医疗制度是根据 1951 年颁布的《中华人民共和国劳动保险条例》及相关法规、政策建立起来的一种医疗保障制度，它以企业为直接责任主体，包括企业职工及家庭成员。

在市场经济条件下，从 1995 年开始在部分城市进行企事业单位的医疗保险制度的改革试点。改革的主要内容是社会统筹与个人账户相结合。1997 年将这种试点范围扩大到 50 多个城市。1998 年以《国务院关于建立职工基本医疗保险制度的决定》颁布为标志，我国的职工医疗保险制度改革进入了一个新阶段。新制度的基本框架包括：第一，坚持"低水平，广覆盖"，保障职工基本医疗需求；第二，基本医疗保险费由单位和个人共同负担，形成新的筹资机制；第三，完善社会统筹和个人账户相结合的制度；第四，合理确定基本医疗保险统筹范围，加强基金管理；第五，加强医疗机构改革，提高医疗服务的质量和水平；第六，特殊人员的医疗待遇与基本医疗保险制度的衔接。

经过几年实践，已在全国范围内初步建立起了城镇职工基本医疗保险制度。到 2006 年底，新制度参保职工达 15737 万人。其中参保在职职工11587 万人，参保退休人员 4150 万人。显而易见，城镇离退休老年人医疗保障是职工保障制度中的重要组成部分。老年人基本上与在职职工享受同一标准的医疗保障。在医疗保障制度层面，没有把老年人医疗保障单独提出来。

从现行的城镇医疗保障制度结构来看，主要由四个部分构成。

（1）基本医疗保险。这是多层次医疗保障体系的基础和核心，也是国家医疗政策的重要组成部分，属于法定性质的政府行为。以强制性实施为主，坚持"低水平，广覆盖"的原则，强调"公平优先，兼顾效率"，只限于提供绝大多数参保职工基本需要的、医疗服务机构采用成熟而适宜的技术所能提供的、医疗保险基金有能力支付的医疗服务。

（2）企业补充医疗保险。在基本医疗保险的基础上，在经济效益许可的条件下，由企业为职工、职工为个人自愿出资组成补充医疗保险基金，以弥补基本医疗保险水平的不足，以支付巨额医疗费而建立补充性医疗保险形式。

（3）公务员医疗补助。公务员在许多国家中是社会地位比较高、收入比较稳定的一个特殊群体。他们拥有完善的福利保障，由于工资水平较高，不仅可以参加法定医疗保险，还可以参加高水平的商业保险。由于公务员工资水平还较低，不具备个人普遍参加商业医疗保险的条件，所以国务院提出了对公务员实行医疗补助的方案，保证原有的医疗待遇不降低。

（4）医疗保险的特定群体。由于历史与制度的原因，许多特定人群不适合现行医疗保险制度。比如离休干部、老红军等，他们的医疗保障水平显然要高于基本医疗。国务院规定其医疗经费依靠原渠道或政府财政解决。经费支出与基本医疗保险基金相分离。[①]

从制度建设角度看，目前城镇老年人医疗保障制度面临的问题：一是覆盖面窄。现覆盖的主要是国有企业和一些机关事业单位的职工，以及部分集体企业职工。很多其他群体，特别是不同群体老人未在覆盖范围内。二是老年人特殊的医疗需求问题没有得到满足，特别是应对老年人给予的照顾并没有兑现。三是医疗保障制度体系在体现公平性、福利性方面存在不足或缺失，制度与制度间缺少衔接。[②]

3. 农村老年人医疗保险制度

农村老年人口占全国老年人口的 2/3 左右，享受公费医疗的老年人，城市为 60.8%，而农村仅为 3%。农村老年人医疗保障制度建设是个十分突出的问题。

---

① 参见曲文勇《21 世纪中国老龄化社会研究》，黑龙江教育出版社，2004，第 154 页。

② 参见姚远《中国人口年龄结构变化及老年人问题研究》，中国人口出版社，2007，第 95~96 页。

曾被世界称道的中国农村合作医疗模式，自 20 世纪 80 年代开始，逐渐走向解体，自费医疗再次成为农民主导的医疗形式。

20 世纪 90 年代以来，政府试图恢复和重建农村合作医疗制度，进行积极的研究和探讨。但收效甚微，农村合作医疗率不尽如人意，80% 以上农民陷入自费医疗境地。

农村医疗保障水平的倒退，引起中央政府的极大关注。2003 年 1 月国务院办公厅转发卫生部、财政部和农业部《关于建立新型农村合作医疗的意见》，提出以大病统筹为主的农民医疗互助共济制度，当年试点县 304 个，2004 年增加到 333 个，2005 年每个省（市）至少有一个试点县。截至 2005 年底，全国已有 1451 个县（市、区）开展试点工作，占全国总数的 50.7%，有 4.1 亿农民参加，中央财政支出 42.7 亿元，地方财政也相应增加支出，较大幅度提高了参加合作医疗农民补助标准。

新型农村合作医疗实施，使农民摆脱了"小病挺、大病扛"的困境，缓解了因病致贫、因病返贫的状况。

现在的突出问题：一是报销比例低；二是定点医疗单位诊断病费用较高；三是参加合作医疗是自愿的，在一些贫困地区老年人常被甩出制度覆盖面。

4. 医疗救助制度

医疗救助制度，是针对贫困与弱势群体遭遇大病、重病时给予资助救助的制度。

建立医疗救助制度的必要性：一是社会转型、体制转轨带来利益分配格局变化，使贫困人口和弱势群体规模有增大趋势；二是社会医疗卫生费用增长速度超过居民收入增长速度；三是很多人难以承受大病、重病医疗费用；四是低保制度没有把患病医疗需求纳入制度设计中。面对贫困人口和弱势群体患大病重病的特殊困难，建立医疗救助制度就显得十分必要，它对社会和谐稳定有重要意义。

城镇医疗救助制度尚处于探索阶段。2005 年，国务院办公厅转发民政部、卫生部、劳动和社会保障部、财政部《关于建立城市医疗救助制度试点工作意见》，提出了总体规划，通过试点建立城市医疗救助制度。中央财政每年安排试点医疗救助专项公益金 3 亿元，主要救助未参加城镇职工基本医疗保险但负担较重的人员以及其他特殊困难群众。

农村医疗救助制度，主要是对患大病的农村五保户和贫困农民家庭实行医疗救助的制度。2003 年民政部、卫生部、财政部发布《关于实施农村医疗救助的意见》。具体救助办法，一是强调救助与新型合作医疗制度衔接；二是对救助对象给予适当的救助。

医疗救助效果显著。2006 年救助城市最低生活保障居民 145.5 万人次，救助农村人口 286.8 人次。民政部资助参加合作医疗 984.4 万人次，城市医疗救助支出 5.1 亿元，农村医疗救助支出 8.9 亿元。①

① 见姚远《中国人口年龄结构变化及老年人口问题研究》，中国人口出版社，2007，第 99～100 页。

第十一章　老年社会文化

社会文化是社会学研究的重要概念和内容。老年文化是老年人生命健康赖以存在的精神支柱，也是社会文明与和谐不可缺少的坚实基础。重视老年文化发展是解决中国老龄问题的战略举措。文化共享是法律赋予老年人的权益。满足老年人精神文化需求，是民生问题的重要关注点。而老年文化涉及问题和方面很多，这里只侧重讨论老年精神文化、老年休闲文化和老年死亡文化。

一　老年与文化

文化是一种社会现象，它是人类共同生活中普遍存在的人为现象，是人类为了生存而在共同生产和生活中创造出来的人为环境和方式。它是人类独有的产物，是人类社会的象征。作为老年社会文化，是社会文化中一个不可缺少的组成部分。老年的存在是一种文化存在，老人的一生是文化的历程，老年人的发展与奋斗，就是一部老年文化史。

什么是文化呢？在社会学中，不同学者对文化概念的界定有很大差异。我国文化社会学家司马云杰是这样概括的：文化乃是人类创造的不同形态的特质所构成的复合体。[①] 他的这个定义，是一百年前现代人类学奠基人泰勒提出的"文化是一种复合体"概念的延伸。显而易见，社会文化是人类创造的。它是人类生活中带有人为痕迹的现象。世上凡经人力创造或利用的现象，都是文化现象。人类创造着文化，利用着、传承着文化。人类社会发展史，就是人类文化传承的历史。老年人传给下一代的是社会文化。如果没有社会文化，就没有人类社会。

文化既包括物质文化，也包括非物质文化。如穿的衣服，住的楼房，坐

---

① 司马云杰:《文化社会学》，山东人民出版社，1987，第11页。

的汽车，看的报纸，玩的电脑，栽的树苗，修的马路均是物质文化现象。诸如语言、婚丧嫁娶、风俗习惯、伦理道德、法律制度以及社会科学、自然科学，都是非物质文化。

从老年社会学视角，侧重探讨老年与非物质文化的关系，比如老年精神文化、老年休闲文化、老年死亡文化等。

研究老年文化，会经常遇到老年主文化与副文化这对概念。在社会生活中，是有各种不同文化的。文化分主流文化与非主流文化。代表社会流行价值取向、生活目标、行为规范的文化，即主文化。与主流文化不同的文化，称为副文化，或称亚文化，也有称为次文化。副文化多在小群体中流行，如小团体主义、行帮等。在老年群体中，副文化是很盛行的。有的老年人志趣相投，喜欢聚在一起，专门批评国事，通过发牢骚、"骂娘"，渲泄不满；有的老年人迷恋宗教信仰，不论什么场合，到处进行宗教宣传；也有老年人痴迷传销，不仅倾家荡产地投入，还到处鼓动亲朋好友参与其中。诸如此类具有特殊伦理、道德、宗教、审美价值的取向及行为，常常与主文化发生冲突，这些都属老年副文化。一般地说，老年副文化对于社会具有消极影响，特别是流行于小团体中的副文化，往往会有一定的破坏性。但副文化也有起积极作用的，即代表新生的、发展的因素。比如早期老年人学跳迪斯科、街舞，被社会视为"老不正经"，视为副文化，后来多数老年人都来跳，副文化就演变成了主文化。现实生活中，如没有这种副文化，就不会有后来老年人都来跳舞的主文化。再如从整个社会角度看，老年人群体是一个特殊的群体，老年人退休后社会地位和人际关系急剧萎缩，加之与年轻一代有代沟，老年人喜欢与老年人聚在一起，交流交往，这就很容易产生老年副文化，即老年群体有不同于社会的价值取向、态度取向和行为，老年人关注的是健康、医疗和家庭生活，同社会关注的职业、地位等有明显差异。老年人这种副文化现象对开展老年社会工作有指导意义。副文化并不都是坏事，对副文化应做具体分析。研究老年副文化，对老年社会工作是有现实意义的。社会应按老年副文化来设计老年社会工作，开展老年服务项目。

讨论老年文化，不能不提到一个新概念：文化反哺。这其实是一个与社会化概念相关联的概念。文化反哺是与文化三种基本形式有关的。美国人类学家米德在《文化与承诺》一书中，将文化分为三种形式：前喻文化、并喻文化和后喻文化。所谓前喻文化，是指晚辈主要向长辈学习文化；所谓并喻文化是指同辈人之间相互学习文化；所谓后喻文化，是指长辈向晚辈学习文化。米德把这三种文化基本形式与时代特征联系起来，认为：在农业社会，个体社会化模式是"老人楷模模式"，后辈的生活基本是上辈人的文化和生活"复制"；在工业社会，代际之间的文化传递已不是单向传递，而是双向"互递文化"；在信息和网络社会，作为生产生活方式基础的网络沟通，使得代际间的文化传递方式发生了彻底改变，出现长辈向后辈学习和吸收文化的现象。这种网络一代向长辈传递文化的现象，被称为文化反哺。老年父母要用手机发短信、用电脑发电子邮件、用遥控器使用 DVD 及数字电视，要反过来向子女一代学习。这种电子网络话语权，不是掌握在老辈人手中，而是掌握在小辈手中，这就出现了文化反哺。这是网络时代向老年人发起的挑战，老年人不得不改变文化传承执行者的角色，成为学习网络文化的新角色。

二 老年精神文化

老年人的精神文化是老年文化的重要组成部分。老年人的精神状态如何，是关乎老年人晚年生活是否幸福、生活质量高低的重要标志。搞好老年人的精神生活，保持良好的精神状态，有益于老年人的身心健康和提高生活质量，有助于家庭和谐与社会安定，有利于社会主义精神文明建设。

丰富多彩、错综复杂的社会生活，无时无刻不在影响着社会生活中的每个人。社会上沉浮变迁，家庭中悲欢离合，个人的喜怒哀伤，不可避免地要反映到老年人的精神生活中去。老年人的精神生活，绝不是单色板。在他们之中，有的感叹年华易逝，有的委靡不振，有的疑心自己有病，有的心胸开阔，有的自得其乐，有的壮志不减。显而易见，有一万个老年人，就有一万个精神生活的画面。然而为了便于研究，我们不得不简化这些生动而丰富的画面。为对老年人的精神生活类型作一勾画，现将老年人的精神生活类型划为三种：一为满意充实型，即精神愉快，情绪稳定，对自己的生活具有满意感、充实感。二为不满空虚型，即委靡不振，情绪低落，苦闷无聊，对生活持不满意的态度。三为中间型，介于前两者之间。

要探讨老年人的精神生活，就需对精神生活制定出分析指标，通过这些指标才能对精神生活做定量分析。而精神生活是由多种社会因素构成的。作为测量指标，它应是一个综合性的指标。笔者在哈尔滨调查研究、设计指标时，曾将老年人对晚境的看法分成愿望型（愿否长寿）、感受型（情绪好坏、是否孤独）、评价型（满意与否）等三个部分。企图通过这三个层面，来探求老年人对晚境的看法，进而比较分析老年人的精神生活状况。

在愿望这个层面，主要是探索老年人对晚年生活意义的态度。实验表明，

83％的老年人"愿意多活几年"，1.9％的老年人觉得"活着没意思"，还有14.9％的老年人填"无所谓"。这反映了大多数老年人晚年生活是不错的，感到生活有希望，有吸引力，企望多活几年，说明其求生欲望强。

在感受这个层面，主要是探索老年人晚年心理、情绪的状态。这里有三个指标：首先是情绪状态，情绪极佳的为2％，情绪好的为68％，情绪低沉的为19％，情绪十分低落的为2％，还有8％不表态。其次是心境状态，苦闷的为6％，无聊的为3％，无所谓的为3％，还可以的为60％，很充实的为20％，不表态的为7％。最后是孤独感状态，常有孤独感的6％，偶尔有孤独感的31％，几乎没有孤独感的32％，完全没有孤独感的31％。综合这三个指标，可以看到，情绪好的和最佳的占70％，心境很充实和还可以的占80％，孤独感几乎没有和完全没有的占63％，如果加上偶尔有的占94％。这表明多数老年人的晚年心理、情绪是正常的、稳定的。这是20世纪80年代初，在哈尔滨作的一个规模不算大的、主要调查对象是干部的抽样调查数据。

时隔20年，2000年中国城乡调查的数据有了很大变化，老年人的孤独感比重有了很大上升。23.7％即近1/4的城市老人和34.5％即1/3的农村老人"常常感到孤独"，表示"不好说"的老人也占一定比重（城市为9.8％，农村为14.8％）。数据表明，不论城乡，女性老人"常常感到孤独"的比重都高于男性老人。① 调查表明，老年人到了晚年，对生活已没有太多的要求，最大的愿望就是能够得到感情上精神上的安慰，尤其是得到儿女们的体贴与关怀，哪怕是说说知心话。但生存压力、居住方式、孝道淡化等因素使年轻一代无暇或无力顾及老年人的孤寂问题。老年人孤独感增大，还有一个十分重要的因素与之相关，即空巢家庭增多。2000年调查表明，大城市空巢家庭已达30％。空巢老人孤独感显得更为强烈。2008年中秋节前，中国老年心理关爱研究中心对南京400户60岁以上空巢老人进行抽样调查，结果显示58.29％的空巢老人"感到很孤独"。②

在评价这个层面，主要是探索老年人对晚年生活肯定和适应的程度。20世纪80年代初调查结果表明，对晚年生活很满意的占12％，较满意的占34％，还可以的占39％，不太满意的占12％，很不满意的占3％。如果把很满意和较满意的加起来是46％，把不太满意和很不满意的加起来是15％。这就是说，有近一半的老年人对晚年生活是满意的，有1/7的老年人对晚年生

---

① 中国老龄科学研究中心：《中国城乡老年人口一次性抽样调查数据分析》，中国标准出版社，2003。

② 王代：《"空巢老人"中秋很孤独》，2008年9月17日《老年日报》。

活是不满意的，有 3/5 的老年人对晚年生活是既满意也不满意的。这些数据是 20 世纪 80 年代初对哈尔滨做的抽样调查统计结果。2001 年国外学者做的北京市老年人对自己的精神文化状况的整体评价：45.7% 的老人对自己的精神文化满意，比较满意的为 24.5%，两项之和占总体的七成；有 22.5% 即近 1/4 的老人评价一般，还有 6.5% 的老人对精神文化生活不太满意和不满意。[①] 这是两个城市在时隔 20 年的调查，得到的统计数据，竟是如此大体相似。表明中国老年人的精神世界和对生活的态度是稳定的。

综合三个层面指标来看，如按类型划分，其满意充实型约为 70%，中间型约为 20%，苦闷型约为 10%。这表明多数老年人的情绪是乐观的，态度是积极向上的，精神状态是好的。

精神生活是由许多因素构成的。影响老年人精神状态的因素是很多的，其中主要的有经济因素、社会因素、家庭因素和个人性格因素等。统计表明，经济收入的高低往往影响老年人的精神状态，这种关系常常是一种正相关关系；原来社会地位的高低，对老年人精神状态影响较小，是一种弱相关关系；家庭关系的好坏，对老年人精神状态有直接影响，是一种正相关关系；个人性格中的气质，对老年人精神状态影响也很小，不管是兴奋型与谨慎型，还是活泼型与安静型，对精神状态影响并不显著。以上是调查统计中，就某一社会因素对老年人精神状态的影响而言。而在现实生活中，老年人是生活在一个多种因素同时作用的社会环境中。老年人的精神生活状态，常是一个多因素综合作用的产物，即是一个合力作用的结果。我们的研究，就是要发现有哪些因素在起作用，其中哪些因素是主要的基本的，进而从中找出规律性的东西来。

从上述讨论中，可以看到老年人精神生活是一个值得社会重视的课题。

物质生活的满足并不等于精神生活的充实。那种认为只要给退休老人以优厚的物质待遇，就可使他们的生活无虑的想法是不现实的。老年人在晚年生活中需要有精神支柱，精神上要有所寄托，心理上要有所满足。使他们感到自己仍属于社会，不是被社会抛弃，从而在精神上得到一种安慰。如果老年人退休后总觉得生活中缺了点什么，不知如何是好，时间长了就会觉得社会抛弃了自己，自己成了社会上无用的人。加上年老后感觉器官逐渐迟钝，交往范围日趋缩小，就会增加孤独感、寂寞感。特别是遇上家庭成员（如老伴、子女）、亲朋好友的突发变故（如死亡），会使老年人处于忧郁状态，甚

---

① 见姚远《中国人口年龄结构变化及老年人问题研究》，中国人口出版社，2007，第 141 页。

至会得忧郁症。因此，对于退休老人，要格外重视他们的精神生活状况。在可能的范围内，要支持他们参加一些力所能及的社会活动、社会工作，或在家协助子女照顾孙辈等，使他们精神有所寄托，是十分必要的。

家庭关系对老年人的精神生活影响很大。家庭不仅是老年人物质生活的中心，也是精神生活的天地。家庭的气氛如何，特别是家庭成员之间关系如何，同老年人的精神状态关系极为密切。子女是否孝敬，对老年人的精神影响极大。2000年城乡调查数据表明，50%以上的老年人不担心子女不孝。但在城市有29.1%、农村有33.2%的老人"非常担心"或"比较担心"子女不孝，还有10%左右的老人担心子女不孝为"一般"。① 再就是与配偶的关系。夫妻关系对老年人的精神影响最直接。近年调查表明，还有25%的离退休老年人夫妻关系不太和谐。② 特别是第五次人口普查资料显示，我国60岁及以上老年人中，丧偶者占30.6%。婚姻状况可以说是影响老年人精神生活的突出问题。家庭和睦，老年人的情绪愉快，精神状态好。家庭关系紧张，特别是"乌云笼罩"的家庭，老年人的情绪郁闷烦躁，精神状态不好。在社会调查中，时常发现这种现象，有的家庭物质生活很优越，可是家庭关系很紧张，老夫老妻之间，父子代际之间摩擦不断，时有升级；而在有的家庭里，物质生活条件并不算好，可是家庭中有尊有让，几代同堂，和睦相处。看来，家庭的精神建设是一个很重要的现实问题。它是一个同家庭物质建设有关，但并不完全取决于家庭物质建设的问题。俗语说："合家欢，老人安。"要使"老人安"，就要研究怎样做到"合家欢"。比如不能直接面对面进行情感慰藉，可采用间接形式，如通过电话、网络视频等方式与老人聊天、沟通，或通过经济支持方式雇用他人照料老人等。可以说，搞好家庭精神文明建设，是抓住了老年人晚年生活幸福、长寿的最基本的一环。

社会资源在满足老年人精神需求中提升服务理念和服务业务，将发挥更大的作用。面对21世纪空巢家庭、丁克家庭增多的状况，老年人情感孤独问题日益突出，老年人对精神层面的生活质量要求越来越高，而家庭为老年人提供精神慰藉的功能遇到挑战。政府、社会、社区、非政府组织等各种社会资源将发挥越来越重要的作用。政府通过制定、实施更加系统的相关政策、措施规范，加大投入，建立和完善老年人精神慰藉的支持体系。社会、社区、非政府组织等通过整合资源，提供老年人精神慰藉服务，组织老年人开展精

① 中国老龄科学研究中心：《中国城乡老年人口状况一次抽样调查数据分析》，中国标准出版社，2003。
② 肖健等：《老年人健康所需的精神文化生活条件调查》，《中国老年》2001年第3期。

神、文化、娱乐、康复、健身活动，发挥各自优势，满足老年人精神上各层次需求，特别是在社会化养老模式上，注重扩展精神赡养功能。通过社会化养老机构设施高端化所带来的服务理念和措施的提升，将中国社会化养老体制和模式带向新的高度。

三 老年休闲文化

休闲被视为一个国家生产力水平高低的标志，是衡量社会文明的标尺，是与每个人的生活质量息息相关的领域。人进入老年，休闲成为生活的主要内容，老年休闲文化成为老年文化的基础部分，特别是在现代社会，老年休闲文化成熟和完善程度，直接关系到老年人自身的生活质量与健康长寿，并将对社会的和谐稳定产生重大影响。尤其是快速老龄化的社会中，老年人在休闲文化领域出现了许多新情况新问题，需要老年社会学给予回答。从这个意义上讲，加强老年休闲文化研究，是老年社会学面临的一个重要课题。

1. 老年休闲活动在老年人生活中的位置及特征

老年休闲活动在老年人生活中占有怎样的位置呢？据中国城市居民休闲生活质量研究课题组和中国人民大学所做的生活时间研究的调查数据表明，老年人每一天时间分为四块，其四块时间分配如下：一是生理时间，为497.4分钟，占一天总时间的34.54%；二是继续工作时间，为33.6分钟，占一天总时间的2.33%；三是休闲时间，为721.2分钟，占一天总时间的49.99%；四是家务时间，为190.2分钟，占一天总时间的13.2%。[1] 从老年人一天时间分配来看，休闲时间占了四块时间的一半，表明休闲生活是老年人的主要生活内容，它在老年生活中占有重要位置。

从中国老年人休闲时间的利用与分配的总体特征看：第一，看电视是主要的休闲方式，看电视占了老年休闲时间的一半。第二，多数老年人都进行一项或两项文体活动，如散步、打拳、跳舞、做保健操。第三，老年人花在旅游、看电影、志愿者活动、朋友聚会、宗教以及多元化文化上的活动时间太少。平均每周少于60分钟。[2]

---

[1] 曲文勇：《21世纪中国老龄化社会研究》，黑龙江教育出版社，2004，第115页。

[2] 曲文勇：《21世纪中国老龄化社会研究》，黑龙江教育出版社，2004，第126页。

2. 老年人参加休闲活动分布

老年人一半时间在从事休闲活动。那么具体地从事哪些活动呢？2000 年城乡调查展现了这样一个老年人参与休闲文化活动的画面，如表 11 - 1 所示。

表 11 - 1　2000 年城乡老年人口参加休闲文化活动情况

单位：%

项　目	城　市	农　村	项　目	城　市	农　村
太极拳	7.4	0.3	听广播	48.2	40.2
读书看报	45.4	8.2	做球类运动	3.5	0.3
书　画	5.1	0.5	旅游	9.1	1
逛公园	32.7	0.8	学电脑	1.3	0.1
看电视	90.6	74.1	唱歌跳舞	6.7	1
看电影、戏	15.2	20.6	散　步	79.7	60.6
做保健操	19.3	1.2	种花、养宠物	34.5	4.9
搓麻将（棋、牌）	25.6	12.8	集邮及物品收藏	3.2	0.2

资料来源：见中国老龄科学研究中心《中国城乡老年人口一次性抽样调查数据分析》，中国标准出版社，2003。

中国城乡老年人休闲文化活动调查表明：

第一，城乡老年人休闲文化活动基本方式是一致的。从统计的集中趋势看，城乡老年人参与休闲文化活动占第一位的是看电视。城市高达 90.6%，农村占 74.1%；占第二位的是散步，城市为 79.7%，农村为 60.6%。表明中国城乡老年人休闲文化活动方式有待开发，中国城乡老年人休闲文化活动质量有待提高，还表明社会文明程度在这一代老年人身上有待升华。

第二，城乡老年人因拥有资源上的差异，其休闲文化活动方式是存在差别的。在读书看报、逛公园、旅游、种花、养宠物等方面差别较大。读书看报与老年人文化程度和收入有关；旅游主要与经济条件有关；逛公园与城乡基础设施建设投入存在巨大差异有关；种花、养宠物除与个人兴趣嗜好有关外，主要是与城乡二元结构有关。城里老年人退休后多数不参加社会劳动，种花、养宠物是一种"营生"；而农村老年人只要能活动就一直参加各种方式的劳动，难能有闲心去种花、养宠物。显而易见，在老年人休闲文化活动上是深深烙印着城乡差别的。中国老年人休闲文化，其实是城乡两种不同生活方式的文化混合体。

第三，互动少，受动多，是中国老年人休闲文化的突出特征。看电视、听广播属受动型休闲活动，参与方是以受众形式参与，不能与对方互动交流。唱歌跳舞、旅游、下棋、打牌、搓麻将、做球类运动等属互动型休闲活动。无论是健身活动，还是娱乐活动，都是在群体中面对面互动，可以相互沟通交流。互动型休闲活动对于老年人有特别的重要意义。老年人可以通过各种活动为媒介，与别人搭上话，说说要说的话，宣泄郁闷，结交朋友，拓展人脉，进入群体，避免失落、孤独、抑郁情绪，有助于保持乐观向上情绪。

3. 老年人参加休闲活动的基本类型

老年休闲活动是老年人精神生活中的主体部分，其主要内容分为以下类型。

第一，老年人的文化学习生活。诸如读书、看报、练书法、写诗、作画。读书看报是一种文明的习惯。据上海调查，70 岁以上老年人更爱阅读，每天阅读时间超过两小时的占 47%，1 至 2 小时的占 38%。[①] 当今上海老人流行新时尚，这就是写作剧本，出版随笔集，精神文化有了新追求。[②] 令人意想不到的是很多老年人想上学，期望获得再教育。天津 72 岁的李学华，一直自学到硕士学位。[③] 济南老年大学 89 岁的柏耐冬，在老年大学念了 25 年，从初级班、进修班到研究班，成了不走的"留级生"。[④] 哈尔滨老年大学出现爆满情况，已连续三年突破万人，306 个班仍供不应求，想当个旁听生也不容易。[⑤] 各类社区老年学校应运而生。北京朝阳区就建立了一所老人"走读学校"，社区老年人白天出门学"手艺"，晚上回家休息。学业课程有手工制作、书法绘画、陶艺、十字绣等。[⑥]

第二，老年人的文艺生活。诸如看电视、看电影、看京剧、看话剧、看歌剧、听评书、听相声、欣赏音乐、扭大秧歌、打腰鼓、跳舞唱歌等。就以跳舞唱歌为例，厦门同庆有位 98 岁老人吴望怀，印度舞、拉丁舞、交谊舞、迪斯科，样样娴熟，扭秧歌、跳街舞，样样精彩，其"粉丝"遍及全国。[⑦]哈尔滨有一对 77 岁老年夫妇黄克桓、韩瑞荣，每天骑自行车到道里区各个广

① 曹玲娟：《上海 70 多岁老人爱阅读》，2009 年 4 月 23 日《中国老年报》。
② 梦融：《沪上老人钟情写剧本出随笔》，2009 年 2 月 27 日《老年日报》。
③ 张清、陈玉军：《多数老人想上学》，2008 年 10 月 17 日《老年日报》。
④ 《"老留级生"25 年获十余张毕业证》，2009 年 8 月 21 日《中国老年报》。
⑤ 白领、秦岭：《306 个班级安排不下一名旁听生》，2009 年 4 月 9 日《哈尔滨日报》。
⑥ 童曙泉：《走读学校充实老人晚年》，2009 年 2 月 18 日《老年日报》。
⑦ 谢家林：《98 岁寿星舞动夕阳红》，2009 年 7 月 30 日《家庭保健报》。

场和街心花园，教老年人跳自创的"排舞"，在哈尔滨老年人中风行。[①] 哈尔滨有一个专唱俄语歌曲的中俄友好艺术团合唱队，是由 68 名平均 60 岁、最大 75 岁的老人组成，他们唱遍了哈尔滨市社区、广场。[②] "永远的辉煌"——第十一届老年合唱节 2009 年 9 月 2 日在重庆举行，来自全国 60 支老年合唱团的 3000 多名老年歌手，齐聚山城放歌，为共和国 60 周年生日献礼。[③] 为了支持群众歌咏大赛，曾经是部队文工团演员的 82 岁老人沈国振，把自己的一台大钢琴赠给社区，为社区 5 个合唱团服务。[④]

第三，老年人的体育健身活动。诸如散步、打拳、练气功、跑步、骑车、游泳、踢毽子、跳绳、打柔力球、打羽毛球、做保健操等。每天早晨在各地的江边、湖畔、广场、街心公园，到处都能看老年人在做各种形式的健身活动，体育健身活动成了老年人休闲生活的必修课。哈尔滨有对老年师徒，师傅高德江 82 岁，被市体育局授予"老武术家"称号。徒弟叫王广臣，78 岁。每天师徒俩都在斯大林公园舞刀弄棒，刀光剑影，引来观众围观。[⑤] 双城市 70 岁老人罗福，练就一身与爱犬一起跳绳的绝活，每天在希望广场上表演，引来众多市民围观。[⑥]

第四，老年人的棋牌游艺活动。诸如下棋、搓麻将、玩纸牌、打扑克、玩桥牌等。搓麻将在全国风行，在大江南北的大街小巷，到处可以看到麻友们哗里哗啦的推牌声。甚至在一些城市门市商店里也支起麻将桌，人们一边打牌一边做生意。

第五，老年人的工艺制作活动。诸如刺绣、剪纸、作蛋画、捏面人、制陶器等。在哈尔滨市道外区有位身怀绝技的民间老艺人孙玉华，她制作了三千绣球，七十岁被评为"优秀艺人"。[⑦] 哈尔滨南岗区有位 63 岁退休职工王淑琴，10 年前学捏面人，现在捏啥像啥。[⑧] 哈尔滨还有一位传奇老人叫林玉卿，84 岁时的剪纸作品获全国剪纸大赛金奖。她曾先后在国内外大赛中获 4 个金奖，13 项银奖，被评为"优秀民间文化艺术家"、"特殊贡献奖"、"最佳艺术"等。她年轻时当过村妇救主任，还是中国第一支"铁姑娘建筑队"队长，

① 黄晏居：《"排舞"跳得夕阳醉》，2009 年 6 月 14 日《哈尔滨日报》。
② 贾丽燕：《68 名老"俄语迷"俄语歌曲唱响冰城》，2009 年 7 月 28 日《哈尔滨日报》。
③ 文喻：《以歌以咏推动文化强市建设》，2009 年 9 月 10 日《中国老年报》。
④ 于海霞：《82 岁老人送社区一台钢琴》，2009 年 6 月 17 日《生活报》。
⑤ 张清云：《78 岁徒弟和 82 岁师傅演绎刀光剑影》，2009 年 8 月 24 日《生活报》。
⑥ 张明超：《宠物狗和主人一起跳绳》，2009 年 6 月 9 日《生活报》。
⑦ 张妍霞：《老艺人巧制三千绣球》，2009 年 6 月 22 日《生活报》。
⑧ 张妍霞：《63 岁老太捏啥像啥》，2009 年 6 月 9 日《生活报》。

受过中央首长接见，其事迹被拍成《笑逐颜开》电影。她为航天英雄杨利伟创作剪纸作品，杨利伟特地与她见面，亲切握手。[①] 哈市道外区有位六旬老人喜欢在蛋壳上作画，她作画不用草稿，黛玉葬花、梅花山水、啄食小鸟，惟妙惟肖，尤其擅长画古代仕女。[②] 74 岁老人赵喜罡，用 4 年时间手绘制成 30 卷近 300 米长的大画卷《老哈尔滨城市图卷》，这是他把自己从海内外搜集的上千份图片和资料，汇集整理，绘制出反映 20 世纪初哈尔滨市街路、建筑、店铺等民俗风貌的历史画面，十分珍贵，具有历史文献价值。[③]

第六，老年人的兴趣爱好活动。诸如养花、养鸟、养鱼、养宠物、钓鱼、摄影、集邮、烹调、收藏、音乐、玩车、雕刻等。老年人的兴趣爱好太多了，可以说五花八门、千奇百怪。哈尔滨年近八旬的退休干部韩凤林，用镜头定格城市变化，摄影成了晚年生活的最大乐趣。[④] 浙江慈溪市也有这样一位年近八旬的老人叫林荫，擅长人体摄影。他 20 多年所拍摄的人体摄影作品正在一个咖啡馆展览。[⑤] 哈尔滨 82 岁老人张德松，被称为"撰谜老人"。每天早晨在水上公园江畔一侧，在地面上书写六七十条，多时达百条谜语，供大家猜。张老坚持写谜语已有 20 年之久。[⑥] 哈尔滨南岗区有位七旬周先生，收藏骨化石已有 15 年，家有千余块骨化石，还有木化石和树化石，现在家中办了一个骨化石博物馆。[⑦] 学开车也在成为老年人的兴趣爱好，老年人学开车正在成为时尚。[⑧]

第七，老年人的游览旅游活动。诸如境外游、国内游、休闲游、养生游、商务游、探险游，以及参观、访问、探亲等。旅游正在成为老年人休闲文化生活的重要内容。根据调查，70% 以上老人有出游的需求和渴望，老年出游者已占全国旅游人数的 10% 以上。专家预计，老年人市场消费到 2010 年可望突破 1 万亿元，其中旅游消费约 3000 亿元。[⑨] 老年人旅游与其他年龄段人群不同，有自己的特点。要求以舒适、休闲、高质量服务为标准。健全的医疗

---

① 刘彦宏：《林玉卿：剪出美丽人生》，2009 年 2 月 8 日《生活报》；杨文学：《昔日铁姑娘，今朝剪纸迷》，2009 年 7 月 11 日《哈尔滨日报》。

② 张妍霞：《六旬老人蛋壳上画黛玉葬花》，2009 年 8 月 4 日《生活报》。

③ 马田园：《手绘老哈尔滨图卷》，2009 年 5 月 15 日《新晚报》。

④ 赵琳：《用我的镜头定格城市变化》，2009 年 7 月 12 日《哈尔滨日报》。

⑤ 《耄耋老人展出人体摄影作品》，2009 年 2 月 13 日《中国老年报》。

⑥ 王铁军：《江畔"谜"园成一景》，2009 年 8 月 5 日《新晚报》。

⑦ 王铁军：《七旬老人家中办博物馆》，2009 年 6 月 19 日《新晚报》。

⑧ 陈微微：《老年人学车渐流行》，2009 年 7 月 21 日《老年日报》。

⑨ 曲澜娟：《大力推广"银发游"拉动消费》，2009 年 2 月 13 日《老年日报》。

安全保障体系是老年旅游团一个极其重要的组成部分。①　老年人旅游比较喜欢 AA 制长途游，喜欢慢悠悠地走，边走边看。其出游方式要自由、随意，而且经济。②

　　第八，老年人的沙龙聚会活动。诸如诗社、文学小组、定期聊天聚会、兴趣沙龙、宗教活动小组、家庭演唱会等。围绕老年人休闲文化开展的各种聚会沙龙，在城市比较多。很多兴趣爱好相同的老年人定期不定期聚在一起，交流心得，交流情感。近年来在农村也开始兴起这种时尚。浙江宁波市北仑区 80 岁以上高龄老人建立"老年人家庭休闲活动室"，几位或十几位高龄老人或看电视，或拉家常，或听读报，或讲新闻，谈天说地，消解了寂寞，建立了友谊，得到充分的精神慰藉。这种"老年人家庭休闲活动室"受到当地政府重视，从 2009 年开始，政府每年投入 10 万元来补贴"老年人家庭休闲活动室"日常开支。到年底，北仑"老年人家庭休闲活动室"将达到 50 家。③

　　第九，老年人的上网 E 族活动。诸如上网看新闻、聊天、发 E-mail、网络打牌下棋、做网上生意、开网站等。上网正在成为老年人消磨时间的一种新方式。柳州市 85 岁老人李家辉，跟几个小孙子孙女学会了用电脑。现在老人成天写博客、到论坛发帖，用 QQ 聊天，成为帮助孩子们戒除网瘾的帮教小组志愿者。④　上海启动"扶老上网"工程几年来，已有十多万老人能熟练上网、收发 E-mail；山东烟台市将对 3 万老年人进行"中老年无障碍上网"免费培训。老年人已经成为网络人口成长最快速的族群。专家表示，到 2050 年全球 60 岁以上老年人将达总人口的 20%，"触网"的老年人也将越来越多。尝到上网乐趣的老年"网虫"也很疯狂。⑤　当今开网店已不是年轻人的专利，一些老年人在网上创业：或出售自己制作的手工艺品；或自学电脑上网卖货。成都市东郊冉老已 91 岁，每天花 5 个小时制作手工内衣，不仅在家中"直销"，还开了网店。网店开张后，货物供不应求。山东枣庄 80 多岁老太，在网站上开了个"巧奶奶手工坊"，老人亲手制作的虎头帽，通过网站，已把产品卖到了海外。⑥

　　第十，老年人的休闲养老活动。诸如拼家养老、异地互动养老、租地下

①　李付春：《前景诱人的老年旅游市场》，2009 年 5 月 29 日《中国老年报》。
②　陈玮萍：《众多老人热衷 AA 出游》，2008 年 7 月 14 日《老年日报》。
③　张慧慧：《"家庭休闲"为农村老人解闷儿》，2009 年 6 月 15 日《老年日报》。
④　刘山：《银发族驰骋"网上江湖"受阻》，2009 年 7 月 28 日《老年日报》。
⑤　姚瑶：《中国老人上网也"疯狂"》，2009 年 5 月 26 日《老年日报》。
⑥　梁小婵：《银发族乐享网上创业》，2009 年 7 月 29 日《老年日报》。

乡养老、候鸟流动养老、华人回乡养老等。浙江宁波镇石塘村为解决单身空巢老人孤寂问题，在不改变原有居住地，不改变原有的生活方式前提下，将 4 位平均年龄超过 80 岁单身空巢老人"拼家"，他们年龄相仿、兴趣相投，早晨相约去公园晨练，晚饭后一起去散步。平时午饭后一起打牌，逢好天气结伴出游。按各自所长安排家务，彼此照顾，自助养老，驱除寂寞，被称为是一桩好事、美事、幸事。① 2009 年 5 月由全国几十家养老机构共同打造的"阳光真爱工程——异地互动养老"在郑州启动。该工程整合了郑州、北海、成都、威海、厦门、天津、兰州、西安等城市各具特色的养老机构的资源，通过有效的机制，建立统一的服务网络，实现老年人异地养老、养生、旅游观光、文化交谊。随着季节变化，老年人可根据需要，选择到不同城市养老院"串门养老"。异地养老，短可 15 天，长可 3 个月。可在"家"玩，也可到商场参观购物，还可观光旅游。费用因地不同，每天在 50 ~ 60 元左右，不包括路费、旅游景点费。② 郑州 74 岁张金鼎老人，每年花 2000 元，在郊区租块地，冬季在大棚养花，夏季主要种菜。他每天奔波几十公里去种菜种花，经常傍晚扛着十几斤菜回市里，免费送邻居，乐此不疲。他说："这是花钱买健康。"③ 在经济不景气的背景下，一些在美华裔老人退休生活难熬，又不甘做卡奴，纷纷掀起回乡养老热。④

四 老年死亡文化

人在生命各个历程中都有死亡现象。但在正常生命历程中，人到老年濒临死亡就越近。死亡更多地与老年人、高龄人联系在一起。从这个意义上讲，老年人面临一个死亡问题，有一个死亡文化问题。但死亡是一个世界性忌讳的话题，人们拒绝谈论死亡，是因为人们害怕死亡。对死亡的忌讳，同我们的社会教化有关。顾海兵先生很精辟地讲："在我们的整个科学及教育的体系中，只有生的教育，而没有死的教育；只有优生学而没有优死学；只有计划生育而不计划死亡；只有人生观而没有人死观；只有生的崇高而没有死的光荣。试想，如果没有死亡，人口数量无限制增长，地球资源被吃光用尽，人

---

① 语策：《"拼家"养老，老伙伴相伴找快乐》，2008 年 9 月 11 日《文摘报》，原载《中国老年》2008 年第 9 期。

② 王冰莹：《异地互动养老月均消费 1500 元》，2009 年 11 月 2 日《老年日报》。

③ 杨海霞、岳修科：《退休夫妻租地买健康》，2009 年 2 月 18 日《老年日报》。

④ 施秋羽：《美华人掀起回乡养老热》，2009 年 8 月 20 日《老年日报》。

类还能生存发展吗?"①

老年死亡文化中最引人注目的话题,就是临终关怀与安乐死。

1. 老年临终关怀的历史与本质

老年临终关怀,就是对濒临死亡的老者给予照顾和关怀。

临终关怀最早起源于英国。1967 年英国的桑德斯博士在伦敦首创圣克里斯多弗临终关怀医院,首开现代临终关怀事业之先河。1974 年美国也开始建立临终关怀医院,之后世界各国医护人员纷纷效法。现在世界上有 70 多个国家建立了多种形式的临终关怀机构。

在我国,真正意义上的临终关怀,是在 20 世纪 80 年代中期才开始起步的。1988 年 7 月,天津医学院成立第一家临终关怀研究中心。同年,上海南汇出现第一家临终关怀医院。现较为著名的有北京松堂关怀医院、北京朝阳门医院临终关怀病区(第二病区)、香港百普里宁养中心等。全国现已有近百家临终关怀服务机构,为老年人提供临终关怀服务。

老年临终关怀的本质,是对无望救治的老年病人施以临终照护,它不以延长临终老人的生存时间为目的,而是以提高其临终生命质量为宗旨,对临终老人采取生活照顾、心理疏导、姑息治疗,着重于控制老年患者的病痛,缓解其痛苦以及消除病人及家属对死亡的焦虑和恐惧,使临终老年患者活得安宁,死得有尊严。同时,还对其家属提供居丧期在内的心理、生理关怀、咨询等其他项目的业务。说白了,老年临终关怀的实质就是社会给临终老年人提供一个舒适的辞世环境,使其能舒适、幸福、体面地走完人生的旅程,让临终者安详辞世,让亲属得到安慰。

2. 老年临终关怀的对象与内容

老年临终关怀实际上是一种特殊的服务。通过全面照护,使临床老年病人的生命质量得以提高,使家属心理、精神得到慰藉。

老年临终关怀对象,不是一般病人,而是处于临终期的老年病人,具体指凡经诊断明确、治愈无望、估计生命期在 10 个月左右的老年患者,或已丧失自理能力的老人。

从社会学研究角度讲,濒临死亡的老年人是一个特殊的群体,是老年临终关怀社会学应侧重研究的群体,从研究内容上看:

---

① 参见丁焱《临终关怀发展中的伦理问题》,《中华护理》2000 年第 10 期。

（1）探讨临终老年人的需求，特别是心理和社会需求。

（2）探讨临终老年人的全面看护问题。特别是关照临终老年人的最后要求与愿望，比如事业上未了的心愿，同事间未了的事宜，家庭中亟待处理的问题，人生未实现的愿望等。

（3）探讨死亡教育问题。这是社会化中需要补课的问题。主要是解决濒死病人对死的恐惧，学习"准备死亡、面对死亡、接受死亡"，让生命"活得庄严，死得尊严"。还有对其家属进行死亡教育，目的在于帮助他们适应病人的病情变化和死亡，缩短悲痛过程，减轻悲痛程度，认识自身继续生存的社会价值与意义。

（4）探讨老年临终关怀的模式。怎样因地制宜、因时制宜地选择老年临终关怀的文化模式和服务模式。

3. 老年临终关怀的特点

第一，"病人为本"高于"疾病为本"。老年临终关怀，是以病人为中心，而不是以疾病为中心。不以治疗疾病为主，而是以支持病人、控制症状、姑息治疗与全面照护为主。重点是控制病痛，使病人处于舒适状态。

第二，注重病人的尊严与价值，提高病人临终期的生命质量。老年临终关怀不以延长其生存时间为主，而以提高其临终期的生命质量为宗旨。通过关心和照护，减缓病人的孤独感、失落感，增加舒适感，提高其生命质量，维护其尊严。

第三，注重心理疏导和满足病人的情感与精神需求。减轻病人身心痛苦，单靠药物或姑息治疗很难奏效。注重情感与精神需求，适时地有效地进行心理疏导则有助于病人的精神平和与愉快。

第四，营造家庭式关爱的氛围。创造家庭关爱的环境氛围，是老年临终关怀的重要组成部分。医护人员的热忱服务和志愿者的热情参与，对于营造家庭式关爱的氛围极为重要。①

4. 安乐死

安乐死原意就是安适和尊严地死，即指无痛苦死亡、快乐死亡。简单地说就是"好死"。通常是指患有不治之症的病人在危重濒死状态时，为了免除精神和躯体上的极端痛苦，在病人或其亲友要求下，经过医生的认可，用医

---

① 参见曲江川《老年社会学》，科学出版社，2007，第266～268页。

学的方法使病人在无痛苦情况下终结生命。

安乐死分为两种类型，因停止人工抢救措施以缩短其痛苦生命过程者，称为消极安乐死（也称为听任死亡）；使用加速死亡的药物和方法者，称为积极安乐死（也称之主动安乐死）。

荷兰是世界上第一个使安乐死合法化的国家。2000年11月荷兰议会正式通过安乐死法案。此后比利时也通过法案，确定了安乐死的合法地位。从广义上讲，安乐死也属于临终关怀的方式。但安乐死在我国未获得合法地位。

1988年1月，我国中央人民广播电台曾就安乐死问题展开讨论。当时邓颖超写信表示非常赞同安乐死。1994年3月全国人大会议上，著名医学家胡亚美、严仁英领衔提出安乐死议案，并引起《北京晚报》两个月"说说安乐死"的讨论，参加讨论者多为赞成派。

对于安乐死的争论，实际上是一场社会伦理的争论。

反对安乐死的人认为：第一，人的生命是神圣的，生的权利是一个人的最基本、最重要的权利。医生的职责只能是救死扶伤，延续病人的生命。第二，医生诊断和预后估计不可能百分之百正确，病人的病情也可能在概率之外。第三，病人的自愿往往难以确定，可信程度差。第四，要求别人杀死自己，对自己是个解脱，但对实施杀人者会背上沉重精神包袱。第五，会导致"草菅人命"或借机杀人的后果。

赞成安乐死的人认为：第一，一个人有生的权利，也有选择死亡的权利。第二，对死亡已不可避免，解除痛苦比延长濒死生命更为人道。第三，许多情况下病人的心愿是可以确定的，如立遗嘱。第四，用昂贵的代价去挽救无意义的生命是种浪费。第五，不能用濒死病人的痛苦去等待拯救不治之病新技术的到来。

5. 老年临终关怀与安乐死的异同

老年临终关怀与安乐死，实际上都是在探讨如何更好地终结生命终末期的生命问题。

临终关怀和安乐死有相同之处：第一，目的相同。两者都是在回答如何面对死亡，探讨生命终结的质量与尊严。第二，生命价值观相同。二者都希望提高死亡的质量，使死亡过程更舒适、更安静、更有意义、更体现人的价值。第三，手段相同。都不过度浪费医疗资源，使病人安详地离开人世。第四，二者相互依存。

临终关怀与安乐死的不同之处：第一，概念渊源不同。临终关怀是桑德斯博士于 20 世纪 60 年代提出来和创立的；安乐死是由患者首先提出来的，是病人的自我要求。第二，伦理价值的依据或出发点不同。临终关怀具有浓厚的人道主义色彩，它的医学伦理原则是传统的伦理道德，它强调对临终者的同情、关怀和照护；安乐死的伦理有两个出发点：一是病人有选择生死的权利，二是功利伦理观，是临终者对社会和亲人的最后一次回报。第三，关注的范围和焦点不同。临终关怀是缓解、消除临终者的生理疼痛；安乐死是使死亡时间缩短。第四，社会接受程度不同。临终关怀是在社会的欢迎氛围中产生和发展起来的；安乐死从产生到目前一直处于争论之中。

是选择临终关怀还是安乐死，这是一个文化模式选择的问题，在实施中因人而异。

每个人自出生就面临着"入世"与"出世"的问题。在"出世"即死亡归宿这个问题上，中西文化有着很大的不同。西方的亡灵是升天，中国的亡灵是入地；西方的亡灵是到神的世界，中国的亡灵是到鬼的世界；西方人生前赎罪，为的是能使亡灵升华到更高的境界，中国人生前追求享受，还希望把阳间的生活享乐带到地府去。死的这套文化理念，其实是为活着的人，是用以影响教化"入世"的人。

面对快速老龄化，将有越来越多的人面临老年死亡文化问题。我们应补上社会化中死亡教化不够这一课，完善临终关怀的社会机制，提升临终文化模式的文化品位，尽快构建与我们社会相适应的临终文化模式。这样，优死也应同优生一样，成为人生追求的目标之一。

第十二章　老年社会互动

　　社会现实，就本质而言，是由个体或群体相互间互动的各种形式组成的。社会互动是社会学研究中，由个人走向群体以至更大的社会组织制度的转折点，是社会学研究从静态结构进入动态结构的起点。社会互动不仅发生在个体与个体之间，也发生在个体与群体之间，还发生在群体与群体之间。社会互动是人类结合的基础，也是产生社会现象的元素。老年人互动的对象与范围随年龄增大而缩小。但老年人也有其独特的互动圈子和互动方式，值得研究和探讨。

一　什么是社会互动

　　社会互动，是指两人及以上或与群体间发生的交互性活动。这种交互性活动可以是语言、手势、眼神等肢体语言的双向交互活动。诸如两人聊天、跳交谊舞、群体打架等。像看电视，就不属于社会互动，因为没有交互性，看电视者不能与电视中的人物发生交互活动，这种单向性活动不是社会互动。

　　社会互动概念表明：第一，社会互动必须发生在两个人以上，一个人不能互动。第二，两个人在一起，没有接触，没有肢体语言沟通，没有语言交流，就没有互动。比如在公共场合中，自己干自己的事情，没有和别人发生接触、没有肢体和语言交流，就没有互动。如一位老人碰着一个陌生人，说声"对不起"，被碰着的人说"没关系"，这就发生了互动。互动是一个相互指向的过程。假设你说了"对不起"，对方既不说"没关系"，也无任何肢体语言，即毫不理会，表明你的行动是一个单项行为，对方无反馈，也不应算互动。只有对方对你有所反应，哪怕是一个点头、一个摆手，甚至是一个微笑，也表明是一个互动过程。第三，互动一般地是一种面对面的交互过程。但也有的不是面对面的情境。比如通过信件、电话、视频进行交流，也是互动。

一个完整的互动，由五个要素构成：第一，行动主体。不管是个体与个体，还是个体与群体以及群体与群体，行动主体的最小的单位是个体。行动主体与交互者之间可能是各种关系。对方可能是合作对象，比如与热恋中的老年再婚对象互动；对方也可能是行动中联合的同盟，比如老年人相约钓鱼的渔友之间的互动；对方也可能是行动中可利用的工具，比如利用老年人搞传销的那种互动；还可能是行动中的障碍，比如跟做坏事的老人争辩的互动。第二，社会目标。互动的人行动都是有意识的，都是有一定目标的。这个目标是同其需要与利益相关的。无论是谈恋爱、钓鱼、传销，都是行动的目标，目标是互动的一个重要因素。第三，社会环境。无论哪种互动，都是在一定环境中进行的，而且常与环境有密切关系。不同环境，其互动形式可能相差很远。谈恋爱可在江畔，亦可在喧闹的马路边，还可在一方家中，也有人选在某茶楼，或在证券市场中，或在运动场中。互动环境（特别是社会环境）不同，其互动的形式和结果就可能有很大差异。第四，社会规范。双方互动总是在一定社会规范中进行，不按行动规则办事是不行的，比如谈恋爱与搞传销，就是两种不同规范的互动。不能用谈恋爱的规范去搞传销，更不能用搞传销的规范去谈恋爱，互动要按游戏规则运作，不能乱来胡来。第五，交互作用。互动就是要有来有往。不管是运用口头语言、肢体语言或通信媒介，都是要有一方发出信息，另一方回应信息的过程。单方行动不是互动；向对方发出信息，但对方不回应不理睬，也不是互动。只有双方交互作用，才是互动。

二 社会互动的基本类型

根据社会互动的性质，可将互动分为以下几种类型。

1. 合作

合作，是指互动各方为了一个共同目标，相互配合的一种联合行动。合作是行动者的力量与成果相互流通与相互会聚。

合作的一种形式是社会交换。社会交换是指行动者支付一种社会资源换取另一种社会资源的合作行为。比如通过请人吃饭，让对方为你办一件事。请吃饭与请办事，是两种社会资源。通过两种资源的交换，取得合作的效果，双方都获得了利益。社会资源的支付与回报的内容，比经济资源的支付与回报的内容要宽泛得多。社会交换中支付与回报的内容可分为：一类是属精神层面的，如谢意、赞扬、友爱、尊敬、服从；另一类是属实在层面的，如劳动、实物、货币、智力、权力。通过支付与回报带来的合作形式有三种：第一种，精神层面与精神层面的交换。比如，一位年轻人对老年人的尊敬，换来老年人对年轻人的赞扬。第二种，精神层面与实在层面的交换。比如一位老年人花费时间为另一位老年人解决了难题，获得对方的尊敬和谢意。第三种，实在层面与实在层面的交换。比如一方掌权老年人将另一方握有实权的老年人的儿子提拔为干部，另一方握有实权的老年人则为对方女儿安排了一个遂心工作。这种利用权力的互利互惠，是一种典型的权力交换合作。社会交换也是贯彻"等价原则"。但这个等价物，不像经济领域的等价物那样易于衡量。从某种意义上讲，所谓社会交换的"等价"，不过是行动者一个人的一种心理、利益、需求的满足。比如用 10 万元钱换来一顶政协委员的帽子，行动者认为值，就是等价的。当然，社会交换也有明码实价的，如买官卖官。

合作的另一形式是援助，援助是行动者向他人提供社会资源的行动。援助是互动中美好关系的体现。例如，为有困难的老人做义工；抢救灾区老人；一些成功的企业家捐赠善款，建立老年人之家等。在援助中，还有一种援助叫双向型援助，指互动双方分别向对方提供援助的行动，即平时讲的互助。互助是一种较为普遍性的稳定性的援助模式。互助的基础是有共同的利益。老年人在日常生活中，遇到较多的援助是这种互助模式，包括家庭、邻里、朋友间。即你帮我一下，我帮你一把。很多互动多为这种互助性的互动。

合作还有一种形式是协同，协同是指行动者为达到共同目的而发生的一切行动。协同多适用于群体合作。协同有两种表现形式，一种是共同行动，即行动者共同进行的一项活动。例如，老年人打门球、参加游泳比赛、举行老年人演唱会等。每个行动者要结合一体，共同努力，形成合力，才能打好一场球，演好一台戏。另一种是配合行动。即行动者分别进行不同的活动，这些不同活动属于一个完整活动的某个环节。这是一种分工合作的行为方式。比如冰雪活动，是由 30 多项活动构成的，老年舞蹈比赛是其中一个项目。这种在不同时间不同地点进行的活动，是协同活动的组成部分。只有大家协同合作，才能完成这项互动合作项目。

2. 冲突

冲突，指行动者或群体为争夺同一目标或价值理念而互相争斗的方式与过程。其争夺的目标，一般为资源、地位、权力、价值等。因争夺目标方式不同，可将冲突分为竞争、斗争、战争三种基本形式。

竞争，是指对同一目标的争夺。这种争夺是以自己的优势超越别人为特征。其表现为：第一，是对同一目标的追求，目标不同就不会形成竞争；第二，被追求的目标稀缺，一人夺得目标，意味着其他人就失去了得到的机会；第三，竞争的目的是获得目标，不在于反对其他竞争者。不难看出，竞争是人与人之间的一种相互排斥相互反对的关系。但这种反对是一种间接的反对关系，而不是直接的反对关系。像老年人参加体育比赛，只要有一个老年人夺得冠军，别的老年人就不能同时获得冠军，只能屈居亚军或其他名次。

斗争，是指相互反对的一种行为方式。斗争的原因一般是双方利益、价值、意见等对立。斗争的目的一般是为了压抑、控制、打击或毁灭对方。斗争是社会矛盾的外在表现。斗争有五种形式：第一，口角。就是双方使用言语压抑、打击或侮辱对方的一种交互行为。这是最常见、最轻微的一种方式，如老年夫妻吵架，婆媳不和争吵，朋友反目打口舌战。这种口角，是感情疏离与情绪对立的外在表现。口角往往是感情冲动的产物，属非理性的互动。第二，拳斗。是通过肢体（主要是手、脚），从肉体上伤害对方的一种交互行为。这种行为很容易引发违法与犯罪行为。第三，诉讼。是一方通过司法机关向另一方提出法律要求，引起双方对立或相互反对的活动。这是一种由司法机关当中间裁决人的间接的斗争形式，是过去双方直接斗争的延续，这是解决斗争问题的规范性行为。第四，论战。这是双方公开发表对立观点与意见的行动过程，这是思想文化冲突。论战实际上是观点的冲突，而不应侮辱对方人格。第五，械斗。是使用器械伤害对方的一种交互行为。这是一种野蛮的斗争方式，常常是纠纷尖锐化和升级的结果。械斗有的表现为仇斗、群斗、决斗等。械斗直接影响社会治安，引发犯罪行为。

战争，是冲突的最高形式，是社会集团之间使用武器摧毁对方物质设施与成员肉体的一个交互行为。战争是解决武装冲突的方式，是社会分裂的外在表现。战争对社会具有破坏性，但战争也是导致新的行为方式与新社会诞生的杠杆。

3. 顺从

顺从，指行动者之间发生性质相同或方向一致的行动的过程。它是一方自愿地或主动地调整自己的行为，按另一方的要求行事，即一方服从另一方。顺从性的互动，是现实社会生活中一种普遍性现象，是任何群体及社会都不可缺少的互动现象。没有顺从，任何群体、社会都将无法运作。顺从有三种基本形式，即模仿、从众、服从。

模仿，就是按照别人的行动方式去行动。这是一种全盘照搬别人行动特点与范例而发生相同行动的过程。模仿分为三种：第一种，无意模仿。即不知不觉地照着别人的样子行动。比如遇着突发事件，不知如何应对，就照着别人的样子去做。别人向哪里跑，自己就跟着跑。再如日常生活中，大家都这样做，这就不知不觉地形成的一些行为模式，个人就跟着去做。这都属无意模仿。第二种，有意模仿。即有意识有目的地照着别人的样子行事。如有的女性老年人看着别人发型样式好，也模仿别人的样式去做发型。第三种，滤析模仿。指模仿者对模仿进行筛选，有选择地模仿。即模仿不是全模仿，而是有选择地模仿其中的一部分。

从众，是行动者在他人压力下接受他人行动的过程，即照多数人的样子行动。说白了，就是随大流。就是别人怎样做，就跟着别人去做。在老年人群体中，从众行为是比较多的。比如别人都在吃某种保健品，很多老年人也会跟着去吃这种保健品。对于流行时尚，跟风、随大流，就是典型的从众行为。

服从，是照有权力的人指令去行动。这里的权力是一个宽泛的概念，即指领导者，还指父母、老师、师傅及有一定管理职能的角色，比如交警、执法人员等。表明他们握有一定的惩罚权力。服从是社会生活中存在的一种十分普遍的社会互动方式。服从的对象有两种类型：

第一种，职务权威。即占有权力地位的个人或群体，是靠这种权力位置施展其影响力。比如在老年活动团体中，其组织中的团长、理事长、队长、秘书长等，按其组织要求发号施令，组织成员就须服从领导，按照自己的角色去做。这种组织权威的影响力与个人条件关系不大。谁坐在这个位置上，谁就得扮演好这个领导角色。其成员就应服从领导。否则，组织就不能完成预定的目标和任务。

第二种，个人权威。即具有社会威望与一定社会影响力的个人。这种权威的影响力是靠自身的威望、能力、知识、素质等因素形成的。在老年活动团体中，经常有这种人，他可能不是领导者，但他说话有分量，有人听，组织成员拥戴他，这靠的就是个人权威。如个人权威与职务权威能结合在一起，常常有助于组织的凝聚力。

三　符号互动与网络互动

社会学讨论的互动，通常指面对面的主要以语言为媒介的交互活动。其实社会互动除语言外还有姿势（即肢体语言）、声音以及物质文化等。这种借助符号为媒介的互动，就是符号互动。美国社会学家米德是符号互动论的开创者。

人类同动物一样，可以用姿势进行沟通。应该说通过姿势沟通，是一种最简单、最基本的沟通形式。一种姿势，只要赋予它文化的内涵，它就是一种有意义的姿势。紧握拳头就成了愤怒、攻击和敌意的象征符号；伸出一只手的食指和中指，就意味着胜利；张开双臂表示欢迎或拥抱另一个人的意思；用手遮住嘴凑到另一个人的耳朵上，意味着分享某个秘密。身体姿势或动作可以传达给别人信息，对方亦可用身体姿势回应。俗话说的"眉来眼去"、"暗送秋波"就是用眼神进行的一种社会互动。这是因为双方了解这"眉来"那"眼去"的社会含意，懂得"秋波"背后的隐语。眼神代替了语言，成了双方信息沟通的工具。这个眉来眼去的过程，是一个简单的完整的符号互动。

所谓物质文化也可作为符号，这种物质具有赋予它的文化内涵。就拿一把椅子来说，这把椅子可能是在老年大学上课时的坐椅，也可能是在大礼堂主席台上的坐椅，也可能是杂技表演中叠加在一起的最上边的椅子，也可能是历史上某位名人坐过的椅子。不同的椅子所象征的文化内容是不同的，是代表不同的符号。

正是这些有社会意义的象征符号，使人类沟通成为可能。这为社会互动的形式与范围开拓了道路。

由于当代网络的普及和大发展，网络互动正在成为老年人生活中的重要内容。所谓网络互动，指利用网络平台进行交互活动。老年人在网络上进行互动，正在成为社会时尚。老年人可以利用视频取代电话与远距离子女通话；可以与亲友互发电子邮件；可以投身虚拟社区，在网络聊天室与人交流；可以体验网上购物、咨询；可以在网上谈生意，营销商品；可以跟不认识的朋友在网络上下象棋、打牌，甚至打台球。网络互动为老年人拓宽了新天地。

四 人数与互动情境变化

互动与人数有关系，人数多寡直接影响互动的频率、关系的亲疏及角色的扮演。二人组与三人组，就有很大差异。德国社会学家齐美尔对此曾作过专门研究。[①]

---

① 齐美尔：《乔治·齐美尔的社会学》，见〔美〕约翰逊著《社会学理论》，国际文化出版公司，1988，第 343～357 页。

俗话讲："两人为伴，三人为群。"这表明二人组合形式有其独特性。即两人组合形式容易形成亲密感情，常常具有排他性，不能与其他人共享其感情生活。这在情人、夫妻间或亲密朋友间表现十分突出。在两人间，有秘密事可以共享，有悄悄话可以相互倾诉，在老年人中更是如此，"老伴老伴，老了相伴"。往往人老了，这种依赖性、依恋性更强了。据一些调查表明，老年人第一倾诉对象就是配偶，其次才是子女。当然在二人关系中，也有冲突，甚至有的反目成仇。冲突也往往是起因于感情，终止于感情。其过程也充满感情意义。由于太熟悉，太了解，其人身攻击也显得激烈。"打是亲，骂是爱"，即使打了骂了吵了，还是与外人的打仗骂仗不一样，毕竟"一日夫妻百日恩"。而且两人关系破裂后，就会出现冷淡情境，即使健谈者也不愿与对方讲。显而易见，这种两人组合，是一种特殊的亲密结合，是面对面的互动，是一种相互裸露的人际关系，常常是不带面具的。其互动往往带有浓厚的情感色彩。

三人组合形式，从形式上看，不过是增加了一个人。其实它不仅仅是一个人口数量的变化，而且是一种交往结构、群体结构的变化。三人组合是最小的社会单位。在二人组合中，每一方面对的是一个人。而在三人组合中，每一方将面对着两个人，不可能达到二人组合那种亲密性。每个人不得不与另外两个人共同具有的东西相联系。婆媳关系，夫妻与亲子关系，夫妻与情人关系都是比较典型的三人组合形式。齐美尔专门探讨了三人组合的几种角色扮演问题。

中间人角色，即两者关系的中间人。中间人与两者是何种联系至关重要。如是直接关系，对两者冲突时常常有联结冲突双方的作用。如是间接关系，两者发生冲突时其关系常常很微妙。比如一对夫妻与一个孩子，夫妻之间是一种直接关系（姻缘关系），与孩子同样是一种直接关系（血缘关系）。孩子常常起巩固婚姻基础的作用。三点连成一个稳固的三脚架，支撑在地的三脚架往往比二点支撑要牢固得多。再如婆媳关系，这是一种间接关系。婆婆与儿子是血缘的直接关系，儿子与儿媳是一种姻亲的直接关系。婆媳则是两种直接关系带来的间接关系，没有这个中间人，就不存在婆媳关系，她们的关系是以中间人为基础的。这种微妙关系常常是比较难处理的。

仲裁人角色，指对冲突双方实施仲裁的人。在互动中，冲突双方自己不能达成协议，要靠客观的公正的第三者来仲裁。比如老年夫妻准备离婚，在分割财产上双方不能达成协议，找来双方认为公平公正的人来仲裁，并接受仲裁人的决定。当然也可到法院起诉，也同样有扮演仲裁人角色的法官。

渔利者角色，即利用二人组合中两个人之间实际的或潜在的冲突，为个人谋利。渔利者角色与仲裁者角色不同，仲裁者是对冲突双方关系进行善意解决。渔利者则是利用冲突双方的不平衡，通过站在冲突一方的立场，向冲突双方或冲突单方提出某些要求，作为对他们提供支持的交换条件。渔利者就是利用冲突双方的矛盾和冲突，从中获得好处。比如保险推销员向老年夫妇推销新产品，老年夫妇一方愿意参与，另一方犹豫不决。推销员就利用三寸不烂之舌，大讲该保险产品对老年人如何如何好，而对该保险产品的风险则回避或轻描淡写，引诱老年夫妇认购其保险产品。其结果是推销员从中获得丰厚的收益。

从三人组合中不难看出，三人组合比二人组合的关系复杂多了，关系相对疏远了，内部角色扮演也开始出现多样性，其群体情境有了明显不同。而四人组合，则变成一种可以在其内部形成相同规模联盟的最小群体。五人组合，则变成一种可以在内部形成不同规模的最小群体。随着群体规模增大，在内部形成亚群的可能性就增加了，表明离心倾向增大。不同人数组合，证明人际互动状态与人数有关系，即人数增加带来了互动形式改变和互动结构扩大，互动关系愈显复杂，其角色扮演愈显多样。

五 老年个体与群体互动

老年人除个体与个体这种面对面的互动外，还有大量的群体互动。

从社会学的视角看，一个人可以参与不同的群体。尽管不同群体之间会有冲突，每个群体对个人会有不同要求，但这种要求都是有限的。个人在选择时可对不同群体、不同要求进行权衡，并将其结合到自己的人格中去。一位老人，在家中可能是丈夫、父亲、爷爷角色，在原来退休单位是老工人，退休后在老年舞蹈队中是教练，在社区党支部担任宣传委员的职务。他在家庭、原工作单位、舞蹈队、社区党支部，有了多重群体的成员资格，在互动参与过程中，扮演着丈夫、父亲、爷爷和老工人、教练、宣传委员等角色，通过这些角色与这些群体互动。

由于群体形成模式的复杂性，导致社会性参与模式也愈加复杂，个人与群体的互动规模与范围也在增大。群体与群体是联系的，即组成群体体系。个人通过参与小群体，与小群体互动，而这种小群体往往是属于更广泛的社团组织。比如一位老年人参加一个党支部活动，或是参加一个老年太极拳辅导站活动。其实这个党支部或太极拳辅导站归属于省市党组织、太极拳协会，甚至全国有党中央和老年体育协会等。显而易见，老年人个人是同范围更广泛的大的社团组织相联系的。当然这种组织联系，是以参与小的地方群体为中介的。一个老年人所属的各种群体就形成了一系列同心圆圈，每个同心圆圈以老年人个人为中心。这种老年人个人由小到大的群体互动，表现在：比如有的老年人成为全国退休干部先进工作者，到北京参会受奖；有的老年人太极拳打得好，去参加全国老年人太极拳大赛。就是典型的个人从小群体互动，到同大的社团组织互动。

　　老年人个人参与和互动的模式也在变化。个人参与有三种基础模式。第一，是以为数极少的同质性的当地社会圈子为基础，比如家属、亲属间互动。第二，是以当地群体向广泛的社团扩大的一系列同心圆圈为基础，比如老年教师协会。第三，是以只在个人本身相互交叉的多种独立的社会圈子为基础，比如老年音乐沙龙、老年门球活动小组等。第三种模式为老年人的个性发展提供了更多的机会和空间。一个人所属的一系列特定的社会圈子的独特性，促进和表现了老年人独特人格的产生。显而易见，伴随着老龄化的深入发展，各种老年摄影小组、钓鱼爱好者群体、柔力球活动小组、诗社等各种特定的老年人社会圈子会愈来愈多，形式与内容也会更加繁花似锦。

　　参与多重群体的结果是人格的充实。这种人格的充实是由所属群体的特征、内容及经验塑造的结果。每一个群体都有使人格在某一方面得到表现与发展的可能性。比如一个老年人，在企业是一名工人，退休后成为舞蹈学校的教练。他的舞蹈才能得到了充分发挥，享受了原来在从属地位上无法享受到的社会尊崇。而他的这种才能显现，不是在企业这个群体中体现出来的，而是在舞蹈学校显露出来的，舞蹈学校为他创造了互动的更广阔的天地。

　　在互动中，各种社会角色功能性的增多，也促进了人际关系中非人格性的增加。人们的互动不光是面对面的互动，也不光是个人与小群体的互动，更多的是社会性互动，即以特殊的目标和利益为基础的互动。而这后一种互动，彼此间在其他方面的了解是非常有限的。比如在市场上买卖双方讨价还价，它是双方在没有私人之间了解的前提下进行的买卖活动。这种有来有往的互动活动，属陌生人之间的互动，带有非人格、陌生性等特征。在现代社会，这种功能性、陌生人的互动越来越多。老年人在当代社会生活中，常常受骗，往往同这种陌生人互动有关。

六 老年人互动圈子

老年人是有自己互动圈子的，互动圈子对老年人是有重要意义的，它有助于老年人摆脱孤独，有益于老年人提高生活信心和对生活的热爱，有利于老年人从亲密友谊关系中获得满足。

老年人的互动圈子的重心是随时空变化而有变化的。我们曾做过老年人退休前后互动对象的变化研究，如表 12-1 所示。

表 12-1 按职业分组老年互动对象变化表

项目 职业	退休前				退休后			
	同事	邻居	亲友	家庭成员	同事	邻居	亲友	家庭成员
干 部	第1位		第2位	第3位		第3位	第2位	第1位
高 知	第1位		第3位	第2位	第3位		第2位	第1位
文教卫人员	第1位		第3位	第2位		第3位	第2位	第1位
工 人	第1位		第3位	第2位		第3位	第2位	第1位
商饮服职工	第1位	第3位		第2位		第2位	第3位	第1位

资料来源：见李德滨《老年社会学》，人民出版社，1988，第93页。

这表明，老年人退休前互动的对象，占第一位的都是同事。退休后互动的对象，占第一位的都是家庭成员。退休是老年人互动重心变化的转折点。再就是老年人互动对象的重点，因性别也有差异，据研究发现，男人唯一可依赖的朋友通常是爱人，而女人的知己好友则可能也是女人。[①]

老年人的互动圈子，大体可以分为四个层面：第一，亲人圈子，包括家庭成员、直系亲属和其他亲属，是老年人值得信任的互动圈子；第二，朋友圈子，包括密友及一般朋友，是互动频率比较高的圈子；第三，熟人圈子，包括领导、同事和邻居，属彼此认识且有互动关系的人；第四，认识圈子，包括一般朋友和有互动关系的陌生人，属老年人互动的边缘圈子。这四种老年人互动圈子，对于老年人来说，并不是按同一规则（或规范）进行的。家人间的互动是依据需求法则而行，即只讲义不讲利，不讲对等交换。在家庭中，个人的需要是其家庭成员应加以满足的，不能讲有什么等价的报偿。家

---

① 〔美〕布劳：《变迁社会与老年》，朱岑楼译，巨流图书公司，1993，第89页。

庭注重的是情感，讲究的是感情，在社会学中叫情感性交换。而认识圈子则是依据公平法则而行，不谈感情，注重的是公平交易，以利为主。在社会学中叫做工具性交换。在朋友圈子和熟人圈子里，是介乎其间的关系。它既可能倾向于情感性交换，注重人情往来，彼此迎来送往，互相套"近乎"，显得互动得"够熟"，也可能"亲兄弟明算账"，在生意场上保持理性，强调以利为主。在通常情况下，朋友圈子倾向于情感性交换，熟人圈子倾向于工具性交换。但我们中国人注重"面子"，讲究感情，很多工具性交换中也建立情感关系，以义制利。熟人互动也常是中国人在商场上依赖的互动关系。

第一，老年人亲人圈子。包括家庭成员（如老人父母、配偶、子女、孙辈）、直系亲属（如老年人兄弟姐妹等）及其他亲属（如叔舅侄甥等）。

这里侧重讨论一下老年人与配偶、亲子间的互动。

老年人与配偶的互动。老年人互动频率最高的是与配偶的互动。为什么老年人与配偶的互动是最多的。一是老年人与配偶在一起的时间长，朝夕相处，熟悉共融。几十年共度风风雨雨，彼此熟悉了解双方的性格、爱好、兴趣、习惯，为人处世的理念也会在无形中渐趋一致。长期面对面地互动，一笑一颦一目了然，甚至外貌也会慢慢接近。异质的东西磨合交融，同质的东西合振共鸣。可以说举手投足，知其心理。二是老年人与配偶的情感维系纽带较为牢固。老年夫妻已走过婚姻磨合期，婚姻进入稳定期。儿孙成了老年夫妻情感的牢固纽带。老年期的家庭矛盾和冲突也已弱化和减缓。即使老年人与配偶有争吵，多数也能在互动中得到解决。但是也应看到，随着社会进步和开放，老年人因冲突而离婚的现象也在出现。老年人在与配偶的互动中也不是没有问题，也不是全都进了保险箱。比如一些老年人的过度行为，有的搞大男子主义，把家务重压在一人身上；有的再婚夫妇，女的想找一个钱夹子做靠山，男的想有个贴身保姆；有的老年人沉湎于某一嗜好而不能自拔，诸如此类，在互动中很容易形成冲突，使老年人与配偶关系恶化。再如老年人与配偶之间的乏味感。由于老年心理变化，老年人爱唠叨、婆婆妈妈，为小事怄气，发生口角。特别是从早到晚相互厮守，缺少新鲜感，易产生乏味感。内心烦躁，就会一股脑向对方发泄。这种互动不利于老年人与配偶和谐。还如老年人与配偶在性生活上的差异。一般老年人男性比女性对性有兴趣所占比例近一倍多。这种差异也为互动带来了不和谐。

老年人与子女的互动。在老年人互动中，除夫妻互动外，排第二位的是老年人的亲子互动，即老年人与其子女的互动。老年人与子女是血缘关系，抚养和赡养关系是亲子关系的核心。亲子互动是老年人晚年生活的重要方面。

其中子女对老年父母是否孝敬，对老年人的晚年生活评价有重要影响。子女孝敬老人，老年人幸福感就强。子女对父母不孝敬，即使老年人物质生活条件优裕，其幸福感也很差。那么中国老年人家庭中亲子关系变化状态如何呢？河南省的调查给我们展示了中国半个世纪的亲子关系变迁状况，见表12-2。

表 12-2　河南不同年代亲子互动程度调查表

亲属关系交往程度	1949~1965 年		1966~1976 年		1977~1992 年		1993~2000 年	
	户数（户）	占比（%）	户数（户）	占比（%）	户数（户）	占比（%）	户数（户）	占比（%）
同父辈家庭关系很密切	261	82	297	73	537	69.5	649	65
同父辈家庭关系较密切	52	16	92	23	197	25.5	276	28
同父辈家庭关系不密切	6	2	18	4	32	4	57	6
同父辈家庭关系为其他	0	0	1	(0.2)	6	1	14	1
总　　计	319	100	408	100	772	100	996	100

资料来源：见孙玉坤《河南当代家庭变迁调查》，人民出版社，2004，第106~107页。

表12-2表明，50年间亲子互动程度变化很小，其亲子关系微小变化呈现的是，从密切到不密切彼此关系有明显的下降趋向。即1949~1965年间亲子关系很密切和较密切为98%（其中关系很密切为82%），1966~1976年为96%（其中关系密切为73%），1977~1992年为95%（其中关系很密切为69.5%），1993~2000年为93%（其中关系很密切为65%），这是一个缓慢下降的趋势。而同子女关系不密切则是一个缓慢的微小的上升趋势，1949~1965年子女关系不密切为2%，1966~1976年和1977~1992年均为4%，1993~2000年为6%。这一降一升揭示着中国亲子关系发展的走向。

从调查的数据来看，亲子关系是好的，亲子互动是密切的。但应看到，亲子之间代沟是存在的，即两代人在互动中是存在着冲突的。这种影响亲子关系之间互动的差异：一是价值观念上的差异。老一辈比较俭朴，容易满足现状，比较因循守旧；小一辈思想开放，不满足现状，不知足，缺乏奉献和艰苦奋斗精神。价值观念上的差异极易在亲子互动中反映出来。二是生活方式上的差异。小一辈接受新事物快，喜欢上网，甚至沉湎于电脑游戏。老一辈会电脑、能上网还是极少数；小一辈喜欢快节奏，爱热闹，睡懒觉。老一辈不喜欢快节奏，图清静，早睡早起。不同生活方式也影响亲子之间的互动。三是消费方式上的差异。小一辈挣得多，花得快，追求档次名牌，喜欢超前消费；老一辈讲究实际，量入为出，攒足了钱才花。消费观念与方式的差异，也容易导致亲子互动中出现分歧和矛盾。

第二，老年人密友圈子。包括密友（如儿时玩伴、同学、战友、兴趣嗜好相投者、旧时情人等）和朋友（走的较近的朋友、无话不说的好友等）。老年人经过几十年风风雨雨，总会结下一两个或几个情投意合、无话不说的好友。这种基于情感的关系，常常是保持多年交往的结晶，到了老年显得格外亲近。互相走动的比较多，即互动频率比较高。有的是说话投机，有的是趣味相投，有的是互为关照，有的是互为恩惠，有的是亲戚套亲密，有的是情投意合未成眷属。虽然形式有差别，但多是建立在情感的基础上，其互动不仅密切且亲密。这种亲密圈子互动，对于老年人晚年生活是有重要影响的。社会学研究表明，朋友越少的老年人，越易于衰老；朋友越多的老年人，越不易衰老。在亲密圈子中，其成员生老病死及喜怒哀乐，都直接影响老年人的生活情绪。

第三，老年人熟人圈子，包括领导（原来工作过的单位的领导、打过交道结识过的领导等等）、同事（原来同自己一起工作的同事、不在一起工作但相识的同事等）、邻居。这个熟人圈子，属情感性和工具性交换的混合体。既有"低头不见抬头见"的情感因素，又有互相帮忙、迎来送往、人情交换等工具性的特征。在中国，原来彼此之间认识，退休后，通过熟人事情办起来就会顺利。当然这里的人情是有代价的，即有"人情债"。这种人情交换通常是不能明说的，也不需要立即回报。但"来而不往非礼也"，人情终是要还的。这种互动是以利为主的，情感是拉近关系，套近乎，熟人好办事。从这一意义上讲，熟人圈子是一种有效的社会资源，特别是在工具性的互动中具有实用价值。

第四，老年人认识圈子。这包括最一般的朋友和有互动关系的陌生人。对于老年人来说，这是老年人信任度最低的圈子。这个圈子是纯属工具性交换的互动圈子，适用于公平法则。但在现实生活中，这个圈子不讲公平待遇的事太多了。比如按规定，老年人应得到的社会服务，但公务员或服务人员就"刁难"你，踢皮球，推诿扯皮。因为与你打交道的是"陌生人"，如果你的子女与其是朋友关系，打个电话过来，对方就会笑脸相迎，为你做好服务。可以说这种认识圈子，是老年人互动的边缘圈子。

第十三章　老年社会调适

人到了老年，无论是生理、心理都发生了显著变化，特别是社会职业、社会角色、家庭位置、婚姻状况等发生了重大变化，老年人面临着许多社会不适应。为什么会出现这些不适应，这些不适应表现在哪里，老年人如何适应这种社会变化？本章将围绕社会调适，探讨这些困扰老年人生存和发展的问题。

一　社会调适的含义和意义

早在民国时期出版的，由费孝通、王同惠翻译的《社会变迁》一书，谈到文化与人性调适时，说道："所谓调适，包括人性的适应文化和文化适应人性，相互的作用。"[1] 杨心恒先生是这样界定调适的："调适，顾名思义，就是人们调整自己的行为以适应环境的要求。"社会调适"是指人与人之间关系的调适"。[2] 我们在这里讨论的老年社会调适，是探讨老年人如何适应变化着的社会所带来的不适应问题，使个人角色适应现代社会。

关于老年人的社会不适应，李德滨在《老年社会学》中曾作过这样的阐述：[3] 老年人社会不适应，首先集中表现在离退休这一时期，少的三两月，多的三五年，一般是一年多时间。一旦离退休，便要一反往日的生活常态：社会环境变了，社会活动的范围和方式变了，社会生活的习惯变了，社会地位和角色变了。几十年形成的生活方式和工作方式终止了，要重新建立一套新的生活方式和生活秩序。正是在这个意义上，我们说老年人这一段继续社会化的过程，颇有再社会化的味道。所谓再社会化的过程，它是一种基本的与

---

[1] 〔美〕乌格朋（W. F. Ogburn）：《社会变迁》，费孝通、王同惠译，商务印书馆，中华民国24年，第219页。

[2] 杨心恒：《社会学概论》，群众出版社，1986，第345页。

[3] 见李德滨《老年社会学》，人民出版社，1988，第170～174页。

迅速的改变，不适应感很强烈。老年人在长期生活中，早已形成一套生活模式，通过习惯固定下来。比如每天早晨，不管刮风下雨，都要按时上班，可谓日复一日，忙个不停，年复一年，勤勤恳恳，习以为常。而今离休退休了，其原来生活模式的基础部分——按时上班，已成为不必要。习惯了的工作方式和生活方式骤然中止，要用与此不同的另外一套方式取而代之，心里会产生一种说不出来的"憋屈"劲。这种变动，对个体来说是迅速的、剧烈的，不适应感反应强烈。这种超越原先的工作或生活方式，而与过去断绝关系，进入新的方式，是再社会化的过程。它是不同于那种在原来的工作或生活方式基础上进一步提高的继续社会化。笔者认为，把老年人继续社会化过程中这一段变化，视为再社会化过程，对于理解、认识与研究老年人问题是非常有意义的。

在离休退休阶段，老年人出现的这种不适应感并非个别的社会现象。大量调查证明，它是一个相当普遍的社会现象，只是在不同的类型中，不适应感的表现强弱有程度上的不同而已。哈尔滨市社会学研究所在对市离休干部的抽样调查中，发现不同层次、不同类型的离休干部这种不适应感是有所不同的。首先，原来社会职务、级别高的比社会职务、级别低的不适应感表现强烈。离休前社会职务、级别高的同志，虽然离休后政治待遇不变，经济待遇从优，但不适应感往往表现强烈，总有一种无法排遣的情绪，或烦躁易怒，或郁郁寡欢，或精神紧张。而社会职务、级别低的同志，也同样会有这种不适应感，但相对于社会职务、级别高的同志来说，这种不适应感程度就弱些。这反映了社会地位高低，与离休不适应感强弱有密切关系，它们之间呈现一种正相关的关系。其次，原来是行政干部的比专业干部的离退休不适应感表现强烈。专业干部由于有专长，离退休后一般都有事可干，或在家埋头著述，或研究自己的专业，或被人请去"咨询"、"顾问"，精神有寄托，离退休后不适应感表现不是很显著。而行政干部离退休后，往往是无事可做，无事可为，易产生被抛弃感，对离退休生活不适应感表现强烈。反映了离退休干部有无专长、技能、知识，同离退休不适应感强弱是有关系的。再次，离退休干部中没有继续再工作的同志比继续再工作的同志不适应感强烈。虽然离退休了，但没有离开工作岗位，或应聘到了别的工作单位，这样的同志一般不存在不适应感或仅有所感觉而已。而离退休没有继续工作的同志，其不适应感显著。调查统计表明，是否继续工作，同其不适应感具有显著相关性。最后，离退休干部的性别也同其不适应感有关。一般是男性不适应感强于女性。这可能与从事家务劳动状况有关。一般女性老年人要比男性老年人从事家务劳动的时间多一倍左右。她们要买菜、做饭、洗衣、看孩子、打扫卫生，一天忙忙碌碌不得闲，有的还显得紧张、劳累。她们顾虑的是子女孙辈，思虑的是家庭生活安排，盼望的是家庭劳动社会化。她们虽有一定程度的不适应感，但注意力不在这方面，其不适应感显得弱些。而男性老年人做家务劳动，一般说来相对少，有的终日空闲无事，这种由忙到闲的骤转，很容易使他们的注意力转移到自己身上来，种种不适应就会随着精神上的不佳接踵而来。

除此之外，一个人的气质、兴趣，也都同有无不适应感及不适应感的程度有关。就是说，老年人的气质、兴趣不同，不适应感的表现强弱也是有所不同的。

从上述内容不难看到，老年人普遍存在的这种不适应，固然是与其生理机能有关，但主要因素不在此，主要是同老年人的精神生活有关。它所涉及的内容，大都是属社会学、心理学所研究探讨的范畴。

老年人，特别是在离休退休时，为什么会产生这种不适应感呢？原因有如下三个方面。

（1）社会关系范围的缩小和社会组织中位置的丧失。人是生活在群体之中的，例如，家庭、学校、机关、部队、劳动组织、阶级、民族等。在各种群体中，人们是离不开一定的社会关系的，例如，在家庭中有夫妻关系、父子关系、兄妹关系、婆媳关系、妯娌关系等；在工作单位有上下级关系、师徒关系、同事关系等；在学校有师生关系、同学关系等。归纳起来，极其丰富的社会关系，不外乎是个人与集体之间、集体中各成员之间、集体与集体之间的关系。这种种关系，构成了一个错综复杂的社会关系系统，每个人都生活在这个社会关系大系统中。每个现实人的物质、精神需求的满足，都是通过社会关系这一途径得以实现的。广泛的社会关系，有助于个人的进取和发展，一定的社会关系则是通过一定的身份和地位表现出来的，一个人在社会组织中的位置，常常反映出他的主要身份和地位。无论是离休还是退休，都意味着个体社会关系范围的缩小和社会组织中位置的丧失。即表明原来广泛的社会关系要疏远了，原来在社会组织中的地位和身份要失掉了，活动的重心要向家庭转移，要重新建立一套生活方式。这种社会空间的大变动，确实使老年人面临一个新的抉择。

（2）角色变换适应不了急速变化的环境。如果把社会比作一个大舞台，每个人则在这场大型活剧中担任种种角色。但由于社会情景经常变换，则要求个体能适时视事，相应地进行角色变换，对自身的行为进行必要的调整，以适应环境的变化。而在这里就发生这样一个问题：如果环境变化得太急太快，而精神上缺乏应变的准备，角色变换就会适应不了急速变化的环境。在一个短暂时间内，让老年人一下子丢掉几十年形成、早已习惯的工作模式和相应的角色，这是一件很不容易做到的事，这需要一个过程。

（3）老年人自我意识迟钝。这里所说的自我意识，是指人可能认识自己，并能够认识自身与外部世界的关系，认识与自己有关的其他人，进而自觉调整自己的意识与行为，控制自己的动机与情绪。俗话说，人贵有自知之明。但是，要有自知之明并非简单的事。在老年人中，"虽未龙钟不服老"居多，"虽未龙钟应服老"为少。从精神状态来看，不服老值得赞颂。从自我意识来看，明明头发已变白，皱纹已加深，体质已减弱，精力已衰退，却硬是不承认，这便是自我意识迟钝的表现。不承认"老"矣，就不会想到与老有关的调适问题。即不能自觉地去调整个人行为（年老）与社会要求（与老相适应的行为）之间的关系。只有自知"老"矣，才会有"老"的精神准备，才会有主动的自我调适。显然，这种自知不等于老朽不为，它是自我认识的一种科学态度。缺乏老年的自我意识，也可以说是一些老年人思想不适应的原因之一。

二　社会调适的类型

关于调适的种类，杨心恒先生提出，起源于冲突而发生的调适可分为和解、妥协、统治与服从等方式，起源于环境变化而发生的调适有容忍、权变、突转、顺从等方式。① 所谓和解，指对立双方，经第三者调解，停止冲突，建立起友好关系。所谓妥协，指双方在势均力敌的情况下，各方提出一些条件，经过相互交涉或第三者调停，各自接受对方一些条件，而罢兵息争。所谓统治与服从，指冲突一方战胜另一方，成为统治者。社会调适就是适应新的统治与服从的关系，建立新的社会秩序。所谓容忍，就是调整自己的行为，以适应环境变化的一种行为方式，即抑制自己的习惯行为，对别人和环境忍让顺应。所谓权变，指越出正常规范的随机应变，是积极顺应环境变化的行为方式。所谓突转，就是突然转变其思想、态度、信仰、习惯等，以适应环境的行为方式。所谓顺从，指改变自己的习惯行为，随风就俗，按新环境规矩习惯办事，以适应新环境。

杨先生这个分类是就社会调适而言。我们这里的调适，从类型上讲，主

① 见杨心恒《社会学概论》，群众出版社，1986，第346～349页。

要是生理调适、心理调适、社会调适。这里将侧重讨论老年的社会调适。

1. 老年人生理调适

人进入老年阶段，生命过程中整个机体的形态、结构和生理功能会出现逐渐衰退现象，其生物体生存能力、适应性和抵抗力减退。

（1）储备力下降。正常情况下人体各器官均有一定的机能储备，以应付各种紧急情况。人进入老年，其肌肉、心、肺等储备力较年轻人低，即老年快步行走或活动量较大时，易出现气短、心悸等不适感。老年人的心血流出量减少，直接影响到冠脉的流量。老年人机能储备减少是机体疾病易感性增高的原因之一。

（2）适应力降低。随着年龄的增长，老年人对内外环境的适应力大大降低，其体温、血压、血糖、血脂、体液酸碱度、离子浓度等稳定性因素下降。其免疫防御、自稳、监视等免疫机能和对高温、寒冷、创伤、射线、疲劳等非特异伤害性刺激、承受力、抵抗力减弱，适应环境能力降低。

（3）反应迟钝。随着年龄增大，老年人感觉器官的结构与功能都会有不同程度的衰退，记忆力下降，体力减弱，运动灵敏性、准确性降低，其反应迟钝，活动能力减弱。

在这种老年人生理结构和功能变化的情境下，老年人面临着生理调适。如何保持有一个健康身心，减缓生理衰老，就成了生理调适的重要任务。

被称为百岁"国宝"的最年长的院士贝时璋，2009年10月29日走完了107岁人生历程。他的科学成就非凡，养生保健有道，是生理调适的典范。老人每天起得很早，吃完早饭便步行上班，七点半准时到实验室。来回3000步，以步当车走了整整40年。后来则每天在自家室内、走廊和阳台上走3000步。他还编了一套操，按摩手脚、头部，活动身体各个关节，每天操练两次。日常生活坚持自力更生，把做点家务事视作"运动"，当做人生乐趣。在饮食上，贝时璋的原则是早上吃得饱，中午吃得好，晚上吃得少。除水果外，不吃生冷食物，饭菜全吃热的，所以从来不闹肠胃病。贝时璋也不吃补药和营养品。①

被称为抗衰老活教材的郑集教授，生于1900年，2009年5月7日时已110岁。郑老72岁开始抗衰老研究。他说："我小时候身体不好，有肺结核，吐血，不健康。我身体是慢慢好起来的，饮食调理很重要，思想也重要，酒

---

① 欣华：《百岁"国宝"贝时璋》，2009年11月7日《老年日报》。

色财气都不是好东西。所谓健康，就是身体各项功能很正常，呼吸、运动、血液循环，让它自己本身按照它的规律进行，不要过分干扰。人太累了不休息，脑功能就会产生问题，就会影响其他器官，各种疾病就会发生。只要起居饮食不违反身体原理，包括所有生活习惯、工作，不妨碍身体正常健康就行了。"郑老的生活作息极有规律，其长寿菜单并不复杂，主要是讲究营养与搭配，不主张服补品和保健品。郑老曾自创养生十诀："勿求长生草，世无不死药。只应慎保健，摄生戒偏激。欲寡神自舒，心宽体常适。"①

2. 老年人心理调适

人进入老年，心理也开始老化。其感知、智能中的记忆力、情感、心态都在发生变化，趋向减弱。

（1）老年人的感觉和知觉。衰老一般先是从感觉器官开始的。感觉的逐渐迟钝以致丧失，会使老年人愈来愈和周围世界隔绝，其结果是在心理上造成孤独感的增加。因为失去感觉，便失去了获得与外界沟通的信息。孤独寂寞会反过来进一步促进衰退老化。感觉状态被视为是否衰老的信号。因此，人们把耳不聋、眼不花视为老人不老的重要特征，不是没有道理的。

（2）老年人的记忆。我国有的学者曾在 65 岁至 91 岁老年人中间进行过这方面调查。结果证明：随着年龄的增长，人的记忆力确有逐步减退的趋势，但老年人只有图像自由记忆和定向记忆较中青年差得比较显著，而逻辑意义记忆和顺背数字的能力差得并不显著。有意思的是，同是老年人，80 岁年龄组的老人，这两项成绩反倒比 75 岁年龄组的成绩略高。这表明老年人的记忆力减退是非常缓慢的。老年人本人记忆力减退状况和周围人对其记忆力的评价态度，都对老年人的心理变化发生影响。从某种意义上讲，后者影响甚于前者。因此，不应因老年人记忆力减退而贬低老年人的记忆，也不应因老年人容易忘记某些事情而表示不理解或冷漠。

（3）老年人的思维。一般来说，老年人对事物的分析、综合、比较、抽象、概括能力都较强。但年事很高，特别是七八十岁以后，思想开始僵化，考虑问题易褊狭或极端一些。有的老人像不懂事的小孩，说话幼稚，举止轻率；有的老人年高语碎，絮絮叨叨；有的老人古怪离奇，好发脾气。这些常被人们称为"老小孩"。这种"返童"现象，是脑力活动退化的结果。一般女性多于男性；在文化修养高、好学上进的人中则出现少一些。对于这种由

---

① 杨炀：《郑集：研究抗衰老的活教材》，2009 年 5 月 25 日《文汇报》。

生理退化带来的心理变化现象，后辈人应予体谅和理解，不应嫌弃、笑话老年人。

（4）老年人的情绪。情绪是心理因素中的关键性问题，它直接影响老年人的心理变化。无论是女性，还是男性，老年人都有更年期，只是女性显得早些明显些。在更年期，老年人情绪易波动，易自卑，易激动，易敏感多疑，易孤僻固执。对这些由生理变化所引起的心理变化，老年人是可以通过加强主观能动性加以控制的。对于老年人来说，要保持个人情绪稳定，非常重要的一点是老年人对事物的期望值不要太高。实践证明，期望值越高，情绪指数就越低。例如，老年人往往对子女的期望值很高，情绪指数就低了，于是就会产生不满，郁郁不乐。一来二去还会与小辈发生矛盾或冲突，造成感情隔阂。社会心理学家认为，要解决这个问题，从老人方面来讲，要设法降低自己的期望值，凡事豁达一些，想开一些，就会"知足者常乐"。①

面对心理老化、退化，老年人都有一个心理调适问题。如何保持一个平和心态就显得十分重要。

1910 年生，现已 99 岁的女作家罗洪的长寿经就是："我的长寿得益于心态平和、宠辱不惊。"她曾在《我的养生经》一文中写道："现在养生这个话题对中老年颇有吸引力，只是我谈不出，我觉得自己的处世很平淡，日常起居亦平常，更以平静的心态面对生活，以宽以待人的态度来与人交往。"②

另一位百岁老人叫岳濯尔，住天津长沙路。1904 年生，现 105 岁。他的父亲 30 岁就过世，母亲也只活到 43 岁。他的长寿秘密，据其二女儿岳文琪说，与父亲的心胸豁达不无关系。岳濯泉老人常教育子女"和为贵，忍为高"，并把它作为一生的座右铭。③

还有一位百岁老人，叫慕钦仁，生于 1902 年，现年 107 岁，家住河南温县武德镇田冯村。慕老长寿最重要的原因在于心态好，被称为乐天派。他整天脸上带着微笑，见人总是笑眯眯的，从不生气，还特别好开玩笑，即使有人对他说几句难听的话，他也是哈哈一笑了之，众人都说他是"嘻嘻哈哈一百多"。老人一生从未与人斗过嘴、吵过架，他常说"我不欺人，人不欺我，和谐为人，长命百岁"，谁家有困难他都要主动去帮助。④

---

① 李德滨：《老年社会学》人民出版社，1988，第 149~150 页。

② 秦文军：《吃得清淡，活得自在》，2009 年 9 月 8 日《中国老年报》。

③ 葛登扬：《没有长寿家族史的百岁老人》，2009 年 8 月 31 日《天津老年时报》。

④ 杨平华：《嘻嘻哈哈一百多》，2009 年 12 月 15 日《中国老年报》。

3. 老年人社会调适

退休对于老年人来说，是人生的一个坎。整个人生发生根本性变化，经济基础削弱，社会角色改变，生活价值降低，社会与家庭地位下降，老年人面临着巨大不适应。

人的一生就是一个不断适应的过程。而老年人要适应社会，就必须有灵活性和弹性。但由于人进入老年，其固执、顽固性很强，适应就显得很难；其智力衰退，也会影响判断力，控制能力减弱，加剧了适应的阻力。再加上年龄大了，身体状况也越来不遂人意，喜欢闭门谢客，不愿与人接触，从而更不利于老年人的社会调适。

每个老年人在退休时，都将面临一个严峻的社会调适问题。调适过程因人而异，绝大多数老年人都能在一个不太长的时间内调适好自己的心态，尽快进入新角色。但也有老年人这个社会调适的过程相对比较长，弯子转得慢。

老年社会调适的关键在于让老年人感到还有"某种事"必须去做。生活的意义在于社会参与。当然这种社会参与，主要不是原来在工作岗位上的那种社会参与，更多的是闲暇活动的参与。对于闲暇活动，也不要狭义地去理解。美国社会学家戈登等提出的五大类型闲暇活动，对于我们很有启迪作用，其闲暇五大类型为：

一是放松休息的闲暇活动。这类活动主要包括休息、打瞌睡或者独自养神。这一层次的活动实际上不能算是社会活动，虽然这类活动必不可少，但如果作为退休之后的生活取向，那么，这种闲暇活动就不能够被社会合法承认。

二是消遣性质的闲暇活动。这类活动主要包括读书、看电视，养成某种固定的爱好，或者进行能够吸引观众的运动。尽管这一层次需要的活动多而放松少，但对活动本身的要求并不高。这个层次的活动作为老年人的闲暇活动，可能被社会赋予某种特殊的积极意义。

三是发展性的闲暇活动。这类活动比前述两个活动的层次要高，其主要包括认真看书、旅行、参加自愿者协会、参加体育活动、参与社区文化建设等。这类活动可以被认为是对退休人员最为适宜的活动，也是社会易于赋予价值的活动。老年人参加这样的闲暇活动越多，就越易被社会认同，老年人的生活也就越有意义。

四是创造性的活动。这类活动包括许多作为专门职业而进行的活动，比如绘画、跳舞、写作等。这类闲暇活动与成年人的工作没有什么本质的区别。

就离退休人员而言，创造性活动不存在社会承认问题，因为其与传统角色关系是一致的。

五是超越自我的活动。这类活动包括参加竞争性程度较高的体育和狂热的宗教活动等。对退休之后的老年人来说，社会是不赞成这样的闲暇活动的。即使老年人花费了大量的时间用于这方面的活动，要社会赋予其以积极的价值，还是比较困难的。①

社会适应的核心是热爱生活，参与生活。哈尔滨道里新天地老年公寓内，有位109岁老人，叫江云芝。这位"太姥"是小区的"宝贝"，居民都为能和百岁老人做邻居而高兴。这位"太姥"慈祥可亲，还十分健谈。听到说她已经109岁了，"太姥"佯装生气："谁109岁了？我今年9岁！"说着还用拐杖重重点地，看起来像是9岁的孩子在撒娇，惹得大家哈哈大笑。老人忌讳说自己已经年过百岁，便把年龄减去100，只说零头。提起自己的孩子，老人很自豪，如今老人早已五世同堂。在4个儿子和4个女儿中，只有三女儿在哈尔滨，如今已年过八旬，也在一家养老院内生活。老人说："有人怀疑过我的岁数，可我就是9岁嘛，我大女儿都89岁了！"老人的乐观心态和健康习惯影响着周围的人，大家特别关爱这位"9岁太姥"。小区内外的居民经常来看望"太姥"；老人去话吧给儿女打电话，老板不肯收她的钱；散步时遇到台阶，总有人上前搀一把。②

社会适应其实就是解决一个心态问题。全国政协副主席、100岁的阿沛·阿旺晋美心态一直很好，待人宽宏大量，从不计较个人得失，品性温和，与人为善，再大的事也能挺得住，很少发脾气。③

三　老年社会调适的主要方面与内容

老年社会调适有很多内容，这里就其中主要要面临的内容进行探讨。

1. 老年人生目标调适

老年人自退休之日起，人生目标就发生了大转换。很多老年人在转换期不适应这种转换。这是因为退休，表明从工作角色变为闲暇角色；从面向社会的事业型角色转为回归家庭的家庭型角色；从一个交往活跃的动态型角色

① 战捷:《老年社会学教程》，中国大百科全书出版社，2000，第126页。
② 丛明宇:《"9岁太姥"的快乐生活》，2009年8月22日《哈尔滨日报》。
③ 《100岁阿沛·阿旺晋美的传奇人生》，2009年12月26日《老年日报》。

转为社会交往逐渐减少的静态型角色。即表明岗位工作对于多数老年人来说不再是人生目标，这是人生目标的大转换。

在这种情境下，很多老年人出现人生目标丧失、失落、茫然等情形。具体表现：对生活失去信心；自我评价下降，看不到自身价值所在；精力减退，精神不振；言行减少，喜欢独处，不愿与人交往；兴趣丧失，无快乐感。

人生目标调适是所有退休老年人几乎都要面临的问题，是人生要过的一道必经的"门槛"。接受现实，调整人生目标，就是退休后要面对的第一大课题。

人生目标调适方式多得很，每个人有每个人的做法。苏州大学艺术学院教授沈建国，就选择下乡养老。他向往自然、生态、休闲的田园生活。"哪怕只是吃吃农家菜，在郊外兜一圈。"① 下乡养老就成了他的新的人生目标。

2. 老年自我调适

老年人自我调适是调适的核心环节。"解铃还须系铃人。"老年人在退休后面临角色转换，根本上还是要靠自我来实现。

老年人在工作岗位上干了几十年，形成了一套工作定势和生活习惯。一下子要改变了几十年形成的惯性很不容易。再就是在工作岗位上形成的荣耀、地位、权力，舍不得放下，不愿从前台退到幕后。一旦失去就会产生强烈的失落感。这种急刹车式的转变，对自己是一个强烈的角色震荡。

老年人面临的这种角色调适，就是要解决一个自我角色转换问题。即自觉意识到人生到了角色转变期，要自觉调整生活目标，重新计划和安排生活，建立一套适应老年人的生活方式。要想到这种角色转变，不只是自己所面临的，别人到了这个年龄也都是要进行这种角色转换。而这种角色转换，对自己应该说是一种享受，是一种新的、自由的、放松的生活，它摆脱了社会激烈竞争那种环境，可以干些自己想干的事情。一旦心态调整过来，就会重新为自己定位，从新的角色寻找生活乐趣，适应新角色，适应新的生活方式。其实自我角色调适的关键，就在于是否想得开，心结一旦打开，就能很快地实现自我角色调适，进入新的角色。

3. 老年社会关系调适

退休后，老年人从社会生活进入了家庭生活。是否就躲在家里不出来，

---

① 许晓玉：《城市现代化催生养老下乡族》，2009 年 7 月 9 日《老年日报》。

是否就不与外人联系了？而这样做的结果，常常加大了老年人的孤独感、失落感。

从有益于老年人心理健康角度出发，社会应为老年人创造社会参与机会，增强老年人的社会意识、社会责任感和社会角色，使老年人从追求自我进而发展到追求社会贡献。通过社会性、康乐性和教育性活动，使老年人拓展新的社会关系（如邻居、老年群体等），发展老年团体成员之间的友谊。如养老机构组建互助团体，使老年人在互助活动中适应机构生活；社区中老年活动中心，通过开展各类活动，把不同层次不同兴趣的老年人凝聚起来，降低孤独感，实现社会调适；老年人可根据自己的兴趣，与志趣相同的老年人结为同道，如一起下棋、钓鱼、聊天、跳舞，这种共同爱好，既发展了兴趣，又增进了友谊，感悟着生活的乐趣，有助于社会调适。

南京白下区马府新村 81 岁老人赵振华，年轻时体弱多病，大家取笑为"多炎干部"。赵振华退休后决定学走模特步，1991 年参加了南京首支"中老年模特队"，经常担任模特队"公关主任"。曾穿着 5 元钱买的衣服，获得全国中老年模特大赛最佳仪表奖。由于她乐于助人，大家爱请她当教练做顾问。她曾三次去加拿大，免费教当地华人走模特步，2009 年还参加了世界华人艺术节。把学生从国内教到国外，把友谊从南京带到国外。①

友谊对于老年人来说十分珍贵。一般来说，雇佣关系是一种"陌生人"关系，多为金钱关系左右。《生活报》报道，在医院病床上，49 岁保姆高凤梅说："太让我感动了，我一个保姆，年过八旬的雇主一家竟然花钱为我治病，而且不时地探望并精心照料，嘘寒问暖。"高凤梅说的雇主，就是现年 84 岁高龄的"老爹"和他 80 多岁的老伴。高凤梅因肾病无钱医疗，老人拿出近6000 元资助她住院治疗，并每隔一天打车去医院看望。"老爹"说："现在她有病，我和老伴不能看着不管，人生不容易，都会遇到难处，她没钱治病，我现在就是要尽自己的所能来帮助她。"他们已成为没有血缘关系的亲人。②

4. 老年家庭关系调适

家庭关系调适是老年调适的重要方面。离开工作岗位的老年人，家庭是其生活与活动的基本场所，是人生晚年的幸福港湾。家庭可以使老年人幸福、快乐，产生满足感和归属感；也可使人痛苦、悲伤，甚至悲观厌世。

---

① 钟晓敏：《时尚老模特，今年八十一》，2009 年 9 月 19 日《老年日报》。
② 陈国君：《两年里主雇处成一家人，八旬夫妇出钱医治患病保姆》，2009 年 12 月 11 日《生活报》。

在家庭中，老年人面临的不适应，主要是夫妻冲突和亲子冲突。

在老年夫妻关系中，矛盾和冲突总是存在的。老年夫妻调适也是一门大学问。比如，退休后，老年夫妻天天在一起，却很容易为一点小事争得脸红脖子粗，出现烦心、闹心、无奈等情况，即面临婚姻二次"磨合期"。[①] 如何通过调适，安全度过"磨合期"，就成为老年家庭一门必修课。特别是老年人在婚姻生活中会遇到离婚、丧偶、再婚等事件，这对老年人的冲击和打击是很大的，对有的老年人可能是毁灭性的。家庭中诸如此类关系调适显得极为重要。

亲子冲突也是相当多老年家庭存在的问题。这类冲突多为代沟问题、财产继承问题和子女不孝问题。比如媒体经常报道的"啃老"问题，常常成为老年人头疼的问题。[②] 可以说"家家都有一本难念的经"，矛盾和冲突形式不同，但都会有一些冲突、紧张。这对于老年人来说，都有一个调适的问题。

5. 老年应对危机调适

每个老年人在晚年生活中都有会遇上压力事件，这些压力事件会导致原有的生活状态失衡，从而造成危机。危机不是疾病，也不是偏差，而是正常人在经验到情绪烦恼和行为障碍时的一种挣扎状态。危机事件为个人带来威胁和挑战，造成个人情感方面的各种问题，如焦虑、失落、沮丧等，这是老年人最常经历到的情绪问题。

老年人容易面临的危机，如亲友病故、老伴或子女遇到意外、空巢、离婚、突患疑难病症、摊上官司等，诸如这些负面的生活事件，对老年人的精神打击是很大的。在这种危机面前，应该让老年人面对危机，使老年人获得对事件的正确看法。帮助老年人探讨其事件形成原因，确保老年人的情感和反应不被标签化，避免非理性负面的态度和行为，让老年人适时释放极端的情绪。帮助老年人建立新的思考方式，从危机中解脱出来。

应对老年危机调适，是老年社会调适中一个重要组成部分。面对危机，要有"阳光心态"，[③]"阳光心态"是为应对危机打开的一扇窗户。这就要老年人面临危机时，要以豁达乐观的"阳光心态"，面对现实，创造未来，在不幸中看到生活的希望，在烦恼中寻找快乐的理由，在困惑中看到光明的前途，去享受自我克服困难的愉悦，去创造幸福的晚年。

---

① 赵磊：《退休夫妻的二次心理"磨合期"》，2009 年 9 月 22 日《老年日报》。

② 李美丽：《儿子，你想把父母"啃死"吗?》，2009 年 5 月 4 日《生活报》。

③ 刘绍唐：《要有阳光心态》，2009 年 8 月 19 日《老年报》。

6. 老年电子科技调适

在现代电子网络社会中，知识更新速度加快，老年人处于知识老化的不利地位，对现代科技和手段越来越感到不适应。有的老年人不会使用数字电视和 DVD 机、不会用手机打电话和发短信，不会使用电脑和上网，不会在银行取款机上取款，甚至洗衣机使用都成了难题。[①] 这种现状，表明社会出现了"数字鸿沟"。所谓数字鸿沟，指横在拥有新技术手段者与不拥有新技术手段者之间的差距。从网络调查来看，这个数字鸿沟显得十分突出。

表 13 - 1　历次调查中国网民年龄分布

单位：%

时　　间	18 岁以下	18～24 岁	25～30 岁	31～35 岁	36～40 岁	41～50 岁	51～60 岁	60 岁以上
2000 年 1 月	2.4	42.8	32.8	10.2	5.7	4.5	1.2	0.4
2000 年 7 月	1.7	46.8	29.1	10	5.6	5.1	1.3	0.4
2001 年 1 月	14.9	41.2	18.8	8.9	7.1	5.7	2.1	1.3
2001 年 7 月	15.1	36.8	16.1	11.3	8.3	8	2.7	1.2
2002 年 1 月	15.3	36.2	16.3	12.1	8.2	7.6	3.2	1.1
2002 年 7 月	16.3	37.2	16.9	11.6	7.2	6.8	3.1	0.9
2003 年 1 月	17.6	37.3	17	10.2	7.4	6.8	2.8	0.9

资料来源：见田雪原等《老龄化——从"人口盈利"到"人口亏损"》，中国经济出版社，2006，第 267 页。

调查数据表明，60 岁以上网民约占人口 1%（见表 13 - 1）。说明老年人在接受新知识新技术方面与年轻人有较大差距，表明了在这方面不适应感比较强。

面对这种不适应，社会各方面加强了这方面的工作。比如老龄委等组织电脑培训、老年大学设立电脑班、IT 产业关注老年人群体。如百度专门为中老年人量身定制公益搜集产品——百度老年搜索。[②] 这一平台的设立，不仅可以让老年便捷地进入精彩的网络世界，同时也可以让老年人把自己的经验拿出来，在互联网上和别人分享，这更有利于他们体现自身的价值，更好地融入社会，并参与整个社会的发展。

① 窦媛媛：《"疯狂"遥控器难住银发族》，2009 年 10 月 16 日《老年日报》。
② 兰青：《IT 业将关注目光投向老年人》，2009 年 4 月 14 日《中国老年报》。

7. 老年性爱生活调适

大量国内外调查表明，老年人有性欲要求，男性老人大部分对性有兴趣，女性则不到男性的半数。老年性困惑问题的严重性已超出了一般人的想象。[①]

一本专门谈老年人性生活的书写道："老尚风流是寿征。"说明老年人如能维持均衡、有规律的性生活是健康的象征，是长寿的征兆，也是延年益寿的需要。[②] 书中还概括了老年人性生活的意义：一是性爱是深化老年夫妇感情的纽带；二是免致性器官的早衰和退化；三是老尚风流能抗衰防老，延年益寿。

对老年人性爱生活调适，不仅是老年人自身实践调适的问题，还有一个社会和家庭的配合问题。应该明确：一是对老年人性爱要有个正确评估，即老年人仍然有强烈的性需求；二是老年人的性能力、性功能会下降，但性需要和能力可持续终生；三是要克服性意识障碍，不应当把性要求、性行为视为"老不正经"、"下流"。[③]

四　老年社会调适执行者

老年社会调适的执行者主要是社会、家庭和老年人自我。

1. 社会

社会帮助老年人实现社会调适，要做的事情很多。首先是改革退休方式，即实施"分段退休法"。为避免退休给老年人造成的心理震荡和精神压力，对临近退休的人员逐渐减少工作时间。分段退休法有利于退休社会调适，又有利于培养年轻人。这就把一个在短暂时间内的急剧变化，分解成时间拉开、速度放慢的过渡阶段。犹如在陡坡地带增加一个缓冲带，这对退休者调适是大有益处的。其次是为老年人提供社会调适的环境。诸如兴办各种层次需求的老人公寓、托老所、养老院等社会服务设施，为老年人物质生活和精神生活提供方便；开设老年人购物中心和医疗服务中心，使老年人购物、就医就近方便；设立老年人娱乐活动和体育活动中心，使老年人能有机会有条件从

[①]　见田雪原等《老龄化——从"人口盈利"到"人口亏损"》，中国经济出版社，2006，第345~349页。

[②]　秦云峰、弘扬：《老尚风流是寿征》，中国社会出版社，1999，第80页。

[③]　曲江川：《老年社会学》，科学出版社，2007，第231页。

事各种文化娱乐活动和进行体育健身活动；开办老年人大学，为老年人再学习提供条件；组织老年婚姻介绍所，为老人求偶牵线搭桥；成立老年专家服务机构，向各方面推荐老年人才；建立专业老年社会工作组织，为高龄、空巢家庭、病残、失能、特殊老年人群体提供专业护理服务；完善社区老年服务中心建设，为老年人提供生活各方面服务；强化退休人员的管理服务机构，做好老年人管理服务工作；启动应对人口老龄化战略研究，科学制定老龄事业发展规划。

2. 家庭

家庭，是老年人生活的港湾。家庭环境对老年人社会调适有特殊的意义。作为家庭，首先，要了解老年人，懂得老年人生理、心理特点，有针对性地给予老年人生活上的照顾和心理上的安慰，是十分重要的。比如老年人易健忘和发呆，就要尽量让老人动动脑子，常和老人谈心说话；老年人好唠叨，说话重复，同老人说话就不要嫌烦；老年人易固执、呆板，凡事尽量不要违背老人的想法；老年人易灰心，想不开，就让老年人做些力所能及的事情；老年人喜欢攒东西、攒钱，在整理屋子扔东西时就要说一下，等老人同意后再扔，等等。只有懂得老年人的生理、心理变化，才能有效地帮助老年人的思想调适。否则，火上浇油，就会适得其反。① 其次，家庭要成为孝敬老人的基地。特别是在农村，由于以孝道为核心的传统资源逐渐丧失，年轻人（特别是年轻媳妇）尊老养老的道德意识薄弱，倡导新孝道尤有现实意义。子女孝敬老人，老人就会比较开心、愉悦。家庭代际关系不融洽或紧张，老年人就会闷闷不乐，就会产生被抛弃感。最后，家庭对丧偶老人、高龄老人要给予更多关心。子女要支持老年人再婚，满足老年人正当要求和活动。

3. 老年人自我

老年人是自我调适的主体，是矛盾的主要方面。老年人应怎样自觉地进行自我调适呢？贾士祥先生提出的加减乘除自我筹划法，② 对老年自我调适很有启迪作用。现摘录如下：

人生是需要有自我筹划、自我设计的，尤其是到了老年，对如何过好人生这段短暂而宝贵的金秋时光，确实应该有个科学而周详的安排，这也是老

---

① 李德滨：《老年社会学》，人民出版社，1988，第 174～175 页。
② 贾士祥：《加减乘除谱晚晴》，2009 年 3 月 8 日《黑龙江日报》。

年学研究的一个重要课题。

一是用"加法"增快乐。我们正处在瞬息万变的信息时代，科学技术迅猛发展，众多领域发展起来的高科技设备，极大地改变着我们的社会，改变着我们的工作、学习和生活。学会使用一些常用的东西，如电脑等，可以享受高科技带来的各种便利和乐趣。

有计划地读一点逸情益智的书，是一种很好的消遣方式。读到兴致处有所感时，随手记上几笔，日后随手翻翻，也是一件乐事。用不着正襟危坐地特意安排，每天睡前看上个把钟头，积少成多，一个月总能看上两三本，一年下来也是很可观的。

多结交一些各个年龄段的朋友。是孔子说的那种"君子之交淡如水"的朋友，没有功利目的的朋友。这种朋友，身在官场、商场时比较难找。离开了这样的环境，无职无权了，再结交的新朋友和继续保持关系的老朋友，才是情趣相投、情感相依，是"淡如水"的"君子之交"，水虽无味，却是谁也离不了的，最为宝贵的。

老了，可以自主地支配时间了，学几样有意思的娱乐方式，钓钓鱼、下下棋、哼几句京戏，大大地增加了生活的情趣。专家说"兴趣越广，寿命越长"。寿命的长短可以放在一边，每活一天、活一年，都能活出乐趣、活出滋味来才是主要的。

人活着，就要对世间万物保持一种憧憬与好奇之心，不倦地去追求、探知，一定不让宝贵的时光空转。如周总理所说："活到老，学到老。"

二是用"减法"剔除忧烦。道家养生讲究"吐故纳新"。《庄子·刻意》里说："吹呴呼吸，吐故纳新，熊经鸟申，为寿而已矣。"庄子是从生理上讲用"吐故纳新"保持长寿的。从心理、精神层面上讲，也需要"吐故纳新"，不断清除沉积在心灵上的废物。几十年的人生历程，风风雨雨，磕磕绊绊地一路走来，总会有一些无用的、有害的东西积攒下来。或是自己的失误，或遭他人的诋诟，心中会留下多少不平、懊恼、抱怨和嫉恨，想起来就"气不打一处来"，成为压在心头的包袱。仔细想想，这都是自己跟自己过不去。俗话说得好：人生在世，"不如意事常八九，可人心事无二三"。因为名利得失惹起的恩恩怨怨，身在名利场，谁也避免不了。到老还把所有的人生忧烦背着不放，那就是犯傻。试想，如果烦恼是别人造成的，那就是在用别人的错误惩罚自己；如果烦恼是自己造成的，那就是在用自己昨天的错误来惩罚今天的自己。想来想去，还是把它们统统忘掉为好，来个心灵上的"吐故纳新"，把心灵房间打扫得干干净净，轻松愉快地面对新生活，这应该是明智的人生选择。

三是用"乘法"提升生命质量。过去理解"生命质量",第一是健康,第二是长寿。这没错。没有健康长寿哪里谈得上"生命质量"?一次读著名作家周而复的书时,见到这样的话:"人活着,长寿,不是为了吃饭、睡觉、娱乐、继续长期活下去。而是要对人民对社会对祖国对人类有所贡献,这样活着才有意义。"于是想到,讲"生命质量",除了原来想到的"健康、长寿"之外,还应该加上一条:"有为。"用形象一点的比喻来说,就是把人的生命当成一个物体,寿命比作物体的长度,健康比作宽度,有为比作高度,那么生命质量就应该是长度、宽度、高度相乘所得的值。人的寿命长短、健康状况,受社会环境、遗传基因、医疗条件等多种因素的制约,自己很难控制,但在"有为"上自己是可以掌控的。所以,有生之年,在体力、精力允许的情况下,多做一些有益于他人、有益于社会的事情,就是在提高生命质量。胡适先生写过一首《闲情诗》:"不做无益事,一日当三日;人活五十岁,我活百五十。"这是一首哲理诗,很深刻。

四用"除法"感受幸福。所谓幸福,有个经典的说法,叫做"幸福来源于比较"。人们总是从自身的纵向比较和与他人的横向比较中,衡量自身幸福的程度。幸福感没有一个绝对的物化标准。根据这种情况,有人提出了一个有名的"幸福公式":幸福程度 = 目标实现值 – 目标期望值。这里说到,幸福感与目标实现值、目标期望值之间的关系是:幸福程度取决于目标实现值与目标期望值之差。目标期望值越低,目标实现值越高,幸福程度就越高。反之,幸福程度则越低。可以看出,目标期望值是关键条件。把"目标期望值"选准,就容易得到恰当的幸福感。把目标期望值定低一点,是容易得到幸福感的,这就应了那句"知足者常乐"的古训。

第十四章 老年社会失范与社会控制

社会生活是人们之间交互作用、交互影响的过程。人们在互动过程中，其行为千差万别。但人们都要在既定的社会现实环境中，遵循一定的社会规范，使社会生活表现出一定的秩序来。违反社会行为规范，轻者阻碍互动与沟通，重则危害他人和社会的共同生活，再重些就会导致社会秩序的混乱。社会行为规范就是社会控制的手段。没有社会规范，或者社会规范缺失有效性，社会就会出现失范行为，就会出现社会失控。这章将围绕老年失范行为，着重探讨老年失范行为与社会控制问题。

一　社会规范的特征和功能

研究社会失范，首先要弄清什么是社会规范。

1. 什么是社会规范

社会规范是协调人们相互交往与相互关系，维护社会正常秩序与社会共同生活，并以各种形式表现的行为方式和准则。说白了，社会规范就是社会规定的社会成员的行为规矩、模式、标准。它包括风俗、道德、制度、法律等。社会成员通过社会规范，懂得了社会期待他应该有的行为，了解什么是该做的和什么是不该做的。社会是通过社会规范体系来统一每一个成员的行为，组织和协调人类的群体生活，借以维护社会自身的存在和发展。

社会规范是在人的社会化过程中，通过社会教化和自我内化，使规范内化为个人自觉行为，使个体在简单的行为或复杂的道德判断中能达成一致，从而增强群体的团结和整合。

社会规范主要有两大类，一是经过一定程序成为条文的规范。诸如宪法、政策法规、规章制度、公约守则等。这些社会规范有明确性和强制性的特点，它对社会成员具有规定作用，即有约束的力量。比如我国宪法规定："国家依照法律规定实行企业事业组织的职工和国家机关工作人员的退休制度。退休人员的生活受到国家和社会的保障。""成年子女有赡养扶助父母的义务。""禁止虐待老人。"① 这就是社会对待老年人的基本准则和依据。谁违背了这些社会规范，社会就会通过法律、行政或其他方式和手段，对离轨越轨者实行制裁，以达到社会控制的目的。二是不成文的规范。主要指习俗、道德、观念等。这些社会规范的特点是弹性大，主要是通过舆论形式表现出来，并具体地渗透到每个社会角色的心理和行为中。比如说老年人中的奶奶这个角色，在不同民族、不同社会、不同家庭中，其角色规范有很大差异。什么是好奶奶？一心为子女照看孙辈的是好奶奶？全心全意在社会上做好公益事业的是好奶奶？人们会有不同的理解和看法。但奶奶这个角色规范不同于爷爷这个角色规范，更不同于科长、共产党员这些角色规范。虽没有明文规定，但奶奶这个角色是有其一套规范的。人们通过自己的文化习得并延续这套规范，用于指导自己的角色行为。显然，社会是通过这些明文规定和没有明文规定的行为规范，来统一和制约社会成员的。正是这些社会规范为社会整体与个体成员间搭起了桥梁。从角色个体来说，它在角色与角色间起到了"黏合剂"和"报警器"的作用；从社会来说，它在角色与社会间起到了"沟通"和"整合"的作用。

一般来讲，人们的社会行为来源于社会规范，社会行为是由社会规范决定的。社会规范不仅规定了社会行为，还规定了行为的关系，从而决定了人们的角色地位。改革开放以来，人们的行为模式出现了许多新情况。像老年人离婚现象增多，老年人性犯罪成为社会关注的问题，年轻一辈不孝敬老人问题突出。人们对诸如此类现象的看法，有这样那样的评价，提法与评价并不统一。这同人们的价值观念变化有关，现代化使传统的社会规范面临着挑战。这种价值观念的巨变，对社会规范的冲击十分严重。从这个意义上讲，社会规范也不是一成不变的，它是一个复杂的动态过程。在社会大变迁中，既要看到社会规范的相对稳定性，更要特别关注社会规范的变动性。

2. 社会规范的特征

作为社会规范，它有三个基本特征。

第一，客观性。社会规范是客观存在的。任何社会成员，一旦出生，便

---

① 见1982年12月4日公布实施的《中华人民共和国宪法》和2004年3月14日通过的《中华人民共和国宪法》修正案。

生活在事先安排好的社会规范的大网络中。不管是否承认，或是否喜欢它，都要按社会规范去做。否则，社会就会排斥你，让你孤立、痛苦、受罚。尽管社会规范是无形的，触摸不着的。但只要一离开它的轨道，就会立即意识到它的存在。犯了错误就要受到相应的处罚，触犯了刑罚就会受到法律的制裁。只要有人群的地方，就会有相应的社会规范。

第二，强制性。社会规范是有权威性、强制性的。社会规范所规定的行为方式和准则，是为使社会能协调有序。说白了，社会规范，就是要求人们的行为在一个社会允许的轨道上进行。对人们出轨离轨行为是一个制约和控制。没有强制性，就无法制约离轨失范行为。

第三，多样性。社会成员是分不同层次、不同层面的，各有着不同的需求。社会规范通过多样性，来满足社会的不同需求。社会规范的多样性，主要是体现在习俗规范、道德规范、行政规范、法律规范等多种形式上。各种规范相互补充，在生活各领域中以各种方式影响人们的社会行为，发挥其作用，来保证社会生活共同体的有序性。

3. 社会规范的功能

社会规范主要有三个基本功能。

第一，协调功能。即社会规范具有协调社会生活，维护社会稳定和谐、保证社会均衡的作用。通过社会规范的各个层面功能的协调发挥，使社会处于有序的运转过程中。法律制度是最高层次的社会规范，社会就是靠这种制度化的权力，来维持社会的权威性、有序性。比如通过宪法、老年人权益保障法、继承法、婚姻法，来保障和维护老年人的基本权益；道德、宗教是用特定形式的精神保证和信仰来制约社会生活。社会生活中，人们面临的大量问题不是法律方面的，而是道德伦理方面的问题。触犯法律的人毕竟是社会少数。大量是跟私德、公德、职业道德相关的问题。而这些主要靠自律和他律来解决。特别是舆论的作用显得尤为重要。诸如在公共汽车上，年轻人不给老年人让座；有的年轻人对父母冷言恶语等。这些要靠社会舆论，通过"千夫所指"来解决。风俗习惯是用潜移默化的方式来影响社会生活，传递社会文化和传统，使社会在原有基础上不断延续。社会生活中许多人情往来、礼节习俗都属这个层面的规范。一般人都会"入乡随俗"，按着当地人的习惯方式要求自己。但不随俗的人也是有的，社会对其约制力相对比较弱。比如人情往来中随礼随"份子"，老年人中也有的人就不去随礼，不去随"份子"。多数人则从"礼上往来"原则出发，都跟大家一样随礼随"份子"。

第二，组织功能。对于组织团体而言，社会规范起着组织的功能。任何组织团体除有明确组织目标外，要有相应的行为准则和办事原则。这些准则、原则就是社会规范。有了这些规范，才能协调各种内外关系，保证组织目标的实现。即使是一个老年人秧歌队，它也要有一个组织章程。活动怎么开展？经费如何筹措？人员如何召集？这些都要靠规范来明确。没有一个规范，一个秧歌队也是很难持久开展活动的。

第三，控制作用。要实现社会一体化，就须对其社会成员实施一定的控制。这种控制主要是靠法律规范、道德规范和习俗规范来对社会实施有效控制。没有控制功能，社会规范就是一纸空文。所谓控制，说到底，就是用社会规范来限制人们的生物本能，使每个人按照群体生活的模式来办事，借以维护社会自身的存在和发展。社会没有这些控制，每个人都为所欲为，整个社会就会瘫痪。正是靠这些社会规范，约束每个个体的行为，社会才会有一个有序稳定发展的环境。

二　失范行为与老年人失范

1. 什么是失范行为

失范行为是针对规范行为而来的，即那些违反或偏离现行规范、与现行规范行为对立的行为。失范行为也被称为"越轨行为"、"离轨行为"、"偏离行为"、"偏差行为"、"反常行为"、"异常行为"。而"失范行为"是一个中性的词语，既没有褒义，也没有明显的贬义。

2. 失范行为的特点

杨振福先生将失范行为分为积极的失范行为和消极的失范行为。[1]

他认为，消极的失范行为指向社会规范，不仅扰乱社会规范规定的社会活动，而且破坏社会规范所体现的社会关系。消极行为的社会功能，有以下诸点。

第一，破坏社会报偿原则。这里的社会报偿原则，就是社会对遵守社会规范的人给予适当鼓励，对违反社会规范的人给予相应的惩罚。通过奖惩报偿，使遵守社会规范的个体把欲望限制在合理的范围之内，使违反社会规范

---

[1]　杨振福：《失范行为论》，辽宁大学出版社，1995，第15～17页。

的个体有所畏惧，以断非分之想。社会报偿原则如若被破坏，或流于形式，就意味着社会不惩恶扬善，就会造成从恶如流。比如社会上流行的各种形式对老年人的欺骗、欺诈行为，社会就应对其严厉打击，不能手软，才会杜绝这类现象。这类失范行为流行，起码表明社会在这方面打击力度不够，没有击中这种恶行的痛处。

第二，破坏人际之间最起码、最必要的信任。社会信誉，是社会交往的最起码、最必要的前提。老年人向往当年学雷锋的年代，因为在那个年代，一个人有难，社会就会有人慷慨解囊，很多人会出来帮忙。而近年来，在车站、码头、街头巷尾，各种乞讨者求助者层出不穷，其中绝大多数"求帮者"是以此为生计，靠此发家致富。行骗者亵渎了助人为乐的精神。这些社会现象，常常让老年人困惑和鄙夷。

第三，破坏人们的相互合作。社会活动、社会交往、社会合作都离不开一定的社会规范。没有了社会规范的制约，交往与合作无法顺利进行。失范行为在破坏社会规范的基本原则的同时，还破坏了人们之间的正常合作。比如老年人去的最多地方的是医院。在一些医院进行手术，就要向患者索要红包，这成为社会流行的现象。而这是违背"为人民服务"和"救死扶伤，施行革命人道主义"的基本医德的。这种索要红包的医生，同医护人员、后勤人员（如电工）的合作关系也出现缝隙。

3. 失范行为的主要类型

按照违反或偏离社会规范的程度来划分，可将失范行为分为四种类型。

（1）犯罪行为。这是严重的失范行为，是故意或由于过失违反刑事法律规定，给国家、集体、公民个人造成不同程度的危害，按照法律条文应受到刑罚惩处的失范行为。比如有的老干部在退休前后犯了贪污受贿罪，[1] 有的老年人犯了诈骗罪，[2] 有的老年人犯了盗窃罪，[3] 即触犯了刑律，构成了犯罪。甚至还有这样的极端例子，为了"入狱养老"，69岁老汉持刀抢劫。[4]

（2）违法行为。违法行为既包括作出现行法律禁止的行为，也包括不

---

[1] 《博士后院长终审获刑11年》，2009年4月16日《法制日报》；晓喆《国门"巨蠹"的人生悲剧——李培英贪污受贿警示录》，2009年8月11日《中国纪检监察报》。

[2] 刘杰：《99岁老汉诈骗美籍博士74万》，2009年2月7日《老年日报》；王文波、王亦君：《八旬老人以招生为名行骗》，2008年9月4日《老年日报》。

[3] 杜晓红：《"厚道"老汉原是盗窃老手》，2009年4月28日《生活报》；邢光华：《"西服老头"专偷铁栅栏》，2009年8月7日《新晚报》。

[4] 王秋实：《为"入狱养老"，69岁老汉持刀抢劫》，2008年12月24日《老年日报》。

作出法律要求的行为。再就是，有些失范行为触犯了刑法，但因情节轻微、危害不甚严重，对失范者可不追究刑事责任，但须负行政责任或民事责任。这里有两种情况：一是失范行为触犯了法律，情节也很严重，已构成犯罪，但因失范行为者是未成年人或是缺乏责任能力的人，不能给予刑事处罚；二是指有责任能力的人违反了民法、劳动法、行政法等现行法律，应按照相应法律追究责任，给予处罚的失范行为。在现实社会中生活的老年人，有了违法行为的人占有相当比例。大多数劳教人员，都属这个类型中的违法失范者。

（3）违章行为。是指违反社会治安和公共秩序的规则、规定、条例的行为，还包括违反社会组织内部的规章条例的行为。这类失范行为，主要是影响和干扰社会生活正常运行的秩序。如有的老年人违反交通规则，不遵守公共秩序、赌博、酗酒、吸毒，以及在公共场所做有伤社会风化的举动等。一般来说，这类违章行为，视情节轻重给予批评教育、罚款、行政处分等处理。

（4）不道德行为。又称违规行为，泛指日常生活中各种违反传统风俗习惯或社会公共准则的行为。不道德行为往往涉及与公德、私德和职业道德相悖的行为。比如有的老年人说话粗鲁、言语污秽，有的老年人在公共场合不正经，有的年轻人不尊敬老人，在公共场合不给老年人让座等。不道德行为因为未达到违法、犯罪的程度，主要靠社会舆论的谴责和自我良心的发现来杜绝。

在一般情况下，一个社会或一个地方都会有大量不道德行为、违章和违法行为甚至犯罪行为。一旦一个社会不道德行为普遍化，社会控制削弱，社会冷漠，人们的安全感丧失，就会出现荣辱不分、是非颠倒、歪风盛行现象，恶的东西就会甚嚣尘上，黑恶势力就会横行嚣张，违章、违法行为以及犯罪行为上升，大案要案层出不穷。相反，一个社会或一个地方，如果人人遵守公共生活规范，敢于仗义执言，社会风气正，表明该社会有很强的社会控制力，失范行为相对就少。

三　社会失范理论解释

对社会失范行为大体有三个领域的研究，即生物学、心理学、社会学对社会失范行为理论的研究。

1. 生物学对失范行为解释

生物学解释失范行为的典型代表是意大利犯罪学家龙勃罗梭，他在 1876

年发表《犯罪人论》，提出"天生犯罪人类型说"。他测量了犯罪人的头骨，发现犯罪人头骨与正常人不同，而与类人猿相似。他认为犯罪人是退化的人，生来就要犯罪，犯罪与遗传有关。[①] 还有一些学者从人的分泌腺、遗传基因、孪生儿等方面探讨失范问题。诸如"雄性的侵犯行为是生物固有的特征"（劳伦兹）、形形色色的身体类型（体型）会对青少年犯罪产生影响（谢尔登）等。[②]

2. 心理学对失范行为的解释

从心理学视角研究失范行为的学派比较多，主要的有精神分析论、文化传播论、标签论等。

（1）精神分析论。以弗洛伊德为代表，用精神分析理论来解释犯罪。他认为人的基本动机是寻找愉快，这种寻求愉快的冲动会导致犯罪行为。后来他又提出发泄产生自杀、犯罪。后来美国心理学家在发泄理论基础上，提出挫折引发犯罪，认为一切侵犯行为都是受挫折的结果。

（2）文化传播论。又叫文化传递理论或习得论。代表人物是美国社会学家萨索兰。该理论强调亚文化的传播作用。认为失范行为是从别人那里学来的。他说，在一个相对同质的社区中，随异交往的机会很少；而在相对异质的社区中里，随异交往的机会大大增多。这种交往的结果是：其一，由于和罪犯交往，一般人成为罪犯的可能性增强；其二，罪犯只和罪犯交往，从而有可能形成犯罪亚文化群体。

（3）标签论。又叫标定论或标志论，其代表人物为坦南鲍姆和贝克尔。坦南鲍姆认为："犯罪的形成是一个贴标签、认定、识别、隔离、描述、强调、获得意识和自我意识的过程。"贝克尔在吸大麻"社会认定"研究中，将坦南鲍姆的理论发展成为标签理论。即吸鸦片、大麻原来不是违法，后来立法定吸毒为违法。所以贝克尔提出失范行为是社会通过创立新的行为准则而制造出来的。在标签论看来，失范行为是贴标签的结果。

3. 社会学对失范行为的解释

社会学对失范行为的解释有很多学派，比较有影响的有：社会失范论、社会冲突论、社会解组论、亚文化群论等。

[①] 见杨心恒《社会学概论》，群众出版社，1986，第 371～372 页；杨振福《失范行为论》，辽宁大学出版社，1995，第 37～38 页。

[②] 刘豪兴：《社会学概论》，高等教育出版社，1992，第 385 页。

（1）社会失范论。以德国社会学家迪尔凯姆为代表，强调以失范行为结构的观点来分析失范行为问题。他的核心观点是：当人类的本性不受制约时必将导致失范行为，而这种制约力存在于社会本身。他在《自杀论》中提出，人的欲望没有止境，只有社会具有权威和强制力，能为人的欲望划定界限，使其欲望与社会相协调。当社会发生某种危机或突变时，欲望与界限就会失调，行为就会失控，社会就会出现失范状态。显而易见，失范状态的实质在于：一方面，社会对于调节人的本能的欲望和要求失去了能力；另一方面，个人缺少行为指南，几乎不懂得个人的欲望和行为应当接受社会的制约。特别是迪尔凯姆在《自杀论》中还提出社会整合和社会解体两个概念，指出：社会整合使社会失范行为减少，社会解体使失范行为增多。社会失范论的后继者是美国社会学家默顿，默顿的失范理论也是以社会结构来解释失范行为，但他更注重于文化和社会结构，他提出了一套失范理论体系，成为该理论继大成者。

（2）社会冲突论。刘易斯·科塞是其代表人物。社会冲突论认为社会冲突是产生失范行为的重要因素。他在《社会冲突的功能》一书中指出："冲突不是破坏和分裂，而确实是维持现实社会平衡的手段。"他把冲突视为社会的"安全阀"。他认为，威胁社会结构均衡的因素不是社会冲突，而是社会结构自身的僵化；冲突建立了社会的统一，并且维持社会结构的内部平衡。在他看来，社会不平等的存在，地位、利益、分配、价值的不同，带来的冲突和对立是引发失范并促使社会体系发展变迁的根本原因。

（3）社会解组论。其代表人物是美国的帕克·伯吉斯和沃思等。这一理论就是企图用社会解组解释失范行为。所谓社会解组，指社会规范对社会成员的约束力削弱、社会凝聚力涣散的社会状态。为了说明社会解组，他们提出了很多变量，如城市化、工业化、社会复杂性。指出家庭功能弱化；城市化带来的"匿名化"、"陌生化"、"非人格化"；旧规范废弃，新规范未完善的"真空化"等，都会导致人们频频发生失范行为。

（4）亚文化群论。其代表人物为美国社会学家林德。林德在研究檀香山的居民失范行为问题时，发现用社会解组理论不能解释檀香山的居民失范行为，进而提出亚文化群理论。所谓亚文化群是构成主体社会的一部分，是由各种社会因素和自然因素形成的有自己特色的群体。这些因素包括阶级、阶层、民族、宗教、职业、爱好以及居住地等。亚文化群体，除享有主体文化（如语言文学等）外，还具有自己的独特性，诸如某些独特的行为规范和价值观念等。像林德研究的波利尼西亚人，这个族群不谴责婚外性行为，表明在这个族群内婚外性行为不是失范行为。但在美国主体社会里，其法律视婚外性行为是违法的，即是失范行为。这就是波利尼西亚人族群整合程度很高，而婚外性行为发生率也很高的原因。他们这种社会现象，用社会解组理论就难以解释，而用亚文化群理论就可以解释。这表明在亚文化群体里有的行为规范和价值观念，是有别于主体社会的行为规范和价值观念的。这种规范和理念上的差异，就导致在亚文化群中被认为是规范行为，在主体文化中则被视为失范行为。

以上这些理论解释，都是国外学者根据西方社会现实提出的。对于我们研究失范行为有一定的参考价值。它有助于拓展我们的研究视角，从社会整体的视角来研究失范现象，把握失范行为的社会性。

四 社会控制与失范行为

1. 什么是社会控制

社会控制是社会学中一个重要概念。最早是由法国社会学家塔尔德提出来的。后经美国社会学家罗斯和帕克继续发展，分别提出了社会控制理论。

社会控制是维持社会秩序所必需的。李德滨曾在《什么是社会学》中论述道：正常的社会秩序是社会存在、发展的基础。正如俗话说的"安居才能乐业"，只有有了正常的社会秩序，人们才能有一个安定的环境、安定的生活。有了这个起码的条件，人类才有可能发展生产、促进社会进步。如果人们的行为没有任何约束，什么都是我行我素，各行其是，那世界就会闹得一片混乱，人类想要正常生存下去也就成了不可能的事情。而社会秩序的建立、维持、改善，则有赖于社会控制。社会控制就是防止发生失范行为，帮助个体把社会规范内化为自觉意识。没有社会控制，就不会有正常的社会秩序。

社会控制也是促进社会进步的手段。社会进步是一种含有价值的概念，它是相对于社会退步而言的。社会学家把由人倡导、向着一定方向前进的变迁，称为社会进步。社会进步是与社会控制紧密相关的，社会进步是目的，社会控制是手段。比如我们所从事的现代化建设，即建设高度的物质文明、精神文明和政治文明，就是一种有目标的社会变迁，或者说是社会进步。而要达到这一目标，是一点也离不开社会控制的。整个国家的机构、制度、舆论，包括一切政治、经济、文化、思想工作，都要为这一目标服务。人们的一切言行，都要受这一目标的制约。有了共同的行为准则，人们就有了共同的思想与行动。在这里，社会进步有赖于社会控制，社会控制促进了社会进步。①

社会控制这个概念原意是社会必须控制人的动物本能，限制人们发生不利于社会的行为。后来则有广义和狭义的解释。广义是把社会控制理解为社会或其中群体为达到维持社会秩序而采取的手段。狭义是把社会控制理解为社会或群体对偏离社会规范的越轨行为所采取的限制措施及限制过程。②

社会控制的目的是要形成稳定的社会秩序。社会和谐稳定，是社会控制所追求的最直接、最基本的目标。一旦社会稳定，就要向有序推进。即使社会构成的诸要素、关系相互协调。显而易见，社会控制所企望的社会秩序，是一种动态的、协调的、有序的社会秩序，而这正是老年人所期望的一种社会环境。

2. 社会控制的特点

社会控制在防止社会失范、帮助和督促人们自觉内化社会规范等方面起到约制和管理作用，这同它所具有的基本特点有关。

第一，集中性与普遍性。集中性，指它总是集中代表特定组织的利益和意志，服务于其社会组织的总体利益和最高意志。这种社会控制，总是以某种社会名义，似乎是凌驾于个人之上的力量实施社会控制。而这种社会控制还具有普遍性特征，无论是任何社会，还是其社会发展的任何阶段，社会控制都是普遍存在的。就社会控制发生场所来说，小到一个家庭、学校、工厂，大到一个社区，甚至一个国家，都需要某种形式的社会控制。一旦失控，就会出现失范现象。最典型的例子就是"文化大革命"动乱时期，无政府主义盛行，到处呈现失范状态。

第二，依赖性与互动性。社会控制必须依赖于社会实体才能起作用。因为社会规范只有通过实体才能发挥作用。实体包括个体、组织和媒介，实体是社会规范起作用的物质承担者。脱离开社会实体，社会控制就是一句空话。再就是社会控制必须通过社会行为而起作用，即具有互动性。人们接受规范，内化规范，创造规范，都是在人与人、人与群体的互动中实现的。互动是社会控制中不可忽视的环节。

第三，多向性与交叉性。社会控制实际上是依赖各种信息传递实体，对

① 见李德滨《什么是社会学》，人民出版社，1984，第59~60页。
② 社会学概论编写组：《社会学概论》，天津人民出版社，1984，第181页。

众多社会成员进行控制的过程。这种社会控制作用于成员的机制是多向的、交叉的。社会控制是一个多向的、交叉的、多层面的联动的过程。控制方式是多种多样的，有习俗控制、道德控制、法律控制等。比如在家庭生活中，道德、习俗控制占主导地位；在单位组织中，则主要以规章制度、法律控制为主导；在教堂，则主要以宗教控制为主。诸如此类多种交叉性的控制，发生在个体与别人的互动过程中。社会通过这种多向的、交叉性约制，实现着对社会的控制。

3. 社会控制的类型

按不同标准，可将社会控制划分为不同类型。比如以社会控制实施方式为标准可分为：直接控制与间接控制、积极控制与消极控制；以实施社会控制的主体为标准可分为：社会的控制、组织或群体的控制、个人对个人的控制、个人对群体的控制、群体对群体的控制、自我控制；以控制的途径为标准可分为：内在控制和外在控制；以控制制约力强弱为标准可分为：强制控制和非强制控制。

现按社会控制实施基本领域为标准，将社会控制分为：

第一，法律。法律是由国家强力推行的，对社会成员具有最强约束力的社会控制方式。它是由国家制定与认可的一种社会规范。法律是所有社会规范中最有权威的一种社会规范，是以国家权力为依托、予以强制执行的一种社会控制方式。法律是每个社会成员必须遵守的原则，一旦违法，国家就要给予惩罚与制裁。法律是老年人维护自身权益的护身符。老年人在面临权益侵害时，可通过法律规范来为自己讨回公道和正义。

第二，道德。道德最初是人们在集体生活中约定俗成的一套辨别是与非、善与恶、正义与非正义的价值标准。它是由习俗演变而来，成为教化人们自觉遵守的规范体系和控制方式。道德对人的社会影响力，比法律要弱，比习俗要强。道德主要是靠社会舆论、内心信念以及道德评价来促使人们弃恶从善，遵守道德规范。道德是法律的补充形式，它比法律具有更大的弹性，但具有更广泛、更普遍的约束力，对社会行动的规范调整范围更大。道德是老年人自我控制最重要的方面，老年人主要是靠道德安身立命，老年出现失范现象，也常常是出在道德失控或源于道德失控。

第三，风俗习惯。风俗习惯是在集体生活中逐渐形成并共同遵守的行为准则，是人类生活最基本的也是最原始的一种社会控制方式。风俗习惯往往在一定程度上影响着人们的行为方式。人们的言谈举止、待人接物均受风俗习惯的影响和制约。人们都是在自觉与不自觉中按风俗习惯规范行事，这就是风俗习惯的约束力。老年人是习惯的传承者，既从上一代继承风俗，养成习惯，又对下一代传授风俗，培养下一代养成良好的生活习惯。社会生活就是在一代又一代中制造风俗、应用风俗、发展风俗。

第四，宗教。宗教是人们对超自然力量的信仰、解释的产物。宗教是一种重要的社会控制方式。宗教能在其影响所及的地域范围内，对宗教信徒的行为产生很强的约束力。作为信仰崇拜的宗教，它是通过教规教义对信徒进行宗教教化，使其教规教义内化为自觉行为，从而起到控制作用。宗教的约束力比道德的约束力更强。越是虔诚的信徒，对自己的约束力越强。宗教是靠神的约束力控制信徒，违反教规是要受到神的惩罚的。我国老年人中信教的人数相对比较多，他们把信教作为心灵净化的一种方式。宗教正在成为社会控制的一个重要构成部分。

4. 社会控制的层次与工具性手段

社会控制是一种社会约束机制。作为约束机制，它在三个层次上实施社会控制。

一是对社会价值的控制。社会控制首先是对社会成员的思想、观念、意识的控制。任何社会要靠一定的社会价值来维系，并以此使社会成员认知、共识、整合，为形成相对稳定和谐的社会秩序创造必要的价值支撑。比如党中央提出科学发展、协调发展、构筑和谐社会等，这种社会价值观正在内化为社会成员的共识，它会成为一股巨大的社会控制力量，成为凝聚中华儿女振兴中华的强有力的精神支撑。

二是对社会行为的控制。社会控制的核心就是要对社会行为予以制约，使行为者按照社会规范去行事，即对人们的政治行为、经济行为、文化行为加以约制和引导，纳入社会正常运行的轨道。鼓励按规范办事的行为，惩罚和制裁失范行为。有的老年人触犯刑律，受到惩罚和制裁，就是社会对行为控制的一个体现。

三是对社会关系的控制。社会控制还表现在对社会成员的社会关系的控制和协调上。社会是以群体形式得到体现的，社会关系则是社会群体存在的本质反映。社会秩序的正常运转，有赖于稳定的社会关系。任何社会关系的破裂和解体，都有可能形成社会的不安定，出现失范行为，甚至发生影响社会秩序的动乱。控制和协调社会关系，是保证社会和谐有序的重要条件。当前，一些地方出现的群体性突发事件，很多与没有处理好干群关系有关。处理和协调好各方面的社会关系，是维护社会和谐有序发展的不可或缺的重要方面。

社会控制的手段很多很广，这里只侧重谈一下工具性手段。所谓工具性手段，指在实现社会控制的过程中，采用一些必要的措施，用于维护社会规范，强化社会控制，这些具体的强化的措施被称为工具性手段。

社会控制的工具手段分为两类：一类是强制性手段，一类是非强制手段。

所谓强制手段，指通过各种外部强力迫使人们就范的一种手段，主要是针对造成相当后果的失范行为者，其功能是惩前毖后，以儆效尤。

一是人身惩罚。即实施控制的部门给予控制对象以肉体上的痛苦和折磨，限制自由，使其反悔，痛改前非，如关押、收审、判刑等。这是一种最简单的控制手段。有的家长训斥子女、鞭策子女，也有的使用体罚的方式，施以皮肉之痛，来达到控制与引导的目的。体罚的极端形式是剥夺生命。

二是精神惩罚。这是一种以造成控制对象精神痛苦为目的的控制手段。这种惩罚比人身惩罚的效用更长久、更强烈。剥夺失范行为者的人身自由和政治权利，就是一种精神惩罚。

三是经济处罚。这是一种以物质形式表现出来的强制性控制手段。经济处罚是以一定罚金作为抵罪的方式，实施对控制对象的一种剥夺。经济处罚实际上简化了对违规者的处罚方式，在现代社会是一种较为快捷简便的处罚方式。比如交通违章以罚款方式执行，简便有效，易于执行。由于被控制客体的经济状况不同，同样的经济处罚会引起不同程度的被剥夺感。对于处于贫困山区的老年人罚款1000元，同在城里有钱老年人罚款1000元来说，可以说在内心深处引起的感受是大不一样的。对贫困老年人来说可能是一辈子难忘的，而对城里富有的老人来说不足挂齿。

四是纪律处分。是单位组织对失范行为者的一种强制性处置。其形式有行政警告、记过、留职察看，除名等。这种处置，使失范者在社会地位、经济收入乃至精神方面遭受损失，也是一种有效的控制手段。

所谓非强制手段，指通过适当的外部调解和劝导以及舆论压力等温和的控制手段，使被控制者反省悔悟，从而调整个人的行为。

一是说服劝告。即通过耐心劝说、引导，使控制对象迷途知返。这是最为典型的非强制性控制手段，使用较为普遍。

二是调解。当双方冲突激烈时，由中间人沟通双方意见，缓解和化解矛盾，达到相互让步，相互妥协的目的。

三是社会舆论压力。即用群体一致的意见，对行为者施加压力，使其重新调整自己的行为模式。舆论在扶正压邪方面能起很多其他控制手段难以代替的作用。很多老人求诉无门，一旦通过媒体曝光，在舆论压力下，很多长期未能解决的问题往往会很快得到解决。

五　老年人失范及社会治理

伴随着老龄化快速发展，老年人口规模也在迅速扩大，老年人失范行为特别是犯罪行为也在增多。加强这方面的老年社会学研究也越来越显得重要和必要。

1. 老年人失范行为的特点

老年人失范行为，特别是犯罪行为有其自己的特点。

一是老年犯罪总量小且呈上升趋势。因为缺乏全国老年人犯罪的统计数字，从各地的统计数据看，老年人犯罪不到10%，约在4%~5%左右，但随老年人口的比重日益增加，老年犯罪的比重也在增长。据某地监狱统计，其在押犯常年在1200人左右，老年犯罪人员1998年占在押犯的1.2%，1999年占在押犯的1.4%，2000年占在押犯的2.1%。

二是老年犯罪城乡有明显差异。差异集中表现为农村老年人犯罪多于城市。农村多为孤寡老人，文化层次低，多为非智能型犯罪。城里多为退休干部，利用多年的社会资源，为家人或他人谋取非法利益，多为智能型犯罪。

三是老年犯罪类型多且较为集中。男性老人犯罪多为猥亵、强奸、诱骗、放火、盗窃、侵占、窝赃、伪造、诈骗等。女性犯罪则以扰乱社会治安为主。极端的个案则五花八门，如99岁老翁涉嫌诈骗74万元；[1] 72岁惯偷被抓获立案查处20余次；[2] 76岁高伯明杀害情人；[3] 70岁老教授贩毒；[4] 69岁老汉为"入狱养老"，持刀抢劫。[5]

四是老年人暴力犯罪较少且多指向反抗能力更弱的群体。老年人犯罪从总

---

① 刘杰：《99岁老汉诈骗美籍博士74万》，2009年2月7日《老年日报》。

② 任彦：《72岁老人犯罪记录惊呆民警》，2007年9月30日《青年时报》。

③ 《七旬老翁的情杀末路，关注老年人犯罪背后的深层原因》，见百度网"老年人犯罪"。

④ 韩阳：《70岁老教授贩毒被抓，说起女儿"咬牙切齿"》，2008年9月8日《黑龙江广播电视报》。

⑤ 王秋实：《为"入狱养老"，69岁老汉持刀抢劫》，2008年12月24日《老年日报》。

体上看，暴力犯罪较少且多指向反抗能力更弱的群体。从犯罪手段看，老年人由于年老体弱，除极端个案有采取杀人等暴力手段犯罪的，多数则采取教唆、诱骗、诈骗、包庇等间接性、隐蔽性的犯罪手段。从犯罪实施对象来看，也多指向没有反抗能力或反抗能力较弱的儿童、妇女、残障人等弱者。

五是老年人性犯罪引起社会关注。性犯罪是老年人犯罪中一个普遍性的问题，频频见诸报端媒体。本章将侧重探讨这个问题。

2. 性犯罪是老年失范的重点

田雪原等指出："老年人性问题的严重性已超出一般人的想象。而且，随着人口老龄化的发展，老年人性问题会越来越凸显。"① 性失范，是老年失范的重灾区。

大量调查数据表明老年性失范的严重性。据重庆高级人民法院资料，1998～2003 年，重庆市 60 岁以上老年人犯强奸罪及奸淫幼女罪的案件每年都在 30 件以上。江苏省某劳教所 50 名 60～81 岁老年罪犯中七成为性犯罪。② 四川广安市 2003 年全市共发生强奸、猥亵妇女儿童案 68 起，其中由老年人实施的 14 起，占 21%；2004 年，全市共发生强奸、猥亵妇女儿童案 50 起，其中由老年人实施的有 12 起，占 24%。③ 根据公安部门了解的情况看，现在嫖娼、从事性活动的人，50 岁以上者，占大多数。④ 各地的调查和报道都显示出这个倾向：老年人实施性犯罪呈现明显上升趋势，特别是农村上升趋势十分明显。

老年人性犯罪呈现以下重要特征：一是相当多。即收审关押老年人罪犯中多为性犯罪，社会上嫖娼这类性失范者多为老年人。二是侵害人多为单身或独居的老年人。三是被害人主要是幼女或有精神障碍的妇女，对受害人及家庭伤害大。四是作案手法简单，多为诱奸、骗奸，侵害时间比较长。五是农村性犯罪相对比较多。作案对象多为亲人或邻居，作案时间多发生在农忙季节，地点多在偏僻、封闭地区。

为什么老年人性犯罪、性失范问题会如此严重和突出呢？首先，老年人有性需求和性能力。调查表明，多数 70 岁老人有性要求和性能力，80 岁老年人也有性要求和性能力。但老年人的性需求和性能力，没有得到社会的理解和重视。一些老年人特别是男性老年人其性要求比女性老年人更强烈。当其配偶去世、

---

① 田雪原等：《老龄化——从"人口盈利"到"人口亏损"》，中国经济出版社，2006，第 348 页。
② 东湖：《老年人性犯罪引人关注》，见 2004 年 10 月 30 日百度网"老年人犯罪"。
③ 李健、张二平：《广安市农村老年人性犯罪的调查》，《西南政法大学学报》2008.3。
④ 田雪源等：《老龄化——从"人口盈利"到"人口亏损"》，中国经济出版社，2006，第 349 页。

离异，或有配偶但对方不配合或厌烦性生活，老年人性需求得不到满足时，长期性压抑便形成极度性饥渴心理，这为性失范、性犯罪埋下隐形炸弹。一旦社会规范在心灵中失去约制力，就会去寻求性刺激。没有经济实力的农村老年人就会将目标放在缺乏防范意识的妇女或精神障碍妇女身上，有经济实力的老年人就可通过嫖娼等方式进行钱与性的交换。其次，社会与家庭对老年性健康关注不够。社会特别是政府、家庭对老年人性健康缺乏必要的关注和重视，尤其是表现在对老年人精神生活满足方面供给公共产品太少了，缺少为老年人沟通而设置公共文化娱乐活动场所和设施。家庭成员又不能理解老年人应有的正常的性需求和性能力，并以"老不正经"之类的帽子压制老年人的正当需求。加上社会利用多种渠道和方式传播淫秽物品，也在一定程度上刺激和催化着老年人突破社会规范。再次，同有的老年人缺乏自珍、自重、自爱的能力有关。由于年老体衰，生活没有了重心，生活变得没有意义，个人价值也无从体现，变得消极颓废，道德观念滑坡，容易陷入失范状态。

如何避免老年人犯罪，减少老年人失范行为呢？这应是一个社会综合治理的问题，是一个社会系统工程。从社会学角度讲，最根本的措施是要为老年人创造一个好的关爱环境。

第一，提供社会保障与创造宽容环境。前面提到的 69 岁农民付达信，为能"入狱养老"，在北京站广场持刀抢劫的这种极端个案，其背后揭示着当前农村养老的困局。付达信孤身一人，无人奉养；年老体衰，无力自养；承载着农村社保功能的承包土地因无力耕种而退还；每年 600 元"五保"补贴已无法维持其最低生活保障，这表明农村养老保障已成为一个社会发展瓶颈。好在中央已决定试点对农民实施社会保障，通过政府投入，建立起覆盖全国乡村的农村社保网络。健全和完善对老年人的社会保障制度，逐步改善老年人的生活、健康及参与社会发展的保障条件，才能实现五个"老有"，特别是把对老年人精神关爱这一块纳入到政府工作的议程中去，为老年人提供关爱的社会公益活动，并建立宽松的社会环境，满足老年人经济生活、婚姻生活、精神生活等需求，使老年人生活无后顾之忧，在不违犯社会规范的前提下去追求自己的快乐。

第二，坚持舆论导向与加大文化投入。政府普法宣传应避免和杜绝走形式、搞花架子，力求讲实效。政府可采取普法包干到村的方式，针对实际，宣传哪些可以做，哪些不该做。把社会规范与现实生活结合起来。特别是要重视发挥电视、广播的有效作用，提高法制和道德规范的节目质量和延长一些栏目的时间，通过潜移默化的渗透，使法律规范和道德规范入脑入心。再就是政府要加大对文化场所、设施的投入，为老年人文化体育娱乐活动拓展阵地，提供服务。

　　第三，弘扬家庭关爱和倡导自珍自重。社会可通过评选模范老年夫妻、孝星等活动，倡导老年家庭关爱氛围；兴办老年婚介所、社区服务中心等，满足老年人的各方面需求；树立社区及各个层次老年人各方面的典型，为老年人树立看得见摸得着的先进楷模和学习榜样；大力倡导老年自珍自重、自尊自爱的健康向上的社会风气。

　　第四，依法惩治失范与注重保护维权。对于犯罪老年人，要根据其犯罪性质、特点、原因、情节和危害结果综合考虑，在办理程序和策略上，尽量适应和照顾老年人的身心特点，注重说服教育，消除对立情绪，保护老年人自尊。力求做到：一方面，通过惩治老年人犯罪，维护最广大老年人的合法权益，在惩治中把维护老年人的合法权益贯彻始终。老年犯罪者一般具有的特点，即表现为不良的行为习惯、行为方式难以改变，具有很强的守旧性、习惯性和固执性。故要讲究针对性，动之以情，晓之以理，让他们逐渐认识到自己偏离社会轨道的失范行为，重新做人。可以在监狱里建立专门的老年罪犯管理机构，统筹安排老年罪犯收监、改造，建立老年服务网络。另一方面，应进一步完善弱势人群维权体系，对被不捕、不诉、宣告缓刑的老年人要落实帮教措施，特别要重视对老年人刑满释放后的安置。不能放任不管，更不能嫌弃，要充分发挥行政、法律、政策、社会等方面的积极作用，做好对老年人犯罪的综合治理工作。通过妥善安置刑满释放老年犯，有效地遏制老年人犯罪和再犯罪。家庭、居民委员会、民政部门和社会福利部门，应及时解决其生活出路问题，落实生活保障措施，预防再次犯罪。

第十五章　老年社会问题

老年人在社会中生活，会产生这样或那样的社会关系失调，由此引发很多社会问题，使老年人及社会成员的生活受到困扰。研究这些中国老年人的社会问题是有重要意义的。它有助于我们了解中国老年社会问题的现状，把握老年社会问题的特点、类型、原因和作用，有利于找到解决中国老年人社会问题的办法和途径，有益于自觉地利用中国老年社会问题的规律。

一　什么是老年的社会问题

要弄清什么是老年的社会问题，首先要搞清什么是社会问题。李德滨在《社会学100题》中是这样表述的："从广义上讲，社会矛盾就是社会问题。它是指社会生活中普遍存在的问题和现象。在社会学意义上使用社会问题这个概念，一般是从狭义上使用的。它是指对共同生活或社会进步发生障碍的问题。主要是指因社会结构失调而造成影响全局性或相当部分人正常生活的问题。"①

在谈到社会问题的定义时，赵子祥指出，凡称为社会问题的，必须包含以下四个基本条件。

第一，它作为一种社会现象，起码违背了某些公认的良好的社会规范和价值，触犯了很多人的利益。

第二，这种社会现象的存在及其所发生的作用能给社会带来一定的影响，其严重性能持续相当长的一段时间。

第三，这种社会现象首先被社会中的有识之士发现后，使大多数人认识到其危害，并有积极改善的愿望和想法。

---

① 李德滨：《社会学100题》，天津人民出版社，1984，第165页。

第四，要消除或减少这种社会现象的作用和影响，必须借助和发动社会团体与群众的力量，才有可能得到解决。[①] 可见，社会问题是一种足以危害和影响社会全体或部分成员的社会现象，它引起了人们的注意，并需要采取社会力量加以解决的问题。

就社会问题本身来说，它具有多方面的特性。其主要特征为：（1）普遍性，即任何社会都有其问题存在；（2）时间性，即特定的社会问题发生在特定的时期内；（3）空间性，即不同地方有不同的社会问题；（4）复杂性，即每个社会问题都不是单纯的社会现象，都与别的现象或问题有关联。正是由于社会问题本身所具有的特性，因此认识和解决社会问题时，都不能离开一定的历史条件，不能离开特定的国情、地区、民族和社会制度。一定的历史条件，产生特定的社会问题。历史条件不同，社会问题的性质或表现形式也就有所不同。[②]

显而易见，所谓老年社会问题，是指由于社会失调或行为过失，致使部分老年人或全体老年人的正常生活发生障碍，带来危害或造成社会负担，社会成员要求采取措施解决的问题。目前中国比较突出的老年社会问题有老年退休金问题、老年婚姻特别是再婚问题、儿女孝顺问题、老年（特别是高龄、失能）健康问题、空巢问题、退休综合征、老年人上当受骗问题等，这些都是与老年人有关的社会问题。这些问题不能得到解决，就会影响老年人乃至整个社会的正常生活。

二 老年养老费用问题

老年养老费用问题，城市与农村是有差异的。

1. 城市养老金问题

对于城市居民来讲，首先是养老金存在空账问题。即个人账户养老金被挪用后用于支付现期退休金，造成循环空账；其次是不同部门、地区和单位之间养老保障水平差距较大，负担不尽合理；再次是退休金不变或增长缓慢，离退休人员收入水平下降，老年贫困化在不同程度上发生。

从群体来看，突出的是城市下岗失业人员和低收入困难户的养老费用问

---

① 赵子祥：《中国社会问题评析》，辽宁人民出版社，1989，第7页。
② 李德滨：《女人社会学》，中国妇女出版社，1998，第312页。

题。全国工龄在 30 年以上的下岗职工大约有 3000 万，① 下岗职工因为企业倒闭、破产或改制，企业应缴的养老金部分往往转嫁给个人。这使失去固定经济来源的下岗职工，还要承担个人和企业双方应缴的养老保险金。要缴，拿不出钱；不缴，退休后就没有退休金。《工人日报》就报道过一些这样的个案：李文，1960 年出生，是河北省秦皇岛市北戴河区的一名下岗职工，曾在一家国营宾馆当工人。下岗后，李文起早贪黑卖烧烤，4 年前检查得了胰腺炎，小生意便关门了。如今，李文最感困扰的是，年年都在增长的养老保险金从哪来。他说："下岗时工龄一次性买断，单位给的补贴很少，还需要自己补交养老保险。我也想工作多赚钱，但快 50 岁的人了，做体力活儿不及农民朋友，又没有脑力劳动的特长，只能靠打小工过日子。我虽下岗，却还没到退休年龄，眼下的境况还不如农民工。据说，今年的养老金缴费基数又涨了。缴吧，没钱；不缴吧，退休后就没退休费拿，真愁得我睡不着觉啊！"②

2. 农村养老费用问题

严重的问题在农村。农村主要是靠子女养老。最近的一项调查表明，70% 的农村人回答是"养儿防老"。③ 而有的子女无力赡养老人、互相推诿、财产分配不均、家庭关系不和等，导致老年无人赡养的情况屡见不鲜。媒体屡有报道：子女不孝、有两个儿子三个女儿的 76 岁农村老人，只好在只有 5 平方米的"牛棚"里住了 6 年，而两个儿子则住在几步之遥的两层楼里，老人的晚年生活窘迫；另有两个女儿已嫁到外地并在外打工的 73 岁村民，为了生计，依然下地、砍柴、养牛，即使身体病了也得做；更有农村老人因养老无着落自寻短见。④ 在苏豫冀等地调研发现，一些农村靠"土地养老"也难以为继。在农村因病致贫是一个突出问题，疾病是压垮农村老年人生活的"最后一根稻草"，疾病会使一些老年人陷入绝对贫困。有的农村因病致贫和因病返贫农户占农村贫困户的比例为 67%。⑤

为解决农村养老问题，国务院在 2009 年 6 月决定开始在 10% 的县市试点"新型农村社会养老保险"。试点县市农村老人满 60 岁，每月最低可领 55 元。但全国覆盖需至 2020 年。很多年龄较大的村民反映，国家新农保政

---

① 刘同昌：《面对银色浪潮》，华文出版社，1999，第 114 页。

② 边卫：《下岗没"退休"职工的养老金困境》，2009 年 11 月 4 日《工人日报》。

③ 关木：《养老新认识》，2009 年 12 月 8 日《中国老年报》。

④ 周伟等：《农村老人"凄凉黄昏"谁解忧》，2009 年 12 月 17 日《中国老年报》。

⑤ 姚远：《中国人口年龄结构变化及老年问题研究》，中国人口出版社，2007，第 293 页。

策好，但就怕这一辈子享受不到了。期望从农村实际出发，适当扩大这一试点的范围，加快推广步伐，避免出现"牢有所养"、养老无着落自寻短见这类事件的发生。

三 老年婚姻问题

家庭是老年生活的基础场所。婚姻状况直接影响老年人的晚年生活。从老年婚姻总体来看，中国老年婚姻有以下三个特点：老年人中未婚率和离婚率低；老年人中初婚有配偶的比例高，再婚有配偶的比例低；高龄老年人中女性老人丧偶率高。从老年人婚姻的社会问题这一角度看，由于老年人婚姻状况是复杂的，面临的问题也是多种多样、五花八门的。老年人中也有未婚的，已婚的将面临丧偶、分居，甚至离异，还有再婚等问题。这里将侧重从社会问题角度，讨论一下老年婚姻问题。

1. 未婚老年人

根据第五次全国人口普查显示，我国 60 岁及 60 岁以上人中有近 1.3 亿人，而其中未婚者为 212 万，约占 1.6%。未婚者多为男性，主要在农村，这与农村贫困和农村通婚圈狭窄有关。问题的严重性在于，第五次人口普查数据与第三、四次人口普查数据相比，老年人未婚的数量和比例有所增加。即从 103.5 万（占 1.35%）、127.3 万（占 1.31%）到 212 万（占 1.6%）。从总量上看，老年未婚者所占比例不大，但增长趋势应引起社会关注。"老光棍"多了，会给社会和谐带来不利因素。

2. 已婚老年人

婚姻生活直接影响老年人生活质量。我国老年人中约有 8616 万即占老年人口 2/3 的人有配偶，其初婚与再婚比为 16∶1。但在有配偶老年人中，其婚姻质量并不是一样的。据对城乡有配偶老年人对个人婚姻生活满意程度的调查，满意者占 46.8%，还可以的占 45.8%，不满意的占 7.7%。[1] 如将老年婚姻关系分为四种类型，亲密无间型约占 48%，感情融洽型占 29%，得过且过型占 20%，势同水火型占 4%多。[2] 从中不难看出，对婚姻不满意的占 7.7%，

---

[1] 战捷：《老年社会学教程》，中国大百科全书出版社，2000，第167页。
[2] 曲江川：《老年社会学》，科学出版社，2007，第177页。

其实"还可以的"中还有一些也属对婚姻不太满意的。势同水火型即经常争吵，甚至大打出手，处于冷战状态，及至长期分居的占 4% 多。其实在得过且过型中也有相当一部分属于矛盾重重，经常争吵。这种凑合过的婚姻在中国不是少数。老年期的婚姻并不因几十年磨合，就进入了保险箱。7.7% 的对婚姻不满意者和 4% 多的势同水火型婚姻，均属不稳定婚姻，都是走在婚姻解体的边缘。

3. 丧偶老年人

第五次全国人口普查显示，中国老年人中丧偶者为 3885 万，约占老年人总数的 30.6%。从变化来看，与第三、四次人口普查相比，数量在增加，比例在下降。30 年间的中国老年人丧偶变化为 3342.3 万（占 43.6%）、3703.6 万（占 38.2%）到 3885 万（占 30.6%）。[①] 丧偶率女性远远高出男性，高龄的、没有社会保障的女性尤其是身边没有儿女的丧偶老人应引起社会的关注和关爱。

4. 离婚老年人

据第五次全国人口普查数据，我国老年人离婚者只有 84 万人，占老年人口的 0.7%。其数量少比例小。但要从发展趋势看，数量在上升，比例在下降。30 年间，老年人离婚率从 80 年代的 69.7 万（占 0.91%），到 90 年代的 78.6 万（占 0.81%），再到 2000 年的 84 万（占 0.7%）。从近年的调查看，老年离婚者在增加，一是原配老夫妻离婚率猛增，上海出现了三高一远的特点，即：高学历；退休金相对较高；名下的存款、房产、证券等资产较高；其子女不是在国外工作生活，就是在国内其他城市谋职，两代人居住地距离较远。[②] 二是再婚离婚率呈逐年上升的态势。[③] 其原因也比较多，如老年婚姻观念变化，八旬老妪也要离婚；[④] 不想再凑合生活，65 岁老大娘不再容忍对方，执意离婚；[⑤] 互不信任，有了矛盾冲突，就要求离婚；[⑥] 彼此之间了解不深，认识不到一个月即结婚，又不到半年就离婚；[⑦] 长期性格不合，日久积怨

① 邬沧萍：《社会老年学》，中国人民大学出版社，1999，第 213 页。
② 姚克勤：《"三高一远"成"黄昏散"特点》，2009 年 10 月 29 日《老年日报》。
③ 陈浩奇：《"半路夫妻"缘何难续夕阳情》，2009 年 6 月 30 日《老年日报》。
④ 韩璐：《老年人婚姻观念也在变》，2009 年 2 月 20 日《老年日报》。
⑤ 于海霞：《哈市离婚率上升趋势明显》，2009 年 6 月 16 日《生活报》。
⑥ 《老太不满 AA 制与老伴闹离婚》，2009 年 7 月 31 日《中国老年报》。
⑦ 《84 岁老人闪婚，不到半年即离婚》，2009 年 1 月 18 日《新晚报》。

成仇；发生婚外恋；更年期不能适应等。① 在婚姻中，一方太霸道了，另一方就要受气。这种不均衡，早晚要出事。婚姻关系是一种微妙的平衡，谁也不能太放纵自己，太任性了，应该小心才是。②

老年人离婚带来的负面效应不容忽视：老年妇女离婚后由于家庭收入减少，导致生活质量下降；离异老人将受到孤寂、悔恨、挫折感、失败感等不良情绪的困扰；生活起居缺少了相互照料等。

5. 再婚老年人

据第五次全国人口普查资料，中国老年人再婚的有 509 万，占近 4%。丧偶老人是老年再婚者的主体。从社会学角度看，老年人再婚是婚姻的一次重组。新的婚姻关系恢复和家庭的建立，有利于老年人际关系的扩展；有益于老年人之间相互照顾、相互慰藉，减轻了社会和家庭成员的负担；有助于老年人心理健康发展，促进了家庭和社会和谐稳定。

老年再婚择偶标准在升级。城市老年人找后老伴不再"将就"：男士想找相貌好、白净，年龄相差 5 至 10 岁的；女士想找有住房、身体好、丧偶的。而无论男方还是女方，都增加了一个无形的择偶"默契"——学历越高越好，至少达到大专水平。③ 老年再婚越来越重视婚姻质量，"讲感觉"成首要条件：要求人品好，无不良嗜好，对方子女不过多干涉老人生活，甚至还要求对方和自己一样喜欢绘画、旅游，除了一些"硬指标"，还提出相处时要有感觉，越来越重视婚姻质量。④ "对方条件不符合自己要求绝不将就。""宁可不找也绝不将就。"⑤ 由于择偶标准越来越高，找老伴也就越不容易，"老年人再婚真是难"。⑥

老年婚介问题多。老年再婚难与老年婚介问题多有一定关系。有的婚介所利用婚托儿骗人。老年人对婚介机构失望，期望有可信任和可依赖的专业的"老年红娘"，⑦ 有的老人找老伴遭遇"黑婚介"，被骗报案。⑧ 重庆因没有

---

① 范明林等：《老年社会工作》，上海大学出版社，2005，第 40 页。

② 麦子：《离婚是积累起来的错》，2010 年 1 月 11 日《黑龙江广播电视报》。

③ 刘旭：《找后老伴不再"将就"》，2009 年 9 月 15 日《新晚报》。

④ 李玥：《"讲感觉"成首要条件》，2009 年 5 月 21 日《新晚报》。

⑤ 戴钢：《银发一族征婚忙，择偶条件定得高》，2009 年 12 月 20 日《哈尔滨日报》。

⑥ 吉可：《找老伴不容易——"剩女"危机殃及黄昏恋》，2009 年 4 月 21 日《老年日报》。

⑦ 王剑青：《老人渴盼"诚信红娘"》，2009 年 9 月 10 日《新晚报》。

⑧ 席春慧：《找老伴遭遇"黑婚介"》，2009 年 9 月 7 日《新晚报》。

老年婚介所，很多丧偶老年人在公园聚集形成自发的老年征婚场所。①

老年再婚形式五花八门。浪漫的有以诗会友，两位七旬老人在"单身老人联谊会"的撮合下，以相互联诗，牵手再婚。② 为给婚姻保鲜，有的选择"半糖婚姻"的再婚模式，即领了结婚证却不共同生活，隔三岔五在一起，保持距离产生美。既保持了婚姻关系的存续，又留住了这来之不易的晚年情感。③ 老年再婚比较时尚的是老夫少妻。如一位 81 岁教授，通过网聊，10 天后与 58 岁女性闪婚；④ 长沙 73 岁老翁，晚年做生意攒了家底，丧偶后娶 37 岁新娘，光摆宴席就有 30 桌；⑤ 海宁有位有过三次婚姻的 61 岁老人，靠微薄收入，与在有难时被其救过的 19 岁少女相识相帮相爱，生活在一起。⑥ 老年再婚还有惊世骇俗的老妻少夫，比较典型的是广西 71 岁老妇嫁给 24 岁的小伙，婚后相濡以沫 16 年，87 岁的妻子死在 40 岁的丈夫怀中，被媒体传为佳话。⑦ 江西产生了最年老的"姐弟恋"，两位老人认识不到一个月"闪婚"，91 岁老太嫁与 79 岁老汉，在福利中心的食堂里举办了婚礼，"现在他们两人很开心"。⑧

关于老人再婚的具体原因，李德滨曾在《老年社会学》中概括为以下几种情况。

一是老年丧偶。从统计来看，这是多数。由于子女都已各自建立小家庭，配偶去世后，生活出现不便，精神苦闷空虚，为解脱孤独与寂寞，求得精神慰藉，而渴求再婚。

二是寡妇想再嫁。有的老年妇女，由于年轻时把全副精力放在抚养子女上，守寡多年。现子女长大成家，对寡母不加关心。在这种情况下，有些守寡老妇因希望和需要有人关心、照顾而要求改嫁。

三是受子女歧视虐待渴望再婚。有些子女歧视和虐待老人，特别是发生在养父继母身上的为数不少。老年人为躲避虐待，渴望通过再婚，以重新获得家庭温暖。

四是因离婚而希望再婚。这从统计中可以看到，有相当一部分老人是这

---

① 崇文：《"找幸福"老人该去哪？》，2009 年 5 月 5 日《老年日报》。

② 杨雪楠：《两位七旬老人"牵手"》，2009 年 12 月 31 日《生活报》。

③ 宇慧：《"半糖婚姻"：再婚老人的现实选择》，《中国老年》2009 第 3 期上月版。

④ 《81 岁教授网聊 10 天后闪婚》，2008 年 10 月 28 日《新晚报》，摘自《北京晨报》。

⑤ 《73 岁老翁迎娶 37 岁新娘》，2010 年 1 月 6 日《新晚报》。

⑥ 《61 岁老人要娶 19 岁少女》，2009 年 5 月 25 日《新晚报》。

⑦ 黄乒宾：《忘年恋因真爱而美丽》，2008 年 10 月 25 日《老年日报》。

⑧ 陆媛、刘雪美：《91 岁老太嫁 79 岁老汉》，2008 年 9 月 24 日《老年日报》。

种情况。离婚时间有早有晚，其中也有中壮年时离婚的。到了晚年，希望再婚，以求生活上的照顾和精神上的慰藉。[①]

老年再婚的动机，据曲江川的《老年社会学》概括：

一是因生活起居需要。这部分老年人因体弱多病，原来靠配偶照顾。丧偶后，晚辈照料不过来，迫切需要有人照料做伴。有这类动机的老年人人数最多，占总调查人数的48%。

二是因居住条件需要。这种情况主要发生在城市，而且以女性老年人为主。由于儿孙辈成长后住房特别紧张，为了腾出房子给晚辈，他们选择再婚之路，有些人甚至单纯为了能有住处就草率结婚。这类老年人约占调查人数的20%。

三是因心灵上孤独需要。这部分老年人一般文化修养程度较高，他们觅知音以重调琴瑟，弥补心灵上的空虚感。他们约占调查人数的20%左右。

四是因性生活需要。这些老年人身体健康，性欲旺盛，甚至有的单纯是为满足性需要而找伴。这类人约占调查人数的7.5%。

五是因经济困难需要。有这种动机的几乎全部是老年女性，她们原是无业的家庭主妇，或是退休工资特低的街道老职工。也有些人日子还过得去，但是为了吃好穿好而再婚，约占调查人数的4%。

六是因家庭关系不和睦需要。此外，还有与小辈关系不和睦而再婚的，也有的是几种原因兼而有之的。[②]

老年再婚的利弊。目前，社会上对老年人再婚看法并不统一。有人认为老年再婚弊大于利，其理由是初婚者较注重感情，而再婚者较重视条件；初婚者一般是情投意合，而再婚者不过是为找一个伴侣度过晚年而凑合成的；初婚者较纯真、质朴，而再婚者的感情中杂质较多。初婚者的感情，从一开始就取决于他们两人自己，而再婚者的感情还要考虑到他们对待孩子的态度和两方孩子之间的态度等。当然也有不同意上述看法的，认为老年人再婚，无论是对个人还是对社会都是好事，它有助于家庭的稳定。这种观点认为，老年人再婚对社会和家庭有以下好处：有利于减轻子女的精神负担；有利于抚育第二代；有利于减轻国家对孤老者的负担；有利于老年人的精神安慰；有利于减少和防止嫌弃和虐待老人行为的发生。当然不可否认，老年人再婚会面临一些不利因素，例如，要处理好复杂的家庭关系。可是他们也握有有

---

① 李德滨：《老年社会学》，人民出版社，1988，第139页。
② 曲江川：《老年社会学》，科学出版社，2007，第184页。

利条件，例如，有婚后经验，处理家庭问题比较实际、比较现实、比较全面。权衡利弊，还是利大于弊。这是统而言之，然而具体到每个人身上，还是要因人作具体分析，不好一概而论。笔者是赞同后一观点的。①

老年再婚是婚姻关系上的重新组合。伴随老年人再婚，其家庭结构、家庭关系也要发生变动。从家庭这个意义上说，老年人再婚，可以说是场不小的"革命"。它涉及原来的亲子关系、再婚的夫妻关系、组合后新的家庭关系，真可谓"一石击起千层浪"，"牵一发而动全身"。在这种情况下，老年人怎样处理好再婚，确实是一个需慎重对待的问题，它也是老年社会学研究的一个重要课题。一般来说，老年人再婚成功的关键有：（1）婚前男女双方充分了解。通过彼此交往，努力使对方充分了解自己。彼此交往要有充分时间，这是老年人再婚成功的关键之一。在这一点上，老年人再婚同青年结婚没有什么不同。（2）再婚要征求自己子女及亲友的同意。否则往往会带来财产纠纷或代际隔阂。老年人再婚，其子女心理上总会有所抵触，但多数最后还是会将再婚父母当作双亲来接待的。（3）老年人再婚，经济上要有保证，这是成功的重要因素。（4）能否搞好婚姻调适，是老年人再婚后婚姻关系能否维系的关键。由于是再婚，和原配偶的长处比，很容易看到新配偶的不足，如不注意相互调适，就会使差异升至隔阂、冲突。由于老年婚姻涉及的问题很多，这里只郑重谈其中的两点：

第一，择偶要慎重。择偶反映了一个人的精神世界。老年再婚确实有个精神境界高低的问题。从社会学观点来看，婚姻不只是男女双方的事，更重要的是它是一种社会行为。它产生于社会，并回过头来对社会发生作用和影响。在物欲横流的商品社会中，老年人在处理再婚问题上，要树立正确的婚姻观，使自己的精神境界高尚一些。而这不仅有益于自己的晚年幸福，而且有助于社会新型婚姻道德观的发扬。

第二，再婚更应关心子女。一般地说，儿女是留恋母亲的。母爱被看做世界上最伟大、最纯洁的爱。母亲去世了，儿女们会很悲痛，而且深切怀恋着。老人再婚，对孩子来说，即意味着父亲要给自己娶后妈了。孩子本来就存有戒心，如果当父亲的对他们稍有不周或冷淡，他们就会敏感地意识到。而当后妈者，本来就是"怀疑对象"，如不是拿出真诚的心去温暖他们，就不会取得他们的信赖。所以，再婚的老夫妻要特别注意关心双方的子女，与他们亲密相处，而不要疏远他们。这是关系到老年人再婚后家庭是和睦还是破

① 见李德滨《老年社会学》，人民出版社，1988，第140页。

裂的重要一环。

相对于年轻人而言，老年人在处理自己婚姻问题上是个弱者。老年人再婚阻力较大，阻力主要来自其子女。这就提出一个既严肃而又严重的问题：后辈人应该怎样对待老年人的再婚？这已成为目前社会关注的一个大问题。

老年人再婚为什么会遭到子女的阻碍呢？究其原因，主要有三点：一是经济原因。主要表现在子女不肯承担老年人生活开支和抢夺财产上。手头没有钱或退休金不足以维持个人生活的老人，子女干涉再婚的手段便是断绝其经济资助。而手头有积蓄和富有的老年人再婚，其子女出面干涉的比例大，程度烈。就其干涉的实质来说，与其说是干涉父母的婚姻，不如说干涉其家产。二是思想原因。几千年的封建礼教和习俗偏见，造成的社会舆论和家庭压力，成为老年人再婚特别是守寡老年妇女再婚的最大思想障碍。那种"烈女不事二夫"的旧礼教，至今仍束缚着某些人的头脑。例如，"妈妈年纪这么大，还要嫁人，叫我们儿子的脸往哪搁？"甚至把再婚说成"太见不得人的事"，将老年人正当的再婚视如重婚一样严重，这种封建意识可谓深矣。三是居住原因。有些子女担心自己老人再婚，就会影响自己的居住条件。有的则因老人居住条件相对好些，便老早打定抢夺老人住房的算盘。

正是上述原因，给老年人再婚造成障碍，使许多有情老人不能如愿成为眷属，或造成婚后被迫分离。这给渴求再婚和已再婚老人带来极大精神痛苦和思想压力，有的甚至导致悲剧的发生。老年再婚问题，实在是一个不容忽视的重要问题，应该引起社会的关注。家庭社会学、老年社会学都应注意研究和探讨这个问题。[1]

6. 同居老年人

老年人同居是当代比较流行的老年人家庭模式。据天津社科院调查，全国大城市丧偶老人再婚选择"不婚同居"的占50%。所谓老年人同居，指无配偶的老年人不以生育为目的，只为共度晚年，摆脱孤独寂寞，在生活上相互照顾、在情感上互相慰藉，由同居组成的家庭。同居者之间没有相互赡养的权利和义务，但有相互照顾的责任。彼此也不确定财产继承关系，各自财产分别由各自的子女后代继承，可以说是喜则聚怨则散。同居关系从实质上看，可视作一种

---

[1]　见李德滨《老年社会学》，人民出版社，1988，第140~145页。

较长期的异性朋友关系。其优点是尊重双方自由，好合好散。缺点是没有夫妻关系稳定，没有法律保障。这样的个案，在媒体上报道也不少。①

为什么老年人要选择同居这种生活方式呢？范明林等概括出以下几个主要原因。

（1）想再婚的老人难过子女关。丧偶老人再婚难免涉及存款、住房等结婚财产的归属问题和将来的继承问题，有些子女其实并不反对鳏寡父母再婚，他们深知亲子之情无法取代夫妻之情。但在利益面前他们心中的天平倾斜了，他们害怕亲生父母的财产被继父母的子女分割，就千方百计阻挠老人再婚。老人为了不影响孩子的继承权，又希望拥有自己想要的晚年生活，就把不婚同居作为最佳选择。

（2）再婚稳定性差致使老年人在婚姻面前退缩。老年再婚当然不会像年轻人那样讲究排场，但是再简约对于以退休金为生的老年人来讲，也是一笔不小的开支。而老年再婚的稳定率很低，据天津的调查，老年人再婚离婚率高达70%。上海的调查发现，老人的再婚离婚率也高达50%。结婚、离婚的高成本，致使老人们在婚姻面前退缩。一位老人坦言，不领证"比较自由"，万一双方"没感觉了"分起手来会比较简单，还可以省却两笔费用。这种想法实际上向我们透露的信息是老年人的内心充满恐惧，他们对自己的再次婚姻没有自信。

（3）为规避尴尬而选择不婚同居。许多老年人认为自己半辈子都循规蹈矩，也想通过合法的途径、简便的方式解决自己的婚姻问题。但他们在登记办证时被要求到原单位开证明、要去体检、办学习班、看录像、照相、领证，等等，感到"真是经不起折腾"。

（4）某些制度滞后使老人不得不实行同居。有位老妇再婚后居住在前夫遗留下的一间房里，但房屋产权是前夫单位的。老妇再婚后，前夫单位认为，老妇既再嫁就应住到后夫的家中去，并决定收回房子。但后夫住房已成为儿子婚房，搬不回去了。老夫妻为了居有定所，不得已二人先去办了离婚手续，然后实行起同居，等将老妇前夫住房的产权买下后，再举行一次婚礼，过堂堂正正的夫妻生活。

（5）避繁就简宁愿同居。很多同居老人认为，晚年找个伴是为两个人一起精神有个依托、生活有个照顾，可以少给儿女找麻烦。他们已缺乏婚姻的

---

① 见于泳《搭伴养老后患无穷》，2009年8月24日《老年日报》；佚名《选择"走婚"遭遇尴尬》，2008年11月28日《老年日报》。

激情，不会像年轻人那样操持一场"轰轰烈烈"、"一生只爱你一次"的仪式，也没有计生指标、入户口那些要求。为减免办婚宴请客送礼，给双方亲友子女增添各种可能的麻烦，他们宁愿简化手续，实施同居。

（6）害怕勾起失败婚姻的痛苦记忆。有部分老年人曾经历过失败的婚姻，前段姻缘对他们如同一场不堪回首的噩梦。再言婚嫁会勾起好不容易经岁月的荡涤已冲淡的不愉快回忆，因此他们坚决不肯言婚——合得来，一起过；合不来，散伙也干脆。

（7）追求年轻式新潮浪漫。老人同居者中不乏珍重黄昏恋情而拥有年轻心态的老年人，他们追求的更多是浪漫温馨，主张老年人再婚为了加深互相了解，不妨"先试婚"。财产、名誉都先不谈，先同居看看性格合不合适、习惯一不一致，方方面面合不合得来，以免日后争拗。[1]

为适应老年人再婚需求，使老年人同居向老年人结婚过渡，天津社科院创造出一种老年人的准婚姻模式，即郝麦收教授倡导的三不变"婚前契约书"。[2]

郝麦收教授针对老年婚姻中图谋他人财产、继承权归属、赡养权几个突出的问题，提出财产权、继承权、亲子关系不变的婚前契约制"三不变"原则，收到较好社会效果。为了增强"三不变"原则的约束力，他还倡导签订"婚前契约书"，只要双方签字同意并经过公证，就具有法律效力。契约书包括财产、医疗、子女等八大项，每一项又分若干小项，如财产一项就包括婚前房产、企业资产、婚后生活费和共同资产、医疗费等，每一小项之后还有更小的分支规定，对老年再婚中的诸多问题逐条作出带有司法性的解释，起到良好作用。经他的婚介所介绍并按照"三不变"原则经登记和公证的 300 对老年结婚者，离婚率仅为 5%，大大低于一般老年人再婚后的离婚率。

四 儿女孝敬问题

儿女孝敬老人是中华民族的一个优秀传统。但随着社会转型、商品化和现代化诸因素影响。家庭中亲子关系也发生了很大变化，一是家庭中从老年人本位转向重幼轻老。传统社会是全家围绕老人转，现在是一切围绕小皇帝

---

① 见范明林等《老年社会工作》，上海大学出版社，2005，第 43～44 页。
② 田雪原等：《老龄化——从"人口盈利"到"人口亏损"》，中国经济出版社，2006，第 360 页。

转。二是家庭的纵向关系让位于横向关系。中国传统家庭是把亲子关系放在首位而淡化夫妻关系，现代家庭更注重夫妻关系，把配偶作为生活照料和倾诉的第一对象。

在这种大的社会背景下，加上社会上出现的道德滑坡，对尊老敬老的教化淡化，在一些少数家庭中其亲子间出现不和谐的状态，即出现不敬不孝的社会问题。

周玉萍等在《老年社会工作》中概括了三条：

首先，对老年人人格不尊重。有些子女对老年人实行"三点式策略"，即生活上对老年人依赖一点，使之成为不拿工资的保育员或钟点工；经济上对老年人刮一点，使之成为小夫妻的银行刷卡机；手头上对老年人紧一点，不到万不得已之时绝不接济老年人。更有甚者，有些人成家时，将老年人当作婚资的银行；添丁时，将老年人当保姆；日子红火时，将老年人当作家庭包袱扔给社会。这些都是不尊重老年人人格的表现，甚至可以说是对老年人进行经济上的剥削和精神上的虐待。

其次，对老年人基本权利不尊重。老年人的主要活动范围虽然由社会转到家庭，但是老年人也有享受闲暇时间的权利，有进行社交、娱乐的权利，有不断学习，继续进步，发挥余热的权利。而不是成天围着锅台或孙辈转，没有时间休息、娱乐。

最后，对老年人精神、情感需求的不尊重。由于老年人失去了一定的社会角色而只拥有家庭角色，因此，老年人的生活相对于年轻人来说是单调、重复、缺乏新意的。这就使得老年人容易产生心理上的孤独感。因此，现代老年人在追求同辈之间的沟通以及情感交流的同时，也希望能和晚辈达成某种情感的交流。老年人的唠叨或抱怨就是一种寻求沟通的信号。但是，许多中青年人不仅对此没有注意，相反还漠视乃至歧视老年人的这种需求。[①]

从对1447人样本的调查数据看，老年人受尊敬的占60.6%，较受尊敬的占31.7%，不受尊敬的占5.6%，受虐待的占1.1%，孤寡老人占1%。其中不受尊敬的，城市占3.3%，农村占6.9%；男性老人家庭中占4.9%，女性老人家庭中占6.2%。受虐待老人，城市占0.5%，农村占1.5%；男性老人占1%，女性老人占1.3%。[②] 从调查数据看，老人在家庭中不论是不受子女

①　见周玉萍《老年社会工作》，知识产权出版社，2008，第100~101页。
②　战捷：《老年社会学教程》，中国大百科全书出版社，2000，第180~181页。

尊敬还是受虐待，都是农村高于城市，女性老人高于男性老人。

不孝的极端个案也经常披露于媒体。比如哈尔滨市平房镇有位不孝子，经常跑到90岁老父亲家打老父。① 无锡羊角镇宛山村发生一起残忍的杀人案。逆子将老爸劈死。在未劈死亲父前，不止一次地动手打其父。② 哈尔滨市经纬街有位75岁女性老人，有每月千元养老金不在手中，有一双儿女找不到，家里没水没电，靠拣垃圾和食物生活，十分凄凉。③

与儿女孝敬问题相关的还有一个较普遍的社会问题，就是"啃老族"。据调查，中国有65%以上的家庭存在"老养小"现象，有30%左右家庭的成年人基本靠父母供养，这些长不大的子女被称为"啃老族"。正所谓"一直无业，二老啃光，三餐饱食，四肢无力，五官端正，六亲不认，七分任性，八方逍遥，九（久）坐不动，十分无用"。这句顺口溜从某些侧面描绘了都市"啃老族"的生活状态。由于多次求职不顺利，一些年轻人选择在家逃避，依靠父母生活，当起了"啃老族"。④

五 空巢老人问题

空巢老人是对没有子女在身边共同生活的老年人的形象比喻。所谓空巢，是指子女长大成人后从父母家庭中相继分离出去后，只剩下老年一代独自生活的家庭。在统计上，通常将只有夫妇两人的家庭户及老年人独居的一人家庭户，合计为空巢家庭户的数量。空巢意味着家庭代际关系发生了重要变化，就是父母与子女在居住上开始分离。

空巢家庭分以下几种类型。

一是纯空巢家庭。指的是单身独居的空巢家庭和配偶共居的空巢家庭。

二是准空巢家庭。指的是子女不在身边，但其他亲属在身边的空巢家庭。

三是短期空巢家庭。这是根据两代人相处的时间进行的分类。像子女上班或出差，老年父母孤身在家，如老人健康出现问题时，家庭实际上处在一种短期的空巢状态。

四是年轻的空巢家庭。即空巢出现时其父母并没有到老年阶段。独生子

① 孙娜：《醉酒男子拳打90岁老父》，2009年9月9日《生活报》。
② 《只因上网被断电，逆子将老爸劈死》，2009年12月28日《生活报》，转自《扬子晚报》。
③ 李洋：《谁来赡养白发亲娘》，2009年9月15日《新晚报》。
④ 杨晔：《长大的孩子咋就断不了奶》，2009年7月23日《黑龙江日报》。

女家庭中孩子离家求学、工作或结婚，造成家庭空巢期的提前到来，出现45～47岁之间的中年空巢危机。[①]

我国空巢家庭呈增多之势。1982年第三次人口普查时空巢家庭比例为12.64%，其中独身老年家庭比例为7.94%，老年夫妇家庭比例为4.7%。[②]2000年第五次人口普查，全国3.4亿个家庭中，至少有2340多万名65岁以上的空巢老人需社会照料。其中有65岁以上老年人的家庭户占全国家庭户总数的20.09%，有65岁以上老年人的家庭户中空巢家庭户占22.83%，在老人户中，单身老人户占11.4%，只有一对老夫妇户占11.38%。[③] 2009年，我国城市空巢家庭已达到49.7%，农村空巢和类空巢家庭也达到48.9%。[④] 据2003年上海统计局抽样调查，上海空巢老人家庭已占老年人家庭总数的42.7%。[⑤] 大连2006年调查，空巢老年家庭19.3万户，占老人家庭户的41.5%，空巢老人31万，占老年人口的47%。[⑥] 由于统计口径不同，各地统计数据有很大差距。媒体报道甘肃农村老人空巢约占35%；[⑦] 山西三个山区乡镇空巢老人占常住老人数的37.2%；[⑧] 武汉空巢老人占30%[⑨]。

空巢老人存在的普遍问题：

一是经济供养问题。首先是经济收入低，大连调查月均收入在200元以下空巢老人占6%，生活陷入极度困难境地。[⑩] 北京2003年调查6000名享受城市"低保"的老人中，就有4500名是空巢老人。[⑪] 其次是医疗需求大，庞大的医疗费用使其不堪重负。再次是养老负担重，难以承担生活照料和护理的沉重负担。

二是生活照料和医护问题。空巢老人身体不适或行动不便，需要照料，

① 郭军：《中年空巢危机》，2008年10月21日《黑龙江晨报》。

② 穆光中：《挑战孤独——空巢家庭》，河北人民出版社，2002，第43页。

③ 仝利民：《老年社会工作》，华东理工大学出版社，2006，第365页。

④ 王小鹏：《城市空巢家庭近半》，2009年8月27日《新晚报》。

⑤ 参见2003年9月30日《文汇报》。

⑥ 柳中权等：《大连城镇空巢老人生存状态与生活质量调研报告》，《老龄问题研究》2008年第1期。

⑦ 朱国亮：《甘肃农村老人"空巢"35%》，2008年10月10日《老年日报》。

⑧ 李强：《山西山区空巢老人生活堪忧》，2009年5月20日《老年日报》。

⑨ 郭海鸿：《独居老人更需关爱》，2009年6月4日《文摘报》，摘自2009年5月26日《法制日报》。

⑩ 柳中权等：《大连城镇空巢老人生存状态与生活质量调研报告》，《老龄问题研究》2008年第1期。

⑪ 见仝利民《老年社会工作》，华东理工大学出版社，2006，第367页。

而子女亲友不能及时给予老人照料，就会给老人生活带来不便，给邻居和社会带来安全问题。如生活中经常出现的电灯保险丝断了、自来水龙头坏了等生活小事。而这些生活小事，对于空巢老人，特别是患健忘症和老年痴呆症的老人就会引发大麻烦。有的因忘记关水龙头而水漫全楼，或因忘关燃气阀门引起燃气中毒或爆炸。特别是高龄老人、失能老人属需要医疗照顾的群体，医疗照顾不到就会加重病情，甚至死亡。哈尔滨市一位空巢老人因突发心梗，没有得到及时救治而死于家中。① 上海浦东就有位六旬独居老人死亡两年仅剩白骨的报告。②

三是精神孤独寂寞问题。空巢易产生心理寂寞、情绪低落、精神空虚，即空巢综合征。空巢综合征又极易引发抑郁症、焦虑症等心理疾病。每逢佳节阖家团聚的日子，空巢老人会因不能与儿女团圆黯然神伤。③ 农村35.1%的老人经常感到孤独。④ 福州一位空巢老人因为太想儿女，在2009年重阳节时跳楼自杀。⑤

六　老年健康问题

所谓老年健康，是指生理、精神和社会上的完全良好状态，而不仅仅是不生病。

随着年龄增长，人体各器官及组织细胞的结构与功能出现退化，导致整体水平构成成分的衰老变化和生理功能的下降。老年人的储备力、适应力、活动能力降低，健康开始成为问题。据2000年调查，我国老年人中有24.5%的人认为自己健康状况不佳（自评很差的占5%，较差的占19.5%）。其中男性老人占21.1%，女性老人占28.3%；城市老人占21.7%，农村老人占27.3%。⑥ 相比较而言，女性老年人和农村老年人健康自评状况较差。

患慢性病是老年人最常见的健康问题（见表15-1至表15-3）。

---

① 宫雪：《空巢老人热盼"社区急救网"》，2009年5月21日《新晚报》。
② 吴木：《2009涉老事》，2009年12月25日《中国老年报》。
③ 王代："空巢老人"中秋很孤独》，2008年9月17日《老年日报》。
④ 杨国华：《农村"空巢老人"：孤独的守望者》，2009年3月20日《老年日报》。
⑤ 吴木：《2009涉老事》，2009年12月25日《中国老年报》。
⑥ 中国老龄科学研究中心：《2000年中国城乡老年人口状况一次性抽样调查数据分析》，中国统计出版社，2003。

表 15 – 1 1998 年、2003 年我国分城乡 65 岁以上老年人慢性病患病率

单位：‰

全　　国		城　　市		农　　村	
1998 年	2003 年	1998 年	2003 年	1998 年	2003 年
518	538.8	791.7	777.1	351.2	391.7

资料来源：（1）卫生部卫生统计信息中心：《国家卫生服务调查——1998 年第二次国家卫生服务调查分析报告》，http：//www. moh. gov. cn/statistics/ronhs98/index. htm；（2）中华人民共和国卫生部编《2004 年中国卫生统计年鉴》，中国协和医科大学出版社，2004。

表 15 – 2 2000 年我国 60 岁以上老年人患慢性病的情况

单位：%

健康状况	总体状况	分性别		分城乡	
		男	女	城市	农村
没有	39.5	42.8	35.7	32.3	46.8
有	59.9	56.7	63.6	67.1	52.6
未回答	0.6	0.5	0.7	0.6	0.6

表 15 – 3 2000 年我国 60 岁以上患病老年人的年平均卧床天数

单位：天

	全　国			城　市			农　村		
	合计	男	女	合计	男	女	合计	男	女
天数	7.3	6.7	8	7.3	7	7.5	7.3	6.5	8.4

资料来源：见姚远《中国人口年龄结构变化及老年人问题研究》，中国人口出版社，2007，第 178～179 页。

　　从上述三个表中可以看到老年人患慢性病率在上升；患慢性病人数占 60%，其中女性和城市老人相对比较多；平均卧床一周左右，卧床时间女性高于男性老人。

　　从老年健康存在问题看：

　　一是老年医疗保健服务方面问题。首先，老年人的退休金和医疗费增长慢，医疗保险制度覆盖率还不高，公平性差，城乡差距明显。其次，社区卫生服务还处于起步发展阶段，老年专业化医疗护理机构少。再次，我国老年人健康教育有待发展和完善。

　　二是生活照料体系方面问题。目前我国主要是靠传统方式，即由家庭提

供照料和长期护理，正式部门专门护理刚刚起步。但随老龄化特别是高龄化的迅猛发展，其社会护理压力越来越大。

与老年健康问题相关的还有一个心理疾病问题，即离退休综合征。

所谓离退休综合征，是指老年人由于离退休后不能适应新的社会角色、生活环境和生活方式的变化而出现的抑郁、焦虑、悲观、恐惧等消极情绪，或由此而产生偏离常态行为的一种适应性心理障碍。这种心理障碍往往会引发其他生理疾病，影响老年人的健康。

患有老年离退休综合征者，主要表现为：坐卧不安、行为重复、做事犹豫不决、不知干什么好，甚至出现强迫性定向行为；由于注意力不集中，有时发生做错事的现象，性情变化明显，易急躁和发脾气，对任何事情都不满意，总是怀旧；易猜疑和产生偏见；情绪抑郁、失眠、多梦、心悸、阵发性全身燥热等。一般而言，事业心强、好胜而善争辩、严谨而偏激、固执的人发病率比较高。无心理准备而突然退下来的人发病率高且症状严重。[①]

离退休综合征严重了就很容易成为老年抑郁症、孤独症。内心抑郁的老年人比较多，大连对4000名老人调查发现，70%左右的老年人内心抑郁，患有不同程度的抑郁症。[②] 长沙部分独居老人不同程度地患上了节后孤独症，期望与儿女团聚。[③] 很多老年人盲目买药，以排泄"寂寞"。[④] 一些老干部从领导岗位上退下来，容易产生孤独、忧虑等情绪，不良情绪很容易引发心理疾病。[⑤] 南京一位103岁老人因小事与老伴争吵，老伴一气之下割腕自杀。老汉为此饮食不安，后悔难过，竟于2009年末悲伤过度跳江。[⑥] 哈尔滨一位七旬老大娘由于长期心里憋屈，觉得活着没有什么意思，产生了厌世情绪，2009年末吃下大量药物寻短见。[⑦]

七　老年人上当受骗问题

媒体报道最多的是老年人上当受骗，其后果使老人陷入生存的困境或矛盾的家庭争端中，或瞒着家人独吞苦酒，或遭到子女家人的责难，轻者使晚

---

① 周玉萍：《老年社会工作》，知识产权出版社，2008，第70页。
② 辛敏娟：《大连七成老人内心抑郁》，2008年10月28日《老年日报》。
③ 红佳：《"节后孤独症"困扰独居老人》，2009年10月13日《老年日报》。
④ 李喆：《老人爱买药不是病，是"寂寞"》，2009年9月28日《老年日报》。
⑤ 吴晶：《老年人要重视情绪锻炼》，2009年6月9日《老年日报》。
⑥ 《103岁丈夫悲伤过度跳江》，2009年12月9日《新晚报》，摘自《现代快报》。
⑦ 姜旭滨：《七旬妪心里憋屈寻短见》，2009年12月10日《新晚报》。

年家庭生活蒙上阴影，重的给家庭带来了不幸。上当受骗成为老年人的一个重大社会问题。

骗子专盯老年人，老年人成为各类诈骗的主要受害者。骗子对老年人施展骗术主要有以下八种基本类型。①

1. 神医破灾术

施这种骗术的骗子多为 3 人，男女搭配，目标为迷信的老人。骗子甲、乙主动接近受骗者，谎称其亲人患重病或有血光之灾，从而介绍"神医"。骗子丙装扮的"神医"恰巧出现，骗取信任后，以"祖传秘方"诈骗钱财。

75 岁张大爷听两名中年人说，"卢神医"画符能治偏瘫。张大爷就跟去见"卢神医"，花了 2.6 万元买了个符，为老伴贴了一个月，病一点未见效。再去找"神医"，早已人去楼空。② 64 岁杨大娘路遇一中年妇女问路，说找神医治病。遇另一中年妇女愿带路。又遇一女青年，自称神医的徒弟。女青年说杨大娘孩子三天内会有车祸，得用钱消灾。杨大娘先押下几千元金戒指和项链，又回家取来一万元"养老钱"来为孩子消灾。待下午去"破解"时，再也见不到这三个女人。③ 赵老太碰一男一女，自称道士，为其看手相和面相，称其儿子有血光之灾，骗去一万元。④

不难看出，此类骗术主要针对迷信的老年人，并抓住绝大多数老年人关爱子女的心理进行诈骗。诈骗以多种方式实施，有的事先踩好点，有的在接触中观察情绪，有的化装成出家人给老人算命、诊病，骗取钱财。

2. 保健欺诈术

这种骗术，一般是骗子以商家名义，通过组织老年人参加保健讲座推销药品，老人先花钱购买保健品，除得到等值的保健品外，商家还分几次返给购买人现金和保健品，即购买人不仅得到了现金返还，还得到了超值的保健品。从表面上看像占了大便宜，实际上却是上了当。因为标价每瓶上百元的保健品，真实价值仅为十几元。

济南某宾馆，一名 50 多岁张姓男子给 200 名老人送红包，下跪认干爹干

---

① 参见刘旭《老年节 9 大骗术需提防》，2009 年 9 月 2 日《新晚报》；杨雪楠：《老年人须警惕九种骗术》，2009 年 9 月 1 日《生活报》。

② 杨雪楠：《老人迷信，易受"神医"骗》，2009 年 9 月 17 日《生活报》。

③ 张晓娥：《万余养老钱被忽悠走》，2009 年 7 月 21 日《新晚报》。

④ 张敏：《"假道士"公园里专挑老人骗》，2009 年 9 月 1 日《老年日报》。

妈，推销眼部按摩仪。其按摩仪不到 30 元，竟吹成 1680 元。[①] 在沈阳，赵老被动员听普及医学课，讲课人要请老人吃饭，认干爹，以感情通关战术，突破老人心理防线，推销一种所谓神奇的保健滋补液。赵老被骗 800 元。[②] 山东省 81 岁的王先民从广告中看到宣传得神乎其神的"火灸裤"，汇款 598 元，穿其裤后皮肤起疙瘩，就打电话要求退货，商店却要给老人寄补药。王老先后被骗七次共两万元。[③] 哈尔滨很多名老人参加产品推介会，会上通过连环套方式，先发赠品，后以赠品不够发，先交保证金为骗术，使 50 多名老人上当受骗而报警。[④]

以上个案，均是以一个"骗"字贯穿全过程。会议营销一般打着健康讲座或保健知识讲座的名义，专门邀请老年人参加，会议时间专门选在正常上班时间，使子女无暇顾及。商家还抓住部分老人贪便宜的心理，准备小礼品进行抽奖等，引诱老人参加。在会议中安排所谓的"医生"、"教授"、"专家"进行免费体检，并宣讲和推销产品。在其蛊惑下，参会的中老年人或多或少会购买一些产品而上当受骗。

3. 组织活动术

这种骗术，一般是骗子通过收集信息，得到老年人的联系方式。以老龄办、助老工程名义打电话，约请老年人参加免费旅游或义诊，骗取老年人的信任。租车把老年人送到景点，中午组织吃饭，联络感情（也叫暖场）后，推销保健品，请"专家"现场做讲座。通过具有煽动力的演说，使老年人甘心掏钱买产品而上当受骗。[⑤] 84 岁的衣老接到助老协会电话，称可免费体检。第二天面包车将 6 位 70 多岁老人拉到一个宾馆体检，以血压高易引发脑血栓，被"忽悠"买下 960 元药品。衣老没带钱，车拉老人回家取钱。衣老服药后血压不降反升。[⑥] 还有骗子打着"助老工程"的幌子，到社区义诊。实际是宣传可替代手术的"神药"，其"神药"其实是保健品。[⑦] 还有骗子以省级医院专家现场做讲座，还有免费午餐和小礼品赠送为诱饵，推销银杏胶囊。

---

① 董从哲：《"伪亲情"迷惑众多老人心》，2009 年 7 月 8 日《老年日报》。
② 高海涛：《一声干爹，被骗 800 元》，2009 年 9 月 25 日《老年日报》。
③ 张德成：《电视购物套去老人两万元》，2009 年 12 月 11 日《老年日报》。
④ 张妍霞：《产品推介会设下连环套》，2009 年 8 月 1 日《生活报》。
⑤ 康福柱：《免费旅游实为推销高价保健品》，2009 年 6 月 24 日《新晚报》。
⑥ 李鑫：《八旬老翁入免费体检陷阱》，2009 年 7 月 21 日《新晚报》。
⑦ 王舒：《义诊是助老还是骗老》，2009 年 7 月 3 日《新晚报》；彭庆凯：《免费义诊忽悠社区老年人》，2009 年 6 月 22 日《新晚报》。

声称买一盒一月返还多少钱，买十盒赠一台豆浆机，使一些老人上当受骗。[①]

这类骗术都是打着老龄委、助老协会、省大医院旗号，骗取老人信任，来推销产品，骗取钱财。老龄部门组织公益性的活动，按正规工作程序进行，不会由陌生人打电话，更不会向老年人推销产品。

4. 高息投资术

这种骗术，一般是骗子包装成正规公司行骗。在写字楼租下房间，精心设计装潢，虚构"投资项目"到处散发，空调、电脑、免费午餐、"热情接待"来访者，讲师粉墨登场，细致"分析"利润走向等，以高额利息诱骗中老年人加盟。什么新潮说什么，什么来钱扯什么。骗子先让你尝点甜头，一旦加大投入，就人去楼空。

广州峻联通信有限公司，以合作投资安防、购买平安大厦等名义游说老人投资，称其红利每年25%～30%，还组织联欢、免费旅游。3000 多位老人被骗4.7 亿元。[②] 哈尔滨一科技发展公司，以投资房地产，花5980 元买"一单"产品成为会员后，每月返还是1320 元，返还6 个月，第6 个月还奖励980 元。先后有398 位老年人共"投资"640 余万元，公司返还265 万元，群众损失374 万余元。其法人代表携款潜逃。[③] 深圳一个骗子公司，谎称有背景，注册资金上千万元。以半年期利息为30%，每月还有部分利息，高额诱惑投资。200 余位老人被骗375 万元。[④] 南京一家公司有一名叫"江宁六顺生态农艺园"的项目，称以20%～30% 高利息返还投资，还有免费旅游等优惠政策，让400 多位老年人上当受骗，套走千万集资款。[⑤]

上述个案表明，金融骗子抓住中老年人易受骗、不敢告知家人的心理，先表示出特别关心，老年人有免费讲座、免费活动有受重视的感觉，一旦听说"投资"、"保本"、"赚钱"，深信不疑。老年人群有较强从众心理，朋友拉朋友一起投资的现象屡屡发生。要避免陷入投资黑洞，就要坚信天上不会掉馅饼。诱惑越大，风险越大。

5. 上门"服务"术

这种骗术，一般是骗子2 人，谎称是物业维修人员，进屋后伺机盗窃。

---

① 杨雪楠：《"免费陷阱"专砸聚堆老人》，2009 年9 月18 日《生活报》。
② 鲁钇山：《罕见骗案折射老人情感虚空》，2009 年1 月12 日《老年日报》。
③ 夏德辉：《哈市四百老人搭进374 万》，2009 年5 月7 日《生活报》。
④ 沈小妮等：《200 余老人被骗375 万》，2009 年11 月6 日《老年日报》。
⑤ 高雅、卢斌：《"生态养老院"套走千万集资款》，2009 年12 月4 日《老年报》。

或伪装成某工作人员，上门实施诈骗或抢劫。

哈尔滨南岗李老先生家，来了一位刘姓男子，自称是市自来水公司净水器公司的员工上门服务，免费安装净水器，但更换滤芯优惠价为 300 元。之后才知供水集团没有开展此项业务服务。① 香坊区的李大娘家来了两人，自称网通公司的，说只要交 200 元钱，就可以使用家中的固定电话拨打 17901 长途业务，再交 50 元可打 100 元的长途电话。李大娘交了钱，几天后拨打 17901 时，被告知话费已过期，李大娘才知道上当了。② 哈尔滨香坊区 73 岁的刘大娘，腿脚不便。一天，两位"有线电视便民收费员"来到她家上门服务。刘大娘要核实他们的身份，他们把名片递上，刘大娘按其名片把电话打过去，电话中回答来人负责这片收费。刘大娘交了 1200 元钱，后来才知来人是骗子。③

这类上门诈骗盗窃的犯罪行为，多为合伙作案，选择独自在家的老人为对象，特别是行动不便的老年人。为此，他们多事先踩点，以上门服务为借口骗取钱财。

6. 电信诈骗术

这种骗术，一般是骗子通过电话，冒充电信局工作人员、公安局办案人员等，以"您家电话欠费"、"您家账户涉嫌洗钱"、"将接到法院传票"为名进行诈骗。

杭州李女士，被自称电信局的电话通知欠费几千元，涉及财产大案而骗去 25 万元。④ 哈尔滨王老家来位电话公司青年，称公司推出新业务，只要预存 3000 元基础费。她想征询儿子意见，该青年拿出自己手机，向老人询问号码后拨通电话，并与之介绍该套餐如何优惠，电话交王老，只听电话说："妈，这事我听过，挺好，家里钱够就办了吧！"可王老家中只有 1800 元，对方马上说与公司申请也可办理。王老交了 1800 元，该青年为其开了"收据"。后问儿子，儿子表示未接过这样的电话。⑤ 北京电信诈骗案件发案 8700 起，涉案金额 2.7 亿元。大多是团伙冒充公安部门、电信部门，以电话欠费、网络购物、中奖、冒充熟人、退税、谎称绑架等手段，实施诈骗。这种诈骗遍

---

① 杨璞：《骗取对象：老年人》，2009 年 6 月 17 日《新晚报》。

② 刘旭：《老年节 9 大骗术需提防》，2009 年 9 月 2 日《新晚报》。

③ 杨雪楠：《独居老人轻信"上门服务"》，2009 年 9 月 30 日《生活报》。

④ 悦文：《老人警惕电话诈骗新变种》，2009 年 7 月 27 日《老年日报》。

⑤ 高海涛：《上门骗子使新招，老人被骗 1800》，2009 年 7 月 28 日《老年日报》。

及石家庄、南京、广州、杭州等城市，其诈骗对象均为老人。这种以假冒身份为方式的电信诈骗已形成一套完整的犯罪产业链。①

电话诈骗属于远程非接触类诈骗，这类诈骗技术含量高。骗子专找老年人下手，就是利用了老年人孤立于现代信息生活之外，不了解信息与电子产品运转与管理机制的空子，通过编个故事，再绕几个弯，使老人落入其圈套，再以警察等权威身份恐吓而得手。

7. 丢包掉包术

这种骗术，一般骗子为两人以上，骗子甲故意掉包，里面装有形似成捆现金、外币等的包裹或钱包。行人拾到，骗子乙即上去"见面分一半"。甲返回找钱包，乙见状向行人献技：你我分开走，你带上所捡的包，我引开丢包的人，为防止你独自带包逃走，你必须将身上带的现金或值钱的物品押在我处，待我引走丢包人后，咱们再分包里的钱。行人暗自庆幸捡了一大笔钱，打开时，却发现大捆的钱除了两头的两张是真的，其余全是假币，损失惨重。

赵大爷带小孙子到哈尔滨看病，从银行取 2000 元准备交住院费。身边一个人的牛皮纸袋掉地，赵大爷正准备拾起时，后边一年轻人上来，说道："见面分一半。"打开包后见有外币，青年说："这是欧元，1000 元能换 1 万元人民币。"他让赵大爷用钱押下，去银行换人民币。到银行后，银行人员告诉赵大爷拿的不是欧元，是停止流通的秘鲁币，就这样被骗去 2000 元。② 沈阳王天元老人，见两人在商谈倒卖针头能发财。两人以发财为诱惑，用帮人看下东西手法，套走老人 5000 元。③ 浙江义乌骆大爷去银行 ATM 机取款，因不会使用，一位男子主动帮忙，结果被骗十余万元。④ 70 岁张老汉买米，由俩男子扛到家，交 100 元钱米钱，对方说是假币。再拿还说是假币，张老汉拿出一沓百元钞票，最后收走了一张。后来才知被掉包 17 张假币。⑤

对于丢包骗术，一是不予捡取，如捡取，要大喊"谁丢了钱包"，以示物归失主；二是如遇骗子纠缠甚至强行诈钱，立即高喊求助。对于掉包术，不要拿出多张钞票供其挑选，以免被人掉包。

① 张岩：《如何帮老人远离陷阱》，2009 年 11 月 26 日《中国老年报》。
② 杨雪楠：《医院附近常上演"丢包术"》，2009 年 10 月 10 日《生活报》。
③ 迟嫣、王鸥：《"帮人看下东西"被套去 5000 元》，2009 年 6 月 26 日《老年日报》。
④ 《"热心男子"帮忙取钱暗中掉包》，2009 年 7 月 23 日《哈尔滨日报》。
⑤ 马颖超等：《老人买米遭遇"鬼点钞"》，2009 年 6 月 16 日《新晚报》。

8. 色诱敲诈术

这种骗术，一般多为色诱老人上钩，与其发生性关系。在发生性关系时，有一两位男子撞入，或拍裸照，或声称是女子丈夫或亲属，以公了还是私了相威逼，进行敲诈，勒索钱财。

35 岁的犯罪嫌疑人刘倩与他人合谋，色诱上岁数的老汉上钩，在与她发生性关系时，强迫给被害人拍裸照，以此相逼敲诈勒索了数万元，先后有 5 个老汉身陷这个"艳照门"。刘倩与 62 岁的被害人王老汉曾发生过性关系。7 月的一天，刘倩打电话让王来自己家。正在二人发生性关系时，两名男子冲了进来，自称是刘倩的丈夫和小叔子。一个打刘倩，另一个用手机给王拍裸照，说是要当证据去公安机关告王。照完相后，两名男子还把王老汉裤兜里的手机和 80 元钱拿走，并让王老汉拿两万元钱平事。后来他们从刘倩的包里拿出一张事先写好的有王老汉名字的两万元欠条，硬让王老汉签字并按了手印。随后，王老汉被他们押着向朋友借了 1.9 万元钱，给了他们。王老汉不知道，这其实是没有正当职业的刘倩与姘居男友林某精心设计的一个骗局。

这种色诱敲诈术属违法犯罪行为。老年人要洁身自好，不与这类风尘女往来。一旦遇上这类敲诈，就不要好面子，及时报案。

从以上老年人上当受骗的八个类型中可以看到，骗子专盯老年人，把老年人视为受骗者主体。为什么老年人容易受骗上当呢？

首先是贪婪。心理学家莫雷诺说："欺骗我们的是人性当中的贪婪。"[①]贪婪是受骗的根源。想占便宜，企图发大财，盼望天下掉馅饼，有这个心理就很容易掉入骗子设下的陷阱。不贪不占，骗子就无法施展其伎俩，对于一些低级骗术也会一眼看穿。

其次是轻信。轻信所谓权威，轻信所谓警察，轻信一些所谓管理部门与人员。轻信就会丧失理智，就会被骗子牵着鼻子走。老年人中流行的从众心理、模仿心理，也为骗子提供了方便与条件。

再次有好面子等不良心态。突出问题是老年人上当受骗后多不报案。为什么不愿意报案呢？哈尔滨市老龄办概括的五种心态很能说明问题：

一是觉得没有面子。骗子多会针对老年人爱贪小便宜的心理，诱其上当。

---

① 《我们为什么会受骗》，2009 年 8 月 5 日《参考消息》，摘自西班牙《趣味》月刊 2009 年 7 月号。

老年人受骗后，回想起自己被骗的经过，往往很快就能醒悟，认识到自己是被骗子给的"好处"蒙蔽了。这些"好处"往往只是一袋洗衣粉、一份盒饭或几句好听的话。因为贪图小便宜吃了大亏，面子上有些挂不住，所以很多老年人不愿意将自己被骗的事告诉别人，更别说报案了。

二是相信破财免灾。有些老年人相信"破财免灾"，认为被骗后损失财物，自己和家人就可以避免灾祸了，所以不愿意报案。

三是怕被儿女埋怨。怕被儿女或家人埋怨，是老年人遭遇诈骗后不报案的主要原因。有的老年人被骗走了自己多年积蓄或"私房钱"，认为如果报案，儿女一定会知道，继而埋怨自己，所以选择不报案；还有的老人怕儿女得知自己有"私房钱"后不愿意继续赡养自己，所以不报案。这些受骗后不报案的老人只能跟自己生闷气，很容易由此引发疾病。

四是怕人说"老糊涂"。有些老年人被骗后，怕消息传出去，被别人说成是"老糊涂"，所以隐瞒了被骗的事实。

五是高估自己的能力。还有一些老年人过高估计了自己的能力。以为靠自己的能力能找到或抓住骗子。[①]

---

① 杨雪楠：《老人被骗后不报案五心态》，2009 年 9 月 9 日《生活报》。

第十六章　老年社会工作

要落实"老有所养，老有所医，老有所学，老有所敬，老有所为，老有所乐"，妥善解决老年人所面临的问题，提高老年人的生活质量，解决老龄化社会所带来的各种老年社会问题仅仅依靠传统的方式方法，已经不能满足提升老年人的福祉福利需求。还需要老年社会工作者运用专业的社会工作理论与方法，来帮助老年人解决问题。这就是要大力开展老年社会工作。老年社会工作是一个学科间整合的综合性专业工作，是社会工作的一个重要领域，是科学解决老龄问题的必要前提。

一　老年社会工作的含义、特点和意义

1. 老年社会工作的含义

什么是老年社会工作呢？老年社会工作是以老年人为服务对象的社会工作。它有广义和狭义之区别。

所谓广义老年社会工作，指为满足老年人个人及群体的社会安全的需要，而推行的老年福祉福利政策、措施及社会服务活动。它包括老年人的经济保障、医疗保健、家庭、就业、继续教育、休闲娱乐、交通等方面的政策、制度、活动等。

所谓狭义老年社会工作，是指老年社会工作机构和老年社会工作者运用社会工作的专业理念、方法和技巧，为老年人及其家庭提供社会保障与社会服务，以协助老年人解决生理、精神、情感和经济等方面的问题，满足老年人需求，提高生活质量的专业服务活动。

本章将侧重在狭义老年社会工作这个界定意义上来探讨老年社会工作。对于这个概念可从三个方面来理解。首先，这个概念明确老年社会工作的服务对象是老年人及其家庭成员。比如贫困老人、弱势老人、高龄老人、失能

老人等。其次，老年社会工作是一种专业服务工作，即它是在一种专业理论和专业工作方法、技巧下进行的服务工作。服务人员是经过专业训练，具有专业素质和资格的。再次，老年社会工作的目标是挖掘老年人的潜能，提高老年人的自助能力，满足老年人的需求，提高生活质量，进而达到促进老年人发展、安度晚年的目的。

2. 老年社会工作的特点

老年社会工作有什么特点呢？

首先是科学性。老年社会工作要求老年社会工作者综合运用多学科的理论和专业知识、工作方法和技巧来指导工作。其学科涉及老年生理学、老年心理学、老年社会学以及法学、经济学、营养学等。要回答和解决老年人所面临的问题，要以各学科的专业理论为支撑，使解决老年人的问题的措施和过程具有科学性和针对性。这就避免老年社会工作走弯路和方式方法上的随意性。

其次是服务性。老年社会工作在本质上是服务性的，是满足老年人各个层次的需求的。既可提供有偿服务，也可提供无偿服务，既可提供专业化服务，也可提供简易服务，其宗旨都是为老年人服务，具有较强的服务性。

最后是专业化。专业化是老年社会工作的显著标志。它要求老年社会服务人员具有专业素质，即经过专业化训练，能够运用专业理论和方法、技巧来向不同层次不同需求的老年人进行专业化服务。

3. 开展老年社会工作的意义

开展老年社会工作有何意义呢？

第一，有助于维护老年人的合法权益。老年人合法权益受到损害，有社会方面的，也有家庭方面的，但较多的是与子女有关。老年人维护自身权益，一是靠法律，二是靠中间人沟通与协调。无论是靠法律，还是靠中间人，老年社会工作都能发挥其独特作用。特别是在沟通和协调关系方面，老年社会工作者具有优势，其可以通过更加人性化、更加灵活的方式为老年人解决实际问题，效果会更突出。

第二，有益于提高老年人的生活质量。由于老年社会工作者经过专业化训练，在帮助不同层次老年人改变困难处境，实现社会调适方面具有优势。比如对高龄老人、失能老人、临终老人护理上，经过专业训练的护工和没经过专业训练的护理人员就有明显差异。专业护理，有益于提高老年人的生命质量。

第三，有利于解决老龄化社会问题。随着人口老龄化、高龄化进程加快和家庭规模日益小型化，家庭养老功能有相当一部分要向社会养老功能转变。社会养老功能的不断扩大，向老年社会工作提出了挑战，加强加大老年社会工作势在必行。通过老年社会工作者的协助，使老年人在经济上有所保障，精神上有所慰藉，权益上有所维护，对解决老龄化过程中的社会问题有积极意义。

第四，有助于老龄政策的实施。通过开展老年社会工作，可以及时、有效地了解和掌握老龄政策的落实和运作情况，对实施中的问题能及时反馈，这对于制定和实施老龄战略、规划、政策都有重大意义。

第五，有益于构建社会主义和谐社会。构建和谐社会是全面建设小康社会的目标之一。其核心就是以人为本、体现人文关怀。老年社会工作，就是社会工作者通过服务，为老年人送去党和政府对他们的关怀，体现党和政府以人为本、以民为本的执政理念。老年社会工作在协调代际关系、促进家庭和睦、弘扬新道德新风尚、发挥老年人独特社会价值等方面具有重要的作用。

二 老年社会工作的目标与功能

1. 老年社会工作的目标

老年社会工作的目标，概括地讲，主要就是帮助老年人解决好经济供养问题、医疗服务问题、精神慰藉问题、生活质量问题等。其内容主要有以下几方面。

第一，协助老年人充分认知老年、接受老年，并帮助其增强个人能力。从事老年社会工作的人应以积极态度，去探讨老年人内在价值和意义，尊重老年人的自尊心，了解和反映老年人的诉求，鼓励老年人追求向往的生存状态。帮助预防老年生理或心理功能的迅速退化，如协助老年人搞好体能运动、营养指导、卫生健康指导、心理调适等，以促进老年人身心健康。

第二，调适老年人的生活环境。协助老年人适应不良的社会环境，如经济状况下降、疾病、家庭关系出现不和谐、孤独感等问题，促使老年人能够有一个正常的社会生活。

第三，改善老年人的人际关系。鼓励老年人参与社会活动，如老年人教育、老年人公益活动、老年人的文化娱乐团体等群体或团体活动，使老年人在人际互动中满足其精神生活的需求。

第四，协助老年人获得各种社会资源。其社会资源既包括亲属、朋友、邻里等非正式组织资源，也包括政府、中间组织等正式组织提供的资源。老年社会工作就是帮助老年人弄清楚相关机构及其申请运作程序等问题，协调服务提供者之间的关系，尊重老年人的自决权，使老年人有效地运用这些服务和资源，使其晚年生活充实与幸福。

第五，影响社会福利政策、制度和社会服务机构的运作。社会工作者通过对老年人社会需求的调查与了解，可以影响到相关机构的决策，使机构决策更符合老年人的实际情况。社会工作者还可以在老年社会工作中审视相关的老年社会政策，并通过适当的方式反映老年人、机构和社会工作者的心声，促使有关部门在制定政策时能够回应社会的要求，进而使相关的老年政策、制度和社会服务机构运作能够更加适时反映老年人的需求，维护老年人的权益。

2. 老年社会工作的功能

老年社会工作的功能，既有微观层面的一般功能，又有宏观层面的社会功能。

对于这两个层面的功能，周玉萍等编的《老年社会工作》有精到的概括。[①] 老年社会工作的微观层面的一般功能包括以下四项内容。

（1）恢复老年人受损的功能。恢复的功能包括治疗和康复两个层面。其中，治疗主要指消除引起功能崩溃和问题产生的个人与环境因素。康复主要指帮助服务对象重建互动的模式。社会工作人员通过对老年人的治疗和矫正，可以消除导致老年人社会功能瓦解或退化的因素。例如，通过举行老年人活动，为老年人争取福利资源，从而避免老年人因离群索居而产生的社会隔离感，保持其社会关系的完整性。

（2）尽力维持老年人的身体机能。在个体走向老化的过程中，老年人会经历到身、心、社会等方面的损害，老年人的有些功能是能够恢复的，有些却不能恢复。社会工作人员可以针对老年人不可恢复的功能，采取措施防止其恶化，尽量维持老年人生活的常态和稳定性。例如，针对老年人所患的一些疾患，提供一定的康复训练，以帮助老年人维持固有的生活技能。

（3）提供老年人所需要的资源。提供资源的功能包括发展和教育两个方

---

① 周玉萍等：《老年社会工作》，知识产权出版社，2008，第12～14页。

面。发展，即促使社会资源能被最有效地运用；教育，即引导案主学会识别资源。在为老服务中，工作者要创造、扩充、改进和协调老年人与社会资源间的互动，以帮助老年人解决身体、精神、情绪、生活诸方面的问题。同时，引导老年人观察、体会自己可以使用的资源，从而在某种程度上实现其自助的目标。

（4）预防老年人社会功能的衰退。老年社会工作可强化老年人与其他人、团体和社区间的互助，减少阻碍正常社会功能的因素，并预防社会病态和不良社会制度对老年人造成的伤害。例如，社区里组建由青壮年人构成的治安联防队，而不让老年人参加，虽出于敬老的好意，怕老年人受到人身伤害，但却容易使老年人感到自己是无能的，因而导致老年人对治安联防这样事关大家利益的事情不感兴趣或者因怕受到伤害而不敢外出。这种做法实际上就损害了老年人的社会功能，是在做社会工作时应予避免的。

老年社会工作的宏观社会功能有以下三项内容。

（1）社会稳定的功能。稳定是社会发展的前提与必要条件。开展老年工作是促进社会稳定的途径之一。这是因为老年人曾经是社会的中坚，对社会发展作出过巨大的贡献。在社会积累的财富中，有他们的创造。做好老年社会工作，让老年人能够享受到经济发展的成果，是对老年人过去贡献的补偿，是体现社会公平的重要标志。此外，做好老年社会工作，既可以使老年人感受到社会的温暖，减少老化带来的失落感，也有助于使年轻人认识到老年人的价值，从而尊老敬老。而且代际良性的互动关系能消除冲突，使社会趋于稳定和谐。再者，做好老年社会工作，使所有的老年人能够无忧无虑安度晚年，对整个社会也是一种慰藉。因为现在的年轻人将来也会老，一个尊老敬老的良性社会环境使年轻人能够看到自己的将来，从而有助于维护社会的安定。

（2）社会整合的功能。社会整合是指社会内部人与人之间，人与群体、社会之间的相互联系与合作的和谐状态。一个社会如果没有整合，个人或群体之间就会隔膜、解组甚至分化。人步入老年之后，生理和心理方面所受到的冲击会接踵而至，如职业丧失、地位变换、收入下降、社会活动减少、疾病缠身、配偶去世等，部分老年人因无法自我调适，于是变得孤独、猜疑、忧郁、沮丧，从而加快了衰老的进程。作为老年社会工作者，有责任协助老年人重新找回自己在社会上的位置，确定有意义的生活目标，以弥补其失落感。老年人重新投入社会，扮演起适当的社会角色，对于人际和谐以及增强人与人之间、人与社会之间的凝聚力都有着重要的作用。

（3）社会管理的功能。所谓社会管理，是指对社会上事务或人员的管辖与治理，包括领导、组织、协调、处理等功能。作为一项重要的社会系统工程，老年社会工作当然离不开管理。首先，开展老年社会工作，必须有领导机构和人员。他们所从事的每一项工作，担负的每一项任务，如老龄政策的制定，老年社会工作的组织、领导，老年权益的保障等，都毫不例外是社会管理功能在实际工作中的应用。其次，在社会上开展老年社会工作，如设立老年人活动场所，开设老年人服务中心，组织老年人活动，为老年人提供各项服务等，都离不开组织和管理。至于兴办老年人养老机构，如敬老院、老年人公寓等，更需要科学的、现代化的管理。缺少有效的管理，这些机构就办不下去，更不用说为老年人提供优质的服务。由此可见，开展每一项老年人社会工作都需要管理，社会管理是老年社会工作的一个重要功能。

三　老年社会工作的类型与对象划分

1. 老年社会工作的类型

老年社会工作的类型，可依据不同标准划分出不同的类型。周玉萍等在《老年社会工作》中概括了三种划分类型。[1]

（1）依据工作对象的年龄，可以将老年社会工作分为：低龄老年人（60～69岁）社会工作、中龄老年人（70～79岁）社会工作、高龄老年人（80岁以上）社会工作。在不同的年龄段，老年社会工作的侧重点是不同的。一般来说，对于低龄老年人来说，社会工作的重点是解决其角色转换和继续社会化的问题；对于中龄老年人来说，社会工作的重点在于协助其处理好日常生活、代际关系和社会交往问题；而对于高龄老年人来说，社会工作的重点应在于疾病护理、生活照顾和临终关怀等。

（2）依据工作方法，可以把老年社会工作分为：老年个案工作、老年小组工作、老年社区工作和老年行政工作等。老年个案工作是为老年个体及其家庭提供服务，以解决有关的问题。老年小组工作是以团体的方式开展工作，通过团体活动来改善老年人的社会适应性或是增进老年人解决问题的能力。老年社区工作是立足于社区，挖掘社区资源，为老年人创设良好的颐养氛围，提高社区服务的水平。老年行政工作是从宏观管理层面促进老年社会政策的

---

① 见周玉萍等《老年社会工作》，知识产权出版社，2008，第6～7页。

制定和实施，通过行政管理的程序来推动老年社会工作的开展。

（3）依据工作关系，可以把老年社会工作分为直接性的老年社会工作和间接性的老年社会工作。直接性的老年社会工作，通常是指微观层面的为老服务。这些工作直接与老年人打交道，运用的手法主要是个案与小组的方式。间接性的老年社会工作是指对老年社会工作进行组织领导、理论研究和政策拓展等，即宏观层面的为老服务。

2. 老年社会工作对象的划分

老年社会工作的对象，也因划分的视角和标准不同，而有不同的划分类型。比如以被服务的对象为划分标准，可分为遭遇困难的人、老人的家庭成员、亲友或其他家庭的个人。再如以老年人的需要为划分标准，可分为需要解决各种困难的老人和需要获取发展的老人。

这里以老年人的问题为划分标准，可将问题老人分为以下六种。①

（1）长期患病、身体机能衰退或残疾的老人。这类老人由于久病不愈，非常需要医疗资源，或者入住疗养机构，或者由家人（或请保姆）担任照顾者，由此家庭受到影响并可能引发其他问题，如家庭经济困难、家人因长期照顾老人患者而病倒、家中儿童及少年得不到良好的照顾而可能引起学习成绩退步或行为失调。

（2）经济困难的老人。老人退休后收入减少，而支出却随着身体的衰退和医疗费用的增加而增多，逐渐会发生入不敷出的困境。尚有少数无养老保险和医疗保险的老人，生活更陷入绝境。面对这种情况，老年社会工作者可以设法协助老人家庭成员启动亲友的力量，或者寻找其他的社会资源来帮助老人解决问题。

（3）退休后生活无法调适的老人。这类老人以男性为多，退休以后始终处于生活寻找不到规律、心理始终处于波动的状态之中。对此，老年社会工作者除了对老年当事人进行个别辅导外，还可以根据老年人的真实意愿，如愿意再就业、愿意从事休闲娱乐活动、愿意加入义工服务，或者愿意参加老人教育项目等等，提供相应的咨询服务，帮助找寻有关的社会资源，以及告知参与的具体方法。

（4）人际关系不良的老人。这类老人包括：与配偶相处不和睦；与儿子、

---

① 见范明林、张钟汝《老年社会工作》，上海大学出版社，2005，第10～12页；全利民《老年社会工作》，华东理工大学出版社，2006，第38页。

媳妇或其他家庭成员有家庭冲突；与家庭以外的人，如亲家、邻居等有矛盾纷争等。面对这类问题，老年社会工作者需要处理的是两类情况：第一类情况是问题出在老年服务对象自己身上，老年人或者固执己见，或者性格乖张，或者难以相处等等。对此，工作者的工作重点应该放在老年案主身上，通过会谈和辅导提供当事人与其他人的相处之道，并告知社会技巧以及沟通的方法。第二类情况是老年案主本身为受害者，经常受到配偶、子女、媳妇或邻里的不良对待。这种情况下，工作者需要给配偶、子媳做辅导工作，敦促他们逐渐修正或改变某些行为，以便能够和睦相处。在必要的情况下，经由当事人同意和授权可以协助当事人通过法律的途径来解决问题。上述无论哪种情况，老年社会工作者还有一个重要的介入方法，就是把老人的日常活动逐渐地从狭窄的家庭空间引至更为广阔的社区活动中心、社区公园或者社区内的老人团体，和其他老人一起开展活动、学习技艺或者培养某种兴趣爱好，由此改变原来的注意力，建立起新的生活模式或生活规律。

（5）受虐老人。老人受虐的种类包括忽视（如不提供老人日常生活所必需的用品、不给饭吃，对老年提出的正当要求不理不睬，等等）、身体虐待（如对老人进行打、拍、踢、咬、摁、叉、卡脖子、打耳光、拉头发等身体上的攻击）、精神虐待（如对待老人态度恶劣，时常怒骂、讽刺，或者故意损坏、丢弃老人喜爱的物件，或者经常在深夜老人熟睡之机，猛然开响收音机或电视机以惊醒老人，等等，从而导致老人在情绪和精神方面遭受严重伤害）。老年人受虐的案例在国内外都有缓慢上升的趋势。而且，社会工作对此的介入也存在着一定的困难。因为老人在思维能力尚未显著衰退，行动方便时遭到家人虐待，多数老人会因"家丑不可外扬"思想的影响，或者抱有息事宁人的心态而不向他人告知或向警方报案。一旦长期卧病在床遭受虐待时，老人则无法报案或请求别人帮助。因此，老年社会工作者应该密切注意这类老人，应该和社区有关团体、组织、警察、医院、司法部门等紧密配合和采取必要的法律措施来切实地保护老人，同时对施虐者及受虐老人进行必要的社会工作辅导。

（6）丧亲的老人。老人丧偶或者子女早逝，必定悲痛欲绝，无法化解。据美国医学专家研究发现，这时候老年人所遭受的生活压力的分值，比起其他事件所带来的压力分值而言是最高的。所以这时刻特别需要社会工作者的介入，为老年当事人提供心理上的支持和物质上的帮助，有可能的话及早帮助老人建立起有效的社会支持网络，充分利用各种社会资源促进老人尽快地走出丧亲的阴影，协同老人度过人生的关键时刻。

四　老年社会工作理论

老年社会工作理论，大部分是借用社会学、心理学、生物学、医学等学科领域的理论。这里只作简要介绍。

（1）人生回顾理论。1963年布特勒提出了这个理论。人生回顾理论认为，有许多老年人在老年期的一个基本人格特征就是喜欢回顾往事。即老年人愿意与亲朋好友或晚辈谈论往事，回顾自己孩童时的情景，喜欢写怀旧的文章。这个理论对老年社会工作者开展辅导或个案工作时，引导老年人怀旧和回顾往事，深入探讨老年生活，启迪老年人自信和能力有益处。

（2）老年人格类型理论。这是美国心理学家提出的理论。即将老年人分为成熟型、摇椅型、防卫型、愤怒型、自怨自艾型。这个理论有助于在开展老年社会工作时，根据不同老人的人格类型有针对性地来开展工作。

（3）社会撤离理论。这是美国学者于1961年提出的。社会撤离理论认为，随着老年人口年龄的增长，个人与他人之间的人际交往逐渐减少，性质也会发生某种变化，充当消极的角色增加。作为社会就必须采取一定的撤退措施，将权限由老年一代转交给成年一代。撤离理论概括了老年社会人口参与社会生活的总趋势。它所强调的是老年人与社会的分离与退缩。该理论引发争论较大，反对者主要认为并不是所有老年人都愿意脱离社会。这个理论对社会工作来说，老年人随年龄增大其人际交往量会逐渐减少，但也不能一概而论。

（4）活动理论。20世纪50年代在西方流行的理论，是由凯文提出的。与撤离理论观点正好相反，活动理论认为，活动水平高的老年人比活动水平低的老年人更容易感到生活满意和更能适应社会。活动理论对老年社会工作的意义在于，社会不仅在态度上应鼓励老年人积极参与他们力所能及的一切社会活动，而且应努力为老年人参与社会活动提供条件。

（5）社会损害理论。这是柴斯门于1966年提出的。社会损害理论认为，老人的晚年生活的不适应或出现生活崩溃征候，是社会给他们加上不良标签的结果。这种标签化，还表现在老人一些正常的情绪反应被他人视为病兆而做出的反应。这个理论对老年社会工作来说，一些所谓老年人问题大多是被标定的结果，也是老年人自己受消极暗示所产生的连锁反应。在帮助老年人过程中，不仅要切实帮助老年人解决实际问题，也要协助老年人增强信心和提升能力。

（6）社会重建理论。是由库柏斯和本斯东于1973年提出的。这个理论是针对不良标签理论而来的。就是要改变老年人生存的客观环境，以帮助老年人重建自信心。它是通过让老年人了解和克服社会偏见，提倡政府资助的服务，鼓励老人自我计划、自我决定来实现重建。它对社会工作而言，就是要凭借改善环境，使老年人克服自卑或自贬倾向，在积极的互动环境中获得日常生活和内心的平衡。

（7）老年次文化理论。由罗斯于1965年提出，老年次文化理论认为，老年人由于社会地位下降和身心、社交等衰退，导致与老年人容易相处，与年轻人难以相处，形成老年次文化。老年次文化理论对开展老年社会工作有很大指导意义，即要根据老年群体所遵循的价值标准和行为规范，来与老年人互动与对话，根据老年次文化的基本内容和特点来设计老年社会工作的服务项目。

（8）社会交换论。这是20世纪50年代末形成的一个重要社会流派，其代表人物有霍曼斯、布劳等。它假设个人或群体的互动是尝试以最少代价获得最大回报，即彼此在互动中取得利益。提供回报的能力称为权力。权力是社会交换理论的中心概念。老年人的权力随着工作、健康、社会关系网络和财产上的失落而消失，老年人自然成为无力的群体。从社会工作角度看，老年人在社会上占有资源较年轻人少，其地位下降是必然的。若想提升其地位，只有增加其资源，让其感到自己仍是有用的、有价值的。

（9）方形生存曲线理论。是由美国的佛雷斯和克雷帕于1981年创立的。这个理论认为人的寿命可延长，如延缓老化与衰老时间，使人类衰弱共同减短，达到自然死亡而不是受疾病折磨。它对老年社会工作的意义是，老年社会工作可通过其专业的方法和技巧来促进老年服务对象的社会互动，来提高老年人的健康水平，帮助老年人建立起一个有意义、有质量的晚年生活。

除以上理论外，还有环境理论、社会化理论、角色理论、符号互动理论、连续性理论、年龄分层理论等。这些与老年社会工作有关的理论，主要是探讨老年阶段与其他生命阶段的关系，以及老年人对生活的不同反应或态度，是分别从不同角度研究老年人的行为特征，对于研究老年社会工作有启迪作用。

五　老年社会工作的内容

老年社会工作的内容，从大的方面看，主要是两个方面：一是如何满足老年人日常生活的需求，二是如何满足老年人社会生活发展的需求。在满足老年人日常生活需求方面，它包括老年生活照顾服务、人际关系调适、心理辅导与矫治。在满足老年人社会生活发展的需求方面，主要是满足老年社会活动的参与及自我价值实现等方面。

1. 老年生活照顾服务

老年社会工作旨在帮助老年人解决生活中的困难，主要是通过为老年人养老提供各种生活上的辅导与照顾服务，以满足老年人日常生活的需求。

老年人生活照顾服务可有三种形式：家庭生活照顾服务、社区生活照顾服务、机构或院舍生活照顾服务。这三种形式，既是三个基本的老年生活照顾服务类型，也是老年生活照顾服务的三个层次。我国老年生活照顾服务大部分是靠家庭，家庭是老年生活照顾服务的主体。在家庭养老方面，很多老人多希望与子女比邻而居，最好是"一碗热汤"的距离，既保持各自的私人空间，又能互相照应。① 随着社区养老的迅猛发展，社区老年生活照顾服务正在逐渐取代家庭老年生活照顾服务，并将成为我国解决老年人日常生活照顾服务的主要形式。目前我国的机构养老，即通过老年福利院、敬老院、养老院等提供老年人生活护理、照顾和食宿等各方面服务所占比例较小，不到10％。但随老龄化速度飞快发展，对机构养老的需求也会越来越大，机构养老也将成为老年人长期护理照顾的一个不可或缺的环节与方面。

老年人日常生活照顾服务具体内容很多，如购物、买药、做饭、洗衣、清洁卫生、医疗、保健、护理等，涉及老年人生活的方方面面，比如哈尔滨南岗区在四个街道试点，由民政部门向 60 岁以上老人颁发"爱心助老一卡通"。通过助老卡惠及老年人，凭卡在社区超市购物、买药、理发、洗澡等都享受优惠。②

2. 老年人生活救助服务

老年人生活救助服务，既对在经济方面有困难的老年人提供服务，帮助他们申请和及时获得应享有的基本的生活权利与物质帮助，也对丧失自理能力的、智残老人给予关照服务。哈尔滨智残托管服务中心就是集康复训练、技能培训、医疗监护、文娱活动、智力开发研究、托管托养诸功能于一体，实施康复训练，提高智残人的自我保护和生活自理能力，组织开展简单的劳

---

① 鲜黛：《还是比邻而居，"一碗热汤"好》，2009 年 9 月 23 日《老年日报》。
② 于海霞：《助老卡惠及 13 万老年人》，2009 年 4 月 19 日《生活报》。

动，最大限度地恢复智残人员的体能和智能。①

3. 老年人际关系调适

人际关系与人际环境，对老年人身心健康有至关重要的意义。老年人也经常面临人际关系不和谐的问题。突出的家庭人际调适问题，主要有两方面：一是代际矛盾与冲突。多由子女冷落老年人或老年人过于干预子女事务引起。代际关系不和谐，会使老年人处于愤怒、悲伤、不满、沮丧的心境中，甚至导致疾病发生或恶化。二是老年人与其他人的关系，像配偶、朋友、邻居等。社会工作关注老年人的人际关系总是通过专业的方法改善亲子关系，调适夫妻关系和其他人际关系。比如在亲子关系上，社会工作者一方面积极推动子女与老人之间的理解，倡导尊老、爱老的社会传统。另一方面教会老年人与人沟通的方法，介绍别的老年人处理好人际关系的经验，安排善于沟通的人与老人进行交流等。

4. 老年人的心理辅导与心理疾病矫治

老年人由于机能衰退、社会地位的下降、各种生活事件（丧偶、病重、家人变异、好友的生离死别）的发生，非常容易引发心理问题，甚至心理疾病。这就需要老年社会工作者特别是心理专业人员，协助老年人进行自我心理调适，缓解内心的压力，并帮助家人懂得老年期生理心理变化，辅助做好老年人心理调适工作。对于患有心理疾病的老人，要请专业心理医生进行矫治，使老年人保持一种健康的心态。

5. 老年人的社会参与和价值实现

老年社会工作还有一块重要内容，就是在老年社会生活发展方面，社会工作者应满足老年人的老有所教、老有所学、老有所为、老有所乐方面的需求。一方面培养老年人的兴趣爱好，鼓励老年人积极参与社区活动，参加各种老年社团活动，包括文艺、体育、娱乐、学习等以及各项社会志愿者活动；另一方面，应创造机会，鼓励老年人参与具有创造价值的活动，比如写书、关心下一代、再就业、从事发明创造等，为社会发展做贡献。帮助老年人在社会参与中获得尊严，感受自己生命的价值和意义以及人生的乐趣。

---

① 王军：《走进智残托管中心》，2009 年 7 月 1 日《新晚报》。

六　老年社会工作模式

老年社会工作的模式很多，从一般意义上来讲，主要有以下几种工作模式。

1. 家庭照顾者增强模式

这是最常见的基本模式。这一模式是针对老年人家庭的主要照顾者和家庭其他成员，协助者是邻里、亲属、朋友和专业人员。工作地点有较大的灵活性。社会工作者除提供必要服务（如与健康有关的服务），主要是通过为家庭照顾提供教育和训练，拓展家庭老年人照顾的支持网络（如安排老人电话咨询服务或志愿者做友好拜访等），以减少照顾责任所带来的压力，并为照顾者提供资源，增强家庭照顾者的支持网络。

2. 邻里协助模式

这个工作模式是以邻里关系中的老年人为对象，协助者为邻里成员，工作地点主要是在邻里之间。远亲不如近邻，邻里在帮助老年人排忧解困方面有地缘优势。社会工作主要在启动和提升社区的邻里支持网络，以解决老年人照顾的相关问题。比如帮助老年人购菜、帮缴水电电话费，以及在老人急病时帮助沟通联系。而社会工作者则扮演邻里互助体系中的联结者角色，使邻里协助的支持网络有效运行，形成良性协助机制。

3. 志愿者服务模式

此工作模式的对象是老年人个体，协助者为各类志愿者，工作地点主要是在社区和老人家庭。这一模式的目的在于挖掘志愿者资源，使其成为老年人社会支持网络的一部分。社会工作机构通过妇联、团委、大学、军队、社区等组织招募、培训志愿者，发动志愿者为老年人提供购物、买药、清洁卫生、护理护送、户外康乐、陪说陪聊等服务。老年社会工作者在其中可扮演多种角色，如咨询者、组织者、管理者、督导者等角色。

4. 互助共享模式

该工作模式以邻里和社区老年人为对象，协助者为社区或邻里间有相同问题的人，工作地点主要是在邻里或社区。该模式旨在提升和启动社区中自助互助群体的支持网络。如把有共同兴趣的老年人或有相同病症的老年人组织起来，共同分享关心关注的问题，通过交流沟通，相互帮助，分享经验，提高生活质量。社会工作者主要是倡导共助、倡导资源共享，扮演着老年人之间友好串联的角色。

5. 社区放大模式

此模式以社区老年人为对象，协助者为社会工作者，工作地点主要在社区。目的在于提升社区意识，增强"我们感"，支持社区中老年人享有整个社区的支持网络。比如利用社区中老年太极拳辅导站站长、老年秧歌队长、老年人门球负责人等权威资源，听取他们对社区发展建设和改进服务的意见，启动老年人自行解决问题的能力，使社区资源能力得到增量或放大。社会工作者在其中主要扮演倡导者、组织者、咨询者以及联结者的角色。

6. 个案工作模式

这一工作模式服务的对象是老年人个体，协助者是福利机构或专门组织，工作地点比较灵活。这是专业社会工作者与老年人的互动模式。主要是通过支持网络来寻求新资源，协助解决老年人问题。社会工作的专业人员主要是以管理者、联结者、统筹者的角色来进行沟通互动。

7. 临床治疗模式

该模式最具有社会工作的显著特征，它是专业工作者与老年人"一对一"的互动模式。其对象是老年人本身，以协助者与专业人员为主。在家庭、邻里和亲朋的协助下，进行直接治疗或间接治疗，通过实际干预，达到治疗和预防的目的。其工作地点保持弹性。社会工作专业人员扮演着直接服务的提供者和联结者的角色。

七 老年社会工作方法与技巧

经过多年的发展，社会工作已形成一套系统的工作方法和技巧。其方法既包括个案工作、团体工作、社区工作等直接方法，也包括社会工作行政、社会工作督导、社会工作研究等间接方法。这里只简述老年社会工作的直接方法。

1. 老年社会工作的方法

（1）老年个案工作方法。老年个案工作方法是一种一对一、面对面的工作方法。它是社会工作者运用专业知识和技巧，以感受到困难、适应不良或有问题的老年人以及其家属为工作对象，为其提供物质和感情方面的服务。帮助他们减轻压力，解决问题，改善其生活状态，提高生活质量的一种专业性工作方法。其目标在于提高老年人适应社会环境的能力。

老年个案工作方法，其中有很多具体的操作方法。诸如精神分析治疗法、行为治疗法、当事人中心治疗法、理性情绪治疗法、行动交感分析法、危机介入法、问题解决治疗法等。

老年个案工作属规范性的工作，有一套操作程序和运作步骤。大体是经过接案、收集资料、诊断与服务计划的制订、实施服务与治疗、结案与评估等五个步骤。

（2）老年团体工作方法。老年团体工作方法是在社会工作者的协助和指导下，利用老年成员之间的互动和团体的凝聚力，帮助老年人在群体互动中学习他人的经验、改变自己的行为，正确面对困难，融入群体生活的一种专业服务方法。

由于老年团体的性质、目标、工作重点、沟通方式各有差异，比如支援团体、治疗团体、社交康乐教育团体、服务团体、护老者团体等，在其团体目标、社工角色、工作重点、团体维系的因素、组合方式、沟通方式、自我披露程度、运作方式等方面各有特点，其运作模式有所不同。故老年团体活动方案设计，就成为该方法能否取得效果的关键。

（3）老年社区工作方法。老年社区工作方法是以社区为载体，以社区老年人及其他社区成员为对象的一种社会工作的介入方法。它是社会工作者在社会工作价值理念指导下，运用各种专业的工作方法，改善老人与社区的关系，建立对社区的归属感，提高老年人的自助、互助能力，促进老年人的社区参与，通过老年人的集体参与改善他们的生活质量的一种服务活动和服务过程。

这种老年社区工作方法有以下特征：一是一种专业的工作方法。即服务提供者受过专业的社会工作训练，在工作中采用的是专业的服务方法。二是注重以老年人为中心的发展目标。这种方法肯定老年人的价值，引导老年人进行社区参与，目的是提高老年人的生活质量。三是从老年人的兴趣、爱好以及能力出发，为其提供相应服务。四是强调老年人的广泛参与，即不是将资源及注意力集中在个别核心老年人身上，而是要与更多老年人接触，发掘他们的参与能力，建立更多的社区关系及挖掘更多的社会资源，建立起一个相互支持、平等、信任的老年人参与的社会网络。

2. 老年社会工作的技巧

老年社会工作不仅有较成熟的方法，还积累了丰富的工作技巧。在老年个案工作、老年团体工作、老年社区工作方面有各自的方法，也各总结概括了各自的工作技巧。这里只从总体的角度，简介一下老年社会工作技巧。全利民博士在《老年社会工作》中有一个简要概括，很有参考价值。[①]

（1）老年社会工作的基本技巧。

第一，生命回顾。人们的生活经历提供了各种各样的联系方式，这也是人类个性形成的基础。对生活经历进行回顾的描述就是对自我生命的回顾，即通过缅怀过去成功和失败的经历，让老人重建完整的自我。工作者要鼓励老年人将自己的生活经历尽可能详尽地进行回顾和描述，以展示老年人的能力、特性、成就、人际关系、支持网络和生活技能等，面对自己的人生境遇而体味人生的价值和意义。因此，通过生命回顾可以促使老年人重振往日被忽视和扭曲的信心，增强老年人对未来生活的自信。

第二，怀旧。怀旧不是对整个人生的回顾，而是让老年人对过去生活中最重要、最难忘的事件时刻进行回顾，并讲述各种经历的过程。在这个过程中，老年人重新认识了自己，也重构了和他人的关系，并且通过自我塑造，使得自己的生活和自我感觉保持一致。在情感上获得一种重新体验快乐、成就、尊严等多种有利于身心健康的情绪，找回自己的自尊和荣耀。同时，也为社会工作者提供了一种对老年人过去生活的了解以及分析老年人生活意义及其连续性的重要线索。

第三，善于发现老年人的潜能。老年人的潜能有时表现得较为明显，有时却不易被发现。因此，老年社会工作者要善于发现老年人身上的潜能并加以挖掘。发现和挖掘老年人的潜能包括以认同优势为基础的交谈与保持老年人的参与发展。认同优势有助于社会工作者发现问题和形成个人认同感的文化观点，以认同优势为导向的交谈则为处理目前老年人存在的问题提供了一种可能的途径。而保持老年人的参与发展的一个关键因素，是确保他们能够获得信息和具有决策的力量。这需要社会工作者在确信老年人有自决权的基

---

① 见全利民《老年社会工作》，华东理工大学出版社，2006，第47～50页。

础上，与老年人协同合作完成。这也是发现和挖掘老年人潜能的又一途径。

（2）了解老年人心理的技巧。要想做好老年人的心理辅导工作，首先要了解老年人的心理。这可以从以下几个方面入手。

第一，注意倾听老年人的心声。倾听本身就是一个帮助老年人进行心理辅导的过程。如听听老年人退休前后的适应状况或居住情况、经济生活、人际关系，老年人对其生活的满意度等。通过这些方面可以了解老年人的心理状况。

第二，注意观察老年人的神态。观察老年人的神态，目的是为了了解导致老年人这种神态的原因。一般可以从下列因素找到原因：老人的文化背景、老人的价值判断与态度、社会对老人的看法与偏见、老人对社会的反应以及老人适应社会环境的情况等。

第三，了解老年人的交往。通过了解老年人与亲友的交往状况来了解老年人的心理。了解老年人结交朋友的状况，他们是否会关怀别人，是否喜欢与人接触，是否喜欢运动散步，生活是否充满了生气等。

第四，了解老年人的独特性。了解老年人是否喜欢自己决定、自己选择，是否喜欢批评人家，是否有自尊心，是否参与有意义的活动，是否善于处理私人物品，是否保持其独特性等。

（3）对老年人进行心理辅导的技巧。

第一，做好心理辅导前的准备工作。在给老年人进行心理辅导之前，工作者要做好准备，尤其是谈话的主题和大致步骤，以及谈话过程中可能会遇到哪些突然变故，自己应采取哪些应对措施，都应该有所预料和准备。

第二，选择好心理辅导的时间和场所。时间和地点要选择恰当，不宜占用老年人的休息时间或者从事其喜好的娱乐活动的时间。在地点的选择上，要以清静幽雅之地为宜，同时要注意是否有影响辅导的第三者在场。

第三，确保辅导内容的一致性和连贯性。要注意把握主题，防止跑题。当老年人说话出现跑题现象时，要注意利用提示语或手势将其拉回主题，确保辅导内容的一致性和连贯性。

第四，注意控制心理辅导的时间。老年人的身体比较虚弱，因此，心理辅导的时间不宜过长，以免影响老年人的身体健康。

第十七章　老年社会照顾和社会支持

中国快速的老龄化的现实，加上创建社会主义和谐社会，提高老年人生活质量的要求，致使中国老年社会照顾和社会支持，越来越成为社会关注的一大课题。

一　什么是老年社会照顾与社会支持

1. 什么是老年社会照顾

老年社会照顾，亦称老年社会照料、老年看护、老年护理、老年护养等。指老年人因患慢性疾病或残疾而导致人体功能受损，需要个人、社会和居住的照顾服务。照顾的目的是使患病或残疾老人尽可能康复，维护和改善其人体功能，提高其生活质量。这种老年社会照顾，一般地也称为长期照顾。因为慢性疾病、机能衰退与残疾病人都是随年龄而增加的。长期照顾与老年是密切相关的，这种照顾往往需要持续到病人死亡为止。

老年社会照顾是一种较全面地从生活方面给予老年人保障和照顾。既包括经济上的赡养，也包括日常生活、健康状况和精神生活的关怀和照顾。具体包括：确保老年人的经济收入的保障；提高身体素质的健康保健、康复；改善老年人的个人安全、住房、交通、娱乐等生活状况。

老年社会照顾既包括家庭照顾，也包括社区照顾，还包括机构照顾。

2. 什么是老年社会支持

老年社会支持，指老年人从社会和他人处获得的各种支持的总和。或者说亲密伴侣、社区、社会网络等社会资源与社会资本，为老年人提供的物质和精神的支持。老年社会支持，具体分为经济支持、生活支持、精神支持。经济支持是指老年人从外部获得金钱和物质上的援助与帮助的结构状况。生活支持是指老年人获得各种日常生活照顾与帮助的结构状况。精神支持是指老年人获得的精神慰藉的结构状况。根据社会支持主体的不同，具体分为正式社会支持和非正式社会支持，或正式的制度性支持和非正式的非制度性支持。正式社会支持体系是指来自正式组织的各支持供给者的集合，如各级政府、社区组织、原单位等。非正式社会支持体系是指来自老年人在生活中获得的非正式组织的社会支持供给者集合。这一体系包括家庭成员（配偶、儿子、女儿、女婿、儿媳、其他亲属）、朋友、保姆等。[①]

3. 研究老年社会照顾与社会支持的意义

首先，适应快速老龄化的迫切需求。随着我国老龄化速度加快，2009年全国60岁及以上老年人口达到1.67亿，占总人口的12.5%。与上年度相比，老年人口增加725万，老年人口比重增加0.5个百分点。[②]中国目前60岁以上的老年人当中，有20%是失能老人，总数达到3000多万。[③]截至2009年底，我国内地65岁以上老年人已超过9000万，其中有960万老年人生活不能自理。[④]中国人口的平均预期寿命已超过72岁，目前上海和北京平均预期寿命已经接近80岁。随着平均预期寿命的持续增长，老年人的生活自理能力越来越弱，长期照料问题也因此而变得越来越突出。因为老年人群体中60%～70%有慢性病，并且常常有多种疾病并存。而随着年龄的增长，老年人口的健康状况还在不断恶化。60岁及以上老年人的慢性病患病率是全体人群的3.2倍，伤残率是3.6倍。60岁老年人的残疾率为16%，69岁为20%，74岁为30%，78岁为40%，82岁为50%。残疾人口中老年残疾人口高达40%。[⑤]据世界卫生组织调查：女性65岁以后的平均期望寿命约为20年，其中13.3年身体健康，6.7年需要他人照顾；男性65岁以后的平均期望寿命是17.1年，其中5.6年需要他人照顾。[⑥]快速老龄化，给老年社会照顾带来了严峻挑战。

其次，传统老年照顾模式将越来越力不从心。随着家庭结构趋于核心化和小型化，独生子女家庭增多，家庭养老资源缺乏，人口迁移加剧，空巢家庭增多。老年人对护理照料的需求急剧地增加，而传统的家庭照顾模式越来

---

① 陈立行、柳中权：《向社会福祉跨越》，社会科学文献出版社，2007，第112页。

② 卫敏丽：《我国老年人口达1.67亿》，2010年1月30日《人民日报》。

③ 郑荣国：《老年护理需要全新认识》，2009年6月19日《中国老年报》。

④ 据中新社电《65岁以上老人9000万》，2010年2月8日《新晚报》。

⑤ 见姚远《中国人口年龄结构变化及老年人问题研究》，中国人口出版社，2006，第242页。

⑥ 顾泳：《科学"护老"应对"老龄化"》，2009年10月9日《老年日报》。

越显得力不从心。从子女照顾者角度看，67.5％的80后、70后表示生活工作压力大，照顾父母力不从心；53.1％的人表示自己是家里的独生子女，要承担多位老人的养老负担；52.9％的人和父母生活在两地。[①] 从老年人角度看，老年人面临着"三不能"：不能住进医院、家中不能护理、普通敬老院不能收纳。[②] 社会性老年照顾日益成为社会迫切关注与解决的问题。

最后，推进政府职能转变的需要。在快速老龄化，老年社会照顾问题日益突出的背景下，中国政府有个职能转变的问题，即从管理型向服务型的转变。要提高老年人的生命质量，满足老年人照顾需求，这对社会化为老服务提出了新的更高的要求。关注与了解老年照顾需求是制定社会战略和政策的基础。现实的需要，是推动政府职能转变的强大动力。

二 老年照顾与社会支持的理论模式

关于老年社会照顾与社会支持的理论模式，还是比较多的。这里只选择几个模式作简要介绍。

1. 老年社会照顾理论模式

一是姚远在《中国人口年龄结构变化及老年人问题研究》中提到的三种老年社会照顾理论：第一种是 Fries（1980）提出的功能缺损的压缩理论。他认为人们生活自理功能完整的时间不仅在绝对量上会增加，在相对于生命的长度的比重上也会增加。第二种理论是 Gruenberg 和 Klrame 提出的相反的观点。他们认为由于医疗护理以及提前预防会延长功能缺损人口的寿命，随之带来不健康寿命的延长，并且在余寿中的比重扩大。第三种理论认为寿命延长的同时健康预期寿命也在延长，两者是平行发展的。实证研究结果分别支持这三种理论，美国和欧洲（特别是英国）的研究支持功能缺损的压缩理论。汤哲等（2005）专门针对北京市老年人进行了研究。该研究显示，北京市老年人的平均预期寿命在增加，但是生活自理预期寿命占余寿的比重近年呈下降趋势。[③]

---

① 李颖、黄冲：《80后、70后：照顾父母力不从心》，《中国青年报》2009年6月23日；2009年6月28日《文摘报》。

② 申喜朗：《"三不能"老人期待关注》，2009年4月9日《文摘报》；马婧：《"三不能"老人护理难题求解》，2009年10月12日《老年日报》。

③ 姚远：《中国人口年龄结构变化及老年人问题研究》，中国人口出版社，2006，第244页。

二是周玉萍等在《老年社会工作》中提到的"交换模式"和"反馈模式"。有的学者用社会交换理论来解释老年照顾问题。该理论以"成本—报偿"、"给予—获得"、"奖赏—惩罚"等对立性的概念为理论基础,认为人际互动本质上是一种社会交换行为,交换的双方在互动过程中各取所需。但是,社会交换并不等同于纯粹的经济交换。因为经济交换通常是一种基于利益的考虑,而社会交换比较多的是基于社会道德、情感或责任的考虑。从社会交换理论的角度来看,老年人的社会照顾可以被解释为老年人和照顾者之间的交换。例如,子女对父母的照顾就是对父母抚育自己的回馈,兄弟姐妹之间的照料可以解释为手足之间互惠行为或是一方对另一方付出的回报。当然,在老年照顾中,照顾者与被照顾者之间的关系通常是不对等的。但是由于老年人曾经的付出,他们与配偶、子女、手足、邻里、社会福利组织之间仍然可能维持一种双向的社会关系。

再就是费孝通先生提出的"反馈模式",即甲代抚育乙代,乙代赡养甲代,乙代抚育丙代,丙代又赡养乙代。下一代对上一代反馈的模式,体现了养儿防老的均衡互惠原则。为此,将社会交换理论应用于社会工作实践,其意义是在有利于社会工作者理解家庭之外的社区和正规组织,作为照顾系统对老年人的社会支持,充分理解老年人及其家庭的处境基础上,尽力挖掘老年人的资源网络,如社会工作者充分扩大老年人照顾者资源,掌握可利用的亲属网络和其他社区内可获得帮助的志愿者队伍,建立一个完善的老年服务照顾系统。[①]

2. 老年社会支持理论模式

陈立行、柳中权在《向社会福祉跨越》中介绍了社会支持理论模式。社会支持的研究起源于 20 世纪 70 年代,最初较多地应用于精神疾病及医疗康复领域。后来社会学界引入社会支持理论,并与社会交换理论的社会网络理论相结合,形成了社会支持网络的研究。先是格拉诺维特提出"弱关系力量假设"的社会支持网络理论,后是林南提出了社会资本理论。林南认为,嵌入于个人社会网络中的社会资本,如权力、财富、声望等,可以通过个人直接或间接的社会关系来获取。社会支持是由社区、社会网络、亲密伴侣所提供的可感知的实际工具性支持或表达性支持。工具性支持是指提供财力帮助、物资资源或所需服务等。工具性支持因此又称为帮助、物资支持和实在的支

---

① 见周玉萍等《老年社会工作》,知识产权出版社,2008,第 125~127 页。

持。表达性支持本身既是手段也是目的，涉及享受、情绪发泄或对问题的了解、肯定自己和他人的尊严与价值等，个体被他人尊重和接纳，故又称作情感性支持、尊重性支持。社会支持的本质是各种可以利用的社会资本，包括有形的（如物质、金钱或者其他的工具）和无形的（如感情、指导、亲密的社会交往、尊重等）。①

三　老年社会照顾体系

老年社会照顾体系是由非正式照顾体系和正式照顾体系两部分构成的。

1. 老年人非正式照顾体系

周玉萍等在《老年社会工作》中提出，老年人非正式照顾体系是由亲属、朋友、邻居等组成。其中，家庭所构成的基本支持网络包括配偶、子女、手足及其他亲戚（如堂兄弟姐妹）。这是其主要的服务形式。一般而言，老年人非正式照顾体系具有以下五个特征：第一，可以提供非技术性的协助，如帮助老年人做家务，给老年人洗澡、喂食等；第二，较能符合老年人难以预测的和临时性的需要；第三，对老年人的需求反应比较快捷，能够对老年人困难及时加以援手；第四，非正式协助主要基于均衡互惠的原则，是对老年人过去给予的照顾和付出加以回报；第五，非正式照顾体系提供的情绪支持和心理协助非常重要。

非正式照顾体系对老年人提供的协助，以及照顾者与被照顾者之间的关系会因为老年人健康状态的不同而有所差异。当老年人身体比较健康时，子女只有在父母有需要时才加以协助，比如介入危机或提供建议。子女可以通过探访、打电话、表示亲密等方式给父母亲提供情感上的抚慰。此外，子女也经常扮演倡导者的角色，他们把一些较新的信息提供给父母，对父母的生活发表看法，有时候会代表父母与有关服务机构建立联系。可以说，老年人身体比较硬朗时，非正式照顾体系提供的协助是比较有限的。但如果老年人的健康状况不良，非正式照顾的形态则会发生以下四方面的改变。第一，从时间角度看，短期的、临时性的协助将会变成为长期的、持续性的照顾；第二，从介入的范围看，危机取向式的照顾将会变为对老年人全方位的照顾。也就是说，对老年人日常生活介入的程度将会从有限的转变为扩大的；第三，

---

① 见陈立行、柳中权《向社会福祉跨越》，社会科学文献出版社，2007，第110～111页。

从双方的关系看，协助关系不是均衡的，老年人是被照顾者，家人、亲友对老年人的协助较多；第四，从协助的项目看，协助的内容从有限的、不重要的项目转变为日常生活方方面面的事务。

总之，当老年人身体健康时，非正式照顾体系为老年人提供的协助是有限的，可能涉及情感支持、代办事情、对外代表等；而当老年人身体逐渐虚弱时，其协助的内容会进一步扩展，常涉及日常生活照顾的主要内容；当老年人失能时，非正式的协助项目又增加了求医问药、料理家务、个人照顾等内容。

照顾的角色主要有：

（1）配偶。配偶是老年人婚姻关系的一方，对于老年人来说，配偶通常是最主要的支持因素。由于长期生活在一起，夫妻之间彼此了解，且夫妻之间有相互扶助的义务。所以，配偶对老年人提供的照顾是周到而全面的。而且，配偶所提供的协助范围之广、时间之长也比其他亲属更有优势。夫妻之间的相互照顾是情之必然，"少年夫妻老来伴"，配偶对老年人的照顾是其他人无法替代的。但也应该看到，虽然配偶是老年人最主要的支持因素，但配偶照顾并不能解决所有问题：第一，老年人配偶的年龄一般较大，很难担负起长期的、密集型的照顾任务；第二，由于女性的平均寿命比男性长，因此一些老年女性难以获得配偶的照顾，晚景凄凉；第三，配偶照顾者较少寻求正式系统的协助，因而其承担的负荷与心理压力过大。

（2）子女。除了配偶以外，子女也是老年人主要的照顾者。子女通常是父母情感支持、经济资助、家务协助、个人照顾的主要来源。一般来讲，女儿与儿子在照顾父母时充当的角色有所不同：第一，女儿通常是老年人直接的生活照顾者，而儿子通常扮演的是经济支持者、家庭体力劳动者和建议者、决策者的角色；第二，女儿倾向于为父母提供长期的、程序化的照顾，而儿子则是短期的支援者，他们更愿意扮演边缘性的角色而不是主要照顾者的角色，他们通常更倾向于提建议、作决定，而不是提供直接照顾；第三，在寻求正式照顾的子女中，儿子的比例高于女儿。

（3）兄弟姐妹。兄弟姐妹也是老年人生活中重要的资源。他们具有共同生活的经历，手足之情使得老年人与兄弟姐妹之间能够相互协助。例如，在老年人遇到经济困难时，手足常加以援手以帮助老年人渡过难关，而且这种帮助通常是真心的、不求回报的。也正是因为这一点，有学者认为，手足之间最有力的支持是情感支持。正是由于亲情的支撑，一些陷入困境的老年人才获得了动力，能够面对自己的问题。如果老年人的子女不在身边，手足之情就更加珍贵。当然,手足之间的照顾取决于住所的远近、健康状况、情感联系等因素。

(4)朋友。朋友是基于共同的生活经验或共同的兴趣爱好、住在一地,或因求学、就业等因素而建立起来的一种人际关系纽带。朋友是人际交往中相互选择的结果。他们通常处于相同的年龄阶段,处于相同的生命阶段,具有相似的教育背景和社会地位。朋友之间的交往通常具有互惠性,能够提供情绪支持、经济支援,但较少提供直接的照顾工作,尤其是长期的照料。朋友间的友谊有助于老年人对自我价值的再认识,有助于扫除老年人对自己的负面评价,使老年人感觉到环境的认同。因此,友谊对于老年人的支持也是十分重要的。当然,由于老年人的健康状况使朋友间的走动逐渐减少,这会影响到老年人与朋友的亲密关系。再者,老年人的朋友通常与老年人年龄相近,因而随着年龄的增长,朋友会纷纷过世,朋友便自然减少。

(5)邻居。邻居是指住在附近且经常接触的人。邻居不是可以选择的,因为只要一个人持续地住在某地,邻里关系就相对固定。研究发现,邻居是非正式体系的早期警告系统,因为邻居最先知道老年人所发生的事情,在老年人出现紧急意外事件时,回应者通常是邻居,例如,打电话叫救护车,通知老年人的亲属或有关机构。有时候,邻居也提供一些临时性的帮助,如帮忙照看老年人或进行生活协助。此外,留意邻居的安全也是中国传统的邻里守望相助的一部分。至于邻里之间其他形式的协助,还有代为照看房屋、相互串门聊天、互借用品、协助购物、代办杂事,等等。当然,邻里之间的互助具有交换的特点,若邻里之间不相往来,则难以相互协助。此外,当邻居之间需求不对称或一方需要长期支持时,关系的不平衡也易导致邻里支持关系的瓦解。

2. 老年人正式照顾体系

正式照顾体系包括政治制度、经济制度和社会政策的构建以及公私立社会福利机构和群众团体,由一些与老年人之间没有孝道责任、情感纽带和社会联系的照顾者组成。正式照顾体系的协助者通常在科层制的结构下,以可预测的、有组织的方式来输送服务。正式照顾如果从机构角度划分,包括封闭式的机构照顾以及形式多样的社区照顾。正式照顾的主体是各级各类的社会服务机构。此外,正式照顾者也可能是非服务性的团体,如宗教组织、文化团体等。这些团体没有提供社会服务的职责,但偶尔也会为有关人提供协助。

正式照顾有三个特点：第一，以特定的目标或任务为导向。即正式照顾对老年人的协助是有计划性的，其协助是为了达成某种目的；第二，应被照顾者的要求提供协助，即服务的方式是按需提供，可能只涉及老年人日常生活的某些方面，也可能是全方位的；第三，正式照顾是专业性的，且大多需要付费。

如果依据开放程度，正式照顾又可以分为开放式照顾和封闭式照顾两种方式。开放式照顾主要是指出正式部门在社区中提供的照顾。这种照顾方式支持老年人生活在自己家中或社区中，由相关机构为老年人提供临托服务、日间照顾、家务处理、维修住宅等服务。封闭式照顾是指老年人进入机构居住，由机构提供医疗保健、饮食安排、生活照料等全面服务。①

四 中国老年照顾的类型

中国老年照顾的类型很多，其家庭照顾是其基本的形式。王来华、施耐德在《漏斗》一书中，通过对中国老年家庭照顾的 11 个个案的研究，向我们生动地展示了中国老年家庭照顾类型特征。他们在实证研究基础上又延伸了一步，概括出当前中国老年照顾的一般类型。故这里划分中国老年照顾类型是以家庭为主体来划分，并扩展到非家庭照顾领域。

1. 老伴照顾护理型

老伴照顾护理型，是中国老年人照顾护理常见的一种家庭护理类型，即老年夫妇中，其中一方有病，另一方承担起照顾护理的角色。

老伴照顾护理型有两种形式，一种是由女性老伴提供老人家庭照顾的形式。在《漏斗》中有两个典型案例。两个被护理的老人都是 60 多岁，退休前都是处级干部。其身体状况，一个是半身不遂，一个尚能自理。两方都有已婚子女。前者女老伴为照顾有病老人，不惜放下自己的工作，倾力投入，为老伴提供了日常生活、医疗护理和精神疏导等多方面的照顾。其照顾护理质量比其他的照顾类型要好。② 后者老人因能自理，其照顾护理量相对少些。但女老伴对老人进行日常生活方面种种照顾，老人对女老伴总是称赞有加，称老伴是自己的"特护"。③

---

① 参见周玉萍等《老年社会工作》，知识产权出版社，2008，第 127～134 页。
② 见王来华、施耐德《漏斗》，天津人民出版社，1998，第 98～141 页。
③ 见王来华、施耐德《漏斗》，天津人民出版社，1998，第 385～443 页。

另一种是由男性老伴照顾老人的家庭照顾的形式。《漏斗》中有一个这样的个案,其被照顾护理的对象是 58 岁退休女工(缝纫女工)。她是因脑出血而造成"半身不遂"的。本身收入不高,医药费报销也因单位不景气而遇到困难。其照顾者主要是其老伴。老伴已退休,62 岁,但还在原单位"补差"。老伴为其提供日常生活方面的各种照顾,还寻找使老伴身体康复和恢复语言能力的锻炼方法,其照顾护理质量较高。他们有两个已婚女儿,对照顾自己患病母亲有比较强烈的责任感,但作为照顾护理主要角色还是老伴。[①]

2. 子女照顾护理型

子女照顾护理型,多为一方老人有病,另一方老人已去世,其照顾护理由子女来承担。子女照顾护理,其子女有的是儿子,有的是女儿,有的已婚,有的未婚。

《漏斗》介绍这个类型有三个案例:

(1)儿子们照顾护理女性老人的形式。孔老是位 70 多岁老太太,以前没工作,老伴在 1976 年去世,老人因年迈和疾病,生活不能自理。老人 1996 年去世,享年 84 岁。老人未去世前,同儿女不住在一起。但白天有儿女为其做饭,晚上有子女陪着睡觉。对老人照顾护理主要是来自老人已婚儿子们。大儿子提供早点和晚饭的饮食照顾,并负责老人的部分医药费的报销;二儿子在老人病重时,晚上陪伴老人;小儿子也利用一些空闲时间照顾老人,他主要是解决老人吃午饭问题。已婚女儿主要是承担帮助老人洗头和洗衣服等服务工作。[②]

(2)已婚儿子照顾护理男性老人的形式。姜老已 70 多岁,退休前是高级工程技术人员。老伴早逝。姜老比较突出的问题是精神孤独。老人与已婚的小儿子、儿媳一家人住在一起。老人获得来自生活上的照顾,包括饮食、看病等,同住的儿子和儿媳是主要照顾者。住在附近的另一个儿子也在照顾老人中奉献了自己的一份力量。[③]

(3)女儿们照顾护理女性老人的形式。吴老 83 岁,曾经是大医院的护士长。她长期卧床,生活不能自理。老伴在 20 世纪 70 年代去世。老人有七个儿女,四个女儿和三个儿子。老人的一个儿子在外地工作,另两个在国外。在家陪伴老人的是老人的女儿们。在三个女儿中,一位不与老人同住,但每

① 见王来华、施耐德《漏斗》,天津人民出版社,1998,第 315~351 页。
② 见王来华、施耐德《漏斗》,天津人民出版社,1998,第 49~97 页。
③ 见王来华、施耐德《漏斗》,天津人民出版社,1998,第 98~194 页。

周会在固定时间到老人身边来照顾老人。另两个女儿与老人同住一起，照顾老人的日常生活。不仅承担着烦琐的日常饮食、大小便和必要的医疗等方面的照顾工作，而且还要在晚间睡在老人身边照顾老人。三人有合理的分工。特别是三女儿发挥着家庭护理和生活照顾的组织者作用，使老人生活有条不紊，家庭关系和睦。①

3. 家庭混合照顾护理型

家庭混合照顾护理型，是以家庭中老伴和子女共同负责照顾护理患病老人的类型。

《漏斗》中介绍这个类型有两个案例。

70多岁的胡老，原是普通退休工人。患肺心病，后死于这种病。其收入不高，与老伴、小儿子住在一起。胡老的老伴是他的主要照顾者，承担着日常饮食起居等方面照顾。他亲生的小儿子除了工作之外，全力以赴，与自己的爱人承担了买药、联系医生、打针和换氧气等多项家庭护理和日常照顾工作。这个家庭稍有特殊一点的是，胡老的老伴是其再婚的老伴，其老伴原来也有子女。这些子女与胡老关系不怎么密切，故主要照顾护理者为其老伴和亲生小儿子及儿媳，辅以医护人员、老人的原单位以及邻居、朋友等照顾，构成了一种多方面参与照顾患病老人的模式。②

江老原是普通工人，59岁不到退休年龄就因病退休了，是该课题调查中患病中最重的病人。不能说话，靠"鼻饲"办法维持生命。其退休收入不高，老伴因没有工作也没有收入，靠江老退休金和子女的经济支持。其照顾护理类型是以女性老伴为主和以子女照顾护理为辅的类型。老伴与病人生活在一起，负责照顾病人的日常起居和疾病护理等多项工作。子女大多承担着家庭外部和家中部分照顾的有关工作，如买药、联系医生等。其中未婚的小儿子和二儿媳是两个重要的照顾者，他们为照顾老人贡献了很多时间和精力。特别是二儿媳，为公公擦屎端尿，婆婆常在外人面前夸赞二儿媳。③

4. 亲属照顾护理型

亲属照顾护理型，多为孤寡老人家庭，既无老伴也无子女。主要靠有血缘关系的亲属来承担老人的照顾护理。

---

① 见王来华、施耐德《漏斗》，天津人民出版社，1998，第1～48页。
② 见王来华、施耐德《漏斗》，天津人民出版社，1998，第231～277页。
③ 见王来华、施耐德《漏斗》，天津人民出版社，1998，第278～314页。

《漏斗》中最后一个案例就是这个类型。

谭老是一位普通退休职工，68岁。她没有结过婚，也没有孩子，属孤寡老人。她的病情并不轻。负责家庭照顾和护理的，主要是其50多岁的小妹。其小妹承担了请医生、做饭、洗衣和与老人原单位交涉事务的多项工作。在她的组织下，老人的侄女、侄子等也参与了对她的照顾。特别是其侄女是从小与姑姑一起长大的，受过老人的疼爱。当老人面临着需要别人照顾的时候，其侄女能够扮演相当于老人女儿一样的角色。由于谭老这种孤寡老人的特殊身份，也得到了单位的多种照顾。但受亲情支配的来自亲属的照顾，对老人的整个照顾护理发挥了主要作用。[①]

5. 非亲属照顾护理型

非亲属照顾护理型，属于一种特殊的家庭照顾护理型。它是由朋友、邻里、保姆等为老人提供照顾护理的类型。

哈尔滨的黄淑娥，60岁。从1990年起先后照顾过15位孤寡老人、残疾人。她照顾的第一个人是82岁老人张铁平。张老无亲无故，大小便失禁仍要每天上街捡冰棍杆、木棍当柴烧。黄知后每天带饭菜送到老人家，帮助打扫卫生，为老人做棉衣棉裤。如亲人一样照顾护理老人三年，直至老人离世。[②]

河北青县著名书画家尹升，72岁。30多年赡养照顾了17位老人。1971年偶遇病倒的75岁老人赵永贵，见其生计艰难，经常为其买粮买药，洗衣烧饭。一直照顾赵老至82岁谢世。[③]

在这种非亲属照顾护理型中，有很多老人采取雇保姆在家照顾护理。这里既有有充裕退休金的长年卧病的老人，也有患病老人子女经济状况好且不能离开工作岗位，通过雇用保姆方式照顾护理老人。

6. 机构照顾护理型

机构照顾护理型，属正规或正式照顾，是通过专业人员在专门机构照顾护理老人。

机构照顾护理形式很多，比如老人院、老人福利院、老人护理院、老人颐养院及日间医院、日托中心、短期护理服务中心。在农村还有敬老院。

---

① 见王来华、施耐德《漏斗》，天津人民出版社，1998，第444~484页。
② 贾丽燕：《好人黄淑娥19载照顾15位孤残老人》，2009年9月12日《哈尔滨日报》。
③ 张帆：《好人尹升38年赡养17位老人》，2009年9月5日《老年日报》。

五　养老机构照顾护理的内容和管理

家庭和社区的照顾和护理，是目前中国老年照顾护理的主体。当家庭照顾与社区服务不能满足老年人照顾护理需求时，就需要机构性的设施为老年人提供持续性服务。在老年人的长期照顾护理中，机构照顾护理的比例虽小，却是对老年人保持持续性照顾护埋的重要坏节。

1. 养老机构照顾护理的内容

机构照顾护理属一种专业化照顾护理。它是由机构专业人员提供带有医疗、保健和相应的日常生活起居护理的照顾方式。

对于机构照顾护理的内容，全利民在《老年社会工作》中有很好的概括。

机构照顾环境属于封闭式的照顾环境，其提供的服务具有代替家庭照顾、辅助家庭照顾或分担家庭照顾等不可替代的功能。老年人接受机构照顾是因为家庭照顾或居家养老服务没有办法满足老年人的需求，以及老年人在居家养老中不能保持某种程度的自主性和选择性，如在家庭饮食、生活节奏等方面。也有一些老年人是为了不给家人增加负担，或缺少家庭支持而主动选择机构照顾的。

从服务内容方面来讲，机构照顾服务基本上包括医疗服务、康复保健服务、日常生活照顾和社会性服务等内容。机构照顾中的医疗服务与医院内的治疗服务不同，它只是为老年人提供诸如输液、注射、管道喂食、排尿、体温检查等类型的、与医疗关联性较大的服务，一般由机构内的护士提供。康复保健服务主要是为防止老年人生理功能的衰退而进行的服务，如采用物理疗法、作业疗法、心理疗法、饮食疗法、体育疗法等方法的服务。一般也由康复保健师提供，或在康复保健师的督导下由其他服务人员提供。日常生活照顾，主要是为那些行动不便的老年人所提供的日常生活中的照顾服务，包括协助入厕、入浴、穿脱衣、移动、喂饭、喂水、喂药、协助洗脸漱口等内容。社会性服务也被称为社交性服务，主要是帮助老年人适应机构环境和集体生活、成立老年团体或促进老年人个人之间的交往、帮助老年人与社区内的各种资源建立关系并运用这些资源、促进老年人与家人、亲属或社区的关系，等等。机构照顾的类型可以划分为特殊护理院、护理型养老院、康复保健型养老院和老年公寓等。这是根据机构的功能进行的分类，也是按照护理照料的程度进行的分类，各种不同功能的机构照顾所提供服务内容的侧重点也有所不同。

（1）特殊护理院。特殊护理院是技术层次要求较高的机构。一般必须提供24小时的护理照料，老年人也以卧床不起的病人居多，或是行动极为不便的慢性病老年人患者（包括老年痴呆症患者）。提供的服务多为专业性的医疗、康复保健、护理照顾和其他一般性的日常生活照料。这是以医疗服务为主、社会服务为辅的机构服务模式。

（2）护理型养老院。护理型养老院也称为老人护理院、养护之家、老人福利院等，要求技术层次较高。一般必须提供24小时的、有专业督导的护理照料服务，而不是医疗模式的服务。老年人也以卧床不起的病人居多，或是行动极为不便的慢性病老年人患者（包括老年痴呆症患者）。服务的内容除了有一定的康复保健、护理照顾外，主要是一些个人照顾、日常生活活动的协助（如穿衣、洗澡、喂食等）和其他一些社会性、娱乐性服务。这是以健康服务为主、社会服务为辅的机构服务模式。

（3）康复保健型养老院。康复保健型养老院主要是为那些疾病已经得到治疗、病情较为稳定，不需要继续入住医院，但又需要有一定的专业康复保健服务的老年病患者所提供的机构服务模式。提供的服务多为专业性的康复保健、护理照顾和其他一般性的日常生活照料。康复保健型养老院与护理型养老院的区别，在于入住康复保健型养老院的老年人，其入住的时间为短期入住。在获得一定的服务、其状况得到改善后即可出院。这也是以健康服务为主、社会服务为辅的机构服务模式。

（4）老年公寓。老年公寓也被称作老人之家、老人院等，是指提供膳食、住宿、个人服务或社会照顾的机构。入住的老年人一般没有大的健康问题或残疾，只需要保障其良好的居住、活动环境和提供一定的社会性、娱乐性服务。这是以社会服务为主、健康服务为辅的机构服务模式。

概括而言，机构照顾的优缺点可以概括为：第一，优点方面，为极度衰弱的老年人提供高密度技术性的服务内容；为老年人提供长期和积极的治疗性服务；为老年人提供居住、膳食和有限度的日常生活照顾及社交活动；降低家属在照顾方面的压力。第二，缺点方面，不可避免的"病态性"环境，为维持其顺利运转，强调"制度"优先于个人，缺乏人性化管理；比较容易使老年人产生依赖性，从而加速老年人的退化过程；机构生活比较单一，缺乏变化；有虐待老人、照顾不周的现象。①

---

① 全利民：《老年社会工作》，华东理工大学出版社，2006，第278~280页。

在实际操作中，养老机构照顾护理是分层次的，即按老年人身体状况不同而有所区别的。不同身体健康状况决定有不同的照顾护理内容。从表 17－1可以看到，老年人身体状况不同，其照顾护理内容有很大不同。

表 17－1　养老机构照顾体系的内容

老年人健康情形	非正式照顾体系	正式照顾体系
极度衰弱老年人（10%）	同住、全权处理财务、在老年人家中提供协助、个人照顾	机构照顾、个案管理、咨询服务、家务服务、健康助理、送餐到家
中度衰弱老年人（30%）	向正式体系咨询、协助财务管理、陪同就医、生活协助	咨询服务、交通接送、友善访问、老年人住宅、杂务处理、推荐机构等
健康老年人（60%）	因病提供短期照顾、偶尔在老年人家中协助家务、提供建议、实物和金钱的帮助、情感支持	公共交通工具的费用减免、信息服务、协助申请有关服务、文化与精神的充实、社会化及娱乐机会的提供等

资料来源：见周玉萍等《老年社会工作》，知识产权出版社，2008，第 133 页。

2. 养老机构的服务管理

对于养老机构的服务管理，全利民在《老年社会工作》中有详细论述，现简介如下。[①]

就养老机构的具体管理工作而言，可分为直接服务管理和间接服务管理两个方面。其中直接服务管理也可以称为养老机构的业务管理，包括老年人的起居生活照料、护理照顾、闲暇活动、个案服务等内容。

（1）养老机构的直接服务管理。老年人的起居生活照料是养老机构中的一项主要工作，其工作方式在我国大体上被分为两种：一种是分级护理，一种是个案护理。其中分级护理就是根据入住老人的年龄、生活自理程度、身体状况及其他特殊要求，围绕老人的个人卫生护理、饮食起居、居室卫生、医疗康复四个方面，划分了三级（自理）、二级（半自理）、一级（不能自理）和专门护理（完全不能自理和瘫痪老人）四个等级。个案护理就是根据

---

① 见全利民《老年社会工作》，华东理工大学出版社，2006，第 288～291 页。

老年人个体的年龄、生活自理程度和身体状况，采取针对性的护理措施，使护理工作更适应老年人个体需要的一种工作方式。由于养老机构的服务是直接面向老年人的，其服务质量的高低决定了入住老年人的生活质量的高低。因此，对养老机构的直接服务管理应当是管理人员业务中非常重要的一个方面。

在饮食方面，养老机构对老年人能否获得合理、均衡的营养膳食有着责无旁贷的责任。除此之外，培养老年人良好的饮食习惯，以及满足老年人特殊的饮食要求，都与老年人对机构的归属感和认同感有着紧密的联系。

在穿着与住宿方面，因入住机构的老年人有其几十年的生活习惯，这就涉及了个人自由与集体生活如何取得平衡的问题。如何使机构内的集体生活既有秩序，又能照顾到老年人的个人自由，是对机构管理人员的很大挑战。

在老年人的行动方面，对于那些有自理能力、可以外出参加社区活动的老年人，管理者应当给予接纳和鼓励，因为养老机构并不是禁锢老人的场所。但是由于老年人的情况千差万别，是否对老年人个人的行动自由做出限制，老年人自理能力的程度如何，由谁来做出准确的评估，在发生事故时责任承担应如何确定等问题，都是机构管理人员不应忽视的。

在护理照顾方面，因为养老机构毕竟不是医院，只能提供有限度的医疗护理服务。正因为如此，也会出现一些问题，如老年人的药物是由机构的护理人员管理还是由老年人自己管理；当机构的护理照顾不能满足老年人的需求时，老年人外出看病是由职员陪同还是由家属陪同等，都需要管理人员根据具体情况具体分析。

在闲暇活动的设计与安排方面，因为入住养老机构的老年人除了一日三餐和正常的作息时间之外，几乎都是空闲时间。因此，如何帮助老年人通过参与一些有意义的活动，一方面通过活动使老年人保持与亲属和社区的接触，可以降低身体老化的速度，有助于老年人的心理与精神健康，增加及维持老年人的智力功能，增强老年人的社会交往能力；另一方面，通过运用团体工作的方法设计与活动安排，还可以使老年人分享活动中他人的经验，获得良好的学习机会，以及从活动中获得一种归属感、满足感和有意义的角色。但就我国目前的情况来看，由于机构对于如何照顾老年人的意识及人力资源等方面的原因，在这一方面还比较欠缺。因此，如何满足入住机构的老年人的精神需求，进一步提升老年人的生活质量，是机构管理人员应当重点思考的问题。

对于个别老年人所存在的特殊问题，一般可以采取个案服务的方式为其提供服务。入住机构的老年人所遇到的问题可能有很多方面，如健康问题、适应问题、人际关系问题、个人行为问题等。在健康服务问题上，一方面要为老年人提供适宜的健康护理照料，在可能的条件下还可为老年人提供因健康问题而造成的心理方面的辅导；另一方面，还需注意不要因为老年人的健康问题而对老年人采取过度护理照料等的"过度保护措施"。在适应新环境和人际关系问题上，老年人的个人生活习惯与机构集体生活之间的冲突，是老年人在适应机构生活方面出现问题的基本原因。因此，一方面多鼓励老人的亲属来探望老年人；另一方面，应鼓励同房间的室友多互相体谅，多为他人着想，也可以重新编整房间和床位，但这种措施不宜过多采用。在个人行为问题方面，除了通过个案工作方法的行为矫正模式对老年人的偏激行为进行治疗外，对于某些老年人的过激行为还可以运用法律手段进行介入。总之，在解决个别老年人存在的特殊问题方面，大多数养老机构都缺乏专业的社会工作人员和专业的心理辅导人员。因此，机构应该多从老年人的自然社会支持系统入手，了解每个入住老年人的社会背景和他们的社会支持网络，探讨和分析对老年人最有影响力的关键人物，并鼓励老人的亲属看望老人的时间多一点，为老年人提供支援，由此形成机构服务人员、入住老人、亲属的社会支持网络的三角配合关系。

（2）养老机构的间接服务管理。间接服务虽然不是为入住机构的老年人直接提供服务，但其管理绩效的高低却直接影响到老年人直接提供服务的质量。因此，对养老机构的间接服务管理，也是管理人员业务中非常重要的一个方面。间接服务管理包括行政管理、财务管理、社区关系等内容。

行政管理是管理者在其职权范围内充分发挥管理才能，进行组织、协调，调动人力、物力、财力等，使各种资源得到充分合理地配置并有效率地使用，最后达成预设目标的管理行为。养老机构行政管理的内容主要包括组织设置与人员安排等方面。总体来讲，作为养老机构的管理者，如何以保障入住老年人的权益与生活质量为前提，在组织设置与人员安排等方面充分促进不同专业人员间的相互沟通，建立良好的分工合作模式，为老年人提供最经济、最有效率和最有品质的服务，是目前乃至未来的一项挑战。

在财务方面，管理者应该严格按照国家的有关规定进行管理，做到有章可循，有法必依。在社区关系的联络方面：一方面要维持良好的社区关系，将社区的资源纳入到机构的为老服务之中；另一方面，为养老机构建立更多的外延功能，可以通过设立更多的老年人日间照料项目或组织老年人志愿者队伍为社区发展贡献他们的力量，并让养老机构真正成为社区照顾环节的一个重要部分，而不要使它成为社区的"孤岛"。

六　特殊老人的照顾与服务

老年人中有一些特殊的类型，要给予特殊的关怀、照顾与服务，如痴呆症老人、空巢老人、临终老人、失能老人、酗酒老人、有自杀倾向老人等。这里只就痴呆症老人照顾与服务做些剖析，借此了解对特殊老人照顾与服务的特点及操作。

老年痴呆症属脑的器质性病变所引起的一种心理障碍。根据病因，可分为老年性痴呆（即阿尔茨海默病）、血管性痴呆、混合性痴呆。

据 2003 年统计，中国已有痴呆病人 500 余万，占世界总病例数的四分之一强。每年平均有 30 万新发病例。其中老年痴呆的患病率随年龄升高呈增长趋势。

1. 老年性痴呆病的表现症状

（1）记忆障碍。丢三落四，说忘就忘。严重时连其姓名、年龄、家庭人口都会遗忘，甚至连亲人也不认识。

（2）能力下降。购物不会算账，甚至加减法也不会算。

（3）空间定向障碍。不能将锅或壶准确放到炉灶的火眼上，甚至在家中找不到自己房间。

（4）语言障碍。说话不着边际，不能正常会谈。

（5）理解力和判断力下降。大事被忽略，琐事却纠缠不清。

（6）情感与行为障碍。坐立不安，易激动、焦虑淡漠。情绪反常，有的性欲亢进，纠缠异性；有的过度活动，出现冲动性伤人行为；有的整天呆坐，不修边幅，不讲卫生，甚至大小便失禁，生活不能自理。

2. 老年性痴呆症的禁忌

在老年性痴呆症的禁忌方面，全利民在《老年社会工作》中引述了五条。

第一，忌无人照看。由于老年性痴呆症病情的发展，会出现诸如自伤、伤人、毁物、纵火等行为，因此应有专人照看，以防发生意外。

第二，忌缺乏适当体力活动及脑力劳动。调查显示长寿老人均坚持一定量的体力与脑力活动，这种持久且适量的活动，不但能促进血液循环及新陈代谢，且能加强神经系统的活动，提高调节能力，这样有利于防止或延缓智力衰退。

第三，忌营养摄入不足或维生素缺乏，忌饮酒吸烟。老年痴呆与饮食有着很密切的关系，研究发现，牛奶、鸡蛋、鱼、肉、动物肝脏等优质蛋白食品对大脑机能有强化作用，大量的蔬菜、水果及豆制品可补充维生素 B、维生素 C、维生素 E，可有效地防止营养不足引起的智能障碍。吸烟使体内小动脉收缩变窄，加重病情，所以老年人应戒烟戒酒。

第四，忌精神刺激、喜怒无常、惊恐思虑等。人到老年之后，气血亏虚、营养不调，五脏六腑功能日益衰退，如在这个自然衰老过程中受到外界的不良精神刺激后，容易发生老年性痴呆。老年人应以积极的心态，做到乐观、愉快、宽宏大量、热爱生活，以防止智能衰退，同时还应保持与周围环境及人群的接触，以延缓心理的衰老过程。

第五，避免损害脑细胞的疾病，如脑炎、颅外伤、脑血管疾病、慢性中毒及内分泌紊乱等疾病均是老年性痴呆发病的诱因。忌长期使用降血压、镇静安定剂等药物，以避免这类药物对脑功能的干扰，加速病情发展。[①]

3. 老年痴呆症的家庭照顾护理

中国老年痴呆症患者多数在家庭接受照顾与护理。

第一，家庭环境尽量适应患者需求。房间尽可能排出杂物；最好铺设地毯或防滑设施；保持空气新鲜，阳光充足；睡床要低，必要时加栅栏；电器、煤气开头应加装保护装置；药物要妥善保存；对于家中有危险的地方要加门加锁；房内照明要明亮；家庭设施安置尽量温馨温暖。

第二，老年痴呆患者的家庭照顾与护理。在服药护理方面。帮助病人按时按量服药，以免吃错忘服；对拒绝服药老人，耐心解释，并看着张嘴咽下；注意观察服药后的反应，以便调整给药方案；对伴有抑郁症、自杀倾向的痴呆患者，要精心陪护，管好药品。

饮食照顾方面。一日三餐要定量定时；荤素搭配、易于消化，无刺无骨，尽量简单；进食困难者要协助进食；对不知饥饱、抢食者要适当限制；对于饮食困难者，可用手取，或用特别设计的碗筷。

穿衣照顾方面。把要穿的衣服按顺序排列；衣服纽扣尽量少，或选用拉链代纽扣，用弹性裤腰取代皮带，鞋子尽量不用系带的鞋；男性可选宽松内

---

① 全利民：《老年社会工作》，华东理工大学出版社，2006，第388页。

裤，女性可选用前面扣纽的内心；不要在穿衣上与老人争执，多予鼓励。

个人卫生护理方面。帮助自理能力差的老人刷牙、剪指甲、理发、洗头。勤换内衣、被褥等。对于长期卧床者要定期翻身、拍背，预防褥疮等。要经常开窗通气，晾晒衣被。

安全护理方面。不要让患者单独出门，患者衣袋要放写有病人姓名、地址、电话的卡片或布条；患者行走要有人扶持或关照，防止跌倒摔伤；对居住高层楼房患者，要防止不慎坠楼；不要让患者单独承担家务，以免煤气中毒、火灾等意外；家中的刀剪、药品、电器等危险品应放置安全处；患者身边不要离人，以免意外事故发生。

对痴呆患者家庭照顾与护理上，要注意因病情不同而区别对待。对于轻度痴呆老人，要督促患者自己料理生活，如清理卫生，收拾房间，鼓励参与社会活动，安排看报看电视，与群体接触，培养生活兴趣，活跃情绪，延缓智能衰老。对于中、重度痴呆症老人，也要花一定时间，帮助和训练老人的自理生活能力，如梳洗、进食、如厕、按时起床；陪伴外出，教其认路、认家门；带领老人做些擦桌子、扫地等家务。家属要多与患者交流，鼓励多参与社会接触。

第三，老年痴呆患者的家庭心理调适。要注意尊重、理解和宽容老人。要耐心听取患病老人的诉说，尽量不要指责。对于患病老人发生攻击性行为，不要采取关、锁等极端方式。

要鼓励患者增强战胜疾病信心。与患病老人交谈，要讲究谈话技巧，要尽量稳住其情绪。不要与患病老人争辩，要顺着他的心理去做调适工作。

对于有冲动、伤人、自伤、逃跑、自杀倾向的病态行为，要专人照管，严重的要住院治疗。

4. 家庭照顾护理中常见问题及解决方法

仝利民在《老年社会工作》中介绍了网上提出的一些问题的解决方法，其实际操作性很强，现简介如下。①

（1）梳洗和沐浴。患者拒绝梳洗的原因很多，包括因记忆衰退而忘记梳洗；因体能衰退而不能自己梳洗；或因尴尬而拒绝别人的协助。对此问题采用的方法包括：订下时间表，协助患者养成梳洗习惯；引起患者的兴趣，如让他感受一下温暖的手巾，或嗅嗅肥皂清香的气味；把程序逐一讲解，甚至

---

① 见仝利民《老年社会工作》，华东理工大学出版社，2006，第397~401页。

作出示范；若患者身体衰弱，则需陪伴左右，以防发生意外，最好是在浴室安装扶手或使用浴椅；如有需要，可请其他人协助。

（2）衣物的穿脱。在患者穿衣或者帮助患者穿衣过程中，常遇到的问题，有穿着不合适的衣服；对穿衣的步骤感到混淆；衣衫不整等。对于这些问题，采用的方法包括：把衣服按顺序排列穿着；避免使用太多纽扣，可用拉链、搭扣或橡皮筋取代；避免选择有系带的鞋子；男性可选用宽松的内裤，而女性则宜选用前面扣纽的内衣。

（3）进食问题。在患者进食中经常出现的问题有：忘记已进食而不断索食，忘记怎样使用餐具吃得一团糟，咀嚼或吞咽有困难，以及忘记喝水以致缺水等。照顾者可以采用的方法包括：定时进食，最好用与其熟悉的人一起进食的方法；如患者不断索食，可以将用过的餐具来提醒他已进餐完毕；如患者偏食，需注意是否有足够的营养，如有需要，可请教医生或营养师；不要介意患者的进餐礼仪，让他用手或一些辅助工具，以减低使用上的困难；给患者逐一解释或示范进食的步骤；食物要简单，最好切成小块，容易吞咽的食物较受患者欢迎；避免同一时间吞食固体及液体食物，以减少呛噎的几率；注意假牙必须佩戴妥当及每天清洗；提醒患者定时喝水，并要注意水温。

（4）晚间滋扰。晚间滋扰主要是指患者在屋内徘徊、制造声响等行为。解决办法有：在睡觉前让患者先上洗手间，就可避免半夜醒来；避免患者在日间睡得过多，要鼓励他在日间多进行些活动；给予患者轻声安慰，有助他再次入睡；在墙角安装夜明灯，可增加患者之安全感；若患者日夜颠倒，切勿与之争执，可陪伴他一段时间，再劝他入睡；如以上方法皆不行，可与医生商讨，给予药物帮助。

（5）对人物的混淆。患者有时会对自己的年龄混淆，认为自己只是40岁，且否认自己的配偶已达60岁或70岁，甚至会把40岁儿女误作自己的配偶。对于这样的问题，可以采取把家庭照片放大并摆放在明显的地方，以有助患者回忆。同时，照顾者也要体谅患者，就算他一时不能认出自己，也不要灰心。

（6）失禁。某些患者会因失禁弄污床褥而感到尴尬，照顾者也可能为了事后的清洗而感到愤怒。间歇性的失禁可能是由于患者忘记或来不及到卫生间，在脱衣服方面有困难，或在晚间找不到厕所及腹泻等原因。为此，可以采取如下方法：定时带患者上厕所，养成如厕的习惯；如厕所的距离太远，可在床边放一个马桶，以方便患者晚间使用，也可以考虑在夜间通往厕所的路途有照明或荧光指示；选择易于穿脱的内衣；如要避免弄污被褥，最好使用可清洗的盖套，或在床褥上加上一层薄胶套；注意患者的饮食及定期运动，若进食不到足够的纤维或缺少适当的运动，便容易产生便秘，以致失禁，故应使患者多吃蔬果和谷类食品；向患者清楚解释失禁的原因，可避免其感到尴尬，切记不要责备患者；如失禁的次数增多，或突然间出现持续性失禁，便需要与医生商量，评定患者是否生病。

（7）游走。游走是一个非常普遍但又颇难解决的问题。患者可能漫无目的地在家中或住所附近徘徊，并且越走越远，甚至迷路。为此，可以采用以下方法：患者以为丢失了东西而四处找寻，故此最好把患者常用的东西放在显眼之处；患者因缺乏安全感而需要不断地安慰和关怀，故应建立有规律的生活及减少家居环境的变化，以增加其安全感；最好由熟人陪同患者到新的环境，协助他去适应；尽可能避免搬家；采取安全措施，避免患者走失，如在大门上安装较难开启的门锁，或者将门锁安装在门的底部，使患者不易找到；患者外出时最好佩戴写有自己姓名和电话的铭牌，当迷路时，有助于警方寻找患者。

（8）重复性行为。患者可能根本不知道自己在做什么，而重复性行为的本身也反映出他缺乏安全感。对此问题，家属千万不要生气和责备患者，可尝试叫他做其他事情来转移其注意力。在没有危险的情况下，不予理会也可能是其中的一种解决方法。

（9）遗失东西。患者可能记不起把东西放在了何处，以致责怪他人偷去其东西。对此问题，照顾者可采取如下方法：不要过分看重患者的指责，更不要和他争辩，因为患者未必有能力接受常理的解释；与患者共同检查收藏东西的地方，例如床褥下的旧鞋里面；锁好贵重物件、金钱和危险品等；在清倒垃圾时先检查一下，可能会发现失去了的东西。

（10）暴力行为。患者过激的反应有时会引致暴力行为，其对象有时甚至会是照顾者或家人。对此问题，照顾者或家属应该保持镇定，千万不要以暴制暴，并尝试转移患者的注意力，找出导致暴力表现的原因，如是否因为手头上的工作有困难，或是对某人不满。并针对原因采取措施，防止类似事件发生。如果暴力行为重复出现，便要与医生商量，考虑以药物控制病情。

（11）不适当的性举动。不适当的性举动，包括在人面前脱去衣服、露体或玩弄性器官，这些举动可能与性需要完全无关。患者在房间中脱去衣服或露体，可能只是因为他完全记不起要穿衣服，或者说以为自己是在洗手间之故。对于此类问题，照顾者可能因患者这些行为而感到尴尬，但若能向其他人解释清楚患者的情况，就会随之而减少。在发现患者玩弄性器官时，不要大声责备，而是以其他活动来转移其注意力。当患者尝试露体或脱去衣服，可带他到另一间房间，了解患者是否因衣服太厚或身体不适才脱去衣服。需要照顾者注意的是，患者这些不适当的性举动通常都不会引起严重的性侵犯行为。

（12）寸步不离照顾者。有些患者会亦步亦趋地跟随照顾者，令照顾者感到非常苦恼。对此需要照顾者明白的是，患者可能会因照顾者的离开而感到惊慌。因此，如果照顾者要短暂地离开患者时，可以为患者安排一些简单的工作，并将自己回来的时间告诉患者。如有需要，也可找其他人暂时陪伴患者。

（13）妄想与幻觉。妄想是指一些由患者想象出来但却非常真实的意念，如相信其他人想谋杀或伤害自己，或是自己的东西被人偷去。幻觉则是看到或听到一些不存在的东西，如见到已死去的亲友等。妄想及幻觉可能会令患者感到忧虑及恐慌，所以必须小心处理，可以采取如下方法：当患者出现妄想或幻觉时，切勿与其争执或否定其真实性，我们要明白他已失去自我控制能力，对其发怒或责备都于事无补；当患者受到幻觉困扰时，要认同他的感受，但同时应向患者解释其他人是看不见听不到的。同时，我们要善用身体接触，如握着他的手，或利用其他活动或话题转移他的注意力；当患者开始出现妄想及幻觉时，应尽快通知医生找出原因，因为也有可能是由药物引起的反应。同时，适当的治疗药物，亦是控制妄想及幻觉的一种方法。

（14）焦虑。患者易出现失落和不安全感，症状有坐立不安、反复挑选衣服、不停地搓手、到处吼叫或来回走动、拒绝进食与治疗等。对此，可以给患者足够的照明，保证居室安静，或安排有趣的活动，或放一段轻松的音乐。

（15）淡漠。淡漠表现为退缩、孤独、回避与人交往、对环境缺乏兴趣等。对此问题，可以增加照明度，在室内摆放病人喜欢的物品，如日历、时钟、照片、收音机等，向病人说一些关爱的语言，建立信赖的关系，鼓励病人所做的事情。

（16）抑郁。抑郁表现为呆滞、退缩、食欲减退、心烦、睡眠障碍、疲倦等。对于患者的抑郁，需要耐心倾听他的叙述，不强迫其做不情愿的事，并鼓励其参加运动，以散步为宜。

七　构建中国老年照顾护理体系

我国老年照顾护理面临着严峻的挑战，无论是家庭、社区、机构都不能适应老年日益增长的照顾护理需求。要满足老年人不同层次、不同种类的需求，就需要多种社会资源的参与（如政府、社区、家庭、非政府组织等），就需要社会多方面的投入（如食品、衣物、时间、精力、精神关怀等），编织一个多元的照顾护理的支持体系。

1. 构筑以政府为主体的经济支持与养老保障系统

国家和政府掌握着主要的社会资源，发挥着主导作用。政府的责任是创造老年社会照顾护理的支持环境。第一，完善社会保障制度，合理地分配公共服务资源，保证服务资源优先提供给经济支付能力弱、身体状况差的老年人。第二，政府通过制定规划、法规、政策、制度，从宏观上向老年人服务倾斜，明确利益相关者的责任和权利，调动社会各种组织、志愿者的资源去做好老年照顾护理工作，给从事养老事业的经营者以援助，如政策优惠、免费培训等，激励为老年人提供服务，并提供法律法规和政策方面支持。第三，发挥资源整合的作用。探索老年照顾护理社会化实现机制，建立资源共享、信息共享等机制。用国家控制之外的社会资源弥补国家资源的不足，形成家庭、市场、企业、非政府组织和国家共同组成的多元化社会支持体系。

2. 建立以社区为依托的服务支持网

社区老年照顾护理发展空间很大。社区照顾护理的重点将集中在那些生活尚能自理或半自理、无须机构专业照顾的空巢老人、独居老人和两代老人的照料。第一，扩大照顾资源。不断扩大家庭护理、日间照顾等服务项目。对社区重点老人实行专人定时寻访，及时满足老年人需求；为社区家庭提供保姆、小时工、志愿者的照顾护理信息；鼓励邻里互助和老年人之间的互助。第二，提高照顾质量。在社区普及老年照顾和护理知识，使老年人获得科学的护理；设立日间护理中心、托老所等专门照顾护理机构，建立社区专业护理队伍，制定社区老年人护理标准和规范，提高专业服务质量。第三，改善照顾护理环境。整合为老服务资源，设立方便快捷的社区医疗机构，设置家庭病床并提供上门服务；改善老年人居住环境，照顾老年人的特殊需求，普及应急铃、紧急呼叫系统，以防范老年人出现意外。第四，整合社区各种资源。通过政策引导，充分发挥政府机构、非政府机构、私人营利机构的合力，鼓励社会资本投资兴办以老年人为对象的老年生活照顾、家政服务、心理咨询、康复服务、紧急救援等业务，向老年人提供不同类型的服务。

3. 构筑家庭对老年人的生活照顾与精神支持网

家庭是目前及相当长一段时期内老年人社会照顾护理的主要场所。中国的国情决定了家庭在养老照顾中具有不可替代的作用。政府与社会要给家庭创造养老的社会氛围，提倡尊老、敬老、爱老、养老的优良传统，对老年人及有老年人的家庭提供必要的优惠政策；对那些照顾无自理能力老年人的家庭提供必要的经济补助；鼓励老人与子女就近居住，支持与奖励子女照顾护理老人；鼓励与倡导老年人再婚，使丧偶老人得到配偶的照顾和心理支持等。

4. 构建以各种社会资源为主体的老年人辅助支持网

政府是社会支持的主体，非政府组织将作为政府的辅助，成为社会支持的重要或主要组成部分。

非政府组织包括企事业单位、慈善机构、老年人活动团体、社会志愿者团体、医疗机构、老年学术团体及新闻媒体等。这些组织和团体可为养老事业提供社会资源，为养老事业提供资金、知识、医疗保健、组织力量、个性化服务和舆论支持等。

企业是社会中以营利为目的的组织，但这并不排斥企业承担一定的社会责任。企业通过发展养老事业，把社会资源吸收到养老产业上来，为老年人提供多元化、多层次的服务，满足老年人各种不同需求。

各种社会资源的参与，使养老服务、照顾、护理资源更加丰富。多元化老年养老、照顾、护理体系的构建，有助于满足老年人不同层次的需求。①

---

① 参见孙立行、柳中权《向社会福祉跨越》，社会科学文献出版社，2007，第 144～154 页。

第十八章 老龄化与社会变迁

社会变迁是社会学的中心议题之一，它是社会的动态表现，是社会学研究的重要方面。老龄化是社会变迁的过程和结果。老龄化既带来了人口结构的大变迁，也导致了社会结构的大变迁。这里着重介绍社会学中关于社会变迁的基本概念以及与老龄化的关系。

一 什么是社会变迁

这里要着重弄清社会变迁的基本概念和其主要内容。

1. 社会变迁的概念

什么是社会变迁呢？李德滨认为："社会学所讲的社会变迁，指的是社会生活现象的种种变动。"[1] 在社会学中，既指社会变动的过程，又指社会变动的结果，更多的是指社会结构的重大变化。它既包括突发的、急剧的变化，也包括演进的、缓慢的变化；既包括向上的变化，也包括向下的变化。

社会变迁这个概念与社会发展、社会进步是有差异的。李德滨在《什么是社会学》中谈到社会变迁与社会发展的差异：社会学上"社会变迁"的概念，比之"社会发展"的概念，其含义要广泛得多。它不仅包括社会形态的量变及质变、社会过程的推移、社会结构的变异、社会功能的改变，还包括社会总体或局部的改变、前进或倒退的状况、长久或暂时的变动、有益或有害的变化、有计划或无计划的发展。[2] 社会发展意味着向前、向上的趋势，不包含倒退的含义。关于社会变迁与社会进步的差异，陆学艺在其主编的《社会学》有所阐述，概括地说，社会进步是一种价值判断，它以普遍价值标准

---

① 李德滨：《什么是社会学》，人民出版社，1984，第57页。
② 李德滨：《什么是社会学》，人民出版社，1984，第57页。

的确立为前提。而社会变迁不是一种价值判断，而是一种事实陈述，社会变迁无所谓善恶。社会变迁不仅意味着社会进步，也可能意味着是一种社会退步或社会落后。我们可以说促进社会进步，但不能简单地说促进社会变迁，因为变迁本身并不具有目的性。①

中国社会变迁特别是中国近60年的变迁，因为是当代老年人亲身经历过的，感触极深。比如拿吃的用的来说，20世纪50年代，买东西要凭粮票、肉票、油票、布票等各种票证，凭票还要排队，"票比金钱金贵，你可以用票换到钱，但却很难用钱买到票"。现在这些票证已成了收藏者的藏品。当今很多城里老年人开始出入高档洗浴中心、出国旅游、网上冲浪等。人们的消费正从"吃穿"向"住行"倾斜，从"挣多花少"的保守消费向"先花后挣"的超前消费转变，从简单的保障生存向适度享受转变。②买东西要凭票证到不用票证是社会变迁，"挣多花少"变"先花后挣"也是社会变迁。这个变迁的背后是社会结构大变迁。老年人身边发生的这些变迁，是中国改革开放带来的社会结构巨变的缩影。

2. 社会变迁的内容

社会变迁涉及社会方方面面的变化。由于涉及面广，其内容也相当广泛，其主要内容如下。

一是社会价值变迁。人的价值及取向，决定人的行为动机、趋向和方式，进而影响到人们的社会交往和社会关系。而人们的价值是随时代变化而变迁的。改革开放前我们重视集体价值，改革开放后个人价值得到回归。伴随着社会转型，中国人的价值观和社会心态也在发生着从传统向现代的嬗变和跃升。在传统社会中，老年人社会地位高，在现代社会中，老年人社会地位下降。

二是行为规范变迁。无论是社会价值变迁，还是社会结构变迁，都会引起行为规范的变迁。由于改革开放，加上社会转型、体制转轨，中国社会发生着巨大的变化。这就导致了办事的规则和行为方式的大变迁。许多规定条例不适应了，有的要废除，有的要修改，有的要立新规矩。由于老龄化，社会上老年人越来越多，许多过去老年人的老规矩被新规矩所代替，许多过去看着不顺眼的行为也变得顺眼了。比如过去老年人讲究"艰苦朴素"、"缝缝

---

① 参见陆学艺主编《社会学》，知识出版社，1991，第335页。

② 参见关木《生活60年之变》，2009年9月11日《中国老年报》。

补补又三年"。现在是讲营养、讲保健、讲穿戴、讲旅游、讲会消费。老年人的行为规范也在随着社会变化而处于变迁的过程中。

三是社会结构变迁。社会结构变迁是社会变迁的核心内容。社会结构变迁包括阶级阶层结构、职业结构以及各种社会组织结构和体系的变迁。据李强研究，当代中国阶层之间的界线逐渐形成，其具有阶层特征的生活方式、文化模式也逐渐形成。从高档社区、高档消费到低收入和边缘群体社区，各个档次等级次序分明，其阶层内部的认同得到了强化。① 社会结构的变迁对人们的影响将是最深刻的。因为社会结构必然要涉及分层，分层就会涉及平等与不平等、公平与不公平、公正与不公正的问题。这些问题都是全社会关注的最为核心的问题。每个老年人都与这个核心问题息息相关。可以说社会结构的变迁，直接或间接影响到老年人晚年的生存状况。

四是社会制度变迁。社会制度变迁主要是指社会关系和社会活动的规范体系的变化。诸如婚姻制度、法律制度、交通制度、医疗保障制度、住房制度、财政制度等的变迁。制度是为满足或适应社会某种基本需要服务的、社会发生了大变迁，制度也必然要适应这种变迁。比如老年婚姻制度，同全社会成年人的婚姻制度都是一样的、都是以婚姻法为准则。可是在现实中，老年再婚遇到了难题。

五是人口变迁。人口变迁主要指人口数量、质量、构成及人口流动、分布的变化。人口变迁实际上就是一代人向另一代人变迁，就是新一代人相对老一代人的变迁。人口数量增多了，就使小村庄变为大村庄，小城市变为大城市，不但社区环境变了，就连职业结构也都变了。新中国成立60年来，随着医疗、教育等事业发展，人口素质有了很大变化，平均寿命延长了，文化水平提高了。特别是实施人口节育政策，人口年龄结构正在发生转折性的变化，金字塔图形正变为长方形，并逐渐向倒金字塔形变化。人口结构出现老龄化，给社会带来了医疗保健、社会保险、价值观念等一系列新问题。

六是文化变迁。文化变迁主要指大文化的内容或结构的变化。文化变迁通常是由文化积累达到一定程度，文化传递、文化传播所导致的文化融合和文化冲突引起的，实际上就是人适应某种文化的过程。这种适应集中表现在对科学技术、经济生产、组织制度等的适应。科学技术发明如电话、电视、互联网的发明和推广，就完全改变了人们的生活方式和生产方式。它不仅拓

---

① 李强：《社会分层》，见《社会学与中国社会》，社会科学文献出版社，2008，第217～219页。

展了人们的眼界和视野，也大大方便了生活与工作，使人们的交往方式、活动方式发生了根本性的变化，也大大加快了社会变迁的速度。而老年人在现代生活中常常感到不适应，也常常源于文化的失调。

二 社会变迁的形式与过程

这里简单介绍社会变迁的基本形式、过程及原因。

1. 社会变迁的基本形式

对于社会变迁的基本形式，不同学者有不同的概括和表述。费孝通主编的《社会学概论》，把社会变迁的主要形式概括为社会进化与社会革命。[①] 郑杭生主编的《社会学概论新编》将社会变迁的形式概括为四类：一为整体变迁与局部变迁；二为进步的社会变迁和倒退的社会变迁；三为进化的社会变迁与革命的社会变迁；四为自发的社会变迁和有计划的社会变迁。[②] 陆学艺主编的《社会学》将社会变迁的基本形式概括为五组：一为渐进社会变迁和突发社会变迁；二为局部社会变迁和整体社会变迁；三为微观社会变迁和宏观社会变迁；四为正向社会变迁和负向社会变迁；五为无计划的社会变迁和有计划的社会变迁。[③] 对社会变迁的不同概括和表述，既反映了不同学者研究视角的不同，也反映了随着时间推移社会学界对社会变迁认识的深化。

本书借用刘豪兴主编的《社会学概论》[④] 的构架，将社会变迁概括为四个基本形式。

一为社会进化。社会进化是一种长期、缓慢、渐进与局部的社会变迁形式。它是在旧事物中产生新的部分，新的部分逐渐生长扩张，把旧的事物表层一部分一部分地顶落下去，推陈出新。这种过程往往是在人们不知不觉中逐步进行的。社会进化属社会进步性质，总的运行方向是从愚昧向文明、低级向高级发展的过程。比如在中国社会中，从以家族和血缘关系为主向以业缘和地缘为主演变，就是一个漫长的进化过程。再如中国封建社会从产生到发展，就经历了漫长的进化过程。从这个意义上讲，要清除封建余毒也决非一朝一夕的事。就像老年人长期养成的习惯，想要改变，

---

① 社会学概论编写组：《社会学概论》，天津人民出版社，1984，第 270 ~ 274 页。
② 郑杭生主编《社会学概论新编》，中国人民大学出版社，1987，第 321 ~ 323 页。
③ 陆学艺主编《社会学》，知识出版社，1991，第 349 ~ 356 页。
④ 见刘豪兴主编《社会学概论》，高等教育出版社，1992，第 429 ~ 442 页。

一般很难。

二为社会改革。社会改革是人们有意识地规划并在较短时间内实现的社会局部调整或全面改革的过程。这是现代社会越来越多地发生的社会变迁形式。社会改革，可以说是社会主义发展的一种基本形式。恩格斯早就指出："所谓社会主义社会不是一种一成不变的东西，而应当和任何其他社会制度一样，把它看成是经常变化和改革的社会。"① 当代中国的社会改革是全面的，包括经济、政治、文化领域的改革。改革的主要任务是发展经济，要解决的突出问题是处理好政府与市场的关系。在新的形势下，正确处理好政府、市场、社会三者之间的关系成为重点解决的问题。通过社会改革，逐渐把国家职能以及执行这些职能的权力转移给社会，让越来越多的人民群众直接来管理自己的社会。

三为社会革命。社会革命是一种急剧的、对整个社会进行根本改造的社会变迁形式，是社会"渐进过程的中断"，是改造社会的重大历史变革。社会革命的目的，是为了根本变革社会制度，改变生产关系。社会革命原本意义，就是通过暴力，夺取国家政权。现在这一概念被延伸，已不在原来的意义上使用，如技术革命、工业革命、宗教革命、绿色革命等。正是在这个意义上，陆学艺主编的《社会学》中提出对"社会革命"三个层次的理解问题，即一是指以暴力革命为典型标志的社会制度的变革，即一个阶级推翻另一个阶级的暴力行动；二是指社会基本结构的根本性改变，它既可能表现为暴力革命，也可能表现为和平过渡；三是泛指社会生活的各个领域所发生的重大变革。显而易见，社会革命意味着整体社会或社会生活的某个方面发生了根本性的变革。②

四为社会倒退。社会倒退是一种特殊的社会变迁形式。日本社会学家富永健一认为："所谓社会倒退，是从一度达到较高发展水平向较低的阶段逆转。"③ 显而易见，社会倒退是社会局部或整体从已经达到的较高发展阶段向较低发展阶段变化的过程。一般来说，社会倒退多由战争、天灾、人祸及不测事件引发。新中国成立 60 年，特别是改革开放 30 年，中国发生了翻天覆地的大变迁。但其间也有社会倒退的现象，由于领导人头脑发热，不按客观规律办事，造成社会结构失调和运行功能障碍，使社会出现波折、徘徊、倒退。最典型：一是大跃进时期饿死了大量的人口；二是"文化大革命"动乱时期，经济到了崩溃边缘。这种社会倒退，给社会造成了严重的危害，应成为我们不忘的经验

---

① 《马克思恩格斯全集》第 37 卷，人民出版社，1971，第 443 页。

② 陆学艺主编《社会学》，知识出版社，1991，第 350 页。

③ 〔日〕富永健一：《社会结构与社会变迁》，云南人民出版社，1988，第 94 页。

教训。

2. 社会变迁的一般过程

社会变迁形成要有前提条件，这就是社会需要的增长，新要素的产生和导入，新要素的传播和扩散。

社会需要的增长。生存、生活、生产的需要增长，是社会变迁的基本前提条件。生活需要的存在激发起生产的需要，而生产需要在满足之后又进一步促进了生活的需要的增长，由此形成了社会变迁和发展的内在机制。

新要素的产生和导入。社会变迁的启动，要借助于一定的中介环节，新要素的产生和导入就是这样的中介环节。新思想、新活动、新经验、新技术都可视为新要素。这些新要素往往是通过发现、发明、革新、创造体现出来的。新要素是社会变迁的酵母，新要素出现有两种情况：一是通过信息和能量的积累从系统内部产生；二是从系统外部导入。

新要素的传播和扩散。有了新要素，还要把这些新要素传播和扩散出去，才能形成社会变迁。新要素传播和扩散，一是要有一定的先进程度，即有明显的优越性；二是要有较强的适应性，即要与人们的需求和接受能力相吻合，或者说在文化上有共融处；三是要有可操作性，即有可行性；四是要有明显效果。物质、技术性的形态新要素往往比理论、思想形态的新要素传播得快，且易见效。新要素传播和扩散，也与其传播和扩散形式有关。传播和扩散可以是链条式，即从一个地区传播到另一个地区，并连续下去；也可以是波纹式的，即从一个中心源向四周扩散。除这类自然性扩散外还有人文性扩散，即有组织有计划进行的推广。

社会变迁有了上述前提条件，社会变迁就可以进入实际过程。其过程主要有以下几种：

第一，从局部变迁到整体变迁。一切社会变迁都是先从一个点开始，并逐渐从外扩散，使更多的人采纳并实行，即从局部社会变迁而扩展到整个社会变迁。我们现在进行的很多社会改革，大都是先做试点，一旦成功后再推广全省乃至全国。例如农村医保改革、事业单位改革，都是采用的这种方式。

任何社会变迁都是在一连串的冲突和斗争中进行的。尤其是社会改革，它是一个复杂的社会工程，它会涉及一些阶级阶层和团体的利益。在其社会体系中，既得利益集团和个人会抵制、压制、阻碍社会改革。那些受压制、受损害和不满足现状的集团和组织则会积极支持社会改革，企盼社会进步。社会变迁的过程，其实就是新旧力量的冲突与博弈。

第二，从制度内部的变迁到制度本身的变迁。一个社会是由一个庞大的制度体系构成的。一个社会的变迁，往往是从制度内部的个别因素变化开始的。中国农村的改革，就是从家庭联产承包制开始，打破大锅饭，调动农民的生产积极性，从实质上瓦解了社会化的集体所有制，从而使农村的所有制和管理体制发生了根本性变化，进而带来了稳定和谐的新农村新面貌。

制度内部变迁开始往往不被人们注意。比如中国的老龄化的速度是非常快的，但它的变化是一点点进行的，每年老年人口所占比例增长不超过一个百分点。就是这些微小的比例累积，使中国很快进入了老龄化社会。而我们的思维、管理等制度方面准备远远不足，跟不上这种从制度内部变迁到制度本身变迁的要求。在很多情况下，都是一些问题变得突出了、严重了，才会去调整、改革和完善。

第三，从渐进到突变。渐进社会变迁是社会变迁的积累过程，这个过程是一个量变的过程。如生产力的提高和降低、制度的完善和恶化，财富的增加和减少，都是量的渐变过程。突变社会变迁是指急剧发生带有质变性质的社会变迁。比如社会革命就是突变的一种主要形式。

社会渐变往往是缓慢的不显著的变化。渐变是在社会整体结构及其某个方面结构不发生根本变化的前提下，对一定的社会系统所做的结构性或功能性调整，它通常是在基本稳定和有序的状态中进行，通过一个较长时间来完成。改革、改良是其基本方式。显而易见，渐进变迁，一是进度缓慢，二是相对稳定。但渐进变迁也可引起社会面貌改观。新中国成立60年，特别是改革开放以来，中国的面貌发生了历史性巨变，实际上就是通过这种社会渐变，一步步实现复兴。这也避免了突变方式所付出那种动荡的代价。

3. 社会变迁的一般原因

社会是复杂的，影响社会变迁的因素是很多的。李德滨在《社会学100题》[①] 中主要概括的有以下几点。

一是地理因素。地理因素是影响社会变迁的一个不可忽视的因素。比如说雨量和土壤可影响农业生产；地形和自然资源可影响人口的集中和流动；地震、水灾等可带来社会问题。显而易见，地理环境对社会变迁是极有关系的，它作用则表现在加速或延缓社会的发展上。在这里，应指出地理环境决定论是不对的，地理环境是不能决定社会的性质和发展方向的。然而忽视

---

① 见李德滨《社会学100题》，天津人民出版社，1984，第148~150页。

地理环境对社会变迁的影响，如破坏生态平衡，人类社会就会受到大自然的惩罚。诸如空气污染问题、水质污染问题、毁林盖房问题，都是环境对向现代化发展的人类社会提出的巨大挑战。

二是人口因素。人口的增长也是影响社会变迁的一个重要因素，它可以促进或延迟社会变迁的速度。人口增长对社会变迁的作用，主要是通过人口数量、人口增长的速度、人口密度、人口构成及人口质量来对社会变迁起作用的。如人口数量过多过少，都会妨碍社会前进。又如人口质量，对丁搞现代化的国家显得特别重要，人口质量高，就会促进社会进步，反之，人口质量低，就会使社会趋向退化。

三是科技因素。科学技术的发展成了现代社会变迁的一个非常重要的因素。一项技术革新，一个发明创造，往往给社会带来一系列重大变化。比如电话、电视的普及化，对社会生产和家庭生活的结构产生了极其重要的影响。

四是文化因素。社会变迁受社会文化因素的影响是比较大的，也是比较直接的。比如文化传播，可以促进人们的精神文明和发明创造，推进社会文化的发展，促使社会改革和进步。再如文化累积，由于社会文化是一代一代的增加，其趋势是越积越大。而文化累积越多，新的发明创造也就越多，相应地社会变迁也就越快。显而易见，社会文化对社会变迁的影响是既深刻又直接的。

三　老龄化是人口变迁的结果

当代中国人口变迁的突出问题之一就是老龄化。老龄化是人口变迁的结果。中国人口老龄化进程，始于 20 世纪 60 年代中后期。而从成年型人口年龄结构转变为老年型人口年龄结构，则不到 20 年。我们面对的是世界其他国家都未曾出现过的严峻且还在快速进行中的一个不可逆转老龄化的进程。

1. 中国老龄化的进程

中国人口的老龄化是由人口年龄构成变化引起的。人口年龄构成的明显变化，是在人口转变过程中开始的。其变化经历了一个由慢到快的过程。其人口转变快、经历时间短，即快速进入老龄化社会，主要是同出生率从高水平上迅速下降有关。

新中国成立 60 年来，中国人口年龄结构变化的基本情况如表 18 - 1 所示。

表 18 - 1   中国人口年龄结构变化

单位：%

年份 指标	1953	1964	1982	1987	1990	1995	2000
0～14 岁	36.28	40.7	33.59	28.68	27.62	26.73	22.89
60 岁及以上	7.32	6.08	7.63		8.58		10.41
65 岁及以上	4.41	3.56	4.91	5.46	5.57	6.7	6.96
老少比	12.15	8.74	14.61	19.04	20.16	25.07	30.4
年龄中位数（岁）	22.7	20.20	22.91		25.25		

资料来源：第一、二、三、四、五次人口普查数据，1987 年 2‰人口抽样调查结果，1995 年全国 1%人口抽样调查数据等。

依据表 18 - 1 数据，按世界通用的人口年龄结构类型的划分方法，来探讨我国人口年龄的变迁过程。

人口年龄结构类型划分的标准见表 18 - 2。

表 18 - 2   人口年龄结构类型的划分

类型 指标	年轻型	成年型	老年型
0～14 岁	40% 以上	30%～40%	30% 以下
65 岁及以上 *	4% 以下	4%～7%	7% 以上
年龄中位数（岁）	20% 以下	20%～30%	30% 以上
老少比	15% 以下	15%～30%	30% 以上

*也可用 60 岁及以上人口占总人口比重来划分：5% 以下属于年轻型；5%～10% 属于成年型；10% 以上属于老年型。

按这个人口年龄结构类型划分的标准，来探讨中国人口老龄化的变迁问题，我们就会看到，中国人口老龄化的变迁速度很快，即人口年龄结构经历了年轻型、成年型及老年型的转变很快，在很短时间内就迈进了老龄化国家的行列。

一是年轻型人口。从数据来看，从新中国成立初期到 20 世纪 70 年代末，中国处于人口年轻型时期。以 1964 年为例，五个指标全部符合人口年轻型的类型标准。这个时期的突出特点是出生率较高。十几年间人口年轻型结构也经历着变迁的过程。一是 1949～1952 年的人口转变阶段。即由高出生、高死亡、低增长向高出生、低死亡、高增长的转变，人口出生率年均为 37‰，死亡率为 18.2‰，自然增长率为 18.8‰。二是 1953～1957 年的第一次生育高潮阶段。即人口再生产转变为高、低、高类型。年均出生率达到 34.7‰，死亡率下降到 12.3‰，自然增长率上升到 22.4‰，人口增长率和增长量均达到较高水平。三是 1958～1961 年第一次生育低潮阶段。三年经济困难时期，人口出生率下降，为 23.2‰，死亡率上升到 16.6‰，自然增长率下降到 4.6‰ 的低水平。1960 年甚至出现人口负增长。四是 1962～1973 年第二次生育高潮阶段。人口出生率年均达 32.7‰，死亡率下降到 8.8‰，自然增长率达 23‰，1963 年出生率高达 43‰，成为 20 世纪人口发展史上出生率和增长率最高的一次生育高潮。[①]

二是成年型人口。从 20 世纪 80 年代初到 90 年代末，具体地说就是 1980～1998 年，中国人口年龄结构由年轻型转向成年型。这段时期由于实施计划生育政策，国家大力控制人口增长，使出生率大幅降低。1973～1997 年人口出生率下降到 19.74‰，死亡率下降到 6.6‰，自然增长率下降到 13.06‰，进入了高、低、高向低、低、低的过渡阶段。90 年代中期生育率下降到更替水平以下。1998 年自然增长率下降到 10‰ 以内，可视为进入低、低、低门槛。这个时期的突出特征是，生育率下降使少年儿童在总人口中所占比重减少。按成年型划分标准，0～14 岁应在 30%～40% 之间，而 1987 年、1990 年、1995 年的数据均低于这个区间，而 20 世纪生育高峰出生的人已进入成年，成年人数在总人口中所占比例越来越大，而老年人口还没有进入膨胀期，均在成年型的区间内。

三是老年型人口。进入 21 世纪，中国人口年龄结构开始过渡到老年型。2000 年第五次人口普查数据表明，60 岁老年人口已达老年型标准，65 岁老人尚差 0.04%，已接近老年型标准的门槛。而少年儿童所占比例和老少比已达标准。据 2008 年民政事业发展统计报告，截至 2008 年底，全国 65 岁及以上人口 10956 万，占全国总人口的 8.3%，比上年上升了 0.2 个百分点。60 岁及以上人口 15989 万人，约占全国总人口的 12%，比上半年上升了 0.4 个百分点。[②] 另据《中国老年》2009 年第 12 期报道，我国 60 岁以上老年人口已达 1.69 亿，且以每年近 1000 万的速度增加。现在我国不仅是典型老龄化社会，

---

① 参见田雪原等《老龄化——从"人口盈利"到"人口亏损"》，中国经济出版社，2006，第 22 页。

② 卫敏丽：《65 岁以上老人 1.1 亿人》，2009 年 5 月 25 日《新晚报》，据新华社北京 2009 年 5 月 24 日电。

且速度加快，处于快速老龄化阶段。

2. 中国人口老龄化的特点

与其他已成为老年型国家相比，中国的老龄化有自己的一些特点。

（1）老年人口基数大。我国不仅是世界第一人口大国，也是老年人口最多的国家。我国老年人口1950年占世界的20.34%，2000年占世界的21.29%，占亚洲的40%，中国老年人口数量相当于目前日本和孟加拉两国总人口。预计到2050年，我国的老年人口会增加到4.3亿以上，占世界老年人口的22.3%，占亚洲的35%，比发达国家和地区的老年人口总和还多。

（2）人口老龄化速度快。1980～1999年，我国人口年龄结构基本上完成了从成年型向老年型的转变过程。用这样短的时间完成这样的转变过程，在世界上是不多见的。英国大约用了80年，瑞典用了40年。我国老年人口的增长速度也是相当快的，1950～2000年，世界老年人口增加144%，而我国增加211%。2000～2050年，预计世界老年人口增加225%，而我国增加240%。在决定我国人口老龄化快速发展的决定因素中，人口平均寿命由60岁提高到70岁、总和生育率由5%以上降低到2%以下、老年人口占总人口比例由7.4%增加到10%，仅用了20年左右时间，在世界人口史上是前所未有的。

（3）区际老龄化程度差异大。我国幅员辽阔，经济、科技和城市化发展水平差异较大，人口发展控制的程度有高低，人口老龄化的进程呈现较大差异。1990年，我国老年人口占总人口的5.89%，在内地的30个省、自治区、直辖市中，有12个省、市高于全国平均水平，其中上海、浙江、北京、江苏、天津等5个省、市超过10%，进入了老年型地区。上海市在1979年已成为人口老年型城市，先于全国20年。而西北、西南一些地区要滞后全国20～30年。我国目前农村老年人口占64%，随着现代化、城市化的进程和人口流动，农村老年人口比重会不断下降。由于地区性人口老龄化程度差异大，给全国制定人口政策、调整人口结构、宏观规划老龄化问题带来许多困难。

（4）人口老龄化延缓经济发展。一般国家的人口老龄化是伴随工业化、城市化过程到来的，而我国是在经济基础薄弱、生育率急剧下降的情况下出现的。欧美一些老年型的国家，在1950年时人均国民生产总值平均超过5000美元，城市化水平超过50%，基本实现工业化，人均寿命66岁以上，制定了一些较完善的社会养老保障制度，可称其为"先富后老"。而我国目前农村人口占64%，人均国民生产总值尚不足1000美元，仅是世界平均水平的2/11，是已成为老年型人口国家的 1/26。由于对急剧的人口老龄化到来疏于防范，缺乏必要的思想、物质、组织等准备，呈现出"先老后富"的局面。由于我国还有一个较长期的高生育期，在人口惯性作用下，总人口规模性压力并未解除，今后 20 多年，将面临"育小、养老"双面作战的态势。如将 21 世纪前 40 年一分为二，则前 20 年将面临就业压力，后 20 年则要面对同样沉重的养老负担。人口老龄化将拖累经济发展。

（5）低龄老人是当今老年群体的主体。中国虽然迈入老年型社会，即老龄化社会。但老年人群体大部分还处于低龄阶段。老年人按年龄分为三类：低龄老人（60～69 岁）、中龄老人（70～79 岁）、高龄老人（80 岁及以上）。目前我国老年人口年龄结构分布为：60～69 岁老人占 58.84%，70～79 岁老人占 31.93%，80 岁及以上老人只占 9.23%，显而易见，中国现在尚属低龄老年型社会。

（6）老龄化在时间上具有阶段和累进的性质。前面在分析老龄化进程时提到中国的第二次生育高潮，即 1962～1973 年出生人口群体。据田雪原等研究认为，这个人口群体在 2000 年时尚有 3 亿人左右，[①] 这个年龄段组群对中国人口变动和人口问题影响有重要意义和作用。由于这个年龄段组群庞大，当到了 1980～1991 年时，这个组群就会对社会就业形成巨大压力；当进入 1986～1997 年，这个组群的妇女就进入生育旺盛期；当这个 3 亿组群未过渡到老年期之前，人口老龄化不会过于严重；而当这个组群过渡到老年之后，老年化严重阶段和老龄化高潮期就到来了。正是由于这个年龄组群存在与变迁，使中国老龄化在时间上具有显著的阶段和累进的特点。

（7）严重的"少子化"。影响老龄化有两个关键因素，一是老年人增加，二是少年儿童人口减少。胡鞍钢提出了加速的"少子化"，即妇女总和生育率的过快下降，明显低于正常的人口生育更替水平。[②] 他指出，事实上，我国少儿人口首先出现了绝对数大幅度下降趋势，已经出现了严重的"少子化"。在 1995 年前后我国 0～14 岁少儿人口绝对数达到了最高峰，大约为 3.34 亿人，而后便持续下降，2008 年的时候减少到 2.52 亿人，比 1995 年减少了 24.6%，占总人口比例的 19%。

---

① 田雪原等：《老龄化——从"人口盈利"到"人口亏损"》，中国经济出版社，2006，第 50 页。

② 胡鞍钢：《一对夫妇一个孩子该结束了》，2009 年 11 月 27 日《哈尔滨日报》，转载于《经济参考报》。

3. 中国人口高龄化

伴随着人口老龄过程的是老年人口高龄化，老年人口中高龄老年人所占比重将会逐步提高。社会学与人口学把 80 岁及以上老年人划分为高龄老年人。80 岁以上高龄人口是目前中国人口年龄结构中增长较快的一个群体。1982 年至今，我国高龄老年人平均增长速度达到 5%，快于低龄老年人增长速度。高龄老年人口从 1990 年的 768 万人增长到 2000 年的 1100 万，到 2009 年达到 2000 万，[①] 增长速度非常快。据陆杰华估计，到 2050 年，我国高龄老年人口规模有可能超过 1 个亿，约占 60 岁及以上老年人口的 22% 左右。[②] 这个快速发展的高龄化，一方面将给社会养老、医疗、照料带来沉重负担；另一方面也直接导致家庭结构的复杂性，即由 "4—2—1" 结构延伸为 "8—4—2—1" 结构，这种复杂化如果与独生子女特征相叠加，就会使家庭养老不堪重负。到了这个时候，老龄化的负面效应就会显得特别突出。

四　中国老龄化的发展趋势

对中国未来人口年龄结构的发展趋势进行预测分析，由于采用数据、参数及方法不同，不同的学者预测数据、结果便有所不同。据中国人口学家姚远等以联合国人口司关于中国由 2000 年的分年龄性别人口数据作为依据，对中国人口未来 100 年里人口年龄结构的发展趋势进行预测分析。该预测方案，假设总和生育率将从 2005 年的 1.7 逐步上升到 2010 年的 1.8，此后保持不变。平均预期寿命 2050 年男性达到 74.4 岁，女性 79.9 岁；到 2100 年时分别达到 80 岁和 85.6 岁。[③]

中国总人口到 2027～2029 年将达峰值，约为 14.3 亿，之后缓慢下降。中国老年人口在 21 世纪前 50 年一直是在持续增加的。预测结果显示，到 2010 年中国 60 岁及以上老年人口总数为 1.66 亿，65 岁及以上老年人口总数为 1.11 亿；到 2050 年，60 岁及以上老年人口总数为 3.81 亿，65 岁及以上老年人口为 2.81 亿。

这里需提到的是杜鹏等人口学者的预测，他们的预测基数比姚远等略高（姚远等用的总和生育率为 1.7，杜鹏等用的总和生育率为 1.73）杜鹏等预测

---

① 《新老年，新生活，新平台》，《中国老年》2009 年第 11 期。
② 陆杰华：《快速的中国人口老龄化进程：挑战与对策》，《甘肃社会科学》2007 年第 6 期。
③ 见姚远《中国人口年龄结构变化及老年人问题研究》，中国人口出版社，2007，第 14～23 页。

结果为，到 2010 年中国 60 岁及以上老年人口总数为 1.73 亿，65 岁及以上老年人口为 1.15 亿；到 2050 年，60 岁及以上老年人口总数为 4.3 亿，65 岁及以上老年人口总数为 3.2 亿。

按姚远等的预测，中国老年人口增长到 2052 年达到峰值，约为 3.82 亿，此后开始进入缓慢减少阶段，但到 2100 年时仍将有 3.23 亿以上老年人。2037～2066 年可以称为中国的"老年高峰"，每年的老年人口数都在 3.6 亿以上。这意味着，在 21 世纪，中国将长期保持世界最庞大的老年群体。

按这个预测，2015 年中国老年人总数将突破 2 亿人，2028 年超过 3 亿人。可以说 2010～2030 年是中国老年人口增长最快的时期。60 岁以上老年人口规模年均增长率达到 3.35%。预计 2011～2035 年的 25 年间，中国老年人口比例将增加一倍，达到 25% 以上。预计到 2050 年老年人口比例将达到 28.23%

综上不难看出，中国人口老龄化是人口年龄结构变迁的结果。这种变迁，源于一种结构性的变化。这种老龄化的变迁还在深入持续的进行中。我们现在正在经历前所未有的急剧的人口老龄化的过程，在历史遗留给现实的人口年龄结构中，我们将面临着社会进步带来的日趋严峻的社会挑战。

这种严峻的社会挑战，可能会阻碍中国未来的发展。英国学者罗斯玛丽·赖特曾就这点提出："为明天的老龄人群体提供赡养必定会影响中国的经济增长，未来可能终究不会是'中国世纪'。"[①]

---

① 〔英〕罗斯玛丽·赖特：《中国面临人口老龄化严峻挑战》，2009 年 8 月 5 日《参考消息》。

第十九章 老龄社会结构的挑战

由于社会的年龄结构发生了结构性变化，社会进入了老年型社会，或曰老龄社会。老龄社会是个什么样的构成？它有些什么新特征？它带来了哪些问题？如何来看待老龄社会的结构？怎样应对老龄社会？这是本章要探讨的内容。

一 社会结构与老龄社会

社会结构一直是社会学研究的核心问题。它既是社会静态研究的终点，也是社会动态研究的起点。研究老年社会学，不能不研究老龄社会结构这个重大问题。老龄社会是由年龄结构变化引发的社会结构变化的结果。

1. 什么是社会结构

研究社会结构，先要对结构有个了解。结构的概念有三个特征：首先，结构是一种构造形式；其次，结构是一种内在关系网络；最后，结构是一种存在方式，它往往与本质的概念相关。[1] 国内社会学界对什么是社会结构，其表述虽有差异，但意思都差不多。陆学艺主编的《社会学》是这样表述的，社会结构"就是社会诸要素及其相互关系按照一定的秩序所构成的相对稳定的网络"。[2] 刘豪兴主编的《社会学概论》是这样界定的，"所谓社会结构，就一般意义而言，是指社会诸要素之间在相互作用过程中形成的相对固定关系。对于这些相对固定关系，人们可以依据不同的理论原则和认识目标，从不同角度加以规定，构成不同的社会结构模式"。[3] 李培林等主编《社会学与中国社会》概括为："社会结构是指存在于不同社会行动者之间的相对稳定的

---

[1] 陆学艺主编《社会学》，知识出版社，1991，第282页。
[2] 陆学艺主编《社会学》，知识出版社，1991，第284页。
[3] 刘豪兴主编《社会学概论》，高等教育出版社，1992，第101页。

社会关系模式，是一个社会中各种力量之间所形成的相对稳定的关系。"①

要理解社会结构，就须把握社会结构的构成要素，或者说构成层面。陆学艺主编的《社会学》提出理解社会结构的三个层面，② 即要素构成形式的层面、规范体系的层面和关系网络的层面，或者说是实体性社会结构、规范性社会结构和关系性社会结构。

所谓实体性社会结构，是指由一些作为社会实体的基本单元和要素构成的。这些社会实体一般是看得见、摸得着、感觉得到的，它们最能体现社会结构的客观性和实在性，可以说是社会结构的现象层面。具体包括两方面：一是作为单元实体组成的社会结构，如老年群体、老年组织、老年社区等，这些都是社会基本构成要素。这些基本社会单元按照一定秩序和布局统合在一起就是社会结构。二是作为结构实体组成的社会结构，如人口结构、群体结构、制度结构等。人口结构又包括人口年龄结构、性别结构、文化水平结构等。社会结构就是由这些实体统合构成。

所谓规范性社会结构，是指社会单元和实体是受社会规范制约的，社会规范从不同的程度和方面规定着人们的行为。社会要正常运行离不开一整套社会规范。规范性的结构属于功能层次上的社会结构。每个社会基本单元的结构，都是由一套规范构成的。比如老年群体或组织，它是由其经济规范、政治规范、文化规范、社会关系规范等组成的。当社会实体与社会规范结合在一起，它才能适应生存，寻求发展，有序整合，维持稳定，发挥其社会功能。没有规范结构作支撑，其社会单元或实体就不可能有效地运作起来和发展下去。

所谓关系性社会结构，是指社会构成要素和基本单元是按照一定的秩序和一定的相互关系组合而成的，不是简单的相加和堆积。这种相互关系是社会结构的本质的层面。关系性结构强调的是一个有机的整体，是一个社会关系的整合形式。社会整体结构就是人们的物质生活关系和精神生活关系的总和。像探讨老龄社会结构，它不仅是社会年龄结构关系的变化，它将由此涉及社会政治、经济、文化、心理、制度、法律以及生产方式、生活方式、思维方式、行为方式、传统习惯、婚姻、家庭、教育、伦理、文学、艺术、哲学等方面关系的变化。这种结构性变化，带来的是整个社会关系的大变化。

从上述三个层面可以看到，社会结构是由现象层面、功能层面和本质层

① 李培林等：《社会学与中国社会》，社会科学文献出版社，2008，第388页。
② 见陆学艺主编《社会学》，知识出版社，1991，第284~289页。

面三个方面构成的。把握住这三个方面的要素，才能从立体上把握住社会结构的精髓。

2. 老龄化及老龄社会是一种结构性变化

老龄化被视为"人口老化"，即在社会中老年人越来越多，所占比例越来越大。社会中的 60 岁及以上人口的比重超过 10%，或 65 岁及以上人口的比重超过 7%，就是老龄社会。其实这只是从老年自身这一块变化来看的，这只是一种最直观的、表层的看法。

从社会学的视角来看，即从社会结构的角度来观察，老龄化或老龄社会，它是一种结构性的变化，即在社会中社会成员的年龄构成发生了变化，突出的集中表现是社会中老年人多了，少年儿童少了，即老少比的关系发生变化，社会中的年龄构成比例变化了。如果说一个社会中老年人增多了，同时少年儿童也增多了，比例关系没变，不会出现老龄化或老龄社会。或者说老年人增多了，而少年儿童比老年人增加得更多，则人口类型可能向年轻型或成年型转化。问题就在于，在这个社会年龄构成中，一方面是老年人增多增大，另一方面少年儿童减少变小。正是这种此增彼减的关系，达到一个临界点（即老年人 60 岁达 10%，65 岁达 7%；老少比达 30% 以上），才导致了老龄化或老龄社会。

显而易见，从表面看，是老年人增多增大，其实是一个年龄构成（突出的是老少比重关系）发生了变化，达到转型的临界点。它是不同年龄结构中关系结构发生了根本性变化。

3. 年龄结构变化引发社会结构的变化

从社会结构的视角看，一个社会中老年人越来越多，少年儿童越来越少，社会日趋老龄化，这种年龄结构变化必然引发社会结构的变化。

社会是一个有机的系统。所谓社会结构，实际上就是社会系统的结构。任何整体系统都有其结构，大系统下有子系统，子系统也有其自身的结构，它们组成一个完整的有机整体，协调整合，发挥各自功能。就像一部复杂的大机器一样，齿轮与齿轮及各配件中相互咬合，协调运作，有序进行。正所谓"牵一发而动全身"，一个子系统发生变化就会影响其他系统甚至整体。社会要素中的核心要素——人口构成发生了转型变化，势必要影响到社会的经济、政治、文化的各领域及社区、组织、群体、阶层、制度各方面，并将对传统社会构成产生巨大冲击。

由于我们是刚刚迈入老龄化，进入老龄社会的初始阶段。我们对年龄结构引发的社会结构变化认识还很肤浅。但是我们现在已明显感到独生子女养老的压力、落实居家养老的任务任重道远、老年人的社会问题日显突出等。不难想象，这个由年龄结构变化带来的社会结构方面的社会压力是不会轻松的。

二　老龄社会是一个新的构成

人口年龄结构是人类的基本构成，它的变化对人类构成有重要影响。从人口年龄结构变化来看，人类经历了从年轻型到成年型再到老年型的转变。从人口年龄结构的三个基本类型的演变历程看，到目前为止，人类社会大部分时间是在年轻型社会度过的，呈现成年型社会的时间比较短。而进入老年型社会的国家，最长的一百年，有的刚开始，有的还未进入。对于老年型社会形态及各要素结构状况和相互关系的了解还是相当不够的。我们只能从一般的意义上来探讨这种新的社会形态类型的构成。

到目前为止，对于老龄社会结构研究有独到见解的是党俊武的《老龄社会引论》。他从人口哲学并带有人口社会学色彩的视角，鲜明地提出了老龄社会是一种新的社会形态，并概括出新的构成基本内容。笔者赞同他的基本观点，在介绍他的基本观点的同时，适当地从社会学视角加以评论。

说老龄社会是一个新的构成，是通过对人口年龄结构三个基本类型的比较，即从三个基本社会构架的差异上，去了解老龄社会这个对于我们来说还是相对陌生的社会构成。

党俊武提出三类社会形态比较表，是研究这个问题的纲，见表19-1。

表19-1　三类社会形态比较表

比较项目		前老龄社会		老龄社会
		青年型社会	成年型社会	
人口	总人口年龄结构	少儿人口增长（40%以上），老年人口较少（4%以下），老少比为15%以下，年龄中位数在20岁以下	少儿人口增中有减（30%~40%），老年人口缓慢增长（4%~7%），老少比在15%~30%之间，年龄中位数在20~30岁之间	少儿人口减少（30%以下），老年人口增长（7%以上），老少比在30%以上，年龄中位数在30岁以上

续表

比较项目		前老龄社会		老龄社会
		青年型社会	成年型社会	
经济	劳动人口年龄结构	年轻，青年劳动力充足	45岁以上劳动力增长	老龄化，青年劳动力相对缺乏
	抚养结构	少儿抚养比高	少儿抚养比缓慢下降，老年抚养比缓慢增长	老年抚养比高
	就业	城市失业率高，农村劳动力充足	全社会失业率高	劳动力短缺
	产业结构和产品指向	第一、二产业发达，产业和产品的年龄指向不鲜明	第三产业比例显著上升，面向少儿和成年人的产业指向明晰，亲少儿和亲成年产品市场成熟	产业和产品的年龄指向鲜明，面向老年人的产业和产品市场发展前景广阔
	消费群体结构	少儿和成年为消费主体	少儿和成年为消费主体，老年消费群体缓慢增多	老年消费群体崛起成为主体之一
	财富流向	流向少儿和成年	流向少儿和成年人，流向青少年的财富更为集中	分流并向老年人移转
社会	家庭	联合家庭、扩大家庭	联合家庭、核心家庭	核心家庭、空巢家庭、"4-2-1"结构
	养老方式	家庭养老为主	城市以社会养老为主	家庭和社会养老的结合
	公共基础设施	不发达，没有年龄特征	照顾少儿	亲老年人的无障碍环境形成
	公共卫生	不发达，没有年龄特征	面向所有人群	老年人是公共卫生的消费主体
	教育	传统教育	学历和职业教育	现代终身教育、老年教育
	社会服务	不发达，没有年龄特征	面向少儿和成年人的服务	面向老年人的服务发展前景广阔
	生活方式	短期行为	忽视老年期准备	重视生命全程
政治	选民年龄结构	传统政治	成年人为主，老年选民比例低	老年选民成为压力群体

续表

比较项目		前老龄社会		老龄社会
		青年型社会	成年型社会	
文化	年龄文化	前喻文化（老年崇拜）、后喻文化（青年崇拜）、同喻文化（年龄平等文化）		
	价值观念	强调老年人的利益	强调青年人和成年人的利益	强调代际公平

资料来源：见党俊武《老龄社会引论》，华龄出版社，2004，第107~108页。

显而易见，老龄社会是一种不同于青年型、成年型社会的年龄结构的新型社会形态。

1. 老龄社会是一种不同于成年型的年龄结构

按人口年龄类型划分，老龄社会在少儿比例、老年人口、老少比、年龄中位数等基本指标方面，不同于青年型和成年型社会，完全是一种新的年龄构成组合。特别是有两个代表性的新构成：一是人口高龄化，高龄老年人口占老年总人口的比例，随着老龄化深化而不断攀升；二是老年人口女性化，即女性寿命长于男性，导致女性老年人口在老年总人口中比例不断上升。这种年龄结构上的新构成，是老龄社会标志性的构成。

2. 老龄社会是一种新的经济结构

在老龄社会，一是劳动年龄人口结构变化，也就是人力资源结构的变化。如何在老龄社会的条件下配置人力资源，从制度上调整就业结构，必须作出和青年型社会、成年型社会不同的安排。二是抚养结构的变化。如何在老龄社会条件下，根据少儿抚养比的降低和老年抚养比的上升来调整原有的抚养结构。少儿人口和老年人口在抚养的需求、供给的数量和构成上各自有很大差异。在如何抚养老年人的问题上，即便是发达国家也还有许多未知领域。至于如何应对总抚养结构发生的重大转型，在经历老龄社会只有一个半世纪的情况下，可以说还是问题多于经验。三是消费群体结构的变化。少儿人口的减少，老年人口的增多，同时也意味着整个社会消费结构的根本变化。消费结构和投资结构、储蓄结构以及生产结构、产业结构是紧密地联系在一起的经济因素。过去，我们往往重视生产结构的作用，原因在于我们还没有认识到人类消费群体结构的变化。如何认识老龄社会条件下消费群体结构与生产结构以及投资结构、储蓄结构和产业结构的关系，将是全新的课题。从根本上说，老龄社会条件下全新的人力资源结构、抚养结构以及消费结构、生产结构等重大经济因素构成的经济结构已经脱离成年型社会的轨道，而演变成为一种新的经济结构。

3. 老龄社会是一种新的社会结构

人口年龄结构的变化，实质上就是人类构成的变化，同时也意味着人类社会结构的转变。这些转变表现在许多方面：一是家庭结构的变迁。在青年型社会，家庭结构主要是联合家庭和扩大家庭的结构。在成年型社会，则主要是联合家庭，核心家庭也越来越多。而在老龄社会，则主要以核心家庭和空巢家庭为主。从血缘亲属结构上表现为"4 - 2 - 1"结构，即一对夫妇，上有两对老年父母，下有一子（女）。此外，丁克家庭也呈现增多的趋势。二是养老方式的变化。在老龄社会，必须依靠发达的社会养老即社会保障制度，辅之以家庭养老。这是青年型社会、成年型社会两类社会所不具备的重要特征。三是公共基础设施、公共卫生、教育和社会服务方面。在青年型社会条件下，没有鲜明的年龄特征。在成年型社会，则有亲青少年、成年人和残疾人等社会弱者的倾向。但在老龄社会条件下，公共基础设施需要考虑建设适合老年人特点的无障碍环境，这意味着公共基础设施建设的重大转折。在公共卫生方面，需要发展以老年人为使用主体的公共卫生体系。老年人特别是高龄老年人是公共卫生体系的使用主体。在教育方面，除了继续发展传统教育、职业教育、继续教育以外，需要大力发展退休前教育和老年教育，建立囊括一切人群的终身教育体系。四是代际关系的变化。人口年龄结构变化的同时，也是少儿、成年人和老年人代际关系的重大变迁。这种代际关系的变迁无论表现在家庭、群体、社会组织（如单位、公司等），在本质上都意味着资源和利益关系格局的转变。这种新型的代际关系是青年型社会和成年型社会两类社会所没有的。

4. 老龄社会是一种新的政治结构

人口年龄结构的变化，也就是人类社会主体构成的变化，对于国家职能、政党制度、权力和利益格局、政治环境的稳定等重要政治结构会产生影响，最突出的例子就是选民结构的转变。老年选民的大幅度增多必然会形成一个重要的压力群体。老龄社会条件下政治结构的转变及其复杂性将远远超过我们的想象。随着民主政治的进一步成熟，未来老年公民的参政意识将会不断增强，如何构建适应老龄社会的政治结构将是一个前所未有的政治难题。

5. 老龄社会具有新的文化价值导向

在青年型社会，老年人在社会中处于权威和优势地位，成年人和青少年在老年人中的下位，整个社会的文化价值导向是有利于老年人的，并植根于家庭、社会体制、政治、法律等社会构架的深层。在成年型社会，青年人和成年人崛起而成为社会的主体，老年人从优势和权威的地位上让位于青年人和成年人，老年人成为被遗弃的对象。而在老龄社会，在经历了老年崇拜和青年崇拜这两种极端价值观念的痛苦经验之后，人们找到了新的文化价值观念，这就是联合国提出的建立"不分年龄人人共享"这一年龄平等的文化价值导向。在这一新的文化价值观念的导引下，需要系统检讨以往社会的文化价值观念，分析其导引下的社会、政治、法律、制度，从而构建起新的适合老龄社会要求的文化。

综上所述，老龄社会在根本上是一种新的社会主体构成（即老年型的人口年龄结构）和新的社会构架（尽管这种新的社会构架尚在成长当中）基础上的新的社会形态。[①]

三　老龄社会的基本问题

所谓老龄社会的基本问题，就是指决定老龄社会发展进程和发展方向的根本问题。

1. 老龄社会的需求关系

第一，需求的主体结构不同。由于人口结构的革命，老龄社会在人口构成上不同于前老龄社会。在前老龄社会，需求的主体是少儿人口和成年人口。在老龄社会，老年人和少儿人口、成年人口共同成为社会需求的主体。老年人上升为社会需求主体地位，将会给社会提出如医疗、社会基础设施、社会保障等许多新课题。

第二，需求的结构不同。老龄社会中老年人口的增多意味着新的需求，因为老年人除了有和其他人群共同的需求之外，还有其自身的需求。如需建

---

① 参见党俊武《老龄社会引论》，华龄出版社，2004，第109～113页。

立大量的老年服务中心、老年医疗中心、老年教育机构、老年照料部门等。因此,老年人口的增加改变了前老龄社会的需求结构。

第三,需求的规模不同。在老龄社会中,老年人的需求规模肯定会出现扩张的趋势。但在某些方面,少儿人口和成年的需求规模也可能不会萎缩。当然,究竟在老龄社会条件下,人类的需求规模会发生什么样的变化?怎样适应这种社会变化?这一课题还需要进一步深入研究。

第四,需求的性质不同。在前老龄社会前期,由于老年人在知识、经验以及社会威望和权威上的优势,社会的需求倾向于老年人;在前老龄社会的后期即工业化时期,特别是在青年人崛起以后,老年人的需求受到某种程度的忽视。在一定条件下,甚至出现老年歧视现象。整个社会在需求上倾向于少儿、青年人和成年人。换句话说,在前老龄社会,整个社会的需求的不平等性比较突出。在老龄社会条件下,无论少儿人口,成年人口还是老年人口,他们的需求在现实中有了平等性的支持,这种支持包括经济的、社会的、政治的,更主要的是文化上的,即人类社会的文明进步已发展到一个这样的阶段,即不分年龄,人人平等,人人共享。所以说,老龄社会条件的需求是所有人群的需求。在老龄社会中,怎样才能保障这种社会公平、正义、平等,其理论与实践上都有待于研究。[1]

第五,需求的层次不同。马斯洛提出的人的五种基本需要说,即生理需要、安全需要、友爱需要、尊重需要、自我实现的需要。在老龄社会,对于一般人来讲,人的基本需要即生理需要基本解决了,突出是要解决好另外四种需要。但对于老年人特别是高龄老人、失能老人、空巢老人来讲,老年人的基本需要,即生理需要仍将是一个须社会着力的解决的问题。对于低龄老人,后四种需求尤显得突出。

2. 老龄社会的基本矛盾

第一,老年型与成年型两种社会构架的矛盾。这恐怕将是进入老年型社会初期阶段突出的问题。即人口年龄结构进入了老年型,而原来的社会构架是成年型的社会构架。这就是说,原来支撑社会人口生存和发展的社会、经济、政治、文化及制度等诸要素构成的社会总构架,基本是按照年轻型、成年型的人口年龄框架来构架的,来运行的。年龄结构虽然进入了老年型,而与老年型相匹配的社会构架并没有随之建立起来,适应性地进行转型。即以

---

① 参见党俊武《老龄社会引论》,华龄出版社,2004,第121页。

金字塔形的结构来对应目前长方形及将来变为倒金字塔形的结构。这对矛盾具体体现出来的，就是老年人在社会构架中的位置依然处于边缘地带，而没有转为重要角色。诸如社会的基础设施，产品构成等，主要还都是亲青少年和成年人的。而面对老年人的基础设施和产品构成，不仅数量有限，而且易受忽视。老人的教育与发展远不如青少年和成年人受到重视，特别是老年人的特殊需求与满足这些需求的物质文化条件之间矛盾日显突出。问题就在于，我们还没有深刻认识和适应这种年龄结构的转型。我们的价值、体制、制度、基础还都是成年型的构架。许多老龄问题的呈现，其实背后是我们没有适应这种转型，没有跟上这种年龄结构的转型。现代一些发达国家，在高龄化背景下经济发展速度减缓、社会保障出现危机，也恐怕是与这种年龄结构转型不到位有关。

第二，经济与社会可持续发展的矛盾。在老年型社会里，如何保持经济和社会可持续发展是一个重大课题。在老年型社会背景下，经济和社会的可持续发展，在内容、战略、目标、进程、途径等诸方面都需要做出适于老龄社会构架的调整。当人口从盈利期转向亏损期，劳动力相对减少，如何延长退休年龄，发挥老年人的社会作用就显得突出出来。如何在挑战面前抓住机遇，适时调整发展战略，使社会与经济发展协调有序，逐渐建立起一套适应老年型社会要求的经济和社会协调可持续发展的整体战略就显得非常重要。

第三，现代文化与老龄文化的矛盾。现代文化主要指在现代化过程中形成的文化。它是工业化、城市化、世俗化、科层化的产物，是与传统文化相对应的一套文化价值体系。而老龄文化对于我们来说还是相对陌生的文化，人们现在还不可能对它有清晰的把握。现在我们能预见到的是，现代化过程中形成的亲青年人的意识形态、老年人被边缘化甚至歧视老年人文化价值，是与老龄文化格格不入的。老龄文化强调的是"不分年龄人人共享的社会"的一种年龄平等的文化价值。在现代文化与老龄文化两种文化碰撞中，如何构建适合老龄社会要求的文化价值体系将是一个值得探索的课题。

第四，老年人与非老年人的矛盾。老龄社会中代际矛盾是同现代化与老龄文化矛盾相关的。从人口年龄结构的这个视角来看，在老年型社会中，代际关系发生了空前的变化。由于价值观念差异，加之抚养比增高，老年人与非老年人的矛盾也将突出。代际矛盾根本的是利益关系。如何处理好各代群组的政治利益、经济利益和文化利益，既是其社会敏感问题，也是需要通过不断调整来解决的现实问题。

四　老龄社会结构中的失序问题

对于人口年龄结构与社会构架之间出现的失序状态，党俊武是从经济、社会、政治、体制以及文化心理等五个方面剖析这个问题的。这里将借鉴党俊武的思路，从以下四个方面予以阐述。

1. 社会层面的失序

社会层面的失序就是迈入老年型的人口年龄结构与原来的社会结构之间不衔接而出现的真空或失序。

第一，家庭结构的失序。随着现代化深化，家庭日趋小型化、核心化。而老龄化则呼唤着传统家庭中的血缘关系、亲情慰藉等复归。家庭这种现代性与传统性的冲突，直接影响到老年型社会家庭的关系、功能，特别是家庭养老功能。这种迈入老年型社会，家庭出现的功能缺失、关系失调，皆源于家庭结构的失序。

第二，社会群体、组织结构及工作模式的失序。进入人口老龄化，原来的托儿所、幼儿园、学校等之类就会出现减少和萎缩，而托老机构、老年服务机构、老年教育机构之类就会增加和发展。除了群体、组织机构此消彼长外，其工作模式也会随社会需求发生变化。比如老年退休年龄后延，社会对年龄较大的社会成员在社会分工上给予照顾，对家庭有老年父母需要照料的组织成员在制度层面设计出相应的诸如假期之类的安排等。

第三，阶层结构的失序。随着社会退休这一类制度性安排的覆盖，老年人队伍的壮大，将会在社会崛起一个具有独立要求的社会阶层，即老年群体阶层。这个阶层有经验、有知识、有实力。它的崛起，不仅改变人口年龄金字塔结构的图形，并将影响到整个社会的基本构成。正如党俊武所说的，"老年群体阶层的崛起是前所未有的，认真研究和认识这一社会现象，对于正确认识老龄社会结构和社会体制，有效地进行社会管理和社会控制，具有重要意义"。[①]

第四，社会代际关系结构的失序。党俊武提出，人口老龄化时代也是社会代际关系冲突的时代，这主要表现在老年人口与其他人群尤其是成年人口

---

① 党俊武：《老龄社会引论》，华龄出版社，2004，第143页。

在就业消费、社会地位等社会资源的分配上。① 我国劳动力一旦从盈利期进入亏损期，比如说 2030 年以后，我国也会出现劳动力老龄化与高龄化。即成年人与老年人在就业上出现代际冲突。社会代际矛盾处理、安排不当，也会导致社会解组。我们现在实施一刀切退休政策，到那时也会适时地进行调整，才会保障社会有序平稳地运行。

第五，社会管理体制的失序。"社会管理体制上的失序，就是走向老年型人口年龄结构与既定的社会管理体制之间的失序。"② 到目前为止，从现行的社会管理体制来看，都是适应成年型社会年龄结构要求来建构的，基本上是面对占据绝大多数的非老年人群利益而设计的。对于以成年型观念建立起来的老年社会管理体制，包括社会保障制度，即使经过反复修补，也仍是建在成年型这个社会基础之上的。所以解决老年型社会问题，包括现在一些发达国家的管理体制，均表现出弊端丛生。转型的重要任务，就是最终要在社会管理体制上，实现从成年型向老年型的转型。即在老龄化过程中，逐渐建立一套老年型的社会管理体制，就是在老年型社会的视角下考虑、设制、安排一系列老年型社会管理体制。

第六，生活方式的失序。人口老龄化将"在深层次上使人口年龄结构与社会构架处于一种矛盾的失序状态"。老龄化使人们的生活方式发生潜移默化的变化。闲暇时间增多，社会劳动时间相对减少；老龄医疗消费增大，相应地社会福利、福祉支出大增；家庭生活更加注重质量品位，相应地对社会生活服务等方面要求更高。老龄化导致人们生活方式从失序走向调适，使人们逐渐适应老龄化的生活方式。

第七，社会服务及社会基础设施结构的失序。所谓社会服务，主要指生活服务、医疗保健服务、文化娱乐服务和体育服务等方面。所谓社会基础设施结构，主要指住房、公共设施、居住环境等。从成年型社会进入老年型社会，无论是社会服务，还是社会基础设施结构，都有个过渡过程中的失序状态。从社会服务上讲，其社会服务对象、服务内容、服务方式、服务设施、服务人员等方面，从社会基础设施结构上讲，其社会基础设施包括设计思想、预期功能、数量布局等方面，都有个从成年型社会调整到老年型社会结构的过程。在两个社会结构类型转变期，出现真空、失序都是不可避免的。问题在于是否自觉，是否能自觉地去调整与调适。

---

① 党俊武：《老龄社会引论》，华龄出版社，2004，第 143 页。
② 党俊武：《老龄社会引论》，华龄出版社，2004，第 146 页。

2. 经济层面的失序

经济层面的失序，就是走向老年型人口年龄结构与原来的经济结构之间的失序。

第一，经济结构的失序。少儿人口与老年人口此消彼长，引起整个社会需求结构或者消费结构的变化，进而引起投资结构、生产结构、产业结构的变化，对经济发展产生直接影响。要满足老年人的特殊需求的产品和服务，就必须调整投资结构、产业结构。但目前中国民生方面的欠账问题还很多，很多成年型社会应解决的问题，如工业化、现代化、城市化，还须在进入老年型社会时来"补课"。经济结构的调整，既要考虑照顾到老年型社会需求，更要考虑照顾现实的成年型社会的需求。比如发达国家，其社会的居住房屋和基础教育需求日益缩减，而医疗和长期照顾的需求则与日俱增。[①] 而在中国，社会民生还是政府的工作重点。住宅问题、基础教育问题是社会的重点、热点、难点。同时老年医疗保障问题及高龄老人照顾问题，也是政府关注、倾力运作的重要方面。显然，中国社会需求面更大更广泛，解决经济结构方面问题显得更加复杂。

第二，抚养结构的失序。抚养结构的变化是伴随着老龄化的深化而急剧变化的。据测算，我国 1990～2025 年的总人口负担系数一直保持在较低的水平上，2010 年达到最低点 51.3%，到 2025 年以后，我国总人口负担系数开始超过目前的水平并以较快的速度上升，直到 2050 年的 78%，比 1990 年总人口的负担系数高出 21.2 个百分点。也就是说，1990 年，我国每 100 个劳动力要负担 57 个非劳动力人口，其中 44 个是未成年人、13 个是老年人。到 2025 年，我国每 100 个劳动力要负担 62 个非劳动力人口，其中 30 个是未成年人、32 个是老年人。而到了 2050 年，我国每 100 个劳动力要负担 86 个非劳动力人口，其中 31 个是未成年人，而老年人却增加到 55 个。年龄结构发生的这种变化，使老龄化社会的分配出现了与以往不同的特点。[②]

第三，人力资源结构的失序。"人口老龄化趋势的突出表现就是劳动力的高龄化和老龄化，具体来说就是劳动力年龄偏大甚至劳动力资源严重不足。"[③] 中国人力资源结构的老化现象，将随着老龄化深化而凸显。在老龄社会初期阶段，中国这个问题不突出。由于 20 世纪 90 年代 15～64 岁劳动年龄人口比

---

① 见党俊武《老龄社会引论》，华龄出版社，2004，第 138 页。
② 见战捷《老年社会学教程》，中国大百科全书出版社，2000，第 76 页。
③ 见党俊武《老龄社会引论》，华龄出版社，2004，第 138 页。

例占总人口高达 65% 以上，故在 2030 年之前，我国人口处于黄金时代，被人口学家称为"人口盈利"、"人口红利"期。[①] 2030 年之后进入"人口亏损"期，即逐渐出现人力资源结构失序问题。

第四，公共部门支出结构的失序。社会人口年龄结构的变化，必然促使政府改变原来的支出结构，减少少儿人口的分配，加大老年人口的分配，老年人口的消费将成为政府转移支付的主要对象之一。同时，还需要拿出许多资金为老年人提供管理制度、基础设施、社会服务网络等公共物品。[②] 如何安排老龄化下的公共支出结构问题，也是我们面临的难题之一。我们的老年社会保障体系还很不完善，资金来源和保障还是一个大问题。好在我们现在还有一个 20 年的"人口盈利"期，如何抓好这个人口年龄结构（主要劳动人口）变动的发展战略机遇期，从"人口盈利"中提取一部分出来，逐步建立健全和完善的社会保障体系。这个问题抓好了，就有可能避免公共部门支出结构出现大的失序，适时地对变化的公共结构作出调整。

第五，金融结构的失序。金融结构对社会经济影响举足轻重。老年社会保险制度，对社会金融结构有非常重要的影响作用。在中国，社会转型、年龄结构转型、体制转轨与社会改革叠加在一起，诸如储蓄、投资、消费、积累等金融结构方面问题如若解决不好，出现金融结构的失序，就会影响国家的金融市场的稳定，进一步影响到政治的和谐稳定。

3. 政治层面的失序

政治层面的失序就是走向老年型的人口年龄结构与既定政治结构的内容和形式之间的失序。[③]

第一，政治权力的失序。在成年社会里，政治权力大多掌握在成人手里，成人是政治权力强势群体，老年人是政治上的弱势群体。老龄化发展则意味着选民构成及社会政治利益格局的变化，老年人的政治权力越来越重要。老年人的政治意识会增强，作为老年群体或阶层，为争取合法权益，为获得应有社会福祉，为取得老年人应获得的社会优待，他们或推出自己的政治代表人物，或选出老人作为政治代表，伴随着老年规模的扩大，老年人也将从弱势地位转向强势地位。

第二，政治参与的失序。成人社会里，虽然形式上鼓励老年人的政治参

---

① 见田雪原等《老龄化》，中国经济出版社，2006，第 5 页。

② 见党俊武《老龄社会引论》，华龄出版社，2004，第 139 页。

③ 见党俊武《老龄社会引论》，华龄出版社，2004，第 146 页。

与。但在事实上，老年人随着退休其参与积极性相对降低。老龄社会不但老年人规模大，且高龄越来越多，老年人参与民主政治的热情将被激发。老年人为满足不断增长的物质与文化需求，争取在居住、教育、婚姻、发展等方面的权利，他们的需求本质上就是权利。平等就体现在享受权利和付出义务上人人平等。

第三，公共事务的失序。公共事务的理性是公共事务所覆盖的公众利益最大化，即所获收益由一定的公众所得。成人社会往往忽视老年人的基本利益和特殊利益，常常把收益向全体公众平均分配。老年型社会，就要把老年人突出出来，国家、政府通过制度、政策安排，向老年人的基本利益和特殊利益倾斜，以实现老年型社会的政治文明和社会稳定。

4. 文化—心理层面的失序

文化—心理层面的失序就是走向老年型的人口年龄结构与既定的文化—心理结构之间的失序。[①]

第一，价值定位失序。老年人在不同社会类型中，其价值定位不同。在传统社会中，老年社会地位高，是其社会文化价值的代表，在社会中发挥中坚作用，是社会强势群体。在现代社会中，即老年型社会前的社会里，老年人受到排斥，社会地位下降，中青年是社会文化价值的代表，老年人从强势群体变为弱势群体。在老龄社会，老年人的地位将上升，与青年、成年共享社会成果，与青年成年群体不分高低，成为共同强势群体。在从前老年型社会向老年型社会转化过程中，两种价值未定位下来时，不可避免地存在着这种文化价值的失序现象和过程。

第二，年龄崇拜失序。在传统社会中，老年占主导地位。一切以老年人为中心，青年受到压抑。现代社会中，老年崇拜衰弱了，老年那套不吃香了，青年崇拜崛起了。青年崇拜是现代社会老年衰落和青年人崛起在文化上的反映，青年崇拜是当代社会文化价值的基本特征。青年崇拜的副产品就是排斥老年人文化价值，严重的甚至达到歧视老年人，老年人的贡献、潜能、价值被抹杀了。在老年型社会，老年的尊严和价值将会回归。老年的价值将与青年价值共同成为社会主体价值。在老年回归的过程中，会有一个年龄崇拜失序的过程。

第三，文化依赖失序。这里所讨论的文化依赖与文化传承有共同之处。

---

① 见党俊武《老龄社会引论》，华龄出版社，2004，第 147 页。

在传统社会中，老年人是文化传承者，是老年人把上一代文化传给下一代，下一代学习和继承的还是文化。社会不因个体的死去而使文化断裂，正是文化的积累才使社会不断进步。从这个意义上讲，社会依赖老年人，把人类文化一代代传承下来。而现代社会，更加依赖于电子等高科技的文化传播，文化传承不再完全依赖老年人，甚至出现"子教三娘"这种逆社会化的现象，青年人正在成为新文化传承者。未来的老年型社会，老年人与青年人将共同成为社会文化的传承者，成为社会文化的依赖者。后一个文化依赖失序也会存在，但估计不会太明显。

五　应对老龄社会的战略

关于老龄发展，目前多数研究是从人口角度，或者说是从老龄化问题角度，比如指出保持经济增长、稳定生育政策或调整人口年龄结构、健全养老和医疗保障制度、发展为老服务、健全完善老龄法律体系等方面问题，主要是针对老龄问题的战略。党俊武提出从社会结构，即从老龄社会角度来研究老龄社会的发展战略。[①] 这个视角是把老龄社会看做一种新的社会形态。这个战略是老龄社会的整体战略，不是老龄问题的发展战略。老龄问题发展战略的着眼点，是基于人口老龄化带来的老龄问题而采取的以人口为主的战略。老龄社会发展战略则着眼于老龄社会，它包括社会、经济、文化等整体发展战略。

这样一个老龄社会发展战略，它所强调的是用一个全新的视角，即不能再从作为成年型社会产物和根据成年型社会基本构架的角度来观察和思考问题，而要从老龄社会新的历史条件重新审视，并做出符合时代要求的发展观念上的创新。[②]

在科学发展观的指导下，老龄社会发展目标的定位是一个"不分年龄人人共享"的社会，即所有人群共同全面发展的社会。这应当是老龄社会发展的总目标。在老龄社会的不同阶段，如初期阶段还应有其更为具体适合国情的发展目标。

中国应对老龄社会的战略的内容如下。

① 见党俊武《老龄社会引论》，华龄出版社，2004，第 193～215 页。
② 见党俊武《老龄社会引论》，华龄出版社，2004，第 204 页。

1. 人口发展战略

人口是老龄社会发展战略主体。老龄社会发展战略首先要研究人本身的变化。比如主体人的构成发生重大变化，对人类发展有什么意义？人的构成发生本质变化，将意味着人类的需求结构发生什么变化？这种需求变化，将如何塑造人类的生产结构？

其次，要探讨如何缓解人口总量和人口年龄结构即生育率与老龄化两种压力。由于我国人口基数大，人口总量的压力在短期内不能缓解。但由于实施计划生育政策 30 余年，快速老龄化压力日显突出。笔者的观点，权衡利弊，应从长计议，尽快调整人口政策。因为目前中国已经是世界上人口增长率极低的国家之一，2008 年人口自然增长率已经降到 5‰，我国妇女总和生育率已降到 1.8 以下，属于"少子化"类型国家。现我国人口面临两个新的发展挑战：一是"少子化"，即妇女总和生育率明显低于正常的人口生育更替水平。二是加速老龄化，2050 年 60 岁以上人口达到 31%。参与"一对夫妇生育一个孩子"政策制定的人口学家田雪原，提出一代人的政策目标已经成功完成。著名学者胡鞍钢提出人口增长已经不再是我国资源环境的主要压力来源，而是传统的经济增长方式。我们已经有足够的能力和办法来协调人口发展与资源环境约束之间的关系。他从三个方面来阐述：一是从贸易角度来看，我国已经完全能够从国际市场获得更多的资源来缓解国内资源环境压力；二是技术进步和技术创新能够在一定程度上缓解中国的资源和能源压力；三是随着过去几十年里我国教育事业的显著发展，已经形成了人口方面的两大新优势——人力资源优势和人才优势。[①] 人口政策调整的时机问题，胡鞍钢提出从长期成本和收益角度来看，早调整早主动，晚调整晚主动，不调整则被动。笔者对调整人口政策时机把握，建议参照人口金字塔图形，依据提出节育国策以后 20 年一次出现凸凹凸图形或 V 形，在接近凹形区的 2015 年调整生育政策。选择这个时机，既有助于改变生育上由人为因素引起大起大落，又有助于缓解老龄化的加速，还有助于延长中国人口"黄金期"，即"人口盈利"期。节育国策调整时机的选择，确实关乎中国人口结构的优化问题。

在缓解老龄化人口压力问题上，还有一个政策调整问题，即延长退休年龄。而这个时机选择，笔者的意见，最好是选 21 世纪 30 ~ 50 年代，即人口进入"亏损期"。

---

① 胡鞍钢：《一对夫妇一个孩子该结束了》，2009 年 11 月 27 日《哈尔滨日报》。

2. 社会发展战略

在老龄社会发展战略这方面，关键是要处理好成年型社会与老年型社会构架的转换问题，或者说是过渡问题、衔接问题。

首先，要认识成年型社会与老年型社会是两个不同的社会构架。既成的成年型社会构架具有一定的稳定性。社会进入老龄社会，人的需求结构变化要求调整原有的社会构架，以适应变化了的人与人、人与社会的关系。不改变成年型社会的社会关系、社会制度，就会产生许多新问题和矛盾，不可能实现从成年型到老年型转变。比如养老金制度，这是目前国内外大多没有从社会结构层面解决的问题。多是在成年型社会的视角和框架上的修修补补。要解决这类问题，根本的是要按老龄社会的要求重新设计。从老年社会的要求出发，结合国情，走出新路子。这就要求我们在制定老龄社会发展战略时，首要的是要把成年型社会与老龄型社会区别开来，分析成年型社会相关社会构架在老龄社会条件下的种种矛盾和问题，并按老龄社会的要求构建新的社会构架。

其次，要明了进入老龄社会面临的主要问题是什么。作为社会发展战略，其实首要的是要明确发展目标。我国目前有实现全面小康的总体目标，但2050年人口老龄化高峰时期发展目标尚不明确。因此，搞清中国的社会发展方面所面临的主要问题，就显得十分重要。目前中国社会发展方面的主要问题是：城市化落后于工业化，社会发展与经济发展不同步，政府管理职能不完善，第三部门极不发达等。

最后，结合老龄社会构架来设计和制定老龄社会战略。在老龄社会构架下如何推进城市化，研究建立适应老龄社会要求的公共财政体制、就业、教育、社会保障制度、城市和新农村建设、公共服务设施、社会服务网络等战略。特别注重构建政府、民间组织、社区和家庭等多元化社会支持网络体系建设，清晰地界定政府、民间组织、社区和家庭，对发展完善老年人福祉制度具有重要意义。

3. 经济发展战略

老龄社会的经济，被称为老龄化经济。中国是属"未富先老"的国家，即工业化、现代化、城市化这些成年型社会时期应当完成的历史任务尚没有完成，有的还有相当大的距离，还有很长的路要走。特别是经济实力还不高，人民生活水平还比较低。在国际社会中，一般65岁以上人口达到7%时，发达国家人均 GDP 在 10000 美元以上，发展国家在 1000 美元以上，我国 GDP 仅为 800 美元。表明人口年龄结构已进入老年型社会，但经济实力以及工业化、城市化、现代化水平还在成年型社会阶段，出现了许多新的社会需求和矛盾，比如城市退休人员养老金压力、老年人特别是农村高龄老年人长期照料的问题等显得很突出。老龄社会经济发展战略，就是要以 2020 年实现全面小康为目标，围绕中国人口老龄化各阶段的经济问题，结合工业化、市场化发展过程的需要，从生产结构、消费结构、收入分配结构、投资和金融结构、储蓄结构、就业结构、产业结构和布局以及市场结构等方面，建立宏观经济调控战略。这里须提示的是，田雪原等人口学家在对老龄化与收入分配进行预测时，发现中国在 2025～2030 年支付老年退休金等费用将超过"警戒线"。国际社会一般将支付老年的退休金等费用占国民收入的 10% 或工资总额的 29% 定为"警戒线"。超过这一"警戒线"，将使国家财政和经济发展陷入困境。中国离退休人员社会保险福利费用在 2025～2030 年可超过 10%，占工资总额可达 30% 左右。[①] 这个时间距今不到 20 年了，问题显得十分严峻，在制定老龄社会经济发展战略时，应当把这点纳入到战略对策中去。

4. 政治发展战略

在老龄社会中，如何依据老龄社会各阶段出现的政治问题，推进民主化进程，构建老龄社会的政治发展战略，是势在必行的课题。在老龄社会中，社会的权力结构、政治参与结构、利益结构、代际结构、政治组织结构、政治制度结构、政治分层结构等都将会发生重大变化。在这一大的背景下，制定老龄社会的政治发展战略，就要从中国的国情出发，改革政治体制，推进民主化进程，提高效能，协调好不同人群（特别是不同年龄组段人群）的利益关系，这是制定老龄社会政治发展战略要关注的重大政治问题。

5. 文化发展战略

老龄化对文化的影响是深刻的。老年人的生活质量和健康状况与老年人的文化生活息息相关。在老龄社会中，老年人的物质文化与精神文化结构将直接影响和制约整个社会的文化生活。其中平等文化将可能成为社会流行的主流文化，即性别平等、年龄平等、社会平等。制定老龄社会文化发展战略，

---

① 田雪原等：《老龄化》，中国经济出版社，2006，第 8 页。

就要围绕大众文化、闲暇文化、教育文化、家庭婚姻文化、孝文化、关爱文化、平等文化等反映中国老龄社会特点的文化，建立适合中国国情、老龄社会要求的文化发展战略。

六 未来老龄社会前景

老龄社会，对于我们当代人来说，是一个陌生的社会。因为这是我们尚没有经历过的社会，是一个全新的社会。在目前的认知范围内，我们所能看到或想到的多是难题、挑战、压力。其实，老龄社会是一个积淀了以往所有人类文明成果的高级社会形态。是一个不分年龄人人平等、人人拥有保障、人人拥有更多发展可能的充满希望的社会，它为人类整体和个体的全面自由发展创造了前所未有的物质和精神条件。

应该说，21 世纪是人口老龄化的世纪。老龄社会既给我们带来挑战和压力，又给我们提供了代际和谐的历史机遇。我们应该不失时机地把人口老龄化挑战带来的压力，转变成为推动社会改革，促进社会发展的动力，变成构建老年和谐社会的伟大实践，为美好的老龄社会早日到来添砖加瓦。

党俊武对未来老龄社会的前景作了一个精辟的展望。现将他的五点阐述摘录如下。

1. 未来的老龄社会是现代文明发展模式的产物

未来的老龄社会，人类的年龄结构将保持比我们想象得要长得多的老年型形态。就发达国家来说，从老年型逆转为成年型甚至青年型的年轻化过程虽然很难否认其可能性。但是，除了不可预知的诸如瘟疫、核战争等灾难性因素，迄今为止，我们还看不到大规模年轻化的迹象。因为，构成现代人类社会的所有文明因素，特别是以欧美为代表的现代文明发展模式的所有因素，均指向人口老龄化和高龄化的发展方向。就发展中国家来说，随着工业化、现代化、城市化以及现代文明的推进，这种趋势虽然会改变具体样式，但从其根本上来说也是不可避免的。也正是在这个意义上，我们说，孕育人口老龄化和老龄社会的是现代文明的发展模式，或者说，老龄社会是现代文明发展模式的必然产物。只要现代文明发展模式不改变，老龄社会及其产生的各种矛盾和问题就不可能有所改变。当然，任何人类文明的发展模式不可能是尽善尽美的，当我们在发现这些不足并进而加以改进的时候，文明的发展模式将更加合理，自然，相应的矛盾和问题就会得到解决。但是，又会出现新的矛盾和问题，人类正是这样在不断解决矛盾和问题的过程中迈入更高的境界。因此，老龄社会虽然不可避免地出现新的矛盾和问题，但从人类社会的演进来说，它高于前老龄社会。

2. 未来的老龄社会将具有持续增长的老龄化经济

老龄化经济是一个中性的概念，其中，既充满了困难和问题，例如年轻劳动力缺乏，养老负担沉重等，同时，也孕育着许多发展机遇，例如，科学技术的利用、劳动生产率的大幅度提高、新兴产业的诞生（老年用品和服务市场的兴起）等。问题的关键在于作为主体的人的发展观念和发展方式的调整。举例来说，老年人是医疗卫生资源的消费主体，老龄社会条件下老年人口规模的日益膨胀将会给医疗卫生资源造成巨大的压力。这种观念实际上是一种陈腐的观念。之所以得出这一结论，原因在于：目前，由于医疗和医药开发技术的成本高昂，医疗卫生资源的利用方式的非合理性（甚至浪费）以及人们的人生全程健康观念的缺乏、生活方式和行为方式的危险性等，导致了医疗资源的紧张。未来，随着医疗和医药开发技术的低成本化、医疗卫生资源利用方式的合理化，特别是人们健康观念的转变、生活方式和行为方式的科学化，医疗卫生资源的稀缺将会大大降低，从而改变医疗卫生资源挤占经济发展空间的格局，人们从事诸如休闲、娱乐等的余地就更大了。由此看来，老龄化经济和其他经济一样，充满发展的活力。

3. 未来的老龄社会将是一个以人为本，服务日益人性化的社会

老龄社会是经济发展到一定阶段的产物，同时也是经济必然高度发达的社会。有了强大的经济基础，随着以人为本观念的强化，一切社会事业将沿着人性化的轨道而有序发展，并创造出一个更加适合人类发展的社会环境。在这一环境中，面向老年人的社会服务和面向其他年龄群体的社会服务一样，兴旺发达，充满生机。人类关注自身总是落后于关注外在世界。社会事业的不发达与其说是对人自身的关注不够，毋宁说是发展社会事业的物质和精神条件的不发达。一旦具备这些条件，人性化就会摆脱物质和精神条件的束缚，并成为一种强大的力量，推动人类真正为了自身、通过自身而发展自身。当然，要达到这一境界，人类还需要解决人与人之间利益的冲突，并真正实现社会公正和社会公平。

4. 未来的老龄社会将是一个老少共融和不分年龄人人平等的社会

人类社会经历了老年崇拜、青年崇拜之后，年龄平等文化的观念将植根于老龄社会的政治、法律和制度之中。尊老爱幼将不仅仅是道德观念，而是调节代际关系、促进代际和谐的制度安排。老龄社会条件下，虽然老年人的规模将史无前例，但未来的老龄社会不仅仅是老年人的社会，他们和青少年、成年人一道，将患难与共、同舟共济、共同发展。

5. 未来的老龄社会、老年工作和老年事业将会成为一个兴旺发达的热门事业

政府将要在职能上安排强大的面向老年人的工作部门，社会事业中面向老年人的事务将成为一个完备的科学体系，科学理论界将建立阵容强大的研究队伍来研究老年人的各种问题，老年学将成为主流学科。但是，老龄社会不仅仅是老年人的社会。因此，即便老年工作和老年事业将空前发达，它们也只是丰富多彩的老龄社会的一个组成部分。①

---

① 见党俊武《老龄社会引论》，华龄出版社，2004，第217~219页。

参 考 文 献

李德滨：《老年社会学》，人民出版社，1988。

袁缉辉、王因为、徐勤：《当代老年社会学》，复旦大学出版社，1989。

叶乃滋：《现代老年社会学》，黑龙江人民出版社，1991。

战捷主编《老年社会学教程》，中国大百科全书出版社，2000。

曲江川主编《老年社会学》，科学出版社，2007。

李德滨：《什么是社会学》，人民出版社，1984。

李德滨：《社会学100题》，天津人民出版社，1984。

编写组：《社会学概论》，天津人民出版社，1984。

杨心恒、宗力：《社会学概论》，群众出版社，1986。

宋林飞：《现代社会学》，上海人民出版社，1987。

郑杭生主编《社会学概论新编》，中国人民大学出版社，1987。

陆学艺主编《社会学》，知识出版社，1991。

刘豪兴主编《社会学概论》，高等教育出版社，1992。

张琢主编《当代中国社会学》，中国社会科学出版社，1998。

高宜扬：《当代社会理论》，中国人民大学出版社，2005。

郑杭生主编《中国社会学30年》，中国社会科学出版社，2008。

李培林、李强、马戎主编《社会学与中国社会》，社会科学文献出版社，2008。

马戎、刘世定、邱泽奇、潘乃谷主编《费孝通与中国社会学人类学》，社会科学文献出版社，2009。

李德滨：《女人社会学》，中国妇女出版社，1998。

高慎盈：《你与你的社会角色》，广西人民出版社，1987。

刘豪兴、朱少华：《人的社会化》，上海人民出版社，1993。

黄育馥：《人与社会——社会化问题在美国》，辽宁人民出版社，1986。

孙立坤：《河南当代家庭变迁调查》，人民出版社，2004。

陈立行、柳中权：《向社会福祉跨越》，社会科学文献出版社，2007。

王来华、约瑟夫·施耐德：《漏斗》，天津人民出版社，1998。

赵子祥：《中国社会问题评析》，辽宁人民出版社，1989。

中国社会学会：《中国社会学学会学术年会获奖论文集》，社会科学文献出版社，2002。

赵子祥等：《消费文化的蜕变与解读》，辽宁人民出版社，2004。

戴慧思、卢汉龙：《中国城市的消费革命》，上海社会科学院出版社，2003。

李培林、李强、孙立平：《中国社会分层》，社会科学文献出版社，2004。

杨继绳：《中国当代社会各阶层分析》，甘肃人民出版社，2006。

秦少相、贾铤：《社会新群体探秘》，中国发展出版社，1993。

王颖、折晓叶、孙炳耀：《社会中间层》，中国发展出版社，1993。

李培林主编《中国新时期阶级阶层报告》，辽宁人民出版社，1995。

郑杭生、李路路：《当代中国城市社会结构现状与趋势》，中国人民大学出版社，2004。

李强：《农民工与中国社会分层》，社会科学文献出版社，2004。

同春芬：《转型时期中国农民的不平等待遇透析》，社会科学文献出版社，2006。

许欣欣：《当代中国社会结构变迁与流动》，社会科学文献出版社，2000。

孙立平：《断裂——20世纪90年代以来的中国社会》，社会科学文献出版社，2003。

李同文：《中国民生报告》，金城出版社，1998。

国家统计局中国经济景气监测中心：《中国都市生活报告》，中国统计出版社，1999。

李小云、左停、叶敬忠：《中国农村情况报告》，社会科学文献出版社，2004。

刘新平：《休闲中国》，中国工人出版社，2002。

刘新平：《婚姻中国》，中国工人出版社，2002。

殷智贤：《爱情也流行》，中国青年出版社，2001。

方明、王颖：《观察社会的视角：社区新论》，知识出版社，1991。

王辉、潘允康：《城市社区研究》，天津人民出版社，1997。

上海市社区发展研究会等：《上海社区发展报告》，上海大学出版社，2000。

张仙桥:《住宅社会学概述》,社会科学文献出版社,1993。

中国城市住宅问题研究会等:《住宅社会学导论》,安徽人民出版社,1991。

张家麟:《组织社会学》,安徽人民出版社,1988。

陈北纲、李兆光:《组织论》,宁夏人民出版社,1987。

张昱、张静:《社团管理学》,吉林大学出版社,1999。

卢少华、徐万珉:《权力社会学》,黑龙江人民出版社,1989。

毛寿龙:《政治社会学》,中国社会科学出版社,2001。

朱国云:《政治社会学概论》,清华大学出版社,1998。

〔美〕露丝·本尼迪克特:《文化模式》,三联书店,1998。

司马云杰:《文化社会学》,山东人民出版社,1987。

〔德〕卡尔·曼海姆:《文化社会学论要》,中国城市出版社,2002。

费孝通:《生育制度》,天津人民出版社,1981。

〔英〕霭理士:《性心理学》,三联书店,1987。

潘允康:《家庭社会学》,重庆出版社,1986。

刘达临:《婚姻社会学》,天津人民出版社,1987。

刘达临:《性社会学》,山东人民出版社,1988。

艾如张、刘瑛:《我再想找一个:老年性婚姻访谈》,新世界出版社,2002。

〔法〕杜尔凯姆:《自杀论》,浙江人民出版社,1988。

〔美〕恰范特等著《医学社会学》,上海人民出版社,1987。

杨鸿台:《死亡社会学》,上海社会科学院出版社,1997。

章欣:《卖淫嫖娼与社会控制》,朝阳出版社,1992。

庞兴华:《性变态与犯罪》,警官教育出版社,1993。

李忠芳:《性与法》,北方妇女儿童出版社,1989。

〔美〕伦那德·塞威特兹等:《性犯罪研究》,武汉出版社,1988。

杨振福:《失范行为论》,辽宁大学出版社,1995。

高兆明:《社会失范论》,江苏人民出版社,2000。

〔美〕杰克·道格拉斯等:《越轨社会学概论》,河北人民出版社,1987。

陈显容、李正典:《犯罪与社会对策》,群众出版社,1992。

贾璋岷:《迷失的晚节:老干部犯罪心态实录》,四川人民出版社,1999。

赵瑞政、王爱丽、任伶:《中国农民养老保障之路》,黑龙江人民出版社,2002。

王来华：《城市新贫困问题研究》，中国文史出版社，2005。

李嘉岩：《人口可持续发展与农村反贫困研究》，湖南人民出版社，2004。

邓伟志：《和谐社会散议》，上海人民出版社，2007。

王岗峰等：《走向和谐社会》，社会科学文献出版社，2005。

付治平：《和谐社会导论》，人民出版社，2005。

鲍宗豪等：《科学发展论》，上海社会科学院出版社，2007。

宋泽滨、齐爱兰：《社会全面进步研究》，人民出版社，2001。

李惠斌、杨雪冬：《社会资本与社会发展》，社会科学文献出版社，2000。

〔美〕里查德·克伦塔尔：《老年学》，甘肃人民出版社，1986。

邬沧萍、姜向群：《老年学概论》，中国人民大学出版社，2006。

邬沧萍主编《社会老年学》，中国人民大学出版社，1999。

邬沧萍：《邬沧萍自选集》，中国人民大学出版社，2007。

李本公：《关注老龄》，华龄出版社，2007。

姚远主编《中国人口年龄结构变化及老年人问题研究》，中国人口出版社，2007。

田雪原、王金营、周广庆：《老龄化——从"人口盈利"到"人口亏损"》，中国经济出版社，2006。

党俊武：《老龄社会引论》，华龄出版社，2004。

曲文勇主编《21世纪老龄化社会研究》，黑龙江教育人民出版社，2004。

刘同昌：《面对银色浪潮》，华文出版社，1999。

黎先耀、付丽清：《爱在金秋——中国名家谈老年》，重庆出版社，1999。

〔美〕戴维·德克尔：《老年社会学》，天津人民出版社，1986。

王兴华、王保力、庞晓冰：《放眼世界看老年》，华龄出版社，1993。

王兴华：《共创人生第二个春天》，哈尔滨出版社，1999。

潘纪一主编《老年问题纵横谈》，复旦大学出版社，1989。

周玉萍、薛仲、康永征主编《老年社会工作》，知识产权出版社，2008。

仝利民：《老年社会工作》，华东理工大学出版社，2006。

范明林、张钟汝：《老年社会工作》，上海大学出版社，2005。

〔美〕凯瑟琳·麦金尼斯-迪特里克：《老年社会工作》，中国人民大学出版社，2008。

翟进、张曙：《个案社会工作》，社会科学文献出版社，2001。

王刚义：《社会工作学》，吉林大学出版社，1990。

崔凤、李天范：《社会工作学》，吉林大学出版社，1997。

周良才：《中国社会福利》，北京大学出版社，2008。

王思斌、唐钧、梁宝霖、莫泰基：《中国社会福利》，中华书店，1998。

卫兴华主编《中国社会保障制度研究》，中国人民大学出版社，1994。

夏廉博：《老年学与老年病》，知识出版社，1982。

奚华：《幸福老年健康枕边书》，中国画报出版社，2009。

赵奎刚、王玺先：《一生健康》，民族出版社，1998。

李海姣：《危险老年》，中国轻工业出版社，2004。

秦云峰、弘杨：《老尚风流是寿征》，中国社会出版社，1999。

侯世标、石义金、张泉：《老龄工作手册》，合肥工业大学出版社，2008。

赵勤华等：《夕阳无限美》，华龄出版社，1997。

后　记

　　中国老年社会学这个课题，是由张仙桥先生牵头，李德滨研究员主笔的合作项目。两人酝酿此课题前后有七八年光景。课题立项是 2008 年 6 月，为中国社会科学院老年科研基金课题 2008 年项目，项目按计划于 2010 年 6 月如期完成。由于身担课题较多，该课题是在没有节假日这种意识下披星戴月来完成的。

　　值得一提的是 2010 年，恰是恩师费孝通先生诞辰一百年。作为费老的两代学生：张仙桥先生是解放前师从费孝通老先生的弟子，李德滨研究员是中国社会学重建初期参加费孝通老先生主持的第一、二期讲习班的学生。在费老的教诲和熏陶下，30 年间我们与中国社会学风雨同舟，曾共同策划出版了《我与中国社会学 20 年》（参与策划的还有赵子祥研究员），该书得到了费老赞赏。费老对我们的社会学学术影响是终生难忘的。他的学术思想和人格品位，是我们心中永远学习的楷模。我们合作完成这部《中国老年社会学》，来纪念这位对中国社会学重建和发展工作做出卓越贡献的费孝通先生，表示我们对这位当代学术巨人的深情怀念。

　　中国的第一部关于老年社会学的著作，是 1988 年由人民出版社出版的。作者就是本书作者之一。为什么时隔 20 年还要再写老年社会学呢？这是因为，这 20 年中国社会发生了历史性巨变，这是社会转型、体制转轨的 20 年，是现代化建设从起步到上了一个新台阶的 20 年。可以说这 20 年，是中国历史上社会结构变化最大的 20 年。还有就是这 20 年，中国社会学从重建初期刚刚起步那种不成熟阶段到逐渐进入学科规范化的阶段。社会学的理论研究和调查已经有了一定的基础。再就是中国老龄化速度发展超乎人们想象。在这 20 年中，迅速地从一个壮年型的社会，进入了一个老龄化的社会。老龄化社会给社会提出了许多严峻问题，并日益突出。特别是作为本书作者，经过这 20 年，现年一位已超过八旬，一位超过六旬。即以下限而言，也是过花甲之年，可谓不折不扣之老翁。然人老不甘老，把八旬视为六旬，六旬视为四旬，老当益壮，自愿肩负历史重任，愿在有生之年为老龄事业摇旗呐喊作点贡献。但要写这部著作也不是一件轻松的事，因为时代发生这么大变化，而老年社会学学科建设这个领域还处于比较薄弱的阶段。撰写《中国老年社会学》，相当于重打鼓另开张，要重新构架狭义老年社会学学科体系，按着社会学学科体系来设计来撰写。这同第一部老年社会学，是按老年社会生活为主线来撰写，在构架上已大不相同。这在理论与概念上，将涉猎学界很多未涉及或未展开的一些基本理论问题，比如老年社会互动、社会组织、社会群体、社会分层、社会控制等问题。特别是要运用社会学的视角和概念，对20年中国老年文化和老龄工作经验做出概括，为老龄事业发展提供社会学的视角与理论依据。我们试图在这些方面做了一些探索，期望得到批评、指正和讨论。并衷心期望它成为老龄工作人员、老年学教学人员，以及关注老龄事业的人，特别是广大老年朋友有时间就读的参考书。而这对于我们来说就是人生最大的满足。

该书在写作过程中得到同人与朋友的鼓励与支持，柳中权先生对构架提出很好意见，李国贤、李郢为电脑输入付出了辛勤劳动，在此表示谢意。

图书在版编目（CIP）数据

中国老年社会学/张仙桥，李德滨著.—北京：社会科学
文献出版社，2011.11（2024.9重印）
（中国社会科学院老年学者文库）
ISBN 978-7-5097-2684-6

Ⅰ.①中…　Ⅱ.①张…②李…　Ⅲ.①老年社会学－中国
Ⅳ.①D669.6

中国版本图书馆 CIP 数据核字（2011）第 180897 号

·中国社会科学院老年学者文库·

中国老年社会学

著　　者／张仙桥　李德滨

出 版 人／冀祥德
项目统筹／宋月华　魏小薇
责任编辑／关志国
责任印制／王京美

出　　版／社会科学文献出版社·人文分社（010）59367215
　　　　　地址：北京市北三环中路甲 29 号院华龙大厦　邮编：100029
　　　　　网址：www.ssap.com.cn
发　　行／社会科学文献出版社（010）59367028
印　　装／河北虎彩印刷有限公司

规　　格／开本：787mm×1092mm　1/16
　　　　　印 张：24.75　字 数：531 千字
版　　次／2011 年 11 月第 1 版　2024 年 9 月第 10 次印刷
书　　号／ISBN 978-7-5097-2684-6
定　　价／79.00 元

读者服务电话：4008918866